ACCESO GRATIS ***a la Lectura en la Nube***

Para visualizar el libro electrónico en la nube de lectura envíe junto a su nombre y apellidos una fotografía del código de barras situado en la contraportada del libro y otra del ticket de compra a la dirección:

ebooktirant@tirant.com

En un máximo de 72 horas laborales le enviaremos el código de acceso con sus instrucciones.

EL SUBSIDIO FAMILIAR Y LAS CAJAS DE COMPENSACIÓN FAMILIAR EN COLOMBIA

Procedimiento de selección de originales, ver página web:

www.tirant.net/index.php/editorial/procedimiento-de-seleccion-de-originales

Adriana Guillén Arango
Hugo Álvarez Rosales
Carolina Deik Acostamadiedo
Julián A. Pimiento Echeverri
Autores

EL SUBSIDIO FAMILIAR Y LAS CAJAS DE COMPENSACIÓN FAMILIAR EN COLOMBIA

tirant humanidades
Bogotá, D.C., 2024

En caso de erratas y actualizaciones, la Editorial Tirant Humanidades publicará la pertinente corrección en la página web www.tirant.com.

Guillén Arango, Adriana, autora.

El subsidio familiar y las cajas de compensación familiar en Colombia / autores: Adriana Guillén Arango, Hugo Álvarez Rosales, Carolina Deik Acostamadiedo y Julián A. Pimiento Echeverri. -- Primera edición. -- Bogotá : Tirant Humanidades : Asocajas, 2024.

412 páginas.

Incluye referencias bibliográficas: páginas 403-412.

ISBN: 978-84-1183-980-8

1. Subsidios familiares -- Derecho y legislación -- Colombia. I. Álvarez Rosales, Hugo, autor. II. Deik Acostamadiedo, Carolina, autora. III. Pimiento Echeverri, Julián A., autor. IV. Título.

LC: KHH1890

CDD: 344.03282 ed. 23

Catalogación en publicación de la Biblioteca Carlos Gaviria Díaz

EDITA: TIRANT HUMANIDADES
Calle 11 # 2-16 (Bogotá D.C.)
Telf.: 4660171
Email: tlb@tirant.com
Librería virtual: www.tirant.com/co/
ISBN: 978-84-1183-980-8

Si tiene alguna queja o sugerencia, envíenos un mail a: *atencioncliente@tirant.com*. En caso de no ser atendida su sugerencia, por favor, lea en *www.tirant.net/index.php/empresa/politicas-de-empresa* nuestro procedimiento de quejas.

Responsabilidad Social Corporativa: http://www.tirant.net/Docs/RSCTirant.pdf

Autores

Adriana Guillén Arango
Hugo Álvarez Rosales
Carolina Deik Acostamadiedo
Julián A. Pimiento Echeverri

Índice

Capítulo III.
Recursos que financian el subsidio familiar y la parafiscalidad atípica 103

Introducción

La obra que el lector tiene en sus manos está concebida como un aporte al estado del arte acerca del Sistema de Subsidio Familiar, sobre el cual existía hasta ahora apenas una doctrina dispersa y precaria. Este texto no solamente revisa y compila los principales pronunciamientos de la Corte Constitucional y la Superintendencia de Subsidio Familiar en relación con las aristas vitales de este sistema, sino que presenta una mirada crítica y novedosa sobre la materia, al punto de construir una verdadera teoría del Sistema de Subsidio Familiar.

Encontramos en las páginas que siguen una invitación a cuestionar algunas premisas generalmente aceptadas, pero, sobre todo, valiosas respuestas a los interrogantes que se han suscitado en el marco de actividades de inspección, vigilancia y control de la Superintendencia de Subsidio Familiar; y de los ejercicios de auditoría de la Contraloría General de la República. Y ellas se proponen desde un fundamento teórico y coherente, digno de estudio.

Así, por ejemplo, se desarrolla **la naturaleza del subsidio familiar** a partir de su historia y origen, lo cual permite defender la independencia de esta prestación social de origen laboral, ajena a cualquier esquema tributario, pues no existe un carácter coactivo derivado del poder impositivo del Estado. Al respecto, la Corte Constitucional se ha pronunciado en distintas oportunidades acerca de la naturaleza jurídica de las Cajas de Compensación Familiar y de las funciones que estas ejercen, dando luces sobre el sistema en sí mismo. Así, en la Sentencia C-508 de 1997 se sostuvo:

> *En líneas generales, del anterior panorama de desarrollo histórico puede concluirse que el subsidio familiar en Colombia ha buscado beneficiar a los sectores más pobres de la población, estableciendo un sistema de compensación entre los salarios bajos y los altos, dentro de un criterio que mira a la satisfacción de las necesidades básicas del grupo familiar. Los medios para la consecución de este objetivo son básicamente el reconocimiento de un subsidio en dinero a los trabajadores cabeza de familia que devengan salarios bajos, subsidio*

*que se paga en atención al número de hijos; y también en el reconocimiento de un subsidio en servicios, a través de programas de salud, educación, mercadeo y recreación. **El sistema de subsidio familiar es entonces un mecanismo de redistribución del ingreso**, en especial si se atiende a que el subsidio en dinero se reconoce al trabajador en razón de su carga familiar y de unos niveles de ingreso precarios, que le impiden atender en forma satisfactoria las necesidades más apremiantes en alimentación, vestuario, educación y alojamiento.*

*Los principios que lo inspiraron y los objetivos que persigue, han llevado a la ley y a la doctrina a definir el subsidio **familiar como una prestación social legal, de carácter laboral**. Mirado desde el punto de vista del empleador, es una obligación que la ley le impone, derivada del contrato de trabajo. Así mismo, el subsidio familiar es considerado como una **prestación propia del régimen de seguridad social**."*

Su naturaleza es, entonces, la de una **prestación social de origen laboral, mientras que su titularidad es de los trabajadores remunerados en cuanto sector (C-575 de 1992, en concordancia con el concepto CGR-OJ-160-2022 de la Contraloría)**, que no de recursos de propiedad del Estado.

Ello impone una protección especial de estos recursos en virtud del inciso 5º del artículo 48 de la Constitución Política, según el cual *"No se podrán destinar ni utilizar los recursos de las instituciones de la Seguridad Social para fines diferentes a ella"*. Lo anterior, en consideración a la función de seguridad social que cumplen las Cajas, encargadas de recaudar, distribuir y pagar el subsidio familiar, las cuales *"están en la obligación de organizar y administrar las obras y programas que se establezcan para el pago del subsidio familiar"*. (C-629 de 2011).

Y al no ser una "renta estatal", ello condiciona los destinos que pueden determinarse para estos recaudos, toda vez que no pueden usarse los dineros del subsidio familiar para el funcionamiento del Estado o de las obligaciones a su cargo, ni son cobrados por una entidad pública ni por encargo de esta. Dicho de otro modo, ni engrosan el Presupuesto General de la Nación, ni son una fuente para financiar el denominado *gasto público social*. Si acaso fuesen recursos públicos, tendría que mediar un contrato entre la nación y las CCF para que estas pudiesen administrarlos; y no tendría sentido lo que prevé el artículo 68 de la Ley 21 de 1982 en caso de liquidación de las CCF y es que, ante el silencio de los estatutos, *"los bienes pasarán al dominio de la Nación y el Gobierno Nacional podrá adjudicarlos a otra u otras Cajas de Compensación Familiar, o en su defecto, a entidades públicas o privadas de similares finalidades"*.

En igual sentido, los autores deducen importantes conclusiones al analizar las dificultades que enfrentó la Corte Constitucional al explicar la forma en que opera el beneficio del subsidio familiar y la "destinación sectorial" del mismo. Recuérdese que los artículos 7 a 17 de la Ley 21 de 1982 situaron en cabeza de los empleadores la obligación de contribuir con un porcentaje de sus nóminas para sostener el reconocimiento de esta prestación social; mientras que el artículo 18 *iusdem* previó que los beneficiaros del subsidio eran los *"trabajadores al servicio de los empleadores"* y las personas a su cargo (artículo 27), indicados en el artículo 7, en tanto reunieran los presupuestos indicados en dichos preceptos. Fue así como se originó la denominada *"parafiscalidad atipicidad"*, considerando una noción ampliada del sector del cual se recauda la prestación, y el beneficio cruzado que se produce a favor de los trabajadores y sus familias.

Estos hallazgos condicionan, igualmente, el tipo de control que proceden, distintos, por supuesto, de la manera de vigilar la inversión de las rentas estatales. Al no ser "renta estatal", y al estar administrada por corporaciones regidas por el Código Civil, también existen diferencias en su control. No solo deriva se esta conclusión del principio de legalidad que prevalece en el ejercicio de las funciones públicas (arts. 6, 121 y 122 CP), sino también de la ausencia de una competencia atribuida a la Contraloría General de la República sobre recursos de parafiscalidad atípica, sino de la titularidad y naturaleza misma de los recursos.

Y es que el artículo 39 de la Ley 21 de 1982, además de definir las Cajas de Compensación Familiar como *"personas jurídicas de derecho privado sin ánimo de lucro, organizadas como corporaciones en la forma prevista en el Código Civil, cumplen funciones de seguridad social"* deja claro, respecto a su control, lo siguiente *"se hallan sometidas al control y vigilancia del estado **en la forma establecida por la ley**"*. (Se resalta). Advirtió, entonces, el legislador que sería en los términos previstos por el legislador que debía ejercerse dicho control. Lo anterior en relación con la función social o de utilidad pública que las Cajas de Compensación Familiar desempeñan, cuestión que, en el mismo sentido, es aplicable a los demás particulares que desarrollan actividades con función social, como los bancos, las aseguradoras o los colegios. A su vez, la doctrina ha puntualizado que son los estatutos los que determinarán los órganos de fiscalización de las entidades sin ánimo de lucro, así:

> *Los estatutos de las entidades sin ánimo de lucro son las disposiciones internas que conforman el marco de acción, funcionamiento y desarrollo de los objetivos de la entidad que está constituyéndose y sobre los cuales basan su existencia, toma de decisiones,* ***designación de administradores y órganos de fiscalización****, su disolución y liquidación.*
>
> *En razón de las disposiciones vigentes, los estatutos de las entidades sin ánimo de lucro deben contener unos requisitos generales que se encuentran regulados en el Decreto 2150 de 1995 y que como mínimo debe contener toda entidad sin ánimo de lucro que se constituya y unos requisitos especiales, que se encuentran previstos de manera diferencial en la normatividad que regula cada tipo de entidad*[1].

Y, en el centro de todas las discusiones de esta obra está la naturaleza privada que, por definición legal, tienen las Cajas de Compensación Familiar, decisión que impone superar la tentación del reenvío a cualquier regulación aplicable a las entidades de derecho público. Lo anterior en virtud del principio de **autonomía**, cardinal entre las relaciones entre particulares. Al respecto, la Corte Constitucional se ha referido a la autonomía de la voluntad como una garantía de las libertades individuales y la ha definido en los siguientes términos:

> *3. Según la doctrina jurídica, la autonomía de la voluntad privada es la facultad reconocida por el ordenamiento positivo a las personas para* ***disponer de sus intereses con efecto vinculante*** *y, por tanto, para crear derechos y obligaciones,*

1. Óscar Manuel Gaitán Sánchez, *Guía práctica de las entidades sin ánimo de lucro y del sector solidario* (Bogotá: Cámara de Comercio de Bogotá, 2013).

con los límites generales del orden público y las buenas costumbres, para el intercambio de bienes y servicios o el desarrollo de actividades de cooperación.

Dentro de este cuadro, la autonomía permite a los particulares: i) celebrar contratos o no celebrarlos, en principio en virtud del solo consentimiento, y, por tanto, sin formalidades, pues éstas reducen el ejercicio de la voluntad; ii) determinar con amplia libertad el contenido de sus obligaciones y de los derechos correlativos, con el límite del orden público, entendido de manera general como la seguridad, la salubridad y la moralidad públicas, y de las buenas costumbres; iii) crear relaciones obligatorias entre sí, las cuales en principio no producen efectos jurídicos respecto de otras personas, que no son partes del contrato, por no haber prestado su consentimiento, lo cual corresponde al llamado efecto relativo de aquel[2].

Ligado al anterior concepto, pero aplicado a las personas jurídicas, se encuentra la libertad de empresa, la cual comprende

la facultad de las personas de "(...) afectar o destinar bienes de cualquier tipo (principalmente de capital) para la realización de actividades económicas para la producción e intercambio de bienes y servicios conforme a las pautas o ***modelos de organización*** típicas del mundo económico contemporáneo con vistas a la obtención de un beneficio o ganancia"[3]. *Esta libertad comprende, entre otras garantías, (i) la libertad contractual, es decir, la capacidad de celebrar los acuerdos que sean necesarios para el desarrollo de la actividad económica; (ii) la libre iniciativa privada*[4].

Si bien las libertades económicas no son absolutas por virtud de la Constitución Política, lo cierto es que el legislador no goza de absoluta discrecionalidad para limitar estas libertades, estando en la obligación, en todo caso, de respetar el núcleo esencial de la libertad involucrada. Tratándose de la libertad de empresa, para la Corte Constitucional contempla los siguientes contenidos:

2. Corte Constitucional. Sentencia C-394 de 2013. M. P. Nilson Pinilla Pinilla.
3. *Cfr.* Sentencia C-524 de 1995, M. P. Carlos Gaviria Díaz.
4. Ver Sentencia C-228 de 2010, M. P. Luis Ernesto Vargas Silva.

(*i*) *el derecho a un tratamiento igual y no discriminatorio entre empresarios o competidores que se hallan en la misma posición*[5]*;* (*ii*) *el derecho a concurrir al mercado o retirarse;* (*iii*) ***la libertad de organización y el derecho a que el Estado no interfiera en los asuntos internos de la empresa como la organización empresarial y los métodos de gestión***[6]*;* (*iv*) *el derecho a la libre iniciativa privada;* (*v*) *el derecho a la creación de establecimientos de comercio con el cumplimiento de los requisitos que exija la ley; y* (*vi*) *el derecho a recibir un beneficio económico razonable*[7].

En consecuencia, toda persona jurídica de derecho privado, entre las que se encuentran las Cajas de Compensación Familiar, gozan de autonomía para disponer de sus intereses de forma vinculante y si bien tal garantía o libertad puede restringirse por el Estado, en todo caso, cualquier regulación que limite ese derecho deberá respetar como núcleo esencial, cual es la libertad de las personas jurídicas de organizarse y el derecho a que el Estado no interfiera en los asuntos internos de la empresa como la organización empresarial y los métodos de gestión.

Por lo anterior, al tener la seguridad social naturaleza de servicio público, la prestación del subsidio familiar bien puede efectuarse por intermedio de particulares, manteniendo el Estado —por el interés ge-

5. Ver Sentencias T-291 de 1994, M. P. Eduardo Cifuentes Muñoz.
6. Ver la Sentencia C-524 de 1995, M. P. Carlos Gaviria Díaz. La Corte expresó en esta oportunidad: "[El] Estado al regular la actividad económica cuenta con facultades para establecer límites o restricciones en aras de proteger la salubridad, la seguridad, el medio ambiente, el patrimonio cultural de la Nación, o por razones de interés general o bien común. En consecuencia, puede exigir licencias de funcionamiento de las empresas, permisos urbanísticos y ambientales, licencias sanitarias, de seguridad, de idoneidad técnica, etc., **pero en principio y a título de ejemplo, no podría en desarrollo de su potestad de intervención interferir en el ámbito privado de las empresas, es decir, en su manejo interno, en las técnicas que se deben utilizar en la producción de los bienes y servicios, en los métodos de gestión**, pues ello atentaría contra la libertad de empresa y de iniciativa privada (...)" (negrilla fuera de texto).
7. Corte Constitucional. Sentencia C-263 de 2011.

neral que reviste— la potestad para regularlo, controlarlo y vigilarlo. Así lo reitera la Corte Constitucional en la Sentencia C-508 de 1997, al exponer algunas consideraciones en relación con la naturaleza jurídica y la estructura orgánica de las Cajas de Compensación Familiar. Veamos:

Es incuestionable entonces que en las actividades que se relacionan con el subsidio familiar - recaudo, administración de los recursos y pago a beneficiarios -, existe un interés público, por lo cual su regulación y orientación compete al Estado. De aquí se desprenden significativas consecuencias : teniendo en cuenta que el subsidio familiar es administrado por entidades intermediarias entre los empleadores y los trabajadores, cuya gestión compromete el interés general por lo cual requiere no sólo ser objeto de inspección, vigilancia y control, sino de armonización de políticas generales, dicho régimen jurídico contempla expresamente normas que se refieren a la organización administración y funcionamiento de las Cajas de Compensación Familiar.

Actualmente, la normatividad jurídica que contempla el régimen de las cajas de compensación familiar está señalado, de manera general para todas ellas, en la ley 21 de 1982.

En cuanto a la naturaleza jurídica de las entidades llamadas a la prestación de la actividad que se viene comentando, esta ley define que "las Cajas de Compensación Familiar son personas jurídicas de derecho privado sin ánimo de lucro, organizadas como corporaciones en la forma prevista en el Código Civil, cumplen funciones de seguridad social y se hallan sometidas al control y vigilancia del Estado en la forma establecida por la Ley."

***En virtud de esta naturaleza privada**, la estructura y administración de las cajas de compensación familiar, determinada por la ley, contempla que estén dirigidas por una asamblea general de afiliados, un consejo directivo y un director administrativo.*

(...)

*Las cajas de compensación familiar obtienen su personería jurídica de la Superintendencia de Subsidio Familiar y están sometidas a su inspección y vigilancia, **mas no se adscriben ni vinculan a ningún organismo de la Administración Pública***

Como se observa, la Corte no solo reitera las características propias que permiten catalogar una actividad como propia de un **servicio público o de una función social**, a saber, el interés general que involucra, la habilitación a los particulares para prestarlo y la obligación del Estado de regularlo, controlarlo y vigilarlo, sino que reconoce la naturaleza jurídica de las Cajas —expuesta líneas atrás— de ser personas jurídicas de naturaleza privada y, en virtud de ello, su estructura y administración se asimila a cualquier otra asociación de esa naturaleza. Entonces, al estar dirigidas por una asamblea general, un consejo directivo y un director administrativo, se reitera su autonomía para autodeterminarse —ajena a las normas de los organismos que componen la Administración Pública—. En idéntico sentido, la Corte, en la Sentencia C-1173 de 2001 señaló:

> *Por definición legal (art. 39 de la Ley 21 de 1982), las Cajas de Compensación Familiar son personas jurídicas de derecho privado sin ánimo de lucro, organizadas como corporaciones en la forma prevista en el Código Civil, que cumplen funciones de seguridad social y se encuentran sometidas al control y vigilancia estatal a través de la Superintendencia del Subsidio Familiar creada por la Ley 25 de 1981. Se trata, pues,* ***de entidades que no ejercen funciones públicas sino que desarrollan una función social.***
>
> *Al analizar su naturaleza, la Corte Suprema de Justicia cuando actuaba como juez de la Carta dijo sobre las cajas de Compensación Familiar:*
>
> *"...no es una actividad privada la que cumplen, ni son los bienes que le pertenezcan en la forma de propiedad privada adquirida con justo título, lo que hace a las Cajas entes de derecho privado; todo lo contrario, son las actividades de interés general y los bienes que están destinados a lograr el bienestar de los trabajadores y sus familias lo que las configura como entes de origen legal, y de naturaleza especial que se organizan bajo las reglas del derecho privado..."*
>
> *La jurisprudencia constitucional también ha expresado que las Cajas de Compensación Familiar fueron concebidas como entes intermediarios para el pago del subsidio familiar.* ***Por esta razón, se considera que cumplen funciones de seguridad social bajo la directa intervención del Estado.*** *(Se resalta).*

Como se observa de manera diáfana y clara, la Corte no solo reitera la naturaleza privada de las Cajas de Compensación Familiar, sino que **re-**

conoce, de manera expresa, que se trata de entidades que NO ejercen una función pública, sino que desarrollan una *función social* *la cual*, al revestir un interés general, debe someterse al control del Estado a través de las entidades de inspección y vigilancia creadas para el efecto.

Lo anterior es confirmado por la Corte en la misma sentencia, al indicar que, al concebirse las Cajas como intermediarios para el pago del subsidio familiar entre empleadores y trabajadores, *"se considera que cumplen funciones de seguridad social* [servicio público] *bajo la directa intervención del Estado"*.

Igualmente, en la Sentencia C-041 de 2006, de manera incontrovertible la Corte Constitucional afirmó que las Cajas de Compensación Familiar, entre otras actividades, ejercían unas funciones primordiales que tienen el *"carácter de función pública o social"*, con lo cual, claramente la Corte está asimilando ambos conceptos. Dijo la Corte en esa oportunidad:

> *En efecto, las Cajas de Compensación Familiar ejercen, entre otras actividades, unas primordiales que tienen el carácter de* ***función pública o social,*** *como así ya lo ha reconocido esta Corporación, las cuales pueden enmarcarse en dos grandes grupos a saber: servicios que prestan en calidad de entidades que desarrollan diversos programas para la prestación de la seguridad social; y, la que cumplen en calidad de entidades pagadoras del subsidio dinerario, y el otorgamiento de vivienda de interés social.*
>
> *Es decir, las Cajas de Compensación Familiar cubren el subsidio familiar a los trabajadores, desarrollan actividades en el ámbito de la recreación y el deporte, asignan subsidios de vivienda de interés social, y participan del sistema de seguridad social integral, creado y organizado por la Ley 100 de 1993, para administrar recursos del régimen subsidiado de salud, y actúan en la administración y prestación de servicios en el sistema de protección social en beneficio de los desempleados, adelantando programas de micro crédito.*

Como se observa, la Corte, de forma clara, al desarrollar la afirmación según la cual las Cajas de Compensación cumplen una función pública o social, no lo hace para indicar que las actividades que ejerce son inherentes del Estado y, por tanto, su ejecución comporta las prerrogativas o poderes propios de estas funciones. Por el contrario, **lo hace para indicar**

que dichas actividades son propias de la seguridad social y, en todo caso, tiene un contenido o finalidad de desarrollo social, que por el interés público que tal situación lleva consigo amerita la intervención del Estado.

Ahora bien, no puede perderse de vista que, como entidades sujetas al derecho privado la Ley 21 de a 1982 (artículo 62) dispone que las Cajas de Compensación Familiar pueden, además de pagar el subsidio familiar en dinero, efectuar obras y programas *sociales* para atender el subsidio en servicios o en especie en los siguientes campos: *i*) salud; *ii*) programas de nutrición y *mercadeo* de productos alimenticios y otros que compongan la canasta familiar para ingresos bajos (obreros), definida por el Departamento Administrativo Nacional de Estadística (DANE); *iii*) educación integral y continuada; *iv*) capacitación y servicios de biblioteca; *v*) vivienda; *vi*) crédito de fomento para industrias familiares; *vii*) recreación social; *viii*) *mercadeo* de productos diferentes a los enunciados en el ordinal 20.; el cual se hará de acuerdo con la reglamentación que expida posteriormente el Gobierno nacional.

Es así como se asigna a la SuperSubsidio la función de velar por el adecuado funcionamiento y *"aplicación de los recursos que administran las Cajas de Compensación Familiar"* (numeral 9), y **no de todos los recursos que ingresan a sus cuentas, pues no todos ellos son recibidos para "administrarlos" bajo los parámetros legales.** Y, de hecho, en lo que tiene que ver con el subsidio, también hay lugar a analizar lo que ocurre cuando estos recursos son distribuidos de la manera ordenada por la ley, pues a partir de ese momento su titularidad y naturaleza jurídica depende de la destinación estipulada para cada apropiación. En efecto, según el artículo 43 de la Ley 21 de 1982, el 8 % de los aportes recaudados por las Cajas de Compensación se distribuyen **para gastos de instalación, administración y funcionamiento**, rubro sobre el cual se han suscitado intensos debates que la obra pretende dirimir.

En efecto, mientras que los recursos de la seguridad social no son ni "renta estatal" ni recursos privados, sino de titularidad colectiva del sector de trabajadores formales remunerados (Sentencia C-575/92), los recursos del 8 % son de titularidad de las CCF, por autorización del artículo 43 de la Ley 21 de 1982, modificado por el artículo 18 de la Ley 789 de 2002 que redujo *"Los gastos de administración de las Cajas"* al 8 % de los ingresos del 4 %. Y, en adición a estos, encontramos los *"porcentajes límite de gastos de administración, instalación y funcionamiento de las Cajas de Compensación Familiar..."* en materia de FOVIS, SALUD, FONINEZ y FONEDE.

El tratamiento diferenciado, y la naturaleza distinta de los gastos de administración, son asuntos ampliamente reconocidos en distintas normas del sector. Así, por ejemplo, en lo atinente al Mecanismo de Protección al Cesante, encontramos que el artículo 2.2.6.1.3.12 del Decreto 1072 de 2015, al referirse a las subcuentas del Fondo de Solidaridad de Fomento al Empleo y Protección al Cesante, deja claro que *"los porcentajes de apropiación de las subcuentas <u>se realizarán una vez descontado lo correspondiente a los gastos de administración</u> y de conformidad con la Resolución de Distribución de Recursos del Fondo de Solidaridad de Fomento al Empleo y Protección al Cesante –FOSFEC–..."* (Se subraya). La única restricción que en este punto se indica, es que *"Con los gastos de administración y operación no podrán adquirirse bienes inmuebles de propiedad de las Cajas de Compensación Familiar".* Son estos, entre otros, los asuntos que ocupan las páginas que siguen, de fácil lectura y consulta obligada para los interesados en la materia.

Adriana María Guillén Arango
Bogotá, D. C., 24 de julio de 2024

Capítulo I. Historia y antecedentes del subsidio familiar y de las Cajas de Compensación Familiar

El presente capítulo tiene como finalidad hacer un repaso histórico del devenir del subsidio familiar en Colombia, teniendo como referencia los desarrollos normativos, jurisprudenciales y doctrinales relacionados con su naturaleza jurídica y su relación con otras prestaciones laborales y de la Seguridad Social. Para el efecto se tendrá como punto de partida el origen histórico y, si se quiere, filosófico, de esta institución, pasando por su creación y desarrollo en Colombia, para llegar a las discusiones que se siguen presentando en la actualidad.

Son profusas y variadas las obras o textos que se han encargado de desarrollar compilaciones analíticas del origen, desarrollo e historia de las asignaciones familiares y de subsidio familiar tratándose del caso colombiano. Esos textos se han centrado, en gran parte, en explicar y relatar los sucesos históricos que han moldeado esta prestación social y describir las corporaciones que gestionan estos recursos, esto es, las Cajas de Compensación Familiar, principalmente desde una perspectiva de los procesos económicos, sociales y culturales que se dieron lugar a su surgimiento y consolidación.

No obstante, han sido casi nulos los trabajos que han tratado de explicar estos desarrollos desde un punto de vista eminentemente jurídico o desde su naturaleza jurídica, más allá del contexto en que tuvieron lugar. Este análisis es indispensable para entender con precisión el régimen jurídico o el conjunto de normas aplicables a esta institución.

1. ANTECEDENTES HISTÓRICOS Y FUNDAMENTOS TEÓRICOS

La historia del Subsidio Familiar obedece a la evolución de dos instituciones: las prestaciones sociales propias del Sistema y las Cajas de Compensación Familiar como institución que se encarga de garantizar su reconocimiento. El Sistema de Subsidio Familiar no es una creación colombiana. Es más: desde principios del siglo pasado se reconoció la necesidad de garantizar condiciones laborales justas en un contexto social complejo de altas tensiones políticas entre patronos y proletarios[8]. Esas tensiones generaron una profunda transformación del papel del Estado en la vida de la sociedad, con la aparición del Estado Bienestar, el servicio público como justificación de la actividad pública, la igualdad material y el trabajo como eje central de la actividad humana[9]. Así, con esa dignificación aparece la necesidad de garantizar las prestaciones sociales, originadas en la relación laboral para garantizar los riesgos de la vida del trabajador.

1.1. El "salario justo" y las asignaciones familiares

Conocida como la primera encíclica social de la iglesia católica, en la *Rerum novarum: sobre la situación de los obreros* (1891[10]), se plantean

8. Al respecto, Santamaría Pastor señala "en un primer momento, el Estado asume la carga de intervenir autoritariamente en el campo de las relaciones de trabajo, con el fin de hacer frente a las desastrosas consecuencias que para la clase obrera había tenido la industrialización, la libertad contractual y el hacinamiento urbano", *Fundamentos de Derecho Administrativo*, (Madrid: Ed. Centro de Estudios Ramón Areces, 1991), 160-161.
9. No debe olvidarse que la primera organización internacional en crearse fue la Organización Internacional del Trabajo, a través del Tratado de Versalles en 1919, sobre la base de la Asociación Internacional para la Protección Legal de los Trabajadores de 1901.
10. Vaticano, "Carta encíclica. *Rerum novarum* del sumo pontífice. León XIII. Sobre la situación de los obreros", Vatican.va. https://www.vatican.va/content/leo-xiii/es/encyclicals/documents/hf_l-xiii_enc_15051891_rerum-novarum.html.

postulados, entre otros, en torno a la relación patrono-obrero, el respeto del libre albedrío y el acuerdo de voluntades en la relación laboral. Esta última enmarca el concepto de "trabajo", entendido como *"ocuparse en hacer algo con el objeto de adquirir las cosas necesarias para los usos diversos de la vida".* De ahí que el trabajo implique en sí mismo, que sea personal, en cuanto *"la energía que opera es inherente a la persona y propia en absoluto de quien la ejerce (...)"* y necesario, *"por cuanto el fruto de su trabajo le es necesario al hombre para la defensa de su vida (...)*[11]".

Así mismo, se sostiene que deberían existir garantías o condiciones mínimas reconocidas a los trabajadores que no deberían estar al libre juego de la oferta y la demanda. Entre estas consideraciones, como punto cardinal, se encuentra el concepto de *salario,* considerado como un derecho del obrero por la labor realizada que le otorga la posibilidad de exigirlo y como un medio para obtener la propiedad de las cosas. Y, también en esta línea, la Encíclica en cita introduce la idea de lo que debe considerarse como un **salario justo**, el cual debe ser de tal entidad que *"no debe ser en manera alguna insuficiente para alimentar a un obrero frugal y morigerado".* Esto es, debe ser *"lo suficientemente amplio para sustentarse a sí mismo, a su mujer y a sus hijos".* Es de esta manera como aparece la relación entre salario y la necesidad de cubrir las cargas que implica el sostenimiento de la familia.

Este esfuerzo encaminado a garantizar la igualdad material no fue solo de la Iglesia. Por el contrario, para la época se presentaron constantes tensiones sociales y doctrinales, las cuales en algunos casos llegaron a ser violentas. Jorge Iván Rincón, señala, en este sentido:

> ...la aparición de una nueva clase social y con ella el surgimiento de nuevas exigencias, así como el reconocimiento paulatino de una mayor participación política y la promulgación de diversas teorías socialistas, ocasionarían que la administración pública comience a cambiar y deje de lado su papel de simple observadora; se comenzaban a contraponer dos principios:

11. *Ibidem.*

la libertad como sustento de la sociedad producto de las revoluciones liberales y madre de los derechos individuales, y la igualdad que dejaba de lado su aspecto formal y empezaba a materializarse con las reivindicaciones que se presentaban en favor de las clases sociales menos favorecidas...[12].

La doctrina coincide en que el germen del salario familiar lo constituye la citada Encíclica y amplía lo allí contenido en el sentido de reivindicar la idea de salario justo en función de las necesidades familiares. Al respecto, Severino, afirma: *"Para la generalidad de los obreros, la única fuente de ingresos es el salario. Luego, o se le niega el derecho a tener mujer e hijos y el deber de mantenerlos o la remuneración que reciba tiene que ser suficiente para ello, debe ser familiar"*[13]. Bajo este espectro, la remuneración justa se finca en la materialización del derecho individual del trabajador a constituir familia, lo cual comporta como derecho, que el empleador le deba suministrar los medios para mantenerla a partir del trabajo que aporte y el salario que por ello recibe[14].

Para materializar este principio, surgieron varias fórmulas dentro de las cuales se resalta la tendencia a definir salarios mínimos suficientes con un aumento progresivo en la medida en que aumente el costo de vida o, la que tuvo mayor acogida, la implementación de seguros o subsidios familiares deslindados del salario o del jornal y fijados en función

12. Rincón Córdoba, Jorge Iván, *Las generaciones de derechos fundamentales y la acción de la administración pública*, (U. Externado, 2002), 70.
13. Franky Vásquez, Pablo. Disposiciones Legales sobre subsidio familiar y materias afines. Legislación, jurisprudencia y doctrina. (Asociación Nacional de Cajas de Compensación Familiar. Editorial Colombia Nueva Ltda.,1978), 45.
14. Al respecto, en la Encíclica se dice: "Que los trabajos remunerados, si se atiende a la naturaleza y a la filosofía cristiana, no son vergonzosos para el hombre, sino de mucha honra, en cuanto dan honesta posibilidad de ganarse la vida. Que lo realmente vergonzoso e inhumano es abusar de los hombres como de cosas de lucro y no estimarlos en más que cuanto sus nervios y músculos pueden dar de sí".

del número de hijos del trabajador, esto es a partir del principio de la compensación o de complemento del salario[15].

Esas condiciones fueron perfectamente narradas por Jean Pinte, para quien el subsidio familiar nace de una situación particularmente compleja relacionada con las transformaciones del Estado y las consecuencias de la guerra. El autor explica que las prestaciones sociales nacen, poco a poco, más como una liberalidad de los patronos que como una imposición de carácter legal, lo cual llevó a que su reconocimiento se diera particularmente en empresas y sectores en los cuales no había mucha competencia. Sin embargo, explica Pinte que *"la guerra vino a resaltar la importancia de la familia numerosa y las dificultades que ella podía encontrar para satisfacer sus necesidades"*[16].

La cuestión era muy concreta, ¿qué pasaría con esas familias cuando los hombres fueran a la guerra? Para ello, se empezaron a reconocer prestaciones a las esposas de los movilizados y para el racionamiento de víveres. Así mismo, se exigió que las empresas privadas que prestaban servicios al Estado también garantizar esos beneficios para sus empleados[17].

1.2. Dificultades en el pago del subsidio y el surgimiento de las Cajas de Compensación Familiar

En el contexto narrado, el pago del subsidio directamente por los patronos tuvo dificultades relacionados con temas de competencia y de discriminación. Sobre lo primero, ocurrió que las empresas que cumplían con el pago se hallaban en una situación desventajosa frente a las que lo eludían, generando incentivos perversos y afectaciones al régi-

15. Franky Vásquez, Pablo. Disposiciones Legales sobre subsidio familiar y materias afines. Legislación, jurisprudencia y doctrina. (*Asociación Nacional de Cajas de Compensación Familiar. Editorial Colombia Nueva Ltda.,1978*), 26
16. Pinte, Jean, Les allocations familiales, (Sirey, París, 1935), p. 75.
17. Pinte, Jean, *Les allocations familiales*, (Sirey, París, 1935), p. 76.

men de libre competencia. Por otro lado, conllevó a prácticas discriminatorias, toda vez que los patronos preferían a los trabajadores sin cargas familiares, de tal suerte que la medida se volvió en contra de las personas que se buscaba beneficiar.

Como consecuencia, se hizo necesario pensar en un sistema que funcionara de manera independiente a los empleadores-pagadores, y que eliminara los incentivos que el modelo incipiente había creado. Fue bajo estas circunstancias que se crearon las Cajas de Compensación Familiar, sobre las cuales Restrepo Moreno señala:

> En estas circunstancias el industrial francés señor Romanet en 1917, encontró a solución del problema al idear las Cajas de Compensación Familiar, organismos de recaudo y reparto del subsidio, independientes de las empresas, para las cuales ningún perjuicio causa el patrimonio de las familias numerosas, a las cuales antes están interesadas en ayudar dada su finalidad, porque pagan con dinero proveniente de los empresarios, mediante fondos de solidaridad en que las empresas cubren una cuota que no varía en proporción al número de hijos de los trabajadores[18].

Ahora bien, la creación de las Cajas de Compensación no fue un ejercicio uniforme. En efecto, en Francia varias de ellas nacieron, más que por una imposición o un modelo ideal; por la *comunión de ideas* en torno a las condiciones de los trabajadores que se fue produciendo en un conjunto de empresas. En efecto, parece que "*la idea de compensación haya sido más el resultado de una comunión de pensamiento entre personas que, ante situaciones similares o al menos de la misma naturaleza, propusieron la misma solución*"[19].

Sin embargo, lo cierto es que se necesitaba, en este contexto, un mecanismo que pudiera garantizar que para el *empleador fuera indiferente contratar*

18. Franky Vásquez, Pablo. Disposiciones Legales sobre subsidio familiar y materias afines. Legislación, jurisprudencia y doctrina. (Asociación Nacional de Cajas de Compensación Familiar. Editorial Colombia Nueva Ltda.,1978), p. 40.
19. Pinte, Jean, *Les allocations familiales*, (Sirey, París, 1935), 77.

a un padre de familia o a un soltero[20], dando entonces origen a las Cajas de Compensación que, en su primera versión, permitían a los empleadores dividirse el monto total de las prestaciones sociales a prorrata según su importancia económica, independientemente de la composición de su personal.

Como se puede ver, el reconocimiento de las prestaciones sociales en el contexto del nuevo modelo de Estado "bienestar", como una medida de fomento llamada a garantizar la igualdad material, viene de la mano de la aparición de las Cajas de Compensación como organismos especializados llamados a corregir los riesgos financieros, de discriminación y de competencia que dicho reconocimiento podría generar, en particular la desigualdad de las cargas relacionadas con la nómina de trabajadores.

1.3. La acogida del modelo de Subsidio Familiar en distintos países

En relación con la vía para la implementación del subsidio familiar, el análisis histórico presenta dos grandes vertientes. Por un lado, el origen espontáneo del Subsidio Familiar o como fruto del acuerdo de voluntades, sea de origen exclusivo del patrono o del Estado (simple concesión) o derivado del acuerdo entre patronos y trabajadores en los contratos colectivos de trabajo. Esta última modalidad dio origen a la generalización del sistema y a la prolífica constitución de cajas de compensación familiar. Por otro lado, el que se establece por determinación de la ley, sea con fines exclusivamente económicos (en compensación por la elevación del costo de vida o como política de natalidad) o como una modalidad de seguro social (transformándose, usual y posteriormente, en modelos de seguridad social), como una parte del salario o como una prestación social. Al respecto, el rol del Estado a través de la legislación en relación con el subsidio familiar correspondería a la intervención con

20. Pinte, Jean, *Les allocations familiales*, (Sirey, París, 1935), 85.

el fin de garantizar el reconocimiento de derechos o prestaciones a favor del trabajador en aras de la igualdad de trato.

Frente a la naturaleza jurídica del subsidio familiar y su consagración legal, Vásquez afirma:

> Los subsidios o asignaciones familiares han sido definidos distinta, diferente y aun contraproducentemente, como una modalidad del seguro social, como una parte del salario y simplemente como una mera bonificación, elevada a la categoría de prestación social, por su consagración legal. Al parecer, esta última es la idea que más asidero tiene en la práctica y en la teoría 'la asignación familiar -se ha escrito- es una bonificación otorgada por la ley a los trabajadores en razón de las cargas de la familia'. Bonificación financiada por cuotas o contribuciones, con las cuales se forma un fondo común del cual, a su turno, se distribuye la prestación correspondiente a esos mismos trabajadores cuando sobre ellos recaen cargas familiares. Una prestación concebida y otorgada en orden a la tutela de la vida y la salud de la familia del trabajador"[21].

En cuanto al financiamiento, depende de cada ordenamiento en que se haya implementado, presentándose varias modalidades: a cargo exclusivo de los empleadores, a cargo solo del Estado, modelos bipartitas o tripartitas con el aporte del trabajador. Frente a este último punto, en referencia a Latinoamérica, la tendencia, salvo en Colombia, es que las asignaciones familiares sean tratadas como programas de asistencia social, financiada por impuestos generales, su administración recae en instituciones públicas y ampara a familias de bajos ingresos[22].

Conviene citar el Convenio 102 de la Organización Internacional del Trabajo, suscrito el 28 de junio de 1952, que contiene la norma mínima en relación con la Seguridad Social. Las prestaciones que prevé este instrumento

21. Franky Vásquez, Pablo. Disposiciones Legales sobre subsidio familiar y materias afines. Legislación, jurisprudencia y doctrina. (Asociación Nacional de Cajas de Compensación Familiar. Editorial Colombia Nueva Ltda.,1978), 38.
22. Guataquí Roa, Juan Carlos; Mican Rivera, Catalina; Ruiz Rodgers, María Margarita. Estudio de prospectiva del Sistema de Compensación Familiar. (Bogotá D.C.: Asociación Nacional de Cajas de Compensación Familiar (ASOCAJAS), 2019), 55 y 56.

internacional son las siguientes: i) asistencia médica; ii) prestaciones monetarias de enfermedad; iii) prestaciones de desempleo; iv) prestaciones de vejez; v) prestaciones en caso de accidente de trabajo y de enfermedad profesional; vi) prestaciones familiares; vii) prestaciones de maternidad; viii) prestaciones de invalidez; y ix) prestaciones de sobrevivientes.

En cuanto a las prestaciones familiares, el artículo 40 prevé que la contingencia que se cubre es la de tener hijos a cargo y los beneficios deben consistir sea en un pago en dinero o en especie o una combinación de ambas. El Convenio 102 desarrolla el modelo adoptado por Reino Unido en el año 1942, conocido como Plan Beveridge —llamado así por el nombre de su autor principal— y que dio lugar a la creación de sistemas unificados e integrales de seguridad social, dirigidos por el Estado, con cobertura universal y financiados con ingresos públicos.

Los modelos de Seguridad Social se han venido transformando en esquemas de *protección social* que se encaminan a generar condiciones de inclusión para todas las personas y combatir la pobreza especialmente de aquellas personas en condición de vulnerabilidad. Este sistema se orienta a integrar las prestaciones de la seguridad social con acciones de política social e inclusión, con miras a obtener la meta de la universalidad. *"Se trata de ampliar la noción de los sistemas de seguridad social y de las coberturas clásicas, para incluirlos en un concepto omnicomprensivo que promueva el reconocimiento de beneficios mínimos para todos, sin perjuicio del alcance tradicional de dichas coberturas* (*lo que se ajusta a la noción de piso de protección*)*"*[23].

2. CREACIÓN Y DESARROLLO DEL SUBSIDIO FAMILIAR EN COLOMBIA

La creación del Subsidio Familiar en Colombia obedeció a ese influjo internacional, al reconocimiento de una profunda transformación que

23. Cortés González, Juan Carlos. Seguridad Social, derecho para todos. Primera Edición. Organización Iberoamericana de Seguridad Social. (Editorial Legis, 2016), 63

se condensó en la reforma constitucional del derecho de propiedad en 1936 y el reconocimiento de dignas condiciones laborales como elemento esencial de la vida nacional. Son varias las etapas que permitieron la creación del Sistema de Subsidio Familiar como una obligación de carácter legal, relacionada con la garantía de la mejora de la calidad de vida de los trabajadores de menores ingresos, es decir, como una prestación social de origen laboral.

2.1. Consagración del Subsidio Familiar en la legislación y su implementación voluntaria

La Ley 90 de 1946 por medio de la cual se instauró el seguro social obligatorio y creo el Instituto Colombiano de Seguros Sociales, en su artículo 1°, previó los riesgos a cubrir en relación con el seguro social en favor de los trabajadores. Aun cuando no incluyó el subsidio familiar o a las asignaciones familiares, sí previó como una de las funciones del Seguro Social, la siguiente:

> 7. Organizar los seguros facultativos; los adicionales para el reconocimiento a los asegurados obligatorios y a los miembros de sus familiares que dependan exclusivamente de ellos, de prestaciones más favorables que las determinadas en la ley, **y las Cajas de Compensación destinadas a atender los subsidios familiares que algunos patronos decidan asumir en beneficio de los asegurados obligatorios que lleguen a establecerse por ley especial o en las convenciones colectivas de trabajo** (énfasis añadido).

Como se observa, la norma asignó la competencia al Instituto Colombiano de Seguros Sociales de organizar las Cajas de Compensación para efectos de operar el subsidio familiar en caso de que algunos empleadores llegaran a reconocer esa necesidad, bien fuese como fruto de leyes especiales o de convenciones colectivas de trabajo. Valga la pena aclarar que esta disposición normativa nunca se aplicó, comoquiera que las Cajas a las que hacía referencia nunca fueron organizadas por el Instituto de Seguros Sociales, ni se puso en marcha un sistema similar.

No obstante, no existe duda alguna de que la Ley 90 de 1946 fue el primer intento del Estado en crear una institucionalidad pública[24] y un sistema comprensivo de seguros sociales, previendo para ello los riesgos a cubrir y la forma en que se iba a financiar. Esto, en los términos del artículo 16, consistía en un *"sistema de triple contribución forzosa de los asegurados, de los patronos y del Estado".*

Ahora bien, fuera de ese marco institucional, de forma voluntaria, la primera entidad que pagó el subsidio familiar en Colombia fue la empresa Ferrocarril de Antioquia en virtud de una convención colectiva suscrita el 22 de febrero de 1949. El subsidio era de $3.00 por cada hijo hasta los 15 años de edad. Posteriormente el *Quinto Plenum* de la Unión de Trabajadores de Colombia –UTC– reunido en Medellín en marzo de 1954 recomendó la fundación de Cajas de Compensación que percibieran un 5 % de los salarios, para distribuirlo a través de un subsidio familiar. Aun cuando se trataba de una obligación patronal, los trabajadores estaban dispuestos a contribuir al fondo con el 1 % de sus salarios.

Así mismo, en mayo de 1954 el Departamento Técnico de la Asociación Nacional de Industriales –ANDI– presentó un memorando en el cual se analizó la conveniencia y eficacia de establecer el subsidio familiar, razonamiento del cual se resalta el siguiente aparte:

> Esta correlación significa sencillamente que la solución de los problemas económicos de la clase trabajadora no puede ser efectiva si se considera un aumento porcentual global sobre los salarios actualmente pagados, pues en tanto que las familias menos numerosas quedarían con ello en condiciones de superávit, las de un mayor número de miembros permanecerían con ne-

24. Para la dirección y vigilancia de los seguros sociales se creó el Instituto Colombiano de Seguros Sociales, entidad pública con personería jurídica y patrimonio propio, formado por un consejo directivo integrado por el Gobierno nacional, un representante de los patronos, asegurados, pensionados y del cuerpo médico. Por su parte, el gerente general era nombrado por el presidente de la república por un período de cinco años de terna presentada por el Consejo Directivo (arts. 10 y 11)

> cesidades insatisfechas. Por consiguiente, una ayuda económica que consulte la realidad social de las clases trabajadoras debe radicarse con intensidad progresiva sobre las necesidades de la familia obrera, la cual es precisamente la idea del subsidio familiar, que concede a cada trabajador una suma determinada de dinero por cada uno de sus hijos menores de edad.

Con base en estos fundamentos, la XI Asamblea Ordinaria de la Asociación Nacional de Industriales (ANDI) en mayo de 1954 aprobó por unanimidad la siguiente proposición:

> 1. Autorizar a la Junta Central de la Asociación para que establezca y organice con aportes de las empresas que voluntariamente quieran hacerlo, Cajas de Compensación Autónomas que conceden subsidios familiares en favor de los trabajadores de esas empresas.
>
> 2. Invitar a sus asociados a inscribirse en esas instituciones destinadas a atender a las necesidades del hogar obrera, en proporción al número de hijos a cargo del jefe de la familia y,
>
> 3. Sugerir respetuosamente al Gobierno Nacional que, con la colaboración de los diversos gremios, estudie la posibilidad de extender esta iniciativa a todo el territorio nacional y a las distintas actividades económicas.

Fruto de estas iniciativas, el 30 de junio de 1954 se creó en Medellín la Caja de Compensación Familiar de Antioquia (COMFAMA), la primera Corporación de esta naturaleza constituida en Colombia.

Así las cosas, la implantación del subsidio familiar en esta etapa fue fruto de la iniciativa privada, en una conjunción de intereses entre las centrales obreras y los empresarios, donde se hizo palpable la necesidad de reconocer el subsidio familiar a los trabajadores sobre los cuales se hace el respectivo aporte. Y, desde sus inicios, se contempló que el mejor vehículo para operar estas ayudas era a través de las Cajas de Compensación Familiar, como expresión de esa dupla indisociable que existe desde el surgimiento del Sistema del Subsidio Familiar. Finalmente, conviene resaltar, ya se instaba al Gobierno nacional a intervenir para efectos de garantizar el reconocimiento del subsidio familiar en todo el territorio nacional, como una clara expresión de ese Estado bienestar que estaba surgiendo poco a poco.

Finalmente, en lo que hace referencia a esta etapa, conviene tener el presente Mediante el Decreto Extraordinario No. 180 de 1956 se estimuló la implantación del subsidio familiar en el país. La normatividad tuvo como fundamento expreso la doctrina social católica que propugna por el establecimiento de subsidios familiares *"como la mejor manera de hacer posible el salario familiar"* y las dificultades que vienen presentando algunos empresarios en la implantación voluntaria del subsidio familiar.

Ahora bien, bajo el decreto sigue siendo voluntario, para el empleador, el reconocimiento del subsidio familiar. Sin embargo, se aclara que no es salario ni se computará como factor salarial, que las Cajas de Compensación estarán exentas del impuesto de timbre sobre los cheques destinados al pago del subsidio familiar y que resulta inembargable, salvo en juicios de alimentos. Así las cosas, la hasta ahora limitada intervención del Estado va dirigida a perfilar las características del subsidio familiar.

2.2. La creación del Subsidio Familiar y las Cajas de Compensación Familiar como un imperativo legal

2.2.1. Establecimiento obligatorio y desarrollo del subsidio familiar (1957-1962). Definición expresa de su naturaleza jurídica

El Decreto Extraordinario No. 118 de 1957[25] es un hito en la historia del subsidio familiar en Colombia, comoquiera que su reconocimiento se hace obligatorio para ciertos empleadores y establecimientos públicos descentralizados De nuevo, el sustento del Decreto es la doctrina social católica que recomendaba el establecimiento del subsidio familiar como medio de fortalecimiento de la familia, dando origen a una relación jurídica conformada por el empleador, por un lado, y los trabajadores a su servicio, por el otro, teniendo como intermediario un ente encargado de la redistribución de lo recaudado en los términos previstos en el decreto.

25. Mediante este acto administrativo también se decreta el aumento de salarios y se crea el Servicio Nacional de Aprendizaje.

El mencionado decreto previó lo siguiente **frente a los empleadores:** (i) la obligación de reconocer el subsidio familiar a los empleadores y establecimientos públicos descentralizados con capital de mínimo cien mil pesos o que ocupen un número de trabajadores permanentes no inferior a 20 personas; (ii) la obligación de las personas obligadas a destinar un 5 % de su nómina mensual de salarios para los siguientes fines: 4 % para el subsidio familiar y un 1 % para el servicio nacional de aprendizaje (SENA); (iii) la naturaleza deducible de los pagos por conceptos de subsidio familiar, en lo atinente al impuesto de renta y complementarios; y, (iv) la obligación de los patronos de constituir y afiliarse a Cajas de Compensación ya existentes para efectos del pago del subsidio familiar, salvo los empleadores de empresas mineras, agrícolas o ganaderas o aquellos que tengan más de mil trabajadores a su servicio. Estos últimos fueron autorizados para asumir directamente el pago del subsidio familiar.

Por su parte, en lo atinente a los **beneficiarios del subsidio familiar**, dijo el Decreto que son los trabajadores permanentes de uno y otro sexo que laboren la jornada máxima legal y tengan a su cargo hijos *"legítimos o naturales reconocidos"* que dependan económicamente de ellos y que sean menores de 18 años o estén incapacitados para trabajar por invalidez. Y precisó que el subsidio familiar no es embargable y no constituye salario.

Y frente al **subsidio** en sí mismo considerado, indicó el decreto que para su cálculo era necesario tomar el saldo líquido de lo recaudado luego de descontar los gastos de administración (3 %) y dividirlo por el número de hijos de trabajadores registrados en la respectiva Caja. El decreto exoneró a las Cajas de Compensación de todo impuesto nacional, departamental o municipal, indicando igualmente que ellas *"no tendrán otro fin que el de instituciones de simple repartición. Por lo tanto, se les prohíbe ejercer el comercio y toda otra actividad distinta de la ya expresada".*

Resulta claro que mediante el Decreto 118 de 1957 en Colombia se adopta el modelo clásico o tradicional del subsidio familiar o de las asignaciones familiares. Se trata, pues, de un sistema que se enmarca dentro de la relación laboral donde el empleador, salvo algunas excepciones, paga una suma fija de dinero a partir de un porcentaje de la nómina mensual, y a través de una operación de compensación realizada por las Cajas de Compensación se reconoce este beneficio a los trabajadores que reúnan las condiciones, en función del número de hijos menores de 18 años o que se encuentren en situación de discapacidad. No obstante, el modelo era restrictivo en tanto no todas las empresas y, por tanto, no a todos los trabajadores se les reconocía la prestación.

En consecuencia, la relación jurídica que integra este modelo, la conforman el empleador, por un lado, y los trabajadores a su servicio por el otro, para lo cual se creó como intermediario un ente que se encargaba de la redistribución de lo recaudado en los términos previstos en el decreto. Y, tal como se deprende, de manera expresa, de los artículos 10 y 13 del decreto, se le da la connotación de **derecho** al subsidio familiar.

Al respecto, debe hacerse referencia al rol del Estado en la confección inicial del Subsidio familiar. Ciertamente, a diferencia de lo que solía ocurrir en otros ordenamientos, este beneficio no se incluye dentro de los riesgos o necesidades cubiertos por el sistema público de seguros sociales, a pesar de que, como se advirtió desde la Ley 90 de 1946 ya existía en Colombia.

Así mismo, para el financiamiento del subsidio familiar, no se contemplaron recursos del erario público, en tanto, de forma expresa se les impuso esta obligación a los empleadores en el marco de la relación laboral. Por lo anterior, el rol del Estado en esta materia consistió en ejercer sus competencias para imponer o tornar obligatorio el reconocimiento de un derecho laboral para algunos trabajadores. En relación con este último punto, conviene citar una sentencia del Consejo de Estado del 30 de junio de 1972 en la cual se hace referencia en el fundamento del Estado en imponer el subsidio familiar en los términos previstos en la respectiva normativa:

> "Este régimen particular (el previsto para el subsidio familiar) obedece a la voluntad de estimular el establecimiento del subsidio en beneficio los trabajadores porque con una reglamentación distinta, los empresarios tratarían de infringirlo debido al recargo que sobrevendría en la liquidación de las prestaciones".

Igualmente, la normatividad aclara que las Cajas de Compensación tenían funciones solo de reparto de esos recursos, de manera que les era prohibido ejercer cualquier actividad diferente a la de desembolsar el subsidio familiar en dinero. Con el Decreto Reglamentario 1521 de 1957 modificado por el Decreto 249 de 1957 se reitera que el objeto de esta prestación es *"la defensa integral de la familia como estructura y núcleo social, desde el punto de vista del cumplimiento de los deberes de sus miembros, de su preparación para la vida y de su protección económica"*. El citado Decreto se encargó de la reglamentación de las Cajas de Compensación Familiar al establecer: *i*) su autonomía administrativa; *ii*) los requisitos para su creación (organizarse como corporaciones, obtener personería jurídica y reunir un mínimo de 50 empleadores afiliados que agrupen a no menos de 2000 trabajadores con derecho a recibir el subsidio y aprobar los respectivos estatutos); y, *iii*) su estructura organizacional compuesta por una asamblea general de afiliados, el consejo directivo y un director administrativo. He aquí una muestra de que, desde la primera organización de las Cajas de Compensación Familiar, se consagró su naturaleza privada, la libre iniciativa para su creación, así como la sujeción a los estatutos y su estructura organizacional. Todas estas circunstancias, en esencia, permanecen en la actualidad.

2.2.2. La extensión de las funciones de las Cajas de Compensación Familiar

El Decreto Reglamentario 3151 de 1962 constituye también un avance en la consolidación del subsidio familiar y de las Cajas de Compensación Familiar en la medida en que permitió que estas corporaciones invirtieran en obras de beneficio social las sumas no empleadas de los gastos de administración autorizados, siempre que se trate de programas que tendieran a favorecer el núcleo familiar. De esta forma, las Cajas dejan de entidades de solo reparto y pasan a desempeñar un papel más activo en actividades de fomento.

Cabe resaltar que la acción o los servicios sociales, como complemento al pago del subsidio familiar en dinero, es considerada una etapa dentro de la evolución de esta prestación social y tiene como objetivo, ante el aumento del costo de vida, contribuir de forma más eficaz al alivio de las cargas familiares a través de la reducción directa de ese costo que tienen que soportar los padres de familia. En esta línea, y ante la ausencia de servicios suficientes del Estado, se busca la organización de servicios sociales *"que permitan a los padres dar a sus hijos o que necesitan para vivir en mejores condiciones"*[26].

2.2.3. La consolidación del Subsidio Familiar (1963-1980)

La Ley 58 de 1963 además de reiterar que el subsidio familiar es un "derecho", lo denomina "prestación social" (arts. 6, 8 y 9). Igualmente, extendió el subsidio familiar a los trabajadores oficiales, disminuyó a 96 horas al mes el tiempo mínimo que se debía laborar para acceder al beneficio, y determinó la remuneración máxima que debía tener el trabajador para acceder al subsidio familiar, consolidando con ello el enfoque de este beneficio a los trabajadores con medianos y pequeños ingresos.

Por su parte, la Ley 69 de 1966 reiteró la relación jurídica subyacente al subsidio familiar (una prestación social que se reconoce en el marco de una relación laboral por conducto de una Caja de Compensación Familiar), al disponer, en su artículo 1° que: *"los empleadores que por ley están obligados a pagar subsidio familiar a sus trabajadores, deberán hacerlo por conducto de una caja de compensación familiar que funcione en la ciudad o localidad donde se causen los salarios"*, disposición normativa que, por demás, es la primera que prevé el funcionamiento territorial de estas Corporaciones.

La Ley 56 de 1973 también definió el subsidio familiar como *"una prestación social pagadera en dinero, en especie o en servicios y su objetivo es favorecer la integración y el fortalecimiento económico, moral y cultural de la familia como núcleo básico de la sociedad"* (art. 1), reiterando, por tanto, que no puede considerarse como salario, ni computarse como factor del

26. Franky Vásquez, Pablo. Disposiciones Legales sobre subsidio familiar y materias afines. Legislación, jurisprudencia y doctrina. (Asociación Nacional de Cajas de Compensación Familiar. Editorial Colombia Nueva Ltda.,1978), 18.

mismo. La ley dispone que no es gravable fiscalmente y solo podría embargarse judicialmente en juicios de alimentos o con ocasión de juicios de adjudicación de vivienda. Se incluye a los hijos adoptivos e hijastros de los trabajadores para efectos del reconocimiento del subsidio familiar. Reafirma la naturaleza privada de las Cajas de Compensación, al prever que deben constituirse como corporaciones e introduce la representación de los trabajadores en los Consejos Directivos, con dos integrantes. Como puede verse, la concepción que se tenía en este momento corresponde a un modelo de asignaciones familiares *sui generis*. En palabras de EMILIANI:

> Creo mi deber destacar, por la enseñanza experimental que tiene para la solución de los problemas colombianos, que el poder creador de las Cajas de Compensación se debe fundamentalmente a la iniciativa privada.
>
> (...)
>
> ... No se creó una Caja Oficial Única, ni Cajas Regionales Únicas, que hubieran constituido monstruos de burocracia devoradores del subsidio, sino que se invitó a los patronos y trabajadores a que se asociaran libremente para compensar bajo condiciones mínimas, que desgraciadamente, no siempre han sido respetadas ni hechas respetar.
>
> El espíritu de la libertad, pues, acogió el subsidio familiar en su seno, lo amamantó, lo crio, lo desarrolló y lo hizo proliferar en sus diversas manifestaciones de servicios sociales. Hoy, quienes tardíamente se dan cuenta de su vigor y exuberancia, critican que no sea del Estado o que el Estado no decida omnipotentemente de su inversión. Quienes así piensan ignoran que fue precisamente el Estado el que invitó a la iniciativa de patronos y trabajadores para que se asociaran a fin de que manejaran y dirigieran la financiación que ellos mismos debían hacer del subsidio familiar. El Estado nada aportó y hoy sería ya contradictorio, por una parte y, por otra abusivo, que pretendiera invadir la órbita que previamente concedió a otros, o entorpecer la dirección que consecuencialmente debía reconocerles, más allá de su función de control, vigilancia y coordinación[27].

27. Franky Vásquez, Pablo. Disposiciones Legales sobre subsidio familiar y materias afines. Legislación, jurisprudencia y doctrina. (Asociación Nacional de Cajas de Compensación Familiar. Editorial Colombia Nueva Ltda.,1978), 449.

En cuanto a la diferenciación del modelo de subsidio familiar adoptado en Colombia en relación con los países iberoamericanos, ya en 1977 se decía lo siguiente:

> Si se compara la estructura del subsidio familiar colombiano con la de los demás países latinoamericanos y aun con la del resto del mundo, Colombia aparece como un caso casi insular, como una excepción en el esquema mundial. Así puede comprobarse, por ejemplo, si se examinan los documentos de confrontaciones internacionales tan importantes como la reciente Asamblea Mundial de Seguridad Social reunida en Madrid o la anterior Conferencia Iberoamericana del mismo tema celebrada en Panamá a fines de 1976. Allí se evidencia que la casi totalidad de la Seguridad Social, incluidas las asignaciones familiares o subsidio familiar, están en manos del Estado y se manejan por entidades oficiales. El legislador colombiano tuvo, en cambio, el acierto de entregar el subsidio familiar a corporaciones privadas que son nuestras Cajas, con un manejo autónomo y alejado de los vaivenes y contratiempos propios del sector oficial y además con la suprema dirección que llevan en sus Consejos Directivos los empleadores aportantes y los trabajadores beneficiarios, estos últimos mediante una representación laboral que ha dado muestra de notable eficacia. (Se subraya)

A propósito de la naturaleza jurídica del subsidio familiar y de las Cajas de Compensación Familiar y del tipo de control que le corresponde a este tipo de Corporaciones, la Corte Suprema de Justicia, en Sentencia del 12 de agosto de 1976, expuso:

> "El subsidio familiar hace parte de la seguridad social en cuanto tiene a la defensa integral de la familiar y por tanto puede incluirse dentro en la denominación genérica de las prestaciones sociales de los trabajadores. Así ha sido considerado en la legislación desde su establecimiento (D. 1521 de 1957 art. 7) y posteriormente por la Ley 58 de 1963 (arts. 8 y 9).
>
> (...)
>
> Las Cajas de Compensación Familiar son entidades que por ministerio de la ley deben crear los particulares con fines eminentemente sociales y sin ánimo de lucro.
>
> (...)

Las Cajas de Compensación Familiar están asimiladas legalmente a las instituciones de utilidad común y su control administrativo para que sus rentas sean debidamente aplicadas atañe al Presidente de la República (art. 129-19).

Algo distinto es el Control Fiscal que en el orden de la administración pública corresponde a la Contraloría General de la República sobre todos los órganos de la administración nacional y sus entidades descentralizadas: este control se refiere al fisco exclusivamente (arts. 59 y 60 C.N)

El término fiscal hay que entenderlo en su sentido obvio o sea como referencia al patrimonio o a los intereses patrimoniales públicos, o si se quiere, como lo define el diccionario académico de la lengua "tesoro público, hacienda nacional, erario" (Eustorgio y Mauricio Sarria. Derecho Administrativo, Publicaciones C.E.T.D.A. 1974. Página 307).

El control económico, vigilancia e inspección de los bienes de estas entidades o corporaciones [Cajas de Compensación Familiar] debe cumplirse por sus órganos estatutarios, con la inspección y vigilancia del Estado, pudiendo el Ministerio ejercer dicho control por conducto de los órganos estatutarios de las mismas entidades. O sea que el llamado control fiscal se refiere al económico de las mismas entidades privadas bajo la vigilancia del Estado".

En cuanto al control y vigilancia sobre las Cajas de Compensación Familiar, el Decreto 1646 de 1960 asignó la competencia al Ministerio de Trabajo, luego, a través del Decreto 3134 de 1968 se trasladó esta competencia a la Superintendencia Nacional de Cooperativas, pero se asignó nuevamente al Ministerio de Trabajo mediante el Decreto 062 de 1976, hasta la expedición de la referida Ley 25 de 1981, momento en el cual la competencia en relación con la inspección, vigilancia y control se atribuyó a la Superintendencia de Subsidio Familiar.

Respecto de las funciones de control a cargo de la Superintendencia de Subsidio Familiar, la Corte Suprema de Justicia, en Sentencia del 27 de mayo de 1982, se pronunció acerca de su naturaleza:

"Todo lo anterior, para concluir, que las atribuciones de los ordinales acusados del artículo 6° de la Ley 25 de 1981, entregadas al Superintendente de Subsidio Familiar, no corresponden en sentido único a las de vigilancia que sobre instituciones de utilidad común le asigna el artículo 120-19 de la Carta al Presidente de la República, pues por demostrado se tiene que las cajas de compensación familiar no tienen por qué ser solo vigiladas por el Presidente de la República y que su vigilancia debe ser organizada por medio de ley con fundamento en el intervencionismo del Estado en el proceso económico privado, según el artículo 32 de la Constitución Nacional.

(...)

Precisamente el intervencionismo del Estado en el proceso económico privado, presupone, por lógico contraste, la existencia y el respeto de la propiedad privada; de no presuponerlo, no se trataría de intervencionismo sino de apropiación estatal y pública de todos los bienes, pues piénsese en que sólo es susceptible de "intervención económica estatal" lo que no es de propiedad del Estado, es decir, lo ajeno al Estado, lo privado de su apropiación, o sea, la propiedad privada".

3. EL MODELO VIGENTE: LEY 21 DE 1982, SUS MODIFICACIONES Y LAS ASIGNACIONES OBLIGATORIAS

3.1. La Ley 21 de 1982 y sus modificaciones esenciales

En 1982 se expidió la Ley 21 de dicha anualidad con el fin de actualizar los preceptos legales vigentes a la época y de organizar la totalidad de disposiciones pertinentes en un solo estatuto que contuviera las normas que garantizaran la mejor destinación de los recursos, la tutela de los intereses de los sectores hacia los cuales está dirigida la prestación, y que propendieran por la prevención de desviaciones en la destinación e inversión de los recursos. Se buscaba, en general, enmarcar la política del subsidio familiar con arreglo a los principios que le dieron origen[28]. La Ley 21 contempla, entonces, el régimen del subsidio familiar, como

28. Araujo Vélez, Dionisio. Superintendencia de Subsidio Familiar. Conceptos, Pronunciamientos, Legislación. Presidencia de la República. Ministerio del Trabajo, septiembre de 1982, 386.

así, de forma expresa, se dispone. Frente a la naturaleza jurídica del subsidio familiar en la ponencia para primer debate del proyecto de ley que terminó convirtiéndose en la Ley 21, se expuso:

> *La ley colombiana se ha ocupado de la naturaleza jurídica del subsidio familiar desde su establecimiento y lo ha definido como una prestación social.*
>
> *Desde el punto de vista del empleador, el subsidio ha de verse como una de las obligaciones que la ley le impone, derivada de la relación jurídica que se establece con el empleado que ha puesto a disposición del primero su capacidad de trabajo y que con otras prestaciones, cesantía jubilación, vacaciones, indemnizaciones por enfermedad o accidente laboral, conforman un conjunto de garantías o derechos que tienen por fin proteger al asalariado contra riesgos y contingencias y garantizarle, además, un medio de vida personal y familiar, satisfactorio y decoroso.*
>
> *El subsidio familiar supone, por tanto, una relación jurídica que liga a un empleador con un trabajador. Las prestaciones que se derivan de esta relación en favor del empleado deben cubrirse o satisfacerse de acuerdo con las modalidades que señale la ley. Pero es obvio que tales prestaciones no podrían reconocerse a personas extrañas a la relación jurídica en la cual han tenido origen. El subsidio familiar tiene un titular o sujeto causante, el trabajador y unos destinatarios, los familiares que dan derecho a percibirlo. Por tanto, de una recta interpretación de los textos y de los fines y objetivos que se le señalan al subsidio familiar se extraen las siguientes conclusiones:* a) *el subsidio familiar debe ser administrado por el trabajador beneficiario en razón de sus intereses y necesidades básicas de las personas a cargo;* b) *cuando el subsidio se cubre en especie o en servicios, modalidades de pago alternativas con la del pago del metálico, la prestación puede satisfacerse bien al trabajador beneficiario o a las personas a cargo, pero no a terceros;* c) *Las normas que establecen el régimen del subsidio familiar participan de las notas distintivas de la legislación laboral: son de orden público, o sea de imperativo cumplimiento, y su carácter protectivo elimina anticipadamente mecanismos de administración o formas de aplicación que signifiquen un detrimento del subsidio para sus titulares y un beneficio correlativo a quienes no estén amparados expresamente por la prestación*[29].

29. Araujo Vélez, Dionisio. Superintendencia de Subsidio Familiar. Conceptos, Pronunciamientos, Legislación. Presidencia de la República. Ministerio del Trabajo, septiembre de 1982, 386.

En cuanto a la estructura y contenido, la Ley 21 se divide en cinco capítulos; los capítulos I, III, IV, y VI, se refieren de manera específica al subsidio familiar —incluido el subsidio familiar en sector primario—, definiendo su naturaleza jurídica, los requisitos para su reconocimiento y configuración, tales como la definición de los beneficiarios y las personas a cargo o miembros del grupo familiar en virtud de los cuales surge el derecho a recibir la prestación, al tiempo que define lo relacionado con su inembargabilidad, prescripción, caducidad, remitiendo, en lo pertinente al Código Sustantivo del Trabajo. El capítulo II se refiere a la obligación de pagar el subsidio familiar por parte de los empleadores, el capítulo V, a las Cajas de Compensación Familiar, definiendo para el efecto su naturaleza, creación, funciones, distribución de los aportes que reciben por concepto del subsidio familiar, estructura y organización interna, restricciones para el uso de los recursos y destinaciones especiales y liquidación.

En 1984 se expide la Ley 31, mediante la cual se equiparó la representación de los empleadores y trabajadores en los consejos directivos de las Cajas. Mientras la Ley 21 disponía que los miembros del consejo eran nueve, integrados por cinco representantes con sus respectivos suplentes en representación de los empleadores y cuatro, con sus suplentes en nombre de los trabajadores beneficiarios del subsidio familiar, la Ley 31 agregó el quinto miembro en representación de los trabajadores.

Así mismo, la Ley 31 de 1984 derogó la prohibición prevista en el artículo 3 del Decreto 2463 de 1981, consistente en elegir miembros de los consejos directivos, juntas directivas, directores administrativos o gerentes a quienes ostentaran el carácter de funcionarios públicos. Por su parte, el Decreto 341 de 1988, reglamentó la Ley 25 de 1981 y la Ley 21 de 1982.

Será hasta 2002, con la expedición de 789, que se modifica el régimen del subsidio familiar —sin perjuicio de normas dispersas que fueron creando asignaciones obligatorias—, introduciendo cambios sustanciales en relación con el subsidio familiar en dinero o cuota monetaria, en la configuración de los requisitos para acceder a esta prestación, en el régimen de organización y funcionamiento de las Cajas de Compensación Familiar. Frente a este último aspecto se compilan las funciones de las Cajas y se introducen nuevos campos en los que estas corporaciones pueden incursionar tales como la inversión en los regímenes de salud, riesgos profesionales y pensiones, así como en el sistema financiero a través de bancos, cooperativas financieras, compañías de financiamiento comercial y organizaciones no gubernamentales cuya actividad principal sea la operación de microcrédito. De igual forma, se les da la posibilidad de constituir o invertir en fondos de capital de riesgo.

Frente al mercadeo, la Ley 789 dispuso que, salvo lo referente al mercadeo social, las cajas podrían realizar estas actividades siempre que acreditaran independencia contable, financiera y operativa, sin que pudieran comprometer para su operación, expansión o mantenimiento los recursos provenientes de los aportes al subsidio familiar. De igual forma, la citada ley disminuye los gastos de administración de 10 % a 8 % de los ingresos del 4 %, permite la afiliación voluntaria de independientes y desempleados fijando el aporte correspondiente para acceder a los servicios sociales de la Caja, esto es sin incluir la cuota monetaria.

En cuanto al control de las Cajas de Compensación y sus órganos directivos, la Ley 789 introdujo modificaciones a la competencia de autorizaciones a cargo de la Superintendencia del Subsidio Familiar e implementó un régimen de transparencia y manejo de conflictos de interés aplicable a las Cajas.

Finalmente, se creó la política de protección al desempleado consistente en el otorgamiento de subsidios, beneficios y microcréditos para desempleados, la cual se financió en su momento con recursos del 4 % del subsidio familiar, a través de la constitución del Fondo para el Fomento del Empleo y Protección al Cesante –FONEDE–. La Ley 1636 de 2013, modificó esta política y modificó el FONEDE por el Fondo de Solidaridad de Fomento al Empleo y Protección al Cesante –FOSFEC–.

3.2. Las apropiaciones obligatorias

En año 1990 fue un punto de inflexión en lo que se refiere al régimen del subsidio familiar. De la existencia de un cuerpo normativo que contenía la totalidad de previsiones en relación con esta prestación social, incluida la distribución y destinación de los recursos que la financian, se pasó a la creación, a iniciativa del gobierno de turno y a través de la expedición de leyes dispersas, de diversas apropiaciones obligatorias u obligaciones de ley, tendientes, en su gran mayoría a la utilización de los recursos del 4 % para financiar políticas públicas gubernamentales, algunas de estas vinculadas o en favor de los trabajadores beneficiarios o afiliados a las cajas y otras, claramente, dirigidas a atender población universal.

Es así como, a partir de 1990 se han creado las siguientes asignaciones obligatorias con recursos del 4 %:

- Ley 49 de 1990 (art. 68). Obligación a las cajas de constituir un fondo (Fondo de Vivienda de Interés Social –FOVIS–) para el subsidio familiar de vivienda, el cual, a juicio del Gobierno nacional, puede ser asignado en dinero o especie, en seguimiento de las políticas trazadas por el mismo.
- Ley 100 de 1993 (art. 217). Se obliga a las cajas a destinar un porcentaje de los aportes del subsidio familiar *"para financiar el régimen de subsidios en salud"*, el cual puede administrarse directamente por las Cajas en tanto participen en el aseguramiento en el régimen subsidiado de salud o, en caso contrario, deberán girar los recursos al FOSYGA, hoy ADRES.
- Ley 115 de 1994 (art. 190, desarrollado por el artículo 2.2.7.4.4.17 del Decreto Único Reglamentario 1072 de 2015). Las Cajas de Compensación Familiar deben descontar por lo menos el 10 % del saldo de obras y programas de inversión previsto en el numeral 4° del artículo 43 de la Ley 21 de 1982, para programas de educación básica y educación media en forma directa o contratada, destinados prioritariamente para los hijos de los trabajadores beneficiarios del subsidio familiar.

- Ley 633 de 2000 (art. 64). La norma aumenta el porcentaje de los recursos del 4 % que deben destinarse al FOVIS. Con todo, el 50 % de los recursos adicionales que se generaron con esta medida, debe destinarse para la *"atención integral a la niñez de cero (0) a seis (6) años y la jornada escolar complementaria. Estos recursos deben ser invertidos directamente en dichos programas abiertos a la comunidad, por las Cajas de compensación sin necesidad de trasladarlos al Fovis"*. La Ley 789 de 2002, denominó a este fondo como FOÑINEZ, Fondo para la Atención Integral de la Niñez y jornada escolar complementaria.
- Ley 789 de 2002 (art. 6). Se obliga a estas corporaciones a constituir y a administrar en forma individual y directa o asociada *"un fondo para apoyar al empleo y para la protección al desempleado"*, el cual se denominó FONEDE, Fondo para el Fomento del Empleo y Protección al Cesante.
- Ley 1438 de 2011 (art. 46). Obliga a las cajas a destinar un cuarto (1/4) de punto del 4 % para *"atender acciones de promoción y prevención dentro del marco de la estrategia de Atención Primaria en Salud y/o en la unificación de los Planes de Beneficios"*.
- Ley 1636 de 2013 (art. 6). Esta ley modifica la política de protección al desempleo creando para tal efecto el Mecanismo de Protección al Cesante, cuya finalidad es la *"articulación y ejecución de un sistema integral de políticas activas y pasivas de mitigación de los efectos del desempleo que enfrentan los trabajadores; al tiempo que facilitar la reinserción de la población cesante en el mercado laboral en condiciones de dignidad, mejorando la calidad de vida, permanencia y formalización"*. Este Mecanismo, en los términos del artículo 6 de la ley en mención, es financiado por el Fondo de Solidaridad de Fomento al Empleo y Protección al Cesante (FOSFEC) el cual se nutre con los recursos del FONEDE y de los recursos previstos en el artículo 46 de la Ley 1438 de 2011, cuyo objeto se expuso con anterioridad.
- La Ley 1780 de 2016 introdujo modificaciones a la Ley 1636 de 2013 e introdujo nuevas destinaciones del FOSFEC, dirigidas, principal-

mente a buscar atender a población universal con estos recursos, en actividades relacionadas con el fomento al empleo o para *"dinamizar e impulsar el desarrollo económico y social en zonas rurales y de posconflicto"*. No obstante, la Corte Constitucional declaró la inconstitucionalidad de estas normas, en Sentencia C-473 de 2019.

- Ley 1917 de 2018 (art. 8). Se disponía como una de las fuentes de financiación del Sistema de Residencias Médicas, *"los excedentes del Fosfec, descontando el pago de pasivos de las cajas de compensación que hayan administrado o administren programas de salud o participen en el aseguramiento en salud"*. La Corte Constitucional declaró inexequible dicha disposición en Sentencia C-487 de 2020.
- Ley 1929 de 2018. Dispuso la modificación temporal (por 5 años) de la *"destinación de un porcentaje del Fondo de Solidaridad de Fomento al Empleo y Protección al Cesante (Fosfec) y habilitar a las Cajas de Compensación Familiar para que puedan usar parte de estos recursos para el saneamiento de pasivos en salud y/o el cumplimiento de las condiciones financieras aplicables a las EPS"*. En este sentido, se permitió usar hasta el 50 % de los recursos previstos en el artículo 46 de la Ley 1438 de 2011, que ya habían sido incorporados al FOSFEC (Ley 1636 de 2013), para estos efectos.

4. CONCLUSIONES

Los antecedentes históricos antes descritos permiten identificar las siguientes conclusiones:

- El Subsidio Familiar nace por la confluencia de varias corrientes y líneas de pensamiento (doctrina de la iglesia católica e intereses de los gremios de empresarios y centrales obreras) que tienen como fundamento principal la idea de "salario justo" según el cual el pago que debe hacerse al empleador por virtud de su fuerza laboral debe ser el suficiente para solventar sus necesidades y las de su familia.

- De esta manera, el Subsidio Familiar nace y, por lo menos en Colombia, permanece, ligado al contrato de trabajo de conformidad con el marco normativo vigente, de ahí que de forma expresa se le considere como una prestación social de origen laboral que solo pueden beneficiar a los trabajadores afiliados y sus personas a cargo, puesto que su objeto es aliviar las cargas económicas que supone el sostenimiento de la familia.
- Las Cajas de Compensación Familiar nacen para evitar prácticas contrarias a la libre competencia o discriminatorias, al tiempo que supone una forma útil para que los empleadores trasladen el riesgo de gestión de esta prestación social a corporaciones especializadas creadas por ellos mismos.
- Contrario a lo que sucede en la mayoría de las legislaciones que han consagrado a nivel interno el reconocimiento de las asignaciones familiares, el régimen de Subsidio Familiar en Colombia es *sui generis*, puesto que no se financia con recursos públicos provenientes del recaudo tributario general o por aportes de los mismos trabajadores, al tiempo que dichos recursos tampoco son gestionados por instituciones oficiales. Si bien hace parte de la Seguridad Social, el Subsidio Familiar no ha sido incluido en la práctica –a pesar de la existencia de varios intentos[30]– dentro de los sistemas integrales o comprensivos creados y dirigidos por el Estado, que se encargan de regular, bajo principios unificados, cada uno de los beneficios propios de la Seguridad Social.

30. Algunos de los ejemplos que acreditan esta afirmación se encuentran en la Ley 90 de 1946, el Decreto Ley 433 de 1971, el Decreto Ley 1650 de 1977 y la Ley 100 de 1993, en los cuales el Estado ha creado Sistemas "generales o integrales" de Seguro o Seguridad Social, con principios, normas y financiación unificada, pero en los cuales no se ha incluido al Subsidio Familiar, de manera que este subsistema, por denominarlo de alguna manera, se ha regulado por un régimen "aislado" y especial.

- En línea con lo expuesto, desde el punto de vista histórico, los recursos que financian el Subsidio Familiar, esto es el pago que hacen los empleadores por este concepto, no han sido considerados como ingresos de naturaleza pública o tributaria, sino como recursos afectos a una finalidad de interés público que como tales, impacta en la forma como se ejerce el control sobre los mismos o sobre las Cajas de Compensación Familiar, en el sentido en que han sido objeto de supervisión administrativa propio de las funciones de inspección, vigilancia y control. En consecuencia, ni la ley ni la jurisprudencia han reconocido competencia a la Contraloría General de la República para ejercer el control sobre estos recursos.
- A partir de 1990 con la creación de las denominadas apropiaciones obligatorias y, con estas, la destinación de parte de los recursos a población no afiliada o al financiamiento de políticas públicas generales, junto con jurisprudencia diversa por parte de la Corte Constitucional, se han generado discusiones en torno a la naturaleza jurídica del 4 %, en virtud de las cuales, a pesar de la claridad del régimen jurídico previsto en la Ley 21 de 1982 aún vigente, se introducen concepciones que relacionan estos recursos con ingresos parafiscales típicos, de ahí que se proponga su naturaleza tributaria y pública. Con todo, las particularidades ya descritas que integran el régimen del Subsidio Familiar han llevado a la Corte a la creación de una "categoría especial" o tipología de recursos que se conoce como la "parafiscalidad atípica", no obstante, que su contenido no ofrece las claridades necesarias para su correcta aplicación.
- De esta manera, se revalida el propósito de la presente obra, la cual, teniendo como punto de partida los antecedentes históricos ya descritos, pretende ofrecer luces sobre la naturaleza jurídica de estos recursos y la consecuencias de dicha catalogación.

Capítulo II. El subsidio familiar: naturaleza jurídica, características, beneficiarios, contenido y protección constitucional

1. NATURALEZA JURÍDICA DEL SUBSIDIO FAMILIAR. PRESTACIÓN SOCIAL DE ORIGEN LABORAL

La Ley 21 de 1982 define el subsidio familiar como una *prestación social* originada en el contrato de trabajo en los siguientes términos:

> ARTÍCULO 1o. El subsidio familiar es una <u>**prestación social**</u> pagada en dinero, especie y servicio a los **trabajadores de mediano y menores ingresos**, en proporción al número de personas a cargo, y su objetivo fundamental consiste en el alivio de las cargas económicas que representa el sostenimiento de la familia, como núcleo básico de la sociedad (énfasis añadido).

Dos son, entonces, los elementos de la definición: el carácter de prestación social y el origen laboral, esto es, se desprende o se causa a partir de la existencia de un contrato de trabajo.

Se trata de una definición con claro soporte normativo. Según el artículo 5° de la Ley 21 de 1982, el subsidio familiar *"se pagará exclusivamente a los trabajadores beneficiarios"*, al tiempo que el artículo 7°, numeral 4°, señala que los empleadores que *ocupen* uno o más trabajadores permanentes están obligados a pagar el subsidio familiar.

Con posterioridad, el artículo 151 de la Ley 1450 de 2011 reiteró esta naturaleza jurídica al prever que, si bien las Cajas de Compensación Familiar forman parte del Sistema de Protección Social, *"en todo caso el Sistema de Compensación Familiar como* ***prestación social*** *seguirá rigiéndose por las normas que lo regulan"*. En idéntica línea, el parágrafo 1°

del artículo 19 de la Ley 1797 de 2016 previó *que Los recursos recaudados por las Cajas de Compensación Familiar, por concepto de la prestación social Subsidio Familiar, se contabilizarán como ingresos, sin perjuicio de la destinación específica que define la ley para esos recursos*. Así mismo, el artículo 1° de la Ley 2225 de 2022, estableció, al definir el objeto de la ley, que el Subsidio Familiar constituye una "prestación social".

La Corte Constitucional reconoce la naturaleza del Subsidio Familiar como prestación social que se deriva del contrato de trabajo (Sentencias C-508-97 y C-393-07). Dicha Corporación ha afirmado que los

> "*principios que lo inspiraron y los objetivos que persigue, han llevado a la ley y a la doctrina* ***a definir el subsidio familiar como una prestación social legal, de carácter laboral****. Mirado desde el punto de vista del empleador, es una obligación que la ley le impone, derivada del contrato de trabajo. Así mismo, el subsidio familiar es considerado como una prestación propia del régimen de seguridad social*" (énfasis añadido).

Las prestaciones sociales se conciben como aquellos pagos que se encuentran a cargo del empleador y que tienen como finalidad cubrir los riesgos o necesidades del trabajador *que se originan durante la relación de trabajo o con motivo de la misma*. Se advierte que el pago de las prestaciones sociales al trabajador se podrá hacer en dinero, especie, servicios u otros beneficios. En sentencia C-892 de 2009, la misma Corporación concluyó:

> Las prestaciones sociales, en cambio, se encuadran dentro de aquellas sumas destinadas a asumir los riesgos intrínsecos de la actividad laboral. Estas prestaciones pueden estar a cargo del empleador o ser responsabilidad de las entidades de los sistemas de seguridad social en salud o en pensiones, o a cargo de las cajas de compensación familiar. Para el caso particular de las prestaciones a cargo del empleador, se dividen en comunes y especiales. Las comunes son aquellas que deben ser asumidas por todo empleador, al margen de su condición de persona natural o jurídica, o el capital que conforma la empresa, y que refieren a las prestaciones por accidente y enfermedad profesional, auxilio monetario por enfermedad no profesional, calzado y vestido, protección a la maternidad, auxilio funerario y auxilio de cesantía. Las prestaciones sociales especiales, en cambio, solo son exigibles para determinadas modalidades de patrono y previo el cumplimiento de las

condiciones que para su asunción prevea la ley laboral, emolumentos entre los que se encuentra la pensión de jubilación (en los casos excepcionales en que no es asumida por el sistema general de seguridad social o los regímenes especiales), el auxilio y las pensiones de invalidez (cuando este riesgo no sea asumido por las administradoras de riesgos profesionales), capacitación, primas de servicios y el seguro de vida colectivo, entre otros".

Queda claro que, atendiendo las definiciones dadas por la jurisprudencia nacional, las prestaciones sociales, entre las cuales se encuentra el Subsidio Familiar en todas sus modalidades. Su propósito original y explícito, como se explicó, consiste en cubrir riesgos o necesidades del trabajador que se originan durante la relación de trabajo o con motivo de la misma. Concretamente, se califican como beneficios sociales destinados a garantizar el aumento o mejorar la calidad de vida de los trabajadores de menores ingresos.

El concepto de prestación social y el origen laboral de los pagos están indisociablemente ligados y responden a realidades claramente definidas en la jurisprudencia. El Consejo de Estado en sentencia de 2010 se refirió a la diferencia entre ellas, así:

> Las prestaciones sociales, por su parte, han sido establecidas por el legislador para cubrir los riesgos o necesidades del trabajador que se originan durante la relación de trabajo. Estas pueden estar representadas por dinero, servicios u otros beneficios con los cuales se busca amparar las contingencias a que suele verse sometida la persona que labora al servicio de un empleador.
>
> La Corte Suprema de Justicia las ha definido como aquello que debe el patrono al trabajador en dinero, especie, servicios u otros beneficios, por ministerio de la ley, o por haberse pactado en convenciones colectivas o en pactos colectivos, o en el contrato de trabajo, o establecida en el reglamento interno de trabajo, en fallos arbitrales o en cualquier acto unilateral del patrono; para cubrir los riesgos o necesidades del trabajador que se originan durante la relación de trabajo o con motivo de la misma.
>
> Las anteriores definiciones dejan claro que tanto <u>las prestaciones sociales como el salario emergen indudablemente de los servicios subordinados que se prestan al empleador</u>. En otras palabras, <u>unos y otros se derivan igualmente de la relación de trabajo.</u>

No obstante devenir de una misma fuente, las dos tienen características que las diferencian, como que la prestación social no retribuye propiamente la actividad desplegada por el trabajador sino que cubre los riesgos, infortunios o necesidades a que se puede ver enfrentado.

También se diferencian en que las prestaciones sociales no emergen por criterios particulares y concretos, sino por aspectos generales en relación con todos los trabajadores o un grupo considerable de ellos, contrario sensu, el salario sí se constituye frente a casos particulares y concretos, atendiendo un factor objetivo o subjetivo o ambos.

Cuando se habla del factor objetivo se hace referencia a que el salario se instituye dependiendo de criterios de responsabilidad y/o complejidad del cargo o empleo, y subjetivo cuando para establecerlo se atienden circunstancias tales como la capacidad, nivel académico o experiencia del empleado

(...)

Repasando nuevamente el concepto de "prestación social" plasmado en líneas anteriores, se dirá que las necesidades, riesgos o contingencias protegidas por la seguridad social son aquellas susceptibles de evaluación económica, de ahí que las necesidades elegidas para que sean cubiertas por el Sistema de Seguridad Social a través de las prestaciones sociales, deben ser aquellas generadoras de un exceso de gasto o una incapacidad de ganancia[31].

La Corte Constitucional, por su parte, también ha explicado de manera muy concreta el alcance de la expresión "prestación social". Al respecto, por ejemplo, en Sentencia C-005 de 1992, dicha Corporación resaltó:

... la concesión de prestaciones directas, que son las que percibe personalmente el trabajador, e indirectas, que son las que benefician a su familia o causahabientes y en general todas aquellas prebendas que contribuyeran a mejorar sus condiciones de vida no solo de tipo salarial, sino también prestacional, médico asistencial, recreacional, cultural, etc.

31. Consejo de Estado. Sección Segunda. Sentencia del 5 de agosto de 2010. Expediente: 05001-23-31-000-1998-00307- 01(4935-05)

No puede olvidarse que el concepto de orden social está íntimamente ligado al de justicia social y no se altera dicho orden cuando existe armonía laboral, salarios justos, prestaciones médico-asistenciales adecuadas y en fin todas aquellas condiciones de vida que aseguren al trabajador su realización como ser humano para así lograr su bienestar personal y el de su familia".

Uno de los pronunciamientos más exhaustivos en la materia se encuentra en la Sentencia C-432 de 2004, en la cual la Corte Constitucional decantó una conceptualización y clasificación de los distintos tipos de prestaciones sociales, así:

7. El sentido técnico-jurídico de las palabras, como criterio imprescindible de la hermenéutica constitucional, se explica a partir del entendimiento que de aquellas se hacen en la ciencia a la cual se aplican o en la cual se profesan. Desde esta perspectiva, el término *prestacional* **viene de** *prestación*, la cual se define como el *'objeto o contenido de la obligación, consistente en dar, hacer o no hacer alguna cosa'*, es decir, es el hecho positivo o negativo que tiene que realizar el deudor a favor del acreedor.

"En materia laboral, dichas *prestaciones* surgen a partir de la existencia de una relación laboral o contrato de trabajo y se encuentran reconocidas como derechos a favor de los trabajadores, en el artículo 193 del Código Sustantivo del Trabajo. Esta disposición alude al contenido normativo de las *prestaciones sociales*, en los siguientes términos: "*1. Todos los patronos están obligados a pagar las prestaciones establecidas en este título, salvo las excepciones que en el mismo se consagran. 2. Estas prestaciones dejarán de estar a cargo de los patronos cuando el riesgo de ellas sea asumido por el Instituto Colombiano de Seguros Sociales, de acuerdo con la ley y dentro de los reglamentos que dicte el mismo instituto.*

La Corte Suprema de Justicia, Sala de Casación Laboral, al desarrollar mediante su jurisprudencia con carácter de doctrina probable el citado artículo, ha establecido que las *prestaciones sociales* son todo aquello que debe el empleador al trabajador en dinero, especie, servicios u otros beneficios, por ministerio de la ley, o por haberse pactado en convenciones colectivas, pactos colectivos, contrato de trabajo, reglamento interno de trabajo, fallos arbitrales o en cualquier acto unilateral del empleador, para cubrir riesgos o necesidades del trabajador que se originan durante la relación de trabajo o con motivo de la misma.

Las prestaciones sociales a cargo del empleador se distinguen en dos grupos: a) prestaciones inmediatas, y b) prestaciones mediatas. Las *prestaciones inmediatas*, son aquellas que corren a cargo del empleador como contraprestación directa por la prestación del servicio, tales como, las cesantías, las primas de servicios, las primas de antigüedad, la bonificación por servicios, el suministro de calzado y vestido, etc. En cambio, las *prestaciones mediatas*, son aquellas destinadas a cubrir los riesgos o contingencias propias de la seguridad social y que, si bien tienen su origen en una relación laboral, pueden ser trasladadas por el empleador a empresas especializadas en el manejo de dichos riesgos, a partir de las cotizaciones previstas en la ley, tales como, las contingencias de vejez, salud e invalidez. Sobre la materia, la Corte Suprema de Justicia, Sala de Casación Laboral, ha dicho que: *'(...) El criterio según el cual las 'prestaciones sociales' son aquellas que cubren riesgos inherentes al trabajo, permite deslindar nítidamente lo que el trabajador recibe por dicho concepto - directamente del empleador o por intermedio de entidades de seguridad o previsión social -, de lo que se paga como contraprestación a los servicios que el trabajador realiza, o sea, de su principal obligación emanada de la relación de trabajo'.*

De suerte que, es posible concluir que el concepto *régimen prestacional*, no sólo se limita a reconocer las prestaciones que tienen su origen de manera directa en la relación de trabajo, sino también todas aquellas otras que se ocasionan por motivo de su existencia, tales como, las pensiones de vejez, invalidez y sobrevivientes, el auxilio funerario, y aquellas contingencias derivadas de los riesgos en salud[32]. (Se subraya)

En consecuencia, el origen sustancial del subsidio familiar, ligado con la concepción del salario justo o con la compensación en la retribución que reciben los trabajadores en función de sus cargas familiares, encuentra fundamento indisoluble en el derecho colombiano, en el concepto de prestación social en tanto constituye una obligación a cargo exclusivo del empleador a sus trabajadores derivado de manera directa de la relación de trabajo o con motivo de esta. Al respecto, la Corte Constitucional, respecto del origen y justificación del Subsidio Familiar, ha sostenido que *"el derecho del trabajador al subsidio familiar se deriva de la existencia de una relación laboral"*, el cual se justifica a partir de los

32. Corte Constitucional. Sentencia C-432 de 2004.

"excedentes" que el asalariado genera ordinariamente para el dueño del capital, lo cual general que además del salario se le brinde al trabajador una serie de prestaciones sociales[33].

2. CARACTERÍSTICAS Y CONSECUENCIAS DE CONSIDERAR AL SUBSIDIO FAMILIAR COMO UNA PRESTACIÓN DE "ORIGEN LABORAL"

Como quedó expuesto, la segunda característica, connatural al Subsidio Familiar es su origen laboral, lo cual trae aparejado un conjunto de consecuencias de singular importancia, que se enunciarán a continuación.

2.1. El pago del subsidio familiar corresponde al empleador

Este es probablemente el asunto que menos discusión genera, tanto por las razones que llevaron a la creación de esta prestación, como por el hecho de que la misma Ley 21 de 1982, radica en cabeza del empleador el pago de esta prestación social, al prever que corresponde al 4 % de la nómina mensual respectiva, como se explicará con detalle adelante. Contrario a lo que ocurre en ordenamientos foráneos o, incluso, a diferencia de lo que sucede en materia de pensiones o salud, el trabajador no debe pagar suma alguna por este concepto.

2.2. El objeto del subsidio familiar es aliviar las cargas familiares de los trabajadores, en especial los de menores ingresos

En consonancia con el origen que motivó la creación del Subsidio Familiar y, en los términos de la Ley 21 de 1982, esta prestación social tiene como finalidad el alivio de las cargas económicas que representa para el trabajador de medianos y menores ingresos, el sostenimiento de

33. Corte Constitucional. Sentencia C-393 de 2007.

la familia como núcleo esencial de la sociedad. En este sentido, resulta esencial resaltar que el Subsidio necesariamente recae sobre los trabajadores vinculados mediante contrato de trabajo y sus familias. Así las cosas, como lo ha expuesto la Corte, dada su naturaleza jurídica, no es posible que con recursos del 4 % se asignen prestaciones a sujetos que no hagan o no hayan hecho parte de ese sector.

2.3. Se constituye en derecho laboral o en un derecho subjetivo de los trabajadores

El subsidio familiar se constituye en una garantía laboral de los trabajadores en los términos de los artículos 25 y 53 de la Constitución Política.

2.4. El reconocimiento del subsidio familiar puede ser en dinero, especie o servicios

El artículo 5° de la Ley 21 de 1982, prevé que el subsidio familiar se pagará exclusivamente a los trabajadores beneficiarios en dinero, especie o servicios de conformidad con la ley. En el mencionado artículo, se define en que consiste cada una de las modalidades de pago de la prestación en el siguiente sentido:

> *"Subsidio en dinero es la cuota monetaria que se paga por cada persona a cargo que se dé derecho a la prestación.*
>
> *Subsidio en especie es el reconocido en alimentos, vestidos, becas de estudio, textos escolares, y demás frutos o géneros diferentes al dinero que determine la reglamentación de esta Ley.*
>
> *Subsidio en servicios es aquel que se reconoce a través de la utilización de las obras y programas sociales que organicen las Cajas de Compensación Familiar dentro del orden de prioridades prescrito en la Ley".*

Como se observa, el subsidio familiar puede pagarse en servicios a favor de los beneficiarios de la prestación, circunstancia que se traduce o se reconoce a través de la utilización de las obras y programas sociales que organicen las Cajas de Compensación Familiar.

2.5. El funcionamiento del subsidio familiar se fundamenta en la solidaridad, en la compensación de los recursos del 4 %

En palabras de la Corte Constitucional,

> *en la medida en que se trata de una prestación que se origina en el contrato de trabajo, la ley dispone que todos los empleadores, tanto del sector privado como del público, tienen la obligación de efectuar aportes para el subsidio familiar en el porcentaje legalmente establecido sobre la nómina mensual de salarios. El acceso a los beneficios, sin embargo, es diferenciado, puesto que el sistema opera como mecanismo de solidaridad, tanto entre trabajadores de distintos niveles salariales, como entre diferentes empleadores, que tiene como beneficiarios directos a los trabajadores de más bajos ingresos*[34].

En cuanto al propósito del Subsidio Familiar, la Corte Constitucional ha sido particularmente clara al señalar que busca "*aliviar las cargas económicas que representa el sostenimiento de la familia de los trabajadores de menores o medianos ingresos e incluso de los pensionados*"[35]. El subsidio familiar, entonces:

> *ha buscado beneficiar a los sectores más pobres de la población, estableciendo un sistema de compensación entre los salarios bajos y los altos, dentro de un criterio que mira a la satisfacción de las necesidades básicas del grupo familiar. Los medios para la consecución de este objetivo son básicamente el reconocimiento de un subsidio en dinero a los trabajadores cabeza de familia que devengan salarios bajos, subsidio que se paga en atención al número de hijos; y también en el reconocimiento de un subsidio en servicios, a través de programas de salud, educación, mercadeo y recreación. El sistema de subsidio familiar es entonces un mecanismo de redistribución del ingreso, en especial si se atiende a que el subsidio en dinero se reconoce al trabajador en razón de su*

34. Corte Constitucional. Sentencia C-440 de 2011.
35. Corte Constitucional. Sentencia C-440 de 2011

carga familiar y de unos niveles de ingreso precarios, que le impiden atender en forma satisfactoria las necesidades más apremiantes en alimentación, vestuario, educación y alojamiento (énfasis añadido)[36].

El Subsidio Familiar funciona a través de la *solidaridad* entre sus agentes, la cual opera en diferentes vías. Por un lado, el componente del 4 % que es pagado por el empleador respecto de los trabajadores que devenguen ingresos altos (más de cuatro salarios mínimos legales mensuales vigentes [SMLMV]) es *redirigido, compensado o redistribuido* por medio de las Cajas de Compensación Familiar, a los trabajadores de ingresos inferiores (menos de 4 SMLMV). Como consecuencia, entre mayor sea el porcentaje de cargos remunerados con más de 4 SMLMV en una empresa, mayor será la compensación que se realice en beneficio de los trabajadores de menores ingresos afiliados a la Caja de Compensación Familiar.

Así mismo, el trabajador de menores ingresos que en un momento determinado no tenga personas beneficiarias según lo dispuesto en la ley, también contribuye a garantizar el pago de la prestación social a más personas que así lo requieran. Para ejemplificar lo expuesto, de las empresas que pagan el Subsidio Familiar, el 0,7 % entran en la categoría de empresas grandes, es decir, aquellas que tienen en su nómina más de 200 empleados, con cuyos aportes se financia el 57 % de esta prestación. En total, las empresas grandes y medianas financian el 73,2 %; mientras que 90,2 % de los trabajadores afiliados a las Cajas devengan menos de 4 SMLMV (los trabajadores que devengan menos de 2 SMLMV representan el 74,8 de los trabajadores afiliados)[37].

Como corolario de lo anterior, uno de los principios del Subsidio Familiar es su autofinanciamiento o autosostenibilidad, en la medida en que son los recursos del 4 % los que permiten el reconocimiento de la prestación social. Como consecuencia de lo anterior, las Cajas de Compensación Familiar no reciben recurso alguno proveniente del Presu-

36. Corte Constitucional. Sentencia C-508 de 2007

37. Cifras ASOCAJAS.

puesto General de la Nación para el financiamiento del Sistema, como se expondrá en el Capítulo III.

2.6. El Subsidio Familiar como una de las prestaciones de la seguridad social

Mediante la Sentencia C-337 de 2011, la Corte Constitucional resaltó la relativa libertad de configuración legislativa en relación con el régimen del Subsidio Familiar, aclarando de paso que constituye una especie del género de la seguridad social:

> ***Autonomía legislativa en materia de regulación del subsidio familiar.*** *En principio, la Constitución reserva al Legislador la competencia de regular el servicio público de seguridad social que debe prestarse con sujeción a los principios de eficiencia, universalidad y solidaridad. El Estado, por su parte, con la participación de los particulares, está en la obligación de ampliar la cobertura de la seguridad social «que comprenderá la prestación de los servicios que determine la ley» (CP art. 48). (...) La Corporación debe establecer como primera medida cuáles son los límites de la autonomía legislativa en materia de la regulación del servicio público de la seguridad social, para luego determinar si la disposición acusada infringe o no la Constitución. Ahora bien, el Constituyente tuvo en cuenta que el cubrimiento de la seguridad social a toda la población y no sólo a los trabajadores activos es un objetivo indispensable e insustituible en un Estado Social de Derecho (CP arts. 1º y 2º). Así las cosas, es al Legislador a quien corresponde constitucionalmente la apreciación de las condiciones en que los servicios de seguridad social deben ser prestados de manera que se cumpla con el objetivo trazado en la Constitución.* ***No obstante, el ejercicio de las competencias constitucionales por parte del Legislador debe efectuarse con estricta sujeción a los preceptos constitucionales tanto generales como particulares (CP art. 6º). En efecto, el Legislador so pretexto de regular una determinada materia no podría desconocer los derechos garantizados en la Constitución - en este caso la igualdad y la protección especial a la familia y a los niños - ni los principios que específicamente deben inspirar y guiar la acción del Estado en la prestación de los servicios públicos - eficiencia, universalidad y solidaridad en el caso de la seguridad social (CP art. 48)".***

2.2.4.8. Se concluye, entonces, que la Carta Política reconoce al poder legislativo amplia competencia para diseñar el sistema del subsidio familiar, como especie del género de la seguridad social. Sin embargo, ello debe hacerse con arreglo a los principios superiores de eficiencia, universalidad y solidaridad y con respeto a los derechos fundamentales de sus beneficiarios.

Así, el legislador debe garantizar, en condiciones de igualdad, el acceso a los servicios de dicho subsidio, mediante el cual no sólo se realizan algunos fines esenciales del Estado, sino que también se asegura las condiciones necesarias para una existencia digna y la plena realización personal del trabajador de menores y medianos ingresos, y por tanto, es indudablemente un desarrollo de las garantías reconocidas a los trabajadores en el artículo 53 Superior.

De conformidad con lo expresado hasta este punto, la Corte Constitucional, en las Sentencias C-149 de 1994 y C-508 de 1997, reiterada dicha jurisprudencia en la providencia C-653 de 2003 entre otras, reconoció al subsidio familiar como una prestación propia de la seguridad social. Por su parte, en la Sentencia C-337 de 2011, además de reconocer su naturaleza de prestación social derivada del contrato de trabajo, la Corte sostuvo su pertenencia a la seguridad social, en el marco del artículo 48 de la Constitución y teniendo como fundamento el Convenio 102 de la OIT que establece como una de las prestaciones propias de este sistema, las "prestaciones familiares" o la "asignación familiar", sea en dinero, especie o servicios.

En el mismo sentido, como lo ha reconocido también la Corte Constitucional[38], al subsidio familiar, además de la prestación propia tendiente a alivianar las cargas familiares de los trabajadores activos, se le encargó un componente adicional de la seguridad social relacionado con el otorgamiento de prestaciones tendientes a mitigar las cargas propias derivadas del desempleo, cuya regulación se previó inicialmente en la Ley 789 de 2002, que posteriormente fue modificada por la Ley 1636 de 2013.

Con todo, debe reiterarse, como se expuso en el capítulo I, que a pesar de que el subsidio familiar es considerado como una prestación propia de la seguridad social, lo cierto es que, en la práctica, nunca ha sido incluida, por decisión del legislador, dentro de los sistemas comprensivos

38. Ver Sentencias C-393 de 2007 y C-474 de 2019.

e integrales de la Seguridad Social, razón por la cual, las directrices, procedimientos, principios y criterios de financiamiento propios de estos regímenes no encuentran aplicación tratándose del subsidio familiar.

Lo expuesto es, precisamente, una de las características que permiten sostener que el régimen del Subsidio Familiar es único o *sui generis*, (no solo dentro del derecho nacional sino el comparado) puesto que su régimen jurídico es exclusivo y diferenciado o de otras prestaciones que de alguna forma puedan ser asimilables.

De igual forma, debe indicarse que aun cuando el 151 de la Ley 1450 de 2011 prevé que si bien las Cajas de Compensación Familiar forman parte del Sistema de Protección Social, *"en todo caso el Sistema de Compensación Familiar como* ***prestación social*** *seguirá rigiéndose por las normas que lo regulan"*, circunstancia que confirma que la inclusión de esta prestación dentro de la categoría de beneficios de la Seguridad Social o Protección Social, no resulta óbice para reiterar que el régimen jurídico aplicable es el particular que regula en forma expresa el Subsidio Familiar.

3. DESTINATARIOS, REQUISITOS PARA ACCEDER Y CONTENIDO DEL SUBSIDIO FAMILIAR

El propósito de este capítulo es enunciar y explicar el alcance de cada uno de los beneficios del subsidio familiar. Al respecto, se hará referencia, en primer lugar, a los destinatarios del subsidio familiar y los requisitos generales para acceder a esta prestación. Finalmente, se hará una exposición de cada uno de los beneficios que deben reconocer las Cajas de Compensación Familiar.

3.1. Destinatarios del subsidio familiar

Dentro del concepto de *destinatarios* quedan incluidos, por un lado, la persona titular del derecho o de la prestación, que es el *trabajador beneficiario;* y, por el otro, las personas por cuya existencia se genera la obligación del reconocimiento de esta prestación, o lo que es igual, las *personas a cargo* del trabajador afiliado. Se hará alusión a una y otra a continuación.

El artículo 5° de la Ley 21 de 1982 prevé que el subsidio familiar se pagará en dinero, especie o servicios *"exclusivamente"* a los trabajadores beneficiarios, de conformidad con la ley. Por su parte, el parágrafo del artículo 89 de la misma normativa previó, a manera de régimen de transición, que los servicios sociales de las Cajas que se organizarán a partir de la vigencia de dicha ley, salvo mercadeo y recreación social, *"deberán destinarse en forma exclusiva a los trabajadores de las empresas afiliadas"*. Ahora, el artículo 18 de la citada ley define como beneficiarios del régimen del subsidio familiar los trabajadores que se encuentren *"al servicio"* de los empleadores obligados a pagar esta prestación señalados en el artículo 7°, por conducto de una Caja de Compensación Familiar (art. 15 Ley 21 de 1982), siempre que, además, reúnan los presupuestos señalados en el mismo artículo 18.

De las anteriores disposiciones se deduce con claridad que, por mandato expreso de la ley, el titular de esta prestación social es el trabajador beneficiario, salvo algunas excepciones. Y se entiende por *trabajador beneficiario* aquel que, reuniendo los requisitos previstos en el artículo 18, presta sus servicios a los empleadores o empresas afiliadas a las Cajas de Compensación Familiar al recaer en estos la obligación de pago de estos recursos.

La titularidad de este derecho se explica en la medida en que el subsidio familiar se origina y, por tanto, también termina con la relación laboral, salvo en lo atinente a los casos de muerte del *trabajador beneficiario* (el empleador debe continuar pagando el subsidio durante 12 meses —art. 35 Ley 21 de 1982—). Como se expuso, esta prestación surge de la concepción de lo que debe considerarse como salario justo, que corresponde no solo a la retribución del servicio personal prestado por el trabajador, sino aquella suficiente para solventar las cargas económicas que representa el sostenimiento de su familia.

La titularidad del subsidio familiar en cabeza de los *trabajadores beneficiarios* también encuentra sustento en las siguientes razones: i) es el trabajador quien está legitimado para reclamar esta prestación vía judicial (art. 6 Ley 21 de 1981) y es quien recibe de manera directa el pago correspondiente; ii) los requisitos para acceder a esta prestación se relacionan con asuntos o condiciones íntimamente relacionadas con la situación o particularidades del trabajador (desempeño de funciones, monto del salario, tiempo trabajado, la existencia o no de personas a cargo, vacaciones, descansos o incapacidades del empleado); iii) la permanencia del derecho a recibirlo mientras el trabajador preste servicios al empleador, salvo lo dispuesto de forma especial frente a las prestaciones por desempleo o la muerte del trabajador, ya mencionado.

Ahora, si bien el subsidio familiar tiene como finalidad específica solventar las cargas familiares, esa sola circunstancia no convierte a la familia o personas a cargo del trabajador en titulares de esta prestación. Por el contrario, es en el trabajador en quien recaen los derechos y obligaciones que se desprenden del subsidio familiar.

No obstante, en cuanto al pago y uso del subsidio familiar, principalmente, en lo que se refiere a la cuota monetaria, existe una excepción a la regla general, la cual se encuentra prevista en el artículo 33 de la Ley 21 de 1982, norma que faculta a la Caja de Compensación Familiar para pagar la prestación a personas distintas del trabajador beneficiario, *"que ofrezca mejores seguridades respecto del empleo del subsidio"*. Si bien no existe una reglamentación que haya desarrollado esta norma, según la Superintendencia de Subsidio Familiar uno de los eventos que podría dar lugar a su aplicación sería aquel en el cual se esté surtiendo un proceso penal por inasistencia alimentaria. En este escenario, indica el ente de control, la persona que tiene la guarda o custodia de los menores o personas a cargo podría dirigirse a la respectiva Caja para solicitar el pago de esta prestación, en particular, de la cuota monetaria[39]. En todo caso, según lo

39. Superintendencia de Subsidio Familiar. Concepto 055665 del 16 de marzo de 2021.

dispone la misma disposición, corresponde a la Caja de Compensación definir los eventos y requisitos para aplicar este precepto.

3.2. Requisitos para acceder al subsidio familiar

De conformidad con el artículo 18 de la Ley 21 de 1982, los trabajadores que tienen derecho al subsidio familiar son aquellos que además de prestar sus servicios a los empleadores, reúnan los siguientes requisitos: i) tener el carácter de permanentes; ii) encontrarse en los límites de remuneración previstos en la ley; iii) haber cumplido los requisitos de tiempo trabajado indicados en las normas correspondientes; y, iv) tener personas a cargo que den derecho a recibir la prestación en los términos de ley. A continuación, se brindará claridad sobre cada uno de estos requisitos.

3.2.1. La calidad de "trabajador permanente"

El artículo 19 de la Ley 21 de 1982 define al trabajador permanente como aquel que ejecuta las labores *"propias de actividades normales"* del empleador y no realiza trabajo ocasional, accidental o transitorio. Así las cosas, resulta esencial identificar el tipo de contrato que queda excluido de la categoría de trabajador permanente.

A propósito, el Código Sustantivo del Trabajo, en su artículo 6, define esta última modalidad de trabajo como el de corta duración y no mayor de un mes, que se refiere a labores distintas de las actividades normales del empleador. A su vez, la Corte Constitucional se ha referido al contrato ocasional, accidental o transitorio de la siguiente forma:

> *"Son dos, entonces, los factores concurrentes que tomó en cuenta el legislador colombiano para caracterizar el trabajo denominado ocasional, transitorio o accidental. De una parte, el factor temporal, en cuanto se trata de un contrato de corta duración (no mayor de un mes), y de otra, el factor material, en cuanto su objeto es extraño al giro normal o usual de las actividades realizadas por el empleador.*
>
> *Así lo ha explicado la jurisprudencia especializada, al señalar:*

"Una siembra de eucaliptos no es extraña a la agricultura ni menos a la explotación económica de una finca rural en donde se realizó, a pesar de que el propietario de la finca no sea propiamente un arboricultor; y si tal siembra dura 18 meses, con menos razón puede dársele el carácter de trabajo ocasional de que trata el artículo 6° del C.S.T."[40].

Las características esenciales que determinan la transitoriedad de la labor, y particularmente la necesidad de que concurran los dos factores a que alude el artículo 6° del C.S.T., han sido destacadas también por la Corte Suprema de Justicia:

"La ocasionalidad o transitoriedad del servicio se caracteriza, como lo sostiene el Código, por su corta duración, circunstancia que se opone a la idea de permanencia o continuidad de la labor. Más si ésta se ejecuta en largo lapso, aunque ocurran interrupciones de breve duración, no debe estimarse como un trabajo ocasional"[41].

En conclusión, los trabajadores ocasionales en Colombia son aquellos que prestan una labor orientada a satisfacer necesidades extraordinarias de la empresa, que como tal escapa al giro ordinario de la actividad que desarrollan, durante un breve lapso que no puede exceder del mes. La temporalidad y precariedad de la vinculación debe concurrir con la naturaleza de la actividad en cuanto extraña a la finalidad que ejecuta la empresa. La labor del trabajador ocasional responde así a exigencias y necesidades momentáneas o extraordinarias del empleador, que justifican la brevedad de su vinculación[42].

De manera que, tratándose del subsidio familiar, los trabajadores que realizan labores ajenas a las actividades o giro ordinario del empleador por un término no superior a 30 días no pueden acceder a esta prestación.

3.2.2. Límites en la remuneración

El artículo 20 de la Ley 21 de 1982 indicaba que tenían derecho al subsidio familiar, en cualquiera de sus modalidades, los trabajadores cuya remuneración fija o variable no sobrepasara el límite de 34 200 pesos o la

40. Corte Suprema de Justicia, Sentencia del 18 de diciembre 1956.
41. Corte Suprema de Justicia, Sentencia del 13 de agosto de 1957.
42. Corte Constitucional, Sentencia C-823 de 2006.

suma que equivaliera a cuatro veces el salario mínimo legal, si fuera superior a aquel monto. Por su parte, el artículo 36 de la Ley 21 disponía que tanto el padre como la madre podrían cobrar simultáneamente el subsidio familiar por los mismos hijos, siempre y cuando sus remuneraciones, sumadas, no excedieran 4 salarios mínimos legales mensuales vigentes.

Estas disposiciones van en línea con la intención del legislador de reconocer esta prestación social, con criterio de solidaridad, dirigido principalmente a los trabajadores de bajos y medianos ingresos. A partir de esta norma, entonces, se materializó el concepto de compensación, cardinal para el financiamiento y funcionamiento de esta prestación, en la medida en que son los salarios altos (los que devengan más de 4 SMLMV) o las denominadas empresas "compensadas" (aquellas que dentro de sus nóminas prevalecen cargos que sobrepasan este monto límite), los que permiten efectuar la labor de redistribución de estos recursos a los trabajadores beneficiarios.

Ambas disposiciones fueron modificadas por el artículo 3 de la Ley 789 de 2002, a través del cual se reitera el límite de 4 SMLMV para acceder al subsidio familiar en cualquiera de sus modalidades, al tiempo que, tratándose del acceso a la cuota monetaria (o subsidio familiar en dinero), se aumenta de 4 a 6 SMLMV el límite para que, sumados los ingresos de los cónyuges o compañeros permanentes, puedan acceder a esta prestación.

La anterior regla tiene una excepción contenida en el artículo 8 de la Ley 2225 de 2022, que modifica el parágrafo 1° del artículo 3° de la Ley 789 de 2002 en el sentido de agregar como *persona a cargo* al cónyuge o compañero(a) permanente que desempeñe labores de cuidado. En dicho caso, para acceder a esta cuota monetaria especial la remuneración del hogar no debe sobrepasar los 2 SMLMV.

En cuanto al cálculo de la remuneración, el artículo 21 de la Ley 21 de 1982 dispone que solo se tendrá en cuenta la remuneración fija u ordinaria en los términos del artículo 127 del Código Sustantivo del Trabajo, adicionado con los porcentajes de ventas, comisiones y las participaciones de utilidades que se paguen mensualmente. En cuanto al cálculo del salario variable, el artículo 22 señala que se hará con base en el promedio de los salarios devengados en el año inmediatamente anterior o durante el tiempo que hubiere laborado el trabajador cuando fuere inferior a dicho lapso.

3.2.3. Tiempo laborado

El artículo 23 de la Ley 21 de 1982 prevé que tendrán derecho al subsidio familiar los trabajadores que laboren diariamente más de la mitad de la jornada máxima legal ordinaria o totalicen un mínimo de 96 horas de labor durante el respectivo mes. Y agrega que en los eventos en que el trabajador preste sus servicios a más de un empleador, se tendrá en cuenta el tiempo laborado para cada uno de ellos para efectuar el respectivo cómputo.

La norma tiene como objeto la racionalización en el reconocimiento de los beneficios al prever un mínimo de horas laborables para acceder al derecho. Si bien la ley es clara en que el subsidio familiar no es salario ni se computa como factor del mismo, lo cierto es que este tipo de exigencias también descartan la atribución de una naturaleza tributaria al subsidio familiar en la medida en que no se trata de una mera imposición al empleador, sin que exista ningún tipo de retribución o beneficio en su favor. Por el contrario, precisamente es el desarrollo de la labor a la empresa la que permite el surgimiento de este derecho, es decir, se trata de una prestación social de origen laboral.

Con todo, el artículo 3° de la Ley 789 de 2002 modificó la anterior disposición en el sentido de exigir el tiempo laborado sólo para el reconocimiento del subsidio familiar en dinero (la cuota monetaria), de tal manera que, para acceder al subsidio en especie o en servicios se requiere únicamente la condición de trabajador, sin importar el tiempo laborado.

3.2.4. La existencia de personas a cargo

La existencia de personas a cargo del trabajador beneficiario se constituye en la esencia de esta prestación social, en tanto que, se recuerda, como lo establece la ley, el objeto del subsidio familiar es el alivio de las cargas económicas que representa el sostenimiento de la familia. Este es, entonces, el rasgo distintivo que caracteriza al subsidio familiar y que, por ende, lo diferencia de otras prestaciones sociales. Es la familia y, en especial, su bienestar, el eje sobre el cual gravita este derecho y que permite al trabajador velar por su cuidado y desarrollo.

Pues bien, para el legislador, el derecho a acceder al subsidio familiar, en cualquiera de sus modalidades, pasa por la definición de las personas que integran el concepto de familia para estos efectos, al tiempo de exigir ciertas condiciones que permitan acreditar la existencia de las denominadas cargas económicas y los límites o presupuestos de exigibilidad de esta prestación que se predican de las aludidas personas.

De esta manera, en virtud del artículo 27 de la Ley 21 de 1982, se origina el derecho al subsidio familiar con respecto a las personas que se encuentren a cargo de los trabajadores beneficiarios. Pero no son cualesquiera personas a cargo, sino que la misma disposición se encarga de enumerarlos, de manera taxativa, así: i) los hijos; ii) los hermanos huérfanos de padre y; iii) los padres del trabajador. Y, adicionalmente, se requiere que tales personas a cargo (las definidas por la ley) *"convivan y dependan económicamente del trabajador"* y, además se hallen dentro de las condiciones previstas en las normas aplicables. En concreto, el parágrafo 1° del artículo 3° de la Ley 789 de 2002, modificado por el artículo 8 de la Ley 2225 de 2022, define de manera expresa las personas a cargo en el siguiente sentido:

> *1. Los hijos que no sobrepasen la edad de 18 años, legítimos, naturales*, adoptivos y los hijastros. Después de los 12 años se deberá acreditar la escolaridad en establecimiento docente debidamente aprobado.*
>
> *2. Los hermanos que no sobrepasen la edad de 18 años, huérfanos de padres, que convivan y dependan económicamente del trabajador y que cumplan con el certificado de escolaridad del numeral 1.*
>
> *3. Los padres del trabajador beneficiario mayores de 60 años, siempre y cuando ninguno de los dos reciba salario, renta o pensión alguna. No podrán cobrar simultáneamente este subsidio más de uno de los hijos trabajadores y que dependan económicamente del trabajador.*

4. Los padres, los hermanos huérfanos de padres y los hijos, que sean inválidos o de capacidad física disminuida que les impida trabajar, causarán doble cuota de subsidio familiar, sin limitación en razón de su edad. El trabajador beneficiario deberá demostrar que las personas se encuentran a su cargo y conviven con él.

5. En caso de muerte de una persona a cargo por la cual el trabajador estuviere recibiendo subsidio familiar, se pagará un subsidio extraordinario por el mes en que este ocurra, equivalente a 12 mensualidades del subsidio en dinero que viniere recibiendo por el fallecido.

6. En caso de muerte de un trabajador beneficiario, la Caja de Compensación Familiar continuará pagando durante 12 meses el monto del subsidio por personas a cargo, a la persona que acredite haberse responsabilizado de la guarda, sostenimiento o cuidado de ellos. El empleador dará aviso inmediato de la muerte de un trabajador afiliado a la Caja de Compensación.

7. Podrán cobrar simultáneamente el subsidio familiar por los mismos hijos el padre y la madre, cuyas remuneraciones sumadas no excedan de cuatro (4) salarios mínimos legales mensuales vigentes, smlmv.

8. «Numeral adicionado por el artículo 8 de la Ley 2225 de 2022. El nuevo texto es el siguiente»: El o la cónyuge o compañero(a) permanente del trabajador afiliado que no cuente con vinculación laboral o ingreso alguno y que realice actividades de cuidado respecto de cualquier persona a cargo del trabajador en los términos previstos en el presente artículo. La cuota monetaria será otorgada a aquellos trabajadores afiliados cuya remuneración mensual fija o variable o la del hogar no sobrepase los dos (2) salarios mínimos mensuales legales vigentes.

Para efectos de la presente ley, se entenderá por cuidador la persona, profesional o no, que apoya en la realización de las tareas básicas de la vida cotidiana de una persona con discapacidad debidamente certificada por la Entidad Promotora de Salud (EPS) quien, sin la asistencia de la primera, no podría realizarlas. El servicio de cuidado o asistencia personal estará siempre supeditado a la autonomía, voluntad y preferencias de la persona con discapacidad a quien se presta la asistencia.

Los beneficiarios dependientes que aspiren obtener el beneficio previsto para cónyuges que realizan actividades de cuidado, deberán certificar ante la Caja de Compensación Familiar que no cuentan con una fuente formal directa de ingresos y no realizan una actividad formal remunerada.

Para efectos de la entrega de este beneficio, será necesario tener la certeza médica expedida por la EPS, IPS o entidad competente, sobre la situación de discapacidad de la persona que requiere asistencia en actividades de higiene, aseo o alimentación, ayuda en la administración de medicamentos por vía oral. Labores que pueden ser desempeñadas por un cuidador, que para efectos de la presente ley es el cónyuge o compañero(a) permanente.

La Ley 2225 de 2022 reconoce la importante y trascendente labor que desempeñan los cuidadores en las familias y, por ello, considerando precisamente la finalidad del subsidio familiar, incluye como persona a cargo del trabajador beneficiario al cónyuge o compañero(a) permanente sin ingresos que realice labores de cuidado con respecto a alguna de las personas enunciadas en el citado parágrafo 1° del artículo 3 de la Ley 789 de 2002. La forma y medios para acreditar las condiciones que se predican respecto de cada una de las personas a cargo, se encuentra contenida en el libro I, título II, de la Circular Única de la Superintendencia de Subsidio Familiar.

3.3. Contenido de la prestación social del subsidio familiar

3.3.1. El subsidio familiar en dinero o la cuota monetaria43

El subsidio familiar en dinero es la esencia y origen de esta prestación social, en la medida en que el propósito inicial consistió en pagar una suma de dinero mensual a los trabajadores beneficiarios por cada una de las personas a cargo de conformidad con la ley. La importancia de esta forma de reconocimiento de la prestación se deducía con facilidad a partir de la regulación prevista en la Ley 21 de 1982, en el sentido que se obligaba a las Cajas de Compensación Familiar a destinar el 55 % de los aportes (descontados los gastos de administración, la reserva legal y la cuota de sostenimiento de la Superintendencia de Subsidio Familiar) para estos efectos.

Como se indicó, con la aparición de las denominadas apropiaciones de ley u obligatorias y la forma como la ley previó su cálculo, el impac-

43. Denominación que se introdujo con la Ley 789 de 2002. Art. 4.

to sobre la Cuota Monetaria resulta evidente, puesto que, en términos reales, hasta 1990 las Cajas destinaban, de forma neta, el 55 % para el subsidio familiar en dinero, mientras que, en la actualidad, se apropia el 31 %[44]. La forma de cálculo de la cuota monetaria también tuvo importantes modificaciones puesto que, de acuerdo con la Ley 21, los consejos directivos de las Cajas debían fijarla, por semestres anticipados, a partir del porcentaje que debía destinarse para estos propósitos y el número de personas a cargo (num. 4, art. 54, Ley 21 de 1982).

La Ley 789 de 2002 modificó la forma de cálculo del subsidio monetario, teniendo como propósito el pago de un monto uniforme de la cuota en cada departamento. Para el efecto se otorgaron facultades extraordinarias al presidente de la república para expedir la regulación de los términos y condiciones en que debía sujetarse la cuota monetaria, así como su régimen de organización, funcionamiento y tiempo de implantación, con sujeción a un estudio técnico y a los principios de *sana competencia*, para evitar un exceso en el otorgamiento de subsidios en dinero para efectos de lograr mayores afiliaciones de empresas; *solidaridad y equidad*, encaminado a generar ayudas mutuas entre cajas, a partir de transferencias económicas para lograr la redistribución y compensación regional y departamental, pero evitando que estas operaciones vayan en desmedro de las cajas con ingresos o cocientes inferiores al promedio o con un menor desarrollo socioeconómico; *gradualidad* en la implementación de los procesos de cambio previstos; integralidad de la cuota en relación con las demás modalidad de pago del subsidio familiar y solidaridad de la ciudad con el campo, previendo que los trabajadores del sector agropecuario deben recibir la cuota monetaria correspondiente aumentada en un 15 %.

En desarrollo de este mandato, se expidió el Decreto Ley 1769 de 2003 el cual, entre otras medidas, fijó el procedimiento para fijar la cuota monetaria cuya competencia se le encargó a la Superintendencia de Subsidio Familiar, a través de la expedición de un acto administrativo en el

44. Fuente Asociación Nacional de Cajas de Compensación Familiar.

mes de enero de cada año. El procedimiento, de acuerdo con el artículo 3°, parte de la definición de la cuota de referencia, la cual consiste en la identificación de los aportes empresariales al Sistema de Compensación Familiar del departamento, para luego descontar las apropiaciones legales a cargo de las Cajas de la jurisdicción; el resultado se divide por el número promedio de personas a cargo con derecho a recibir el subsidio familiar en dinero de acuerdo con la Ley 789 de 2002 y por las cuales se pagó por este concepto en el mismo departamento.

De conformidad con el artículo 5° del Decreto en mención, cuando una Caja después de pagar las cuotas monetarias que le corresponden, no supere el porcentaje obligatorio del 55 %, la diferencia con respecto a la cuota de referencia debe ser girada a las Cajas cuyo porcentaje sean inferior a la cuota de referencia, para efectos de lograr una cuota monetaria equitativa al interior de cada departamento, teniendo en cuenta los criterios de ingresos, cociente y nivel de desarrollo socioeconómico de los mismos. La prioridad para estas transferencias será primero hacia el propio departamento y luego a otras regiones según los criterios fijados en el decreto.

De igual forma, en los términos del artículo 9° del Decreto, los aportes empresariales que superen los límites anuales del cociente departamental deberán apropiarse una vez descontadas las obligaciones de ley. Esto valores apropiados deben girarse a las Cajas con cociente particular inferior al 80 % del cociente nacional, en proporción a las personas a cargo beneficiarias de la cuota monetaria en cada Corporación, con el fin de pagar un valor adicional como cuota monetaria, sin que pueda superar la cuota de referencia departamental.

Finalmente, dice el mismo artículo, si no hubiere cajas a las cuales transferir los recursos, los excedentes se destinarán para aumentarlos en subsidios en los programas de inversión social de la misma caja. Ahora, como particularidades de la cuota monetaria, se encuentra que el trabajador beneficiario tiene derecho a recibir doble cuota monetaria en tanto las personas a su cargo se encuentren en condición de discapacidad que les impida trabajar. De igual forma, en caso de muerte de una persona a cargo, la caja deberá pagar una suma equivalente a 12 veces la cuota monetaria por única vez. En el evento en que sea el trabajador quien fallezca, la caja debe continuar pagando la cuota por doce meses a la persona que acredite tener la guarda, sostenimiento y cuidado de las personas a cargo del fallecido.

3.3.2. Subsidio familiar en especie

De conformidad con el artículo 5 de la Ley 21 de 1982, el subsidio en especie es el reconocido en alimentos, vestidos, becas de estudio, textos escolares y demás frutos o géneros diferentes al dinero que determine la reglamentación correspondiente. De igual forma, se establece que esta modalidad de la prestación debe brindarse de forma general y en igualdad de condiciones para los beneficiarios (art. 2.2.7.4.5.4).

En esta línea, el DUR 1072 de 2015 agrupa dentro del concepto de los programas sociales de las Cajas, al subsidio familiar en especie y en servicios, indicando que los mismos tienen por objeto restablecer o aliviar el desequilibrio económico familiar que producen hechos tales como el embarazo, el nacimiento, la desnutrición, la crianza y educación de los hijos, los problemas de adolescencia, el matrimonio, la enfermedad, la invalidez, la muerte, la orfandad, el abandono y demás causas de desprotección (art. 2.2.7.4.3.2).

El subsidio en especie podrá reconocerse y entregarse directamente en artículos, productos, elementos y demás bienes dispuestos en el reglamento general que adopte cada caja o mediante órdenes para que sean entregados por terceros según los términos de contratación que realice cada corporación (art. 2.2.7.4.5.2).

De conformidad con el artículo 2.2.7.4.5.3 del DUR 1072 de 2015, el subsidio familiar en especie puede consistir, entre otros en: medicamentos, aparatos ortopédicos, prótesis o demás implementos de rehabilitación cuando no son suministrados por otra entidad de la seguridad social, kit neonatal, kit escolar, semillas, abonos, elementos de trabajo del trabajador afiliado del sector primario, becas, créditos y otros mecanismos de formación y capacitación, boletos de viaje, excursiones o suministro de servicios y elementos funerarios.

3.3.3. Subsidio familiar en servicios

En los términos de la Ley 21 de 1982, el subsidio en servicios es *"aquel que se reconoce a través de la utilización de las obras y programas sociales que organicen las Cajas de Compensación Familiar dentro del orden de prioridades prescrito en la ley".*

Se recuerda que, de la totalidad de los aportes de los empresarios por concepto del pago del subsidio familiar, luego de hacer las apropiaciones obligatorias previstas en la ley y, con posterioridad a la reserva del 55 % restante para el pago de la cuota monetaria, el saldo es que puede utilizarse por las cajas para el reconocimiento tanto del subsidio familiar en especie como en servicios.

Ahora, de la definición prevista en el artículo 5 de la Ley 21 de 1982, se desprenden los siguientes elementos que merecen ser comentados: ***i***) la posibilidad de las cajas de hacer obras de infraestructura y el diseño y ejecución de programas sociales; ***ii***) la forma de utilización de estas obras y programas por parte de los trabajadores afiliados, sus cónyuges o compañeros(as) permanentes, personas a cargo y comunidad en general.

3.3.3.1. Obras y programas sociales

La Ley 21 de 1982, permite, de forma expresa, que las cajas de compensación inviertan un rubro, diferente a los gastos de administración, para la construcción de obras de infraestructura tendientes a materializar y prestar de manera directa el subsidio familiar en servicios; por esta razón es que se ha considerado que el subsidio familiar y los bienes que administran constituye el patrimonio social más grande de Colombia.

Para solo enunciar unas cifras, se encuentra que su patrimonio alcanza los 16.4 billones de pesos a diciembre de 2023[45].

Por su parte, la Ley 21 de 1982, enunció de manera taxativa, los campos en los cuales las cajas podrían emprender las obras o programas correspondientes, señalando para ello, además, un estricto orden de prioridades a los cuales era imperativo ceñirse. Así las cosas, las cajas estaban habilitadas para prestar los siguientes servicios, en este orden: 1) salud; 2) programas de nutrición y mercadeo de productos que compongan la canasta familiar; 3) educación; 4) vivienda; 5) crédito de fomento para industrias familiares; 6) recreación social; 7) mercadeo de productos distintos a los previstos en el numeral 2.

Ahora bien, la Ley 789 de 2002, introdujo importantes modificaciones al Sistema del Subsidio Familiar, entre las que se encuentran, la modificación al subsidio familiar en dinero (cuota monetaria), la creación del Fondo de Fomento al Empleo y Protección al Desempleo (FONEDE), la reforma de la organización y funcionamiento de las CCF, incluido su régimen de inspección y vigilancia y la modificación de las funciones de la Superintendencia de Subsidio Familiar.

En este sentido, la referida ley no solo actualizó y unificó, sino que amplió de manera decisiva el catálogo de funciones y la gama de servicios de las CCF. Así las cosas, estos entes fueron habilitados y autorizados para emprender programas en los siguientes campos: a) invertir en los regímenes de salud, pensiones riesgos profesionales; b) mercadeo social; c) participar en el sistema financiero; d) administrar programas de microcrédito; e) actividades de mercadeo en general en tanto no comprometan recursos del 4 %; f) la operación de farmacias; g) la operación de fondos de capital de riesgo; h) la operación de los fondos especiales de ley; i) los programas que venían operando en los campos de recreación, turismo, cultura (museos, bibliotecas y teatros), vivienda de interés social, crédito social, programas

45. Cifras Asociación Nacional de Cajas de Compensación Familiar (ASOCAJAS).

de jornada escolar complementaria, educación en general, atención a la tercera edad, programas de nutrición materno infantil.

A partir de esta apertura del marco de acción de las CCF, se ha entendido que el artículo 16 de la Ley 789 de 2002, modificó, derogó o eliminó el criterio de "orden de prioridades" previsto en el artículo 62 de la Ley 21 de 1982, en la medida en que, con la expedición de la norma de 2002, fue el mismo legislador el que dejó a criterio de la respectiva Caja los programas o servicios que a bien quisiera emprender. Al respecto la doctrina ha sostenido[46]:

> *"Fue el artículo 16 de la Ley 789 de 2002 el que, al adicionar el artículo 41 de la Ley 41 de 1982, amplió legalmente la gama de servicios ofertados por las cajas y en* ***nuestro concepto modificó el orden de prioridades establecido por el artículo 62 de la Ley 21****, por cuanto a partir de él se entiende como funciones de las cajas una serie de actividades diversas o adicionales consagradas en dicha norma, que tienen consagración normativa de igual rango y que se enuncian dentro del articulado modificado de la Ley 21 de 1982.*
>
> (...)
>
> *Pero más allá de este enlistamiento que realiza la normatividad actualmente vigente al respecto, debe considerarse que el artículo 16 de la Ley 789 de 2002 se estructuró sobre un criterio de libertad, colaboración y ampliación en la gama de roles a cargo de las Cajas de Compensación Familiar.*
>
> (...)
>
> *Así mismo, impone* [el artículo 16] *un criterio amplio sobre la materialidad de las acciones y proyectos de las cajas en la medida en que se consideren pertinentes, siempre y cuando se encuadren dentro del ámbito de la protección social".*

Y en otro aparte, se reiteró:

46. Cortés González, Juan Carlos. Subsidio familiar y servicios sociales en Colombia. Régimen actual y perspectivas. (Bogotá: Legis, 2011), 159 y ss.

"Sea lo primero señalar que el numeral 2 del artículo 41 de la Ley 21 de 1982 remitía al artículo 62 de la misma ley en lo atinente a las obras y programas sociales a cargo de las cajas, estableciendo un orden de prioridades por campos de acción (...)

La Ley 789 de 2002, por el contrario, estableció en un plano de igualdad de condiciones los servicios cuya administración estaría a cargo de las cajas de compensación familiar, ***con la eliminación a nuestro juicio como se ha advertido del orden de prioridades que consagró el artículo 62 de la Ley 21 de 1982".***

Ahora bien, el artículo 2.2.7.4.3.2 contempla los criterios que deben tener en cuenta las cajas para organizar las obras y programas sociales, entre los cuales se destacan; i) la constatación de que no se produzca duplicación con otros servicios del Estado o de la seguridad social, salvo que la ley expresamente lo permita; ii) la atención preferencial de las necesidades generales de la población; iii) la observancia de las normas legales que regulan el respectivo servicio o actividad; iv) el estudio de las condiciones de vida familiar de los trabajadores beneficiarios y las necesidades económicas y sociales principales de la región en donde cumple sus funciones la corporación respectiva.

Así mismo, el artículo 2.2.7.5.3.8, prevé los criterios o parámetros que deben tener en cuenta las cajas para la administración de los recursos del saldo de obras y programas de inversión: i) separación e identificación contable; ii) aplicación a las funciones y actividades señaladas en la ley para la atención de los afiliados y sus familias; ii) prevalencia en la aplicación de recursos para obras y servicios sociales que beneficien preferencialmente a los trabajadores beneficiarios y sus familias; iii) programación presupuestal, en cuanto anualmente la caja deberá identificar y proyectar la utilización de dichos recursos conforme a lo previsto en la ley y dentro del límite máximo de inversiones; iv) reporte periódico de la ejecución de los recursos para el ejercicio de la función de inspección y vigilancia de la Superintendencia.

En función de la naturaleza jurídica del subsidio familiar, el parágrafo del artículo 2.2.7.5.3.7 hace expreso que los recursos para la ejecución de obras y servicios sociales deben destinarse, con preferencia, para atender las necesidades de los trabajadores afiliados beneficiarios. Con todo, estas obras y programas pueden cobijar a población no afiliada únicamente cuando exista norma que así lo permita y en las condiciones que ella disponga, *"sin que en ningún caso puedan aplicarse tales aportes para subsidiar a trabajadores no beneficiarios o a población no afiliada"*.

Finalmente, el literal g) del artículo 6° de la Ley 25 de 1981, subrogado por el numeral 11 del artículo 7° del Decreto Ley 2150 de 1992, el numeral 2° del artículo 54 de la Ley 21 de 1982, el artículo 63 de la Ley 21 de 1982 y el numeral 10° del artículo 7° del Decreto 2150 de 1992, disponían que la Superintendencia de Subsidio Familiar tenía la competencia para autorizar de manera previa toda clase de negociaciones sobre bienes inmuebles y los planes y programas de inversión o de beneficio social que pretendieran realizar las Cajas de Compensación Familiar; sin embargo, en Sentencia C-429 de 2019, la Corte Constitucional declaró inexequibles estas disposiciones.

3.3.3.2. La utilización de las obras y servicios sociales

Como se expuso, la obras y los programas sociales que organizan las cajas deben tener como criterio principal las necesidades de los trabajadores afiliados beneficiarios, en plena armonía con la finalidad y objeto del subsidio familiar. Una vez diseñadas, construidas y puestas en funcionamiento, su utilización, si bien está abierta a la comunidad en general, es decir, cualquier persona puede hacer uso de los mismos, lo cierto es que, de conformidad con el artículo 44 de la Ley 21 de 1982 y el artículo 2.2.7.5.3.7 del DUR 1072 de 2015, no pueden aplicarse recursos del subsidio familiar, incluyendo por supuesto, aquellos destinados a reconocer el subsidio familiar en servicios, para subsidiar a trabajadores no beneficiarios o a población no afiliada, salvo que la ley diga expresamente lo contrario.

Así las cosas, la ley ha regulado la forma como deben utilizarse las obras y servicios sociales a los afiliados y no afiliados, lo cual se traduce en el subsidio a las tarifas para dicho uso, tratándose de los afiliados y el cobro de tarifa plena para los no afiliados. Al respecto, el artículo 64 de la Ley 21 de 1982, en armonía con el segundo inciso del parágrafo 2° del artículo 3° de la Ley 789 de 2002, disponen lo siguiente:

> *"ARTÍCULO 64. Los Consejos Directivos de las Cajas de Compensación Familiar podrán fijar tarifas diferenciales progresivas, teniendo en cuenta los niveles de remuneración de los trabajadores beneficiarios, para todas aquellas obras y programas sociales desarrollados de conformidad con el artículo 62, de tal manera que las tarifas sean más bajas para aquellos trabajadores que reciban los menores ingresos.*
>
> *Las tarifas de los servicios que se presten a personas distintas de las enunciadas en el artículo 27 y del trabajador beneficiario, no serán subsidiadas. Tales tarifas se determinarán teniendo como base los costos reales de operación y mantenimiento, y serán controladas por la Superintendencia de Subsidio Familiar".*

Por su parte, el inciso segundo del parágrafo 2° del artículo 3° de la Ley 789 de 2002, prevé:

> *"En el caso del parágrafo 1, los Consejos directivos de las Cajas de Compensación familiar fijarán las tarifas y montos subsidiadas que deberán ser inversamente (sic) proporcional al salario devengado".*

Del análisis de las anteriores disposiciones se puede concluir con facilidad, que la ley, de manera expresa y directa le asignó a los Consejos Directivos la competencia para determinar y fijar las *tarifas* para acceder a las obras y programas sociales de las Cajas y establecer el monto del subsidio a la tarifa que se aplicar, para lo cual estableció los siguientes parámetros: *i*) las tarifas deben ser diferenciales teniendo en cuenta los niveles de remuneración de los trabajadores beneficiarios, de tal forma que las tarifas deben ser más bajas para aquellos trabajadores que reciban menos ingresos; *ii*) las personas que reciban más de 4 SMLMV no tienen derecho a acceder a tarifas subsidiadas, pero el monto a pagar se determinará a partir de los costos reales de operación; *contrario sensu*, los trabajadores beneficiarios que sus ingresos no sobrepasen los 4 SMLMV tendrán derecho a acceder a las tarifas subsidiadas *iii*) las tarifas serán controladas por la Superintendencia de Subsidio Familiar.

Finalmente, en lo que hace referencia al marco normativo relevante, el Decreto 827 de 2003[47], integrado al Decreto Único Reglamentario del Sector Trabajo, creó unas categorías, esto es agrupó a los trabajadores en distintos grupos según su nivel salarial para efectos de reglamentar y parametrizar la forma de asignación de los subsidios a las tarifas por parte de las Cajas de Compensación Familiar, en el siguiente sentido:

> *"ARTÍCULO 50. CATEGORÍAS TARIFARIAS PARA LOS SERVICIOS SOCIALES DE LAS CAJAS DE COMPENSACIÓN FAMILIAR. «Artículo compilado en el artículo 2.2.7.4.1.1 del Decreto Único Reglamentario 1072 de 2015. Debe tenerse en cuenta lo dispuesto por el artículo 3.1.1 del mismo Decreto 1072 de 2015». Se establecen las siguientes categorías tarifarias con base en el nivel salarial:*
>
> *1. Categoría A. Hasta dos salarios mínimos legales mensuales vigentes.*
>
> *2. Categoría B. Más de dos salarios mínimos legales mensuales vigentes y hasta cuatro salarios mínimos legales mensuales vigentes.*
>
> *3. Categoría C. Más de cuatro salarios mínimos legales mensuales vigentes.*
>
> *4. Categoría D. Particulares. Categoría de no afiliado a la Caja.*
>
> *PARÁGRAFO 10. Las Cajas de Compensación Familiar en la Categoría C, podrán establecer tarifas diferenciales no subsidiadas de acuerdo al nivel de ingresos familiares".*

Debe señalarse, en primera medida, que la disposición en comento NO define las tarifas, puesto que, se reitera, la ley otorgó esta competencia de manera directa a los Consejos Directivos de las Cajas; la norma en cuestión estableció una segmentación o diferenciación de los trabajadores de acuerdo con su nivel salarial, lo cual no tuvo otro objetivo que parametrizar o tratar de homogeneizar en lo que corresponde, la forma como se entregan los beneficios. Vale la pena mencionar que la circuns-

47. Esta norma fue modificada por el artículo 31 del Decreto 2642 de 2022 que definió las categorías en términos de Unidad de Valor Tributario -UVT-

tancia de que las categorías tarifarias hayan sido expresadas en salarios mínimos, guarda perfecta armonía con la forma en que el legislador decidió establecer las condiciones para ser beneficiario del subsidio familiar. En este sentido, si la ley misma fijó como límite para el efecto que los ingresos del trabajador no superaran los 4 SMLMV, resulta apenas obvio e indispensable para guardar la necesaria coherencia con el Sistema que las categorías tarifarias se hayan dispuesto en los mismos términos.

Así las cosas, en virtud de los dispuesto en las Leyes 21 de 1982 y 789 de 2002, quienes se encuentren dentro de la categoría A deben pagar un monto menor de la tarifa que los de categoría B y, asimismo estos una suma menor que los de categoría C (que la tarifa corresponde como mínimo el costo de operación) y D, pero en todo caso, es el Consejo Directivo el que debe definir, según los costos reales de operación, el monto preciso de la tarifa y de los subsidios a la misma. Debe agregarse que, con posterioridad, el modelo de categorías fue extendido y aplicado tratándose de los afiliados voluntarios a las Cajas de Compensación Familiar (independientes y pensionados) y para el acceso al subsidio al desempleo previsto en el artículo 2° de la Ley 2225 de 2022.

Ahora bien, dado que la definición de las categorías tarifarias se encuentra definido vía reglamento, dada la presunción de legalidad, su aplicación por parte de las Cajas resulta obligatoria, de manera que, necesariamente para aplicar los subsidios a las tarifas, se deberá atender los mandatos de esta disposición normativa.

Ahora bien, en concordancia con lo expuesto, la Superintendencia de Subsidio Familiar, en ejercicio de sus funciones de inspección, vigilancia y control, se encargó de definir los parámetros que los Consejos Directivos y, en general, las Cajas de Compensación Familiar deben tener en cuenta para la fijación y determinación de las tarifas, lo cual se encuentra consignado en la Circular Única del Subsidio Familiar, libro I, título II, capítulo III, de lo cual se resalta lo siguiente que, valga la pena anunciarlo, reafirma lo expuesto con anterioridad:

"CAPÍTULO TERCERO. TARIFAS

La tarifa es el valor cobrado a un usuario por la prestación directa o indirecta de un servicio social, con estricta sujeción a su nivel salarial. La normativa ha establecido las categorías tarifarias que deben usar las Cajas de Compensación Familiar en la fijación de tarifas diferenciales progresivas para la prestación de los servicios.

El subsidio es, precisamente, la diferencia que existe entre el costo de un servicio o producto con el precio o tarifa que paga el consumidor para obtenerlo o acceder a tal servicio, diferencia que en ciertos casos puede ascender al 100 % Lo anterior recordando que el objetivo fundamental del Subsidio Familiar consiste en aliviar las cargas económicas de los trabajadores de menores ingresos. Las categorías tarifarias están establecidas por norma especial.

3.1. FIJACIÓN DE TARIFAS

*Los **Consejos Directivos de las Cajas de Compensación Familiar tienen la facultad de fijar tarifas diferenciales progresivas.** Esta fijación de tarifas tiene en cuenta los niveles de remuneración de los beneficiarios, o sea, **su categoría**, con el fin de que sean más bajas para quienes reciben menos ingresos, concordante con los fines del Sistema del Subsidio Familiar.*

Para la determinación de las tarifas categorizadas en los programas de los servicios sociales de las Cajas de Compensación Familiar, estas deberán tener en cuenta el Marco General para el Estudio Técnico de Costos.

Las personas con derecho al subsidio familiar en servicios son los trabajadores cuya remuneración mensual fija o variable, no sobrepase los cuatro (4) salarios mínimos legales mensuales vigentes, smlmv, y tendrán derecho a estos subsidios las personas a cargo enunciadas en el parágrafo 1° del artículo 3 de la Ley 789 de 2002, incluyendo el (la) cónyuge o compañero (a) permanente. Las tarifas de los servicios que se presten a personas distintas a estas no pueden ser subsidiadas, sino que se determinan teniendo como base los costos reales de operación y mantenimiento.

Los convenios celebrados entre Cajas de Compensación Familiar para la atención de sus afiliados podrán prever idénticas tarifas a las dispuestas para sus propios afiliados. En todo caso, en la celebración de estos convenios deberá tenerse en cuenta lo previsto en el artículo 44 de la Ley 21 de 1982.

Frente a la definición y alcance de las categorías tarifarias y a los subsidios en la tarifa que otorgan las Cajas de Compensación Familiar, en la aludida Circular Única, libro I, título II se menciona de la siguiente forma:

> *"4.4.1.1 Subsidio a la Demanda Son aquellos subsidios destinados a reducir el valor que paga el afiliado. Corresponde a la diferencia entre el valor de la tarifa determinada para los usuarios* ***de las categorías A y B frente al costo, que en todo caso no puede ser superior a la tarifa establecida para los afiliados a la categoría C,*** *cuando la Caja de Compensación Familiar presta directamente el servicio. Si la Caja debe adquirir el servicio, el cálculo del subsidio para las categorías A y B se hará sobre la tarifa cobrada por el proveedor del respectivo servicio".*

Y en el Libro II, se expresa lo siguiente:

> *1.4.1.1 Individualización de los servicios sociales. Las Cajas de Compensación Familiar están obligadas a individualizar la prestación o utilización de los servicios que ofrecen e identificar las categorías usuarias de los mismos, para asegurar que el valor del subsidio en servicios otorgado es para quienes tienen derecho a recibirlo (categorías A y B) y que los valores pagados* ***por quienes no tienen derecho al mismo (categorías C y D)*** *se ajustan a las tarifas establecidas y aprobadas.*

De esta manera, según el marco normativo señalado y de acuerdo con las instrucciones de la Superintendencia de Subsidio Familiar, las categorías A y B y, por ende, los subsidios a la tarifa se aplican a los trabajadores que devengan hasta 4 SMLMV; por su parte, para los de categoría C no se aplican subsidios a la tarifa y, por tanto, la misma corresponde al costo de operación. Finalmente, para los de categoría D, es decir, los no afiliados se aplica la tarifa comercial. En cuanto al Marco General para el Estudio Técnico de Costos, que debe observarse por las Cajas para la fijación de las tarifas, este se encuentra previsto en la aludida Circular Única, libro II, título III, el cual lo componen los siguientes elementos:

a. Marco general y normativo.

b. Información para tener en cuenta para la definición de tarifas.

c. Criterios para definir y elaborar el estudio técnico de costos.

d. Los insumos para la determinación de las tarifas.

Estos son pues, los parámetros para el uso de los recursos del denominado saldo de obras y programas sociales y las reglas para su utilización por parte de los afiliados, sus personas a cargo y los no afiliados.

4. PROTECCIÓN CONSTITUCIONAL DEL SUBSIDIO FAMILIAR

La circunstancia de que el subsidio familiar tenga la naturaleza de una prestación social de origen laboral supone, de suyo, un marco constitucional y legal de protección para los recursos de este subsistema de protección social, que está dado según la Corte Constitucional por los siguientes elementos: **i)** en el principio de reserva de ley que se predica frente a los desarrollos esenciales de la relación laboral y de la seguridad social, por derivación propia de la Constitución y; **ii)** la prohibición al legislador de destinar los recursos de esta prestación social a una población distinta que el trabajador formal beneficiario y, en consecuencia, no pueden utilizarse para el financiamiento de políticas públicas estatales a personas diferentes y; **iii)** la garantía mínima de protección laboral prevista en los artículos 25 y 53 de la Constitución Política; **iv)** el mandato de progresividad y el principio de prohibición de regresividad; **v)** la protección de la familia; **vi)** su conexidad con la dignidad humana y el mínimo vital. Corresponde entonces definir esos elementos a la luz de todo lo que se ha venido afirmando en torno a las características del Sistema de Subsidio Familiar.

4.1. Principio de reserva de ley

Como prestación social de origen laboral, de conformidad con los artículos 25 y 53 de la Constitución Política, el trabajo goza en todas sus modalidades de protección especial del Estado, al tiempo que toda persona tiene derecho a un trabajo en condiciones dignas y justas, lo cual ha llevado a la Corte a catalogar el trabajo, desde su aspecto subjetivo, como un derecho fundamental. De igual forma, corresponde al legislador expedir el estatuto del trabajo, el cual debe tener en cuenta, entre otros, el principio de irrenunciabilidad a los beneficios mínimos establecidos en las normas laborales y la garantía de la seguridad social. Por su parte, al legislador le corresponde la regulación de la Seguridad Social como servicio público.

En consecuencia, como manifestación de los principios democráticos y separación de poderes y por manifestación directa de la Constitución, se obliga al legislador a regular aquellas materias que el Constituyente le encargó de forma expresa. De esta forma, la reserva de ley *"es una institución que impone un límite tanto al poder legislativo como al ejecutivo. A aquél, impidiendo que delegue sus potestades en otro órgano, y a éste, evitando que se pronuncie sobre materias que, como se dijo, deben ser materia de ley".*

Por consiguiente, los aspectos, materias y principios contenidos en los artículos 25, 48 y 53 de la Constitución Política —entre los que se encuentran el régimen de prestaciones sociales laborales y de seguridad social— son objeto de reserva de ley y, por tanto, solo el legislador puede definirlos, modificarlos o eliminarlos, en cuanto, como mínimo, sus aspectos esenciales.

4.2. Destinación regulada de los recursos del subsidio familiar

Al tratarse de una prestación social de origen laboral, que constituye un derecho de esta naturaleza y que pertenece a la seguridad social explica la protección que desde la Carta Política se les imparte a estos recursos pues, según se anotó, el artículo 48 Superior indica que *"No se podrán destinar ni utilizar los recursos de las instituciones de la Seguridad Social para fines diferentes a ella"* (inciso 5). La Corte ha explicado esta especial destinación en los siguientes términos:

> *Pues bien, dado que el subsidio familiar constituye una prestación social lo propio es que los que se beneficien de él sean las personas que estén involucradas en una relación laboral con los patronos que pagan esa prestación social*[48].

En consecuencia, en principio, el legislador, la Administración o el empleador pueden utilizar los recursos que financian la prestación so-

48. Corte Constitucional. Sentencia C-393 de 2007 y C-473 de 2019.

cial, para fines distintos a los previstos en tanto se trata de derechos o de garantías mínimas laborales protegidas constitucionalmente.

4.3. Salario Social, Principio de Progresividad y regla de No Regresividad

Al ser el Subsidio Familiar, como se dijo, una manifestación del "salario social", es claro que no puede equipararse al salario, que es el pago directo recibido por el tiempo trabajado. Por el contrario, el subsidio familiar está relacionado con las necesidades del trabajador que escapan a la temporalidad del ciclo laboral, como ocurre con las contingencias que puedan significar gastos súbitos o la pérdida de la capacidad de trabajo[49].

Al tener estos recursos, como fuente, la relación laboral, y estar destinados a la satisfacción de las necesidades de los trabajadores, como manifestación del concepto de "salario social", indudablemente opera para ellos el **principio de progresividad y la regla de no regresividad en materia laboral**, en virtud del artículo 48 Superior que ordena: "*El Estado, con la participación de los particulares, ampliará **progresivamente** la cobertura de la seguridad social...*". Acerca del alcance de este mandato, ha advertido la Corte Constitucional:

> "dada la estrechez del sistema actual de seguridad social y las dificultades económicas, confió al Legislador la tarea de **ampliar progresivamente la cobertura de los servicios de seguridad social**, con la participación de los particulares, a todos los habitantes (CP art. 48). Así las cosas, es al **Legislador a quien corresponde constitucionalmente la apreciación de las condiciones en que los servicios de seguridad social deben ser prestados de manera que se cumpla con el objetivo** trazado en la Constitución"[50] (Negrilla fuera de texto)

49. Giraldo Giraldo, César Ausuto. *El salario social de los trabajadores,* (Medellín: Comfama, 2014), 27.
50. Corte Constitucional, Sentencia C-149 de 1994.

Adicionalmente, el principio de progresividad y la prohibición de regresividad de los DESC se encuentran consagrados en las normas de derecho internacional que hacen parte del bloque de constitucionalidad[51], dentro de las que se destacan el artículo 2 del Pacto Internacional de Derechos Económicos, Sociales y Culturales (PIDESC)y el artículo 26 de la Convención Americana sobre Derechos Humanos (Pacto de San José de Costa Rica).

En el derecho interno, el mandato de progresividad ha sido ampliamente desarrollado en la jurisprudencia de la Corte Constitucional, en la cual además de precisarse sus alcances, se ha destacado que el principio en comento no tiene un carácter absoluto; en otras palabras, se podrá adoptar una medida regresiva, siempre y cuando se acrediten los supuestos jurisprudenciales señalados para tal efecto[52].

Ahora, con el fin de determinar la constitucionalidad o no de una medida regresiva, la Corte Constitucional ha ideado un *test* estricto de regresividad que consta de tres elementos: i) que la medida sea regresiva, ii) que no afecte los contenidos mínimos intangibles de los derechos sociales y iii) que esté justificada.

En relación con el primer elemento ha indicado la jurisprudencia que la medida resulta regresiva, ya sea porque reduce el "*radio de protección de un derecho social*", disminuye "*los recursos públicos invertidos en* [su] *satisfacción*", aumente "*el costo para acceder al derecho*", o en términos generales, la tal disposición "*retrocede, por cualquier vía, el nivel de satis-*

51. El artículo 93 de la C. P. establece que, "*Los derechos y deberes consagrados en esta Carta, se interpretarán de conformidad con los tratados internacionales sobre derechos humanos ratificados por Colombia*". Con base en esta norma se ha introducido en Colombia la idea de que dichos tratados y convenios internacionales sobre derechos humanos firmados y ratificados por Colombia, hacen parte del Bloque de constitucionalidad.
52. Corte Constitucional. Sentencia C-536 de 2012. M. P. Adriana María Guillén Arango.

facción de un derecho social"[53]. Frente al segundo elemento, ha prescrito la Corte Constitucional que

> *no existen reglas generales en los tratados internacionales, ni en la Jurisprudencia de esta Corte que precisen cuál es el contenido mínimo intangible de los derechos sociales. Este análisis debe hacerse caso por caso, consultando la naturaleza de cada derecho, las garantías reconocidas por los tratados internacionales que los desarrollan, la doctrina del Comité para la vigilancia del PIDESC y, sobre todo, el régimen constitucional de cada uno de ellos. Así, unas serán las reglas aplicables para definir, por ejemplo, el contenido mínimo del derecho al trabajo, otras el de la seguridad social, y unas diferentes en relación con el derecho a la educación o a la vivienda*[54].

Finalmente, en relación con el tercer elemento, la Corte ha cualificado el deber de justificación que pesa sobre el legislador al momento de tomar medidas regresivas. El método adoptado para determinar la justificación de las medidas es el del principio de proporcionalidad. En la aplicación de este método la Corte ha exigido que el legislador demuestre que, con la medida restrictiva, persigue "*una finalidad constitucionalmente imperiosa*", que es "*adecuada y necesaria*" y que es "*estrictamente proporcional en términos costo beneficio*"[55]-[56].

En consecuencia, cualquier medida legislativa que, en relación con el subsidio familiar, desmejore el grado de protección de los trabajadores beneficiarios, esto es que sea regresiva, se presume inconstitucional, a menos que se logre acreditar que la medida no vulnera el núcleo esen-

53. Hipótesis todas recogidas en la consideración 5.6.1, Sentencia C-507 de 2008, ya citada.
54. Corte Constitucional. Sentencia C-536 de 2012. M. P.
55. Consideración 2.5.9.6, Sentencia C-444 de 2009 (que consideró regresiva e injustificada, por no superar el *test* de proporcionalidad y no desvirtuar así la presunción de inconstitucionalidad, la disposición que eliminó la norma que exigía póliza de estabilidad y calidad de vivienda nueva para las viviendas de interés social).
56. *Ibidem.*

cial del derecho, al tiempo que resulte justificable luego de aplicado el denominado *test* de proporcionalidad.

4.4. Protección al trabajador y su familia

Como objeto principal del Subsidio Familiar es el *'alivio de las cargas económicas que representa el sostenimiento de la familia'*[57] y a proteger la familiar como núcleo básico de la sociedad, objetivos reconocidos por la Corte Constitucional, la cual destaca su raigambre constitucional así:

> La razón de ser de este beneficio es la familia como núcleo básico donde el hombre se realiza como persona y donde se genera la fuerza de trabajo. En este sentido, es válido afirmar que el subsidio familiar es la materialización del mandato consagrado en el canon 42 de la Carta según el cual 'El Estado y la sociedad garantizarán la protección integral de la familia'"[58].

La Corte Constitucional[59] ha reiterado que el Subsidio Familiar tiene como finalidad la de "*subvencionar las cargas económicas del trabajador beneficiario*", y su "*objetivo fundamental* [es] *la protección integral de la familia. La razón de ser de este beneficio es la familia como núcleo básico donde el hombre se realiza como persona y donde se genera la fuerza de trabajo*".

Así pues, el subsidio familiar constituye un mecanismo de protección para el trabajador y su familia. Según un estudio de la Superintendencia de Subsidio Familiar, la cuota monetaria como componente del subsidio familiar tiene un efecto favorable en la redistribución de los ingresos[60], además

57. Corte Constitucional, Sentencias C-393 de 2007, C-440 de 2011, así como el artículo 1 de la Ley 21 de 1982.
58. Corte Constitucional, Sentencia C- 1173 de 2001, reiterada en las sentencias C-337 de 2011 y C-629 de 2011.
59. Corte Constitucional, Sentencia C- 1173 de 2001, reiterada en las sentencias C-337 de 2011 y C-629 de 2011.
60. Según el estudio al evaluar su impacto en la concentración del ingreso, mediante el cálculo del coeficiente de Gini, se obtiene que esta causa una re-

de que reduce en por lo menos un 11 % la probabilidad de que los hogares caigan en situaciones de pobreza, en tanto que el dinero recibido permite a sus beneficiarios costear sus necesidades básicas. Así mismo, destaca la Superintendencia, *"los hogares beneficiados tienen una tasa de asistencia escolar promedio mayor en un 2.38 por ciento a la de hogares que no reciben cuota monetaria, porcentaje que aumenta en los hogares rurales, donde asciende a 3,72 por ciento"*[61]. Por lo expuesto, según el órgano de control, se reafirma la necesidad de proteger los recursos del denominado 4 %[62].

Por ello el legislador, mediante el artículo 62 de la Ley 21 de 1982, realizó un ejercicio de intervención del Estado en la economía con el fin de mejorar la calidad de vida de los trabajadores y garantizar y supervisar que los recursos recaudados por los empleadores con destino al subsidio familiar sean invertidos en obras y programas sociales que satisfagan las necesidades prioritarias de la población en general y de la familia en particular, como lo son la nutrición, recreación, salud, vivienda. Estos se traducen en el reconocimiento de los derechos constitucionales a la seguridad social, salud, vivienda.

Por lo tanto, la Corte Constitucional ha reconocido que si bien se trata de una prestación social de carácter económico (que, por tanto, en principio no sería susceptible de protección por medio de la acción de tutela), cuando ha se trata de menores de edad o de personas de la tercera edad adquiere el carácter de derecho fundamental y la garantía constitucional se convierte en el mecanismo idóneo para exigir su pago, lo cual denota un nivel más alto de protección, como se pasa a explicar.

ducción de 0.2 puntos de este indicador, tanto en el total de personas como solo en los asalariados; esto demuestra el efecto favorable del subsidio en dinero en la distribución de los ingresos a nivel departamental y nacional. Tomado de El Tiempo y de la Superintendencia de Subsidio Familiar.

61. *Ibidem.*
62. *Ibidem.*

4.5. Dignidad humana y mínimo vital

Desde sus inicios, al subsidio familiar se le consideró como un complemento al salario o *"salario social"*, razón por la cual la Corte Constitucional[63] no ha vacilado en indicar que este derecho contribuye o se encuentra íntimamente relacionado o en conexidad con el concepto de *"mínimo vital"* entendido este como un derecho fundamental encaminado a garantizar, desde un punto de vista cuantitativo y cualitativo que cada persona tenga la posibilidad de disfrutar, para sí y su familia, de la satisfacción de las necesidades mínimas como la alimentación, el vestuario, la salud, la educación, la vivienda, la recreación como mecanismos para hacer realidad su derecho a la dignidad humana[64], que en el caso de los menores se constituyen en derechos fundamentales.

En este sentido, el subsidio familiar, en su esencia, busca proteger no solo a los trabajadores, incluidos pensionados e independientes, de menores y medianos ingresos, sino a sus familias, haciendo especial énfasis, de acuerdo al parágrafo 1° del artículo 3° de la Ley 789 de 2002, a los niños o hijos o hermanos del afiliado que no sobrepasen los 18 años (numeral 1 y 2), los padres del trabajador beneficiario mayores de 60 años que no reciban ingreso o pensión (numeral 3), los padres, hermanos huérfanos de padres y los hijos en situación de discapacidad (numeral 4), el o la cónyuge o compañero(a) permanente del trabajador afiliado, que no reciba ingresos y que realice labores de cuidado (numeral 8). Sumado a lo anterior las Cajas ofrecen el Mecanismo de Protección al Cesante encaminado a otorgar prestaciones a las personas que se encuentran en situación de desempleo. Por consiguiente, el subsidio familiar, debido a sus destinatarios, constituye una medida que contribuye a proteger a población que, como también lo ha dicho la Corte, se encuentran en una situación de debilidad manifiesta y, por ende, merecen una particular protección del Estado. Un simple cuadro comparativo permite evidenciar la conexidad intrínseca

63. Corte Constitucional, Sentencia T-356 de 2002, T-753 de 1999 y T-097 de 2004.
64. Ver entre muchas otras, Corte Constitucional, Sentencia T-581A de 2011.

entre el subsidio familiar y el denominado mínimo vital o, lo que es igual, como el primero contribuye a la garantía y protección del segundo:

Tabla 1. Comparativo subsidio familiar y mínimo vital

Subsidio Familiar	Mínimo vital
Objeto: Alivianar las cargas económicas que supone el sostenimiento de la familia.	Objeto: proteger el ingreso o las condiciones cuantitativa y cualitativa necesarias de las personas y sus familias para garantizar una vida digna.
Se logra a través del otorgamiento de las siguientes prestaciones: *Subsidio Familiar en dinero*: cuota monetaria por cada persona a cargo. *Subsidio de vivienda* *Subsidio Familiar en especie*: becas, kits escolares, herramientas e insumos, medicamentos, vacunas, entre otros. *Subsidio Familiar en servicios*: Acceso a los servicios de educación, recreación, cultura, turismo, deporte, crédito social, salud, capacitación que ofrecen las Cajas de Compensación Familiar, a través de tarifas subsidiadas en función del nivel de ingresos del trabajadore afiliado. *Mecanismo de Protección al cesante*: servicios de gestión y colocación, capacitación para la reinserción laboral y prestaciones económicas que consisten en un auxilio económico equivalente a 1.5 SMLMV distribuidos en cuatro meses y cotización a salud y pensiones por seis meses.	Busca satisfacción de las necesidades mínimas como la alimentación, el vestuario, la salud, la educación, la vivienda, la recreación y protección al desempleo como mecanismos para hacer realidad su derecho a la dignidad humana.

Los destinatarios de esta prestación son los trabajadores de menores y medianos ingresos, los pensionados y trabajadores independientes y busca proteger a la familia, con énfasis en: - Los hijos y hermanos menores. - Las personas de la tercera edad. - Las personas en situación de discapacidad. - El o la cónyuge o compañero(a) permanente que realiza labores de cuidado y que no recibe ingreso. - Los cesantes.	Si bien el mínimo vital es predicable de todos los ciudadanos, existes sectores de la población que, debido a su vulnerabilidad, son susceptibles de encontrarse, con mayor facilidad en situaciones que comprometan la efectividad de este derecho[65]: - Personas de la tercera edad. - Personas con menores, únicos o sin ingresos. - Niños. - Personas en situación de discapacidad, entre otros.

Fuente: Elaboración propia

De esta manera, existe una conexidad entre el subsidio familiar y el mínimo vital tal como lo ha desarrollado la Corte Constitucional, lo cual impone al Estado su protección y, con ello, evitar cualquier medida que afecte o varíe de forma injustificada las prestaciones a las que por derecho pueden acceder los trabajadores y sus familias y, en todo caso, es deber de las autoridades la actuación inmediata para ordenar el restablecimiento o la cesación de la conducta u actuación que lesione estas prestaciones.

65. Corte Constitucional, Sentencia T-581A de 2011.

Capítulo III. Recursos que financian el subsidio familiar y la parafiscalidad atípica

De manera general, en Colombia, a diferencia de lo que solía ocurrir en otros ordenamientos, este beneficio no se incluye entre los riesgos o necesidades cubiertos por el sistema público de seguros sociales a pesar de que, como se advirtió, desde la Ley 90 de 1946 ya existía en Colombia. Así mismo, para el financiamiento del subsidio familiar, en Colombia no se contemplaron recursos del erario, en tanto, de forma expresa se les impuso esta obligación a los empleadores en el marco de la relación laboral. Por lo anterior, el rol del Estado en esta materia consiste en ejercer sus competencias para imponer o tornar obligatorio el reconocimiento de un derecho laboral para algunos trabajadores. En relación con este último punto, conviene citar una sentencia del Consejo de Estado del 30 de junio de 1972 en la cual se hace referencia al fundamento del Estado en imponer el subsidio familiar en los términos previstos en la respectiva normativa:

> *Este régimen particular (el previsto para el subsidio familiar) obedece a la voluntad de estimular el establecimiento del subsidio en beneficio los trabajadores porque con una reglamentación distinta, los empresarios tratarían de infringirlo debido al recargo que sobrevendría en la liquidación de las prestaciones.*

El ordenamiento jurídico colombiano ha sido especialmente claro en definir la naturaleza jurídica del subsidio familiar como una prestación social de origen laboral, a cargo de manera exclusiva del empleador —sin distingo de su naturaleza pública o privada— destinado a los trabajadores beneficiarios de menores y medianos ingresos, para aliviar las cargas económicas que supone el sostenimiento de la familia.

De manera que, una vez se reúnan los requisitos previstos en las normas aplicables, surge un derecho de los trabajadores beneficiarios, en función de sus personas a cargo, de reclamar esta prestación, sea en dinero, especie o servicios, de tal forma que una vez sea reconocido de forma efectiva, ingresa a su patrimonio personal.

Así las cosas, desde su creación, ha sido voluntad del legislador imponer una obligación a los empleadores, en el marco de las relaciones laborales, con destino al bienestar de sus trabajadores a través del reconocimiento de ciertas prestaciones con el objetivo de aliviar sus cargas familiares. De igual forma, el rol del legislador se ha encaminado a definir la forma de funcionamiento de esta prestación, para lo cual, como se señaló, con el objetivo de evitar prácticas discriminatorias (como criterio de selección entre trabajadores con o sin personas a cargo), generar eficiencia y especialización en la gestión de los recursos para los empleadores y lograr una redistribución de los recursos, principalmente, entre los trabajadores de menores ingresos, se previó la creación de las cajas de compensación familiar como corporaciones de derecho privado encargadas de toda la administración de estos recursos.

Como se observa, el ciclo de los recursos del subsidio familiar, resulta, en términos generales, claro y sencillo, parte de la obligación de los empleadores de pagar el 4 %, las cajas reciben estos recursos y los gestionan a través de una estructura organizativa propia de entidades de derecho privado, cuyas decisiones más importantes son proferidas por un consejo directivo que es elegido de manera paritaria por aquellos que conforman la relación sustancial que da origen a la prestación, esto es empleadores y trabajadores. Una vez se verifican los requisitos previstos en la norma, las cajas reconocen la prestación a los trabajadores beneficiarios.

Con todo, a partir de la década de los noventa, con la creación legal de una apropiación obligatoria de los recursos del 4 % para el otorgamiento de subsidios de vivienda y la jurisprudencia de la Corte Constitucional que ha catalogado estos recursos mientras son gestionados por las cajas, esto es antes de que ingresen de manera efectiva al patrimonio individual de los trabajadores, como ingresos de naturaleza parafiscal *atípica o sui generis*, circunstancia que, a pesar de que la misma Corte fijó el alcance de esa expresión desde su primer pronunciamiento (Sentencia C-472 de 1992) el cual ha sido reiterado de manera sistemática en su jurisprudencia, lo cierto es que ha generado confusiones en cuanto al régimen jurídico que —además del propio y expreso— debe aplicarse en relación con la destinación, administración y control de estos recursos.

De esta manera, hay algunos que asimilan estos recursos a contribuciones parafiscales o recursos parafiscales *típicos*, catalogación que supone necesariamente su naturaleza tributaria (compartiendo la misma categoría con los impuestos, tasas y demás contribuciones especiales) y de ahí su naturaleza de recursos públicos, en tanto de propiedad del Estado por el cumplimiento de sus fines.

La catalogación tributaria de estos recursos no es simplemente semántica, sino que genera importantes consecuencias jurídicas en relación con su disposición y administración. Así, si estos recursos son propiedad del Estado, genera la idea de que pueden utilizarse para financiar política pública que beneficie, incluso, a población diferente a los trabajadores titulares del subsidio familiar o, lo que es igual, a población universal. Si esto es así, no extraña que existan posturas que propugnen por la eliminación o disminución del 4 % para los empleadores, no solo por considerar esta obligación como un costo laboral que impide la generación de empleo o que supone un obstáculo para la informalidad, sino por el hecho de que, ante la ausencia de destinación específica de los recursos a los trabajadores en el marco de una relación laboral, no existiría razón o fundamento legal o constitucional para que sean los empleadores quienes deban asumir de forma exclusiva esa obligación y, por ello, proponen que sea el Estado, con recursos del erario, que financie estas políticas universales[66].

Así mismo, el entendimiento como públicos de los recursos que financian el subsidio familiar ha promovido la aplicación a las cajas de compensación familiar de normas, conceptos o principios propios o

66. Consultar: Misión de Empleo 2020-2021 "Reporte Ejecutivo de la Misión de Empleo en Colombia" https://www.misionempleo.gov.co/Documentos %20 compartidos/Informe_Final_Doc_Diagnostico/Reporte_ejecutivo_Mision_de_Empleo.pdf?utm_source=Mision&utm_medium=web.

predicables a las entidades públicas, los servidores públicos o los particulares que ejercen función pública o administrativa. A manera de ejemplo, han existido eventos en que se ha tratado de aplicar a los trabajadores de las cajas la Ley 1821 de 2016 por medio del cual se modificó la edad máxima para el retiro forzoso, igual ocurre con la publicación de la información contractual de las Cajas en los sistemas públicos de información o de toda su información en los términos de la Ley 1712 de 2014. Por su parte, la Contraloría, en algún momento sostuvo que estas corporaciones estaban obligadas a reportar la información contenida en la Ley 2020 de 2020 relacionadas con el registro de obras inconclusas *"de las Entidades Estatales"* o dar cumplimiento al contenido de la Resolución 035 de 2020[67] *"Por la cual se reglamenta la rendición de información por parte de las entidades o particulares que manejen fondos o bienes públicos, en todos sus niveles administrativos y respecto de todo tipo de recursos públicos para el seguimiento y el control de las finanzas y contabilidad públicas"*, modificada por la Resolución 0038 de 2020.

Lo expuesto repercute también en la forma como se ejerce el control sobre los recursos del subsidio familiar y de las propias cajas de compensación familiar, no solo por el órgano(s) competente(s) para ello, sino a través de los esquemas que se utilizan para cumplir esta función. En este sentido, si bien las disposiciones legales que regulan el subsidio familiar y las cajas han previsto que la competencia para ejercer el control sobre estos recursos y entes recae en el poder ejecutivo a través de la actuación de la Superintendencia de Subsidio Familiar, sin perjuicio de la actuación de otros entes de las misma naturaleza en razón de las funciones que se le han venido asignando a las Cajas, lo cierto es que a partir del entendimiento, originado en las reseñadas sentencias de la Corte Constitucional, según el cual los recursos del 4 % son ingresos tributarios en virtud de su catalogación como recursos parafiscales *típicos* y de ahí su consideración de recursos públicos, la Contraloría General

67. La cual fue derogada por la Resolución 0063 de 2023.

de la República se abrogó competencia —de nuevo sin que las normas especiales lo hubiesen así previsto— para ejercer sus funciones frente a estos ingresos y estas corporaciones.

De manera adicional, la consideración de los recursos del subsidio familiar como de propiedad del Estado, también ha incidido en la forma como se ejerce el control, independientemente del órgano que se encargue del mismo, puesto que tal entendimiento en no pocas ocasiones, según lo expuesto, ha generado que el parámetro para desarrollar estas funciones se fundamente en normas, esquemas, principios aplicables a las entidades públicas o a los servidores públicos, con lo cual se genera una inversión de los principios generales de competencia, de legalidad o de responsabilidad previsto en el artículo 6 de la Constitución Política, puesto que si bien el principio general es que los particulares solo son responsables por infringir la Constitución y las leyes de tal forma que en lo no previsto tienen libertad o autonomía para autorregularse, lo cierto es que en materia de control sobre las personas de derecho privado lo que suele ocurrir es la aplicación de este principio tal cual como opera para los servidores públicos, de tal manera que se exige que cualquier comportamiento que efectúen debe tener un respaldo normativo, a tal punto que, de verificar la existencia de una actuación o conducta que no encuentre una disposición expresa de habilitación, se genera una valoración negativa por parte de la autoridad competente.

Si bien este tipo de actuaciones de los entes de control puede obedecer a distintas razones, lo cierto es que al revisar las actuaciones en las cuales se ha evidenciado este proceder, se encuentra que el fundamento principal que justifica ese razonamiento encuentra como génesis, la naturaleza tributaria/pública de los recursos que gestionan las cajas de compensación familiar.

Por lo expuesto, el propósito de este capítulo consistirá en analizar y definir la naturaleza jurídica de los recursos que financian la prestación social del subsidio familiar, para lo cual se iniciará el estudio a partir de la ecuación que se entiende impera en la actualidad, esto es se expondrán las razones por las cuales se considera que estos recursos no reúnen los presupuestos de la parafiscalidad *típica*, no son tributarios y, en general, tampoco son públicos. Finalmente, se intentará definir la naturaleza de estos ingresos y las consecuencias de esa concepción.

1. LA HACIENDA PÚBLICA Y LOS RECURSOS PÚBLICOS

Es un error común considerar que los recursos del 4 % pueden ser calificados como recursos parafiscales a secas. La jurisprudencia ha hecho un gran esfuerzo por calificarlos de manera adecuada como expresión de una *parafiscalidad atípica*. Esta idea, ya consolidada en la jurisprudencia constitucional, permite diferenciar las contribuciones parafiscales como manifestación de un ingreso público, de un lado, de los recursos parafiscales atípicos como explicación y justificación de la existencia de las prestaciones sociales, por el otro.

En este capítulo se analizarán las distintas definiciones que gravitan en torno a esta calificación. En particular, se intentará demostrar que la naturaleza del subsidio familiar como prestación social de origen laboral sumada al origen y destinación de los recursos, conlleva necesariamente una categoría *sui generis,* cual es la de la parafiscalidad atípica.

La afirmación según la cual los recursos del 4 % o del subsidio familiar son contribuciones parafiscales y, por ello son ingresos tributarios que se incorporan a la categoría general de recursos o ingresos públicos, conduce necesariamente a referirnos a la rama del derecho y economía que enmarca estas categorías, esto es la Hacienda Pública, el derecho financiero o las finanzas públicas.

La hacienda pública puede definirse desde tres puntos de vista: i) como los recursos disponibles por parte del Estado y las entidades públicas para el cumplimiento de sus actividades y proyectos; ii) como el conjunto de entidades públicas que tienen encomendado gestionar los ingresos que recibe el Estado; iii) como la disciplina que se encarga del estudio de los objetivos del sector público y la forma lograrlos con recursos limitados[68].

Dentro de esta última acepción, para el Banco de la República, la hacienda pública consiste en las actividades que deben realizar las entidades públicas para el logro de sus objetivos, lo cual comporta principalmente, la obtención de ingresos y otros recursos, la ejecución y control de los gastos e inversiones y la elaboración y posterior control del presupuesto necesario para realizar las actividades propuestas. Y, en general, esta ciencia o disciplina comporta la consecución de los siguientes objetivos fundamentales: i) la redistribución más equitativa de los recursos; ii) la estabilidad y iii) el desarrollo de la economía[69].

Para efectos del ejercicio del control fiscal y desde el punto de vista de los ingresos o derechos, el artículo 35 de la Ley 42 de 1993, define la Hacienda Nacional como

> *el conjunto de derechos, recursos y bienes de propiedad de la Nación. Comprende el Tesoro Nacional y los bienes fiscales; el primero se compone del dinero, los derechos y valores que ingresan a las oficinas nacionales a cualquier título; los bienes fiscales aquellos que le pertenezcan así como los que adquiera conforme a derecho.*

En este sentido, dentro de la hacienda pública, resulta indispensable e inherente el estudio del concepto de ingreso o recurso público, el cual, en línea con lo previsto en el citado artículo 35 de la Ley 42 de 1993 y según Plazas Vega, están constituidos *"por el conjunto de recursos con que cuenta el Estado para cumplir sus fines"*[70]. Bajo esta lógica, agrega el autor, los recursos públicos o estatales se diferencian de los recursos privados de interés público, en tanto estos últimos *"no son recursos estatales*

68. Enciclopedia del Banco de la República. https://enciclopedia.banrepcultural.org/index.php/Hacienda_p %C3 %BAblica.
69. *Ibidem.*
70. Plazas Vega, Mauricio A. Derecho de la Hacienda Pública y Derecho Tributario. Tomo II. Segunda Edición. (Bogotá: Editorial Temis S.A., 2005), 2.

sino de los particulares pero interesan a la hacienda pública y al derecho público por la importancia que representan para la comunidad"[71].

De esta forma, la Constitución Política habilita de manera expresa y directa a los particulares para desarrollar actividades tendientes a la realización de fines estatales, a través de recursos privados o que no son de propiedad del Estado, como bien puede ocurrir con el servicio público de educación, la construcción de vivienda, la actividad bancaria, el servicio de telecomunicaciones, entre otros. Resulta claro que estas actividades y los recursos con los cuales se financia son de interés público a pesar de que no se financien con recursos del Estado.

Por su parte, precisa el autor citado, los recursos públicos pueden percibirse o administrarse por el Estado de manera directa o indirecta, puesto que en ocasiones el mismo atribuye o asigna a particulares el cumplimiento de funciones públicas, propias del Estado, *"y los habilita para recaudar los medios financieros, de naturaleza pública, con apoyo en los cuales han de desarrollar la actividad de que se trate"*. Con todo, concluye el doctrinante:

> *Cuestión distinta es la que se presenta con los recursos privados de interés público, los cuales no son de naturaleza pública. Y si bien el Estado, por el interés público que está de por medio, puede y debe ejercer funciones de auditoría y vigilancia, incluidas si es necesario, las inherentes al control fiscal, las mismas no pueden concebirse ni ejercerse como si se relacionaran con recursos públicos*[72].

Cabe agregar, en lo que atañe a la precisión del concepto de recursos públicos, que es posible que el Estado, además de las funciones típicamente públicas, puede también desarrollar actividades cercanas a las que desarrollan los particulares, como ocurre con las labores que desarrollan las denominadas empresas industriales y comerciales del Estado y las sociedades de economía mixta, en cuyo caso los recursos que se empleen a estas actividades tendrán la connotación de públicos, por lo

71. Ibidem, 3
72. Ibidem, 3

menos en parte, *"porque son propiedad del Estado*[73]*"* aunque se destinen a estas actuaciones y, por ello, son sujetos a las reglas generales sobre control y responsabilidad fiscal.

En consecuencia, existen actividades que llevan de manera intrínseca la realización de fines estatales que pueden financiarse tanto con dineros públicos, como con recursos privados —eso sí de interés público—, salvo que se trate de actividades o servicios de titularidad exclusiva del Estado, caso en el cual necesariamente deberán prestarse con recursos públicos; al tiempo que actividades cercanas a las que desarrollan los particulares, en especial en espacios de libre competencia y mercado, pueden ser objeto de utilización de recursos públicos y también de ingresos de particulares.

Por consiguiente, se considera que el elemento definitorio para concluir que se está en presencia de un recurso público, es que el Estado sea propietario o titular del mismo, circunstancia que, se ha entendido —aunque bien pueden existir otros criterios—, ocurre cuando el bien correspondiente, se encuentre en cabeza de una entidad pública[74] sea por virtud de la ley o por un modo específico de adquisición. Lo anterior no se opone, como se expuso, a que un particular pueda ejercer competencias respecto de estos recursos, pero, en todo caso debe existir una habilitación o actuación jurídica expresa mediante el cual el Estado traslade esas funciones.

2. LOS INGRESOS TRIBUTARIOS

Es común encontrar en la doctrina distintas clasificaciones de los recursos o ingresos públicos, no obstante, para lo que atañe al presente aparte, el objeto de análisis se centrará principalmente en los ingresos de naturaleza tributaria, sin perjuicio de hacer referencia a otras catego-

73. Ibidem, 4.
74. Sanchez Torres, Carlos Ariel; Ternara Barrios, Francisco: El dominio estatal. Revista Universitas No. 119, Bogotá Jul-Dic, 2009. EL DOMINIO ESTATAL (scielo.org.co).

rías de ingresos públicos, cuando así lo exija la estructura argumentativa. Como su nombre lo indica, los ingresos tributarios son aquellos recursos públicos que percibe el Estado a partir de los tributos, motivo por el cual, resulta indispensable hacer referencia a esta categoría jurídica.

El Código Tributario para América Latina, redactado por CIAT[75], define los tributos como:

> *Tributos son las prestaciones en dinero que el Estado exige, en razón de una determinada manifestación de capacidad económica, mediante el ejercicio de su poder de imperio, con el objeto de obtener recursos para financiar el gasto público o para el cumplimiento de otros fines de interés general*" (art. 9).

Ello encuentra sentido, toda vez que, como se ha señalado:

> Los tributos son los ingresos públicos que **consisten en prestaciones pecuniarias exigidas por una Administración pública como consecuencia de la realización del supuesto de hecho al que la Ley vincula el deber de contribuir, con el fin primordial de obtener los ingresos necesarios para el sostenimiento de los gastos públicos.**
>
> Los tributos, además de ser medios para obtener los recursos necesarios para el sostenimiento de los gastos públicos, podrán servir como instrumentos de la política económica general y atender a la realización de los principios y fines contenidos en la Constitución.
>
> 2. Los tributos, cualquiera que sea su denominación, se clasifican en tasas, contribuciones especiales e impuestos"[76].

Para entender este contexto, vale la pena citar a la Sala de Consulta y Servicio Civil del Consejo de Estado:

75. CIAT, *Modelo de Código Tributario del ciat* (s. f.) https://www.ciat.org/Biblioteca/DocumentosTecnicos/Espanol/1999_modelo_codigo_tributario_ciat.pdf.
76. Pérez Zúñiga, J., "Las Categorías Tributarias en España y América Latina: Especial Consideración de las Cotizaciones Sociales", Derecho y Sociedad, No. 46, 2015, 436.

La palabra 'tributo' es un término genérico que abarca diferentes clases de exacciones de recursos monetarios a favor del Estado; denota distintas modalidades de obligaciones dinerarias consagradas en la ley para contribuir a los gastos del Estado en desarrollo del deber que el artículo 95, numeral 9 de la Constitución Política impone a todas las personas, de 'contribuir al financiamiento de los gastos e inversiones del Estado dentro de conceptos de justicia y equidad'.

Es clásica la división tripartita que la doctrina y la jurisprudencia han elaborado de los tributos en impuestos, contribuciones y tasas, con la cual se pretende abarcar todo tipo de tributos que el legislador pueda establecer. La Carta Política adoptó esta clasificación de manera expresa en el artículo 338, que se refiere a impuestos, tasas y contribuciones" (énfasis añadido)[77].

Por su parte, solo para citar alguna, en la Sentencia C-278 de 2019, la Corte Constitucional profundizó en los elementos de la definición de tributo, las cuales, por su interés para la discusión merecen una cita *inextenso*:

No existe en la Constitución una definición precisa del concepto de tributo, al que en ocasiones se denomina de manera general contribución, impuesto, entre otras. Es así como el artículo 338 de la Carta establece que: 'En tiempo de paz, solamente el Congreso, las asambleas departamentales y los concejos distritales y municipales podrán imponer contribuciones fiscales o parafiscales. La ley, las ordenanzas y los acuerdos deben fijar, directamente, los sujetos activos y pasivos, los hechos y las bases gravables, y las tarifas de los impuestos'.

El artículo 150 numeral 12 del texto Superior consagró como función del Congreso de la República la de: 'Establecer contribuciones fiscales y, excepcionalmente, contribuciones parafiscales en los casos y bajo las condiciones que establezca la ley'.

Ante la amplitud de la Constitución a la hora de considerar el concepto de tributo, el mismo ha sido decantado por esta Corporación en el sentido de que: '... tiene aquí un alcance genérico y hace referencia a todo lo relacionado con los ingresos corrientes de la Nación -tributarios y no tributarios-.

77. Consejo de Estado, Sala de Consulta y Servicio Civil, concepto del 25 de agosto de 2014, Rad. 2199.

Incluye pues, impuestos, tasas y contribuciones como parece corresponder al sentido natural y obvio de la norma'.

Así las cosas, para la Corte el concepto de tributo en la Constitución hace referencia al género, que comprende los impuestos, tasas y contribuciones, lo que implica una visión amplia de la definición de las cargas impositivas.

17. En conclusión, el concepto de tributo en la Constitución y como ha sido entendido por la Corte, comprende: i) un sentido amplio y genérico, pues en su definición están contenidos los impuestos, tasas y contribuciones; ii) constituye un ingreso público destinado al financiamiento de la satisfacción de las necesidades por parte del Estado a través del gasto; iii) tiene origen en la ley como expresión de la "potestad tributaria" derivada del "poder de imperio", además de ser una manifestación del principio de representación popular; y iv) su naturaleza es coactiva"[78].

Resulta importante destacar que, para esta alta corte, uno de los elementos característicos de los tributos consiste en que dicho cobro "*constituye un ingreso público destinado al financiamiento de la satisfacción de las necesidades por parte del Estado a través del gasto*". Esta postura encuentra aún mayor claridad si se analiza a la luz de lo señalado por el Consejo de Estado en Sentencia de 2021, en la cual señaló que "*todos estos elementos denotan la naturaleza tributaria del pago exigido en la norma, dado que los tributos se caracterizan por i) ser prestaciones pecuniarias y ii) estar destinadas a la contribución del financiamiento de gastos e inversiones de una entidad estatal*"[79].

En línea con lo expuesto, la doctrina ha señalado como características esenciales del tributo, las siguientes[80]:

78. Corte Constitucional, Sentencia C-278 de 2019.
79. Consejo de Estado, Sección Cuarta, sentencia del 30 de septiembre de 2021, Exp. 25506.
80. Insignares Gómez, Roberto; Piza Rodríguez, Julio Roberto (2015). Concepto de Tributo. En Piza, Julio Roberto (Ed.). La obligación tributaria y sus fundamentos constitucionales (pp. 271-309). Colombia. Universidad Externado de Colombia.

a. Es un ingreso de naturaleza pecuniaria. Como típica manifestación de recursos públicos, es un ingreso de carácter monetario, pues el contenido de la prestación de la obligación tributaria es, principalmente, una suma de dinero.

b. De carácter público. Dado que el sujeto activo es la Hacienda Pública, esto es el Estado a través de una entidad pública, no obstante que, según lo expuesto, ocasionalmente se acuda a la colaboración de los particulares a quienes se les encomiendan tareas de administración o recaudo, pero, en todo caso el titular del crédito tributario es siempre el ente público. *"Por lo tanto, los tributos son siempre recursos públicos, establecidos a favor de un ente público, dado que su finalidad es principalmente fiscal, esto es, financiar gastos públicos"*.

c. Establecido por la ley. De acuerdo con lo previsto en el artículo 338 de la Constitución, que prevé el principio de reserva de ley en materia tributaria.

d. Los supuestos deben ser representativos de la capacidad económica. "El fundamento de justicia material de los tributos es la exigencia de capacidad económica en el supuesto de hecho que defina el legislador", aunque este presupuesto opera en distinta intensidad tratándose de las tasas y contribuciones.

e. Dirigido a satisfacer las necesidades económicas del Estado y demás entes públicos. El deber de todo ciudadano de contribuir con las cargas públicas se establece constitucionalmente al servicio de la financiación del gasto público, no obstante, las funciones extrafiscales de los tributos[81].

Lo cierto, sin embargo, es que en "*ocasiones la palabra tributo es usada como un género que se refiere a la totalidad de los ingresos corrientes del Estado (c.p. art.15, inciso 4°), mientras que en otras ocasiones la Carta*

81. *Ibidem*, 280.

la utiliza para diferenciar los ingresos tributarios de los no tributarios"[82]. A pesar de lo anterior existe total claridad en cuanto a que los tributos corresponden a ingresos del Estado y que se componen de las tres categorías identificadas: impuestos, tasas y contribuciones.

3. CLASIFICACIÓN DE LOS TRIBUTOS: IMPUESTOS, TASAS Y CONTRIBUCIONES

No resulta pertinente entrar en los profundos debates sobre estas tres categorías de ingresos fiscales —los impuestos, las tasas y las contribuciones— o sobre sus orígenes y vicisitudes. Sin embargo, un recuento de sus principales características es necesario para entender las importantes particularidades de los recursos que administran las Cajas de Compensación Familiar. Lo cierto, sin embargo, es que "*no existe una definición constitucional o legal del concepto, sino que su construcción ha sido una elaboración doctrinal a partir de los atributos que surgen de los preceptos constitucionales*"[83].

Este modelo no es exclusivo o propio del derecho nacional, pues esos tres constituyen las estirpes típicas de los cobros tributarios. Así, la doctrina nacional e internacional siguen esta misma estructura tripartita. Se puede, entonces, afirmar que con base en el

> *hecho imponible se genera la tricotomía tradicional que clasifica a los tributos en impuestos, tasas y contribuciones de mejora. Entendemos que esa tricotomía es también la gran guía de clasificación de los tributos, ya que está basada en*

82. Romero Molina, C., Bernal Sánchez, L., y Soto Contreras, E., "El concepto de tributo en la jurisprudencia de la Corte Constitucional de Colombia", Revista Dixi, Vol. 14, num. 15, 2012, p. 130.
83. Insignares, Roberto y Piza, Julio, "Concepto de tributo", Piza Rodríguez, Julio (ed.), *La obligación tributaria y sus fundamentos constitucionales*, U. Externado, 2015, p. 273.

un criterio típicamente jurídico y científico, cual es el de la situación escogida por el Legislador al instituirlos y que hace nacer el deber fundamental de pagarlos[84].

En este mismo contexto, la jurisprudencia colombiana ha definido cada una de las categorías de tributos, en este acápite se hará alusión las dos primeras: impuestos y tasas. En primer lugar, **un impuesto** es una obligación creada por el Estado a cargo de los particulares, de manera general, sin que sea posible encontrar una contrapartida directa a esta obligación. En efecto, como lo ha señalado la Corte Constitucional, "*el contribuyente está obligado a pagar el impuesto sin recibir ninguna contraprestación por parte del Estado. No hay una relación do ut des, es decir, los impuestos representan la obligación para el contribuyente de hacer un pago, sin que exista una retribución particular por parte del Estado*"[85]. En esa misma línea de pensamiento, en Sentencia C-1067 de 2002, la Corte Constitucional señaló que los impuestos "*tienen un carácter obligatorio, se cobran de manera indiscriminada a todos los ciudadanos, no guardan relación directa ni inmediata con un bien o servicio prestado por parte del Estado al ciudadano, e ingresan a las arcas del Estado sin que estén destinados a un servicio público específico*"[86].

En otras providencias, la Corte Constitucional se ha enfocado más en el elemento de la destinación. Así, en Sentencia 1179 de 2001, dicha Corporación señaló que:

> Los impuestos son prestaciones pecuniarias de carácter unilateral en cuanto no constituyen remuneración por prestaciones determinadas, son de carácter obligatorio, carecen de destinación específica, su tarifa es definida por la autoridad de representación popular que las impone, hacen parte del

84. Domínguez, J.M., y Checa González, C., "Concepto de Tributo: una perspectiva comparada Brasil-España", Rev. direito GV 9 (2) · Dic 2013, p. 38.
85. Corte Constitucional, Sentencia C-545 de 1994.
86. Corte Constitucional, Sentencia C-1067 de 2002.

presupuesto, se someten a control fiscal, su cuantía es la necesaria para el cubrimiento de los gastos públicos y son administrados por el Estado[87].

Se puede entonces decir que, para la jurisprudencia constitucional, los elementos característicos del tributo tienen que ver con: **i)** la unilateralidad; **ii)** la ausencia de retribución; **iii)** la ausencia de destinación específica. En esa línea, la doctrina nacional ha sido profusa en aplicar esas características a la definición del impuesto como categoría tributaria. Para Restrepo, por ejemplo, el elemento "*característico del impuesto es que él nace de una circunstancia diferente de la gestión estatal, definida por la ley desde luego, pero desvinculada de las actuaciones del Estado*"[88]. Plazas Vega, por su parte, propone la siguiente definición:

> *el impuesto es una prestación tributaria, en dinero o en especie, con destino al Estado o a una comunidad supranacional, como titular del poder de imperio, de naturaleza definitiva, obligatoria y coercitiva y sin contrapartida directa a favor del contribuyente, establecida por autoridad de la ley, o de una norma supranacional, para el cumplimiento de los fines del Estado o de la comunidad supranacional, y originada en la ocurrencia de un hecho generador de la obligación*"[89].

En esa línea, Plazas Vega[90] estableció como características del impuesto, las siguientes: **a.** se trata de una prestación tributaria; **b.** su cobro puede ser en dinero o en especie; **c.** es una prestación "*con destino al Estado o a una comunidad supranacional como titular del poder de imperio*"; **d.** es definitiva, obligatoria y coercitiva; **e.** no implica contraprestación por parte del Estado; **f.** es establecida por autoridad de la ley o de autoridad supranacional; **g.** su objeto "*nace con motivo de la ocurrencia del hecho generador*".

87. Corte Constitucional, Sentencia C-1179 de 2001, postura reiterada en la Sentencia C-1114 de 2003.
88. Restrepo, J. C., *Hacienda Pública*, 9ª ed., U. Externado, p. 229.
89. Plazas Vega, Mauricio, *Derecho de la Hacienda Pública y Derecho Tributario*, T. II, 3ª ed., (Temis, 2017), p. 298.
90. Plazas Vega, Mauricio, *Derecho de la Hacienda Pública y Derecho Tributario*, T. II, 3ª ed., (Temis, 2017), p. 298 a 306.

En otras palabras, se trata de una carga general cuyo pago se exige de los ciudadanos, sin la existencia de una contraprestación directa que justifique el cobro. Ello queda claramente definido, a partir del concepto jurídico de impuesto contenido en el artículo 10 del precitado Código Tributario para América Latina, según la cual este cobro "*es el tributo cuya obligación tiene como hecho generador una situación independiente de toda actividad estatal relativa al contribuyente*".

Las tasas, por oposición a los impuestos, sí constituyen una contraprestación directa por un servicio que le presta el Estado o por la utilización privativa de bienes públicos. Para la Corte Constitucional, en la tasa "*se da por regla general una relación económica de proporcionalidad entre un servicio o beneficio y un usuario individualmente considerado*"[91]. En efecto, estos tributos "*constituyen el precio que el Estado cobra por un bien o servicio y, en principio, no son obligatorias...*", pues es evidente que el particular tiene la opción de adquirir o no dicho bien o servicio. Claro está, si decide acceder al mismo, quedará indefectiblemente sujeto a la obligación de pagarla, pues constituye el medio por el cual se logra "*recuperar el costo de lo ofrecido. y el precio que paga el usuario guarda una relación directa con los beneficios derivados de ese bien o servicio. En las tasas, ocasionalmente caben criterios distributivos como las tarifas diferenciales, y un ejemplo típico son las tarifas de los servicios públicos*"[92]. En consecuencia:

> Las tasas son prestaciones pecuniarias que constituyen remuneraciones de los particulares por los servicios prestados por el Estado en desarrollo de su actividad, sus tarifas son fijadas por autoridades administrativas, ellas no necesariamente comprenden el valor total del servicio prestado, <u>hacen parte del presupuesto</u>, se someten a control fiscal, su cuantía es proporcional al costo del servicio y <u>son administrados por el Estado</u>[93]. (Se subraya)

91. Corte Constitucional, Sentencia C-711 de 2001.
92. Corte Constitucional, Sentencia C-1067 de 2002.
93. Corte Constitucional, Sentencia C-1179 de 2001.

Esta esencial característica ha sido también puesta de presente por la doctrina. García de Enterría, por ejemplo, señala que "*cuando el concepto mismo de tasa se aísla por los teóricos del siglo XIX, se resalla ya inicialmente su carácter de contraprestación por la utilización individual de un servicio, insertando, pues, su estructura dentro de un fenómeno de cambio*"[94]. Para Restrepo, en el caso de las tasas "*se está cobrando una remuneración que no necesariamente tiene que cubrir el costo total del servicio*"[95] y concluye:

> En esencia la distinción [entre tasa e impuesto] reposa sobre dos elementos: en primer lugar, en la tasa existe una contraprestación (el envío de la carta, el transporte por ferrocarril...) mientras que en el impuesto, por definición no se está pagando un servicio específico o retribuyendo una prestación determinada. Esa es una primera diferencia de la tasa con el impuesto. Una segunda diferencia consiste en el carácter voluntario de la tasa y en el carácter obligatorio del pago del tributo[96].

En consecuencia, las características de las **tasas** fueron definidas por la Corte Constitucional de la siguiente manera: (i) constituyen el precio que se cobra por un bien o servicio; (ii) no son obligatorias, pues el particular tiene la opción de adquirir o no el bien o servicio; (iii) tiene por finalidad la recuperación del costo de lo ofrecido y el precio pagado tiene relación directa con los beneficios derivados del bien o servicio; (iv) excepcionalmente proceden las tarifas diferenciales; y (v) hacen parte del presupuesto estatal[97]. Las tasas se diferencian de los impuestos y de las contribuciones, puesto que ...

> [...] las contribuciones parafiscales no generan una contraprestación directa, motivo por el cual su tarifa se fija con criterios distintos, son obligatorias, son pagadas por un grupo determinado de personas, y <u>los beneficios obtenidos van también destinados al mismo grupo y no entran en las arcas del Estado.</u>

94. García de Enterría, E., "Sobre la naturaleza de la tasa y las tarifas de los servicios públicos", RAP, No. 12, 1953, p. 135.
95. Restrepo, J. C., *Hacienda Pública*, 9ª ed., U. Externado, p. 246.
96. Restrepo, J. C., *Hacienda Pública*, 9ª ed., U. Externado, p. 247.
97. Corte Constitucional, Sentencia C-1171 de 2005.

También suele explicarse que las tasas se diferencian de los impuestos en cuanto contrariamente a éstos no guardan relación directa e inmediata con un servicio prestado al contribuyente, su pago es opcional pues quienes las pagan tienen la posibilidad de decidir si adquieren o no un bien o servicio y se destinan a un servicio público específico y no a las arcas generales como en el caso de los impuestos"[98].

Finalmente, una categoría intermedia que a menudo se hace presente en estas discusiones es la de precio público. La jurisprudencia constitucional la ha aplicado para distinguirla de la tasa, en particular para explicar los cobros derivados del otorgamiento de permisos, como ocurre con el caso de la autorización de uso del espectro electromagnético. En tales supuestos, lo pagado no es a título de recuperación de costos sino como *remuneración* por la utilización exclusiva de un bien de dominio público. Además, "*el precio público constituye un derecho de contenido económico cuyo titular es la Administración Pública, como contraprestación de la habilitación que ésta realiza para permitirle a un particular el uso y la explotación de un bien de propiedad del Estado. Así las cosas, mientras que la tasa es equivalente al costo, el precio público es sinónimo de rentabilidad.*"[99]

De lo dicho hasta este momento, se puede entonces concluir que la categoría jurídica tributo se refiere a una modalidad de ingresos públicos, que se divide en impuestos, tasas y contribuciones especiales. Cada una de estas subcategorías tiene características propias, pero la principal diferencia consiste en el hecho de que mientras las tasas responden a una contraprestación que se paga por un servicio prestado por el Estado, los impuestos no tienen ese carácter retributivo y constituyen una carga general, creada por la Ley, que deben pagar los administrados, para cubrir los gastos del Estado.

98. Corte Constitucional, Sentencia C-1171 de 2005.
99. Corte Constitucional, Sentencia C-927 de 2006.

4. LAS CONTRIBUCIONES ESPECIALES Y SU RELACIÓN CON LOS RECURSOS PARAFISCALES

La idea de recursos parafiscales surge de la tensión entre dos conceptos: la necesidad de garantizar el principio de unidad de caja, al tiempo que se requiere subvenir necesidades concretas sin acudir al presupuesto general. La historia de la parafiscalidad es, en parte, la historia de los recursos con destinación específica. Así pues, un vistazo a las consideraciones que llevaron a la aparición de su categoría puede ayudar a entender sus inconsistencias.

4.1. Una historia compleja y una transposición irreflexiva

La ausencia de uniformidad conceptual de la parafiscalidad no es nueva. Por el contrario, desde su nacimiento encontró dificultades para definir su identidad y autonomía respecto de otras categorías jurídicas. Lo cierto es que con la parafiscalidad se pretendió romper el principio de unidad de caja del Presupuesto —puesto que se trata de recursos con destinación específica—, en un momento histórico en el cual se incrementó de manera ostensible la prestación de servicios por parte del Estado.

Aunque la idea de recursos con destinación específica se puede documentar desde el siglo XIII, fue en el siglo XX que se vio florecer la figura de una manera importante al punto que, ante la existencia de múltiples rentas de esta naturaleza llevó a Emmanuelle Morselli a forjar el concepto de *Parafiscalidad*[100]. La idea consistía en dotar a esas herramientas de las finanzas públicas de una definición común, para financiar la prestación de servicios que no se encontraban directamente ligados a los

100. El propósito consistía en englobar "un conjunto de prestaciones pecuniarias que los ciudadanos se veían obligados a ingresar a favor de los entes públicos sin que estuvieran sometidas a las normas y los procedimientos propios de los tributos", Voz Parafiscalidad. https://guiasjuridicas.wolterskluwer.es/.

presupuestos generales, a través de personas públicas especializadas[101] y darles mayor flexibilidad, tanto en el proceso de creación de la carga impositiva como en el de su destinación. De esta manera, permitían romper el principio de reserva legal ya que, en su mayoría, eran creados por normas producidas por la propia administración pública[102].

El desarrollo de estas rentas se generó por dos motivos: por una parte, por la necesidad de financiar nuevas personas jurídicas que aparecieron con la transición del Estado liberal al Estado Benefactor, "*en los momentos en los que los recursos impositivos eran escasos para cubrir una demanda creciente de servicios públicos*"[103]. Por otro lado, se dio de manera paralela a la necesidad de reconstrucción en el periodo de entreguerras, cuya financiación fue trasladada a los particulares a través de mecanismos que permitían mantener los beneficios dentro del sector concernido[104]. En efecto:

101. Así, "al crearse una nueva persona jurídica, se erige en centro de imputación de derechos y obligaciones, esto es, de ingresos y gastos, que van a confinarse a su propio patrimonio y van a dar lugar a un circuito financiero propio del ente en cuestión y al margen del clásico circuito de la Hacienda Pública, sin que, por tanto, consten en los Presupuestos del Estado ni recaiga sobre ellos la aprobación y el control que las Constituciones exigen para estos últimos", Voz Parafiscalidad. https://guiasjuridicas.wolterskluwer.es/.
102. Para Queralt y Serrano, estas exacciones son "caracterizadas porque, pese a tener materialmente los rasgos del tributo, ni se han creado por Ley, ni se gestionan conforme a los procedimientos aplicables a la gestión de los tributos, ni su exacción está prevista en los Presupuestos Generales del Estado", Martín Queralt, J. y Lozano Serrano, C., *Curso de Derecho Financiero y Tributario*, Tecnos, Madrid, 1990, p.151.
103. Moreno Seijas, José María, "*La tasa y el precio público como instrumentos de financiación*", p. 8.
104. En efecto, "se trata, entonces, de solucionar los desajustes económicos ligados a la reconstrucción. Diversos organismos fueron encargados de gestionar la escasez de manera cercana a las necesidades, a través de cobros parafiscales. Como para el caso del desmembramiento del Estado, la parafiscalidad parece responder a las necesidades de proximidad y de especialización al asociar dos elementos que son, en apariencia, contradictorios: la

La evolución del sector público a lo largo del siglo XX ha ido poniendo de manifiesto la imparable tendencia al crecimiento del sector público, principalmente después de la Segunda Guerra Mundial. Esto ha facilitado la incorporación al sector público de ámbitos de actividad que estaban reservados a la iniciativa privada o servicios que prácticamente estaban sin desarrollar, tales como los servicios sanitarios o los sistemas de pensiones, pero también ha planteado el problema de buscar nuevas fuentes de financiación"[105].

Se trataba, entonces, de una carga que funcionaba de manera paralela a la de los ingresos propiamente públicos, pues estaba destinada a beneficiar a un sector concreto. Fue una técnica financiera muy utilizada por los países europeos en la primera mitad del siglo XX. Mientras que en algunos países se le reconocía el carácter tributario, en otros, esas exacciones se encontraban por fuera de las categorías propiamente tributarias. En cualquier caso, con ellas se pretendía encontrar mecanismos de financiación de actividades de interés público, por fuera del presupuesto general, pero proveniente directamente de los beneficiarios, lo que llevó a su extraordinaria proliferación.

Este desorden conceptual llevó a que en el *Inventario Schumann* —como trabajo preparatorio a la creación de la Comunidad Económica Europea— se intentará ordenar lo relativo a las haciendas públicas de cada país miembro y se formalizó el uso de la parafiscalidad como concepto, para agrupar ese conjunto heterogéneo de cobros y exacciones creados por el Estado, con destinación específica.

En todo caso, la proliferación de las rentas parafiscales, su desnaturalización por la cantidad de los sectores en los que intervenían y la

vinculatoriedad y el consentimiento. La vinculatoriedad tiene que ver con el carácter obligatorio del cobro y el consentimiento, derivado de la destinación específica de esa renta en beneficio de los administrados", Boutron, Maxime, "Rapport Particulier n° 1 Contours juridiques et historiques de la notion de taxe affectée", Corte de Cuentas francesa, 2013, p. 8.

105. Moreno Seijas, José María, "*La tasa y el precio público como instrumentos de financiación*", p. 8.

posibilidad de que se pudieran considerar como ayudas estatales en el sentido del derecho europeo han hecho entrar la categoría en crisis en la actualidad. En general, las críticas más fuertes que se recibieron en Francia tienen que ver con:

- La inseguridad jurídica derivada de su origen no legal.
- La inestabilidad temporal en el cobro.
- La posibilidad de ser consideradas como ayudas de Estado en sentido comunitario.
- Las dificultades de ejercer un adecuado control de estos tributos.
- La ruptura de la unidad del sistema fiscal.
- El desorden financiero que provoca en contraste con la seguridad de un sistema fiscal integrado por unos pocos impuestos.

Ello llevó a que, en Francia, por ejemplo, se hubiera abandonado en 2001[106] el concepto de parafiscalidad, para englobar esas exacciones en uno más amplio que denominado "imposiciones de toda naturaleza" —*impositions de toute nature*—. En todo caso, no sobra resaltar que, **en Francia, país del cual Colombia importó la categoría de parafiscalidad, los aportes al Sistema de Seguridad Social en Salud y pensiones no son ingresos parafiscales,** sino que se enmarcan en el concepto de *cotisations sociales*[107].

106. *Loi organique relative aux lois de finances* del 1 de agosto de 2001.
107. El Consejo Constitucional francés en repetidas ocasiones ha señalado que la diferencia entre una (las cotizaciones sociales) y otra categoría (las imposiciones de toda naturaleza) reside en el hecho que las primeras tienen por objeto "otorgar el derecho a prestaciones y ventajas entregados por un régimen obligatorio de seguridad social", Consejo Constitucional francés, decisión No. 2014-706 DC, del 18 de diciembre de 2014 (en este mismo sentido, 2014-698 DC del 6 de agosto de 2014, 2012-659 DC del 13 de diciembre de 2012). Ver, también, Seguin, Anne, "Nature juridique de la Contribution Sociale Généralisée", Dalloz, 2012.

En España a su paulatina supresión, desde la Ley 18 de 1989, que se completó con la aparición del concepto "prestaciones patrimoniales de carácter público", las cuales pueden ser tributarias o no tributarias[108]. Pero, en ese país, las cotizaciones al Sistema de Seguridad Social tampoco son consideradas tributos, por estar excluidas de la ley que regula la materia.

En conclusión, el concepto de parafiscalidad agrupó en Europa un número importante de cobros, de naturaleza variada, no sistemática, que buscaban financiar servicios, actividades o entidades especializadas cuyos rasgos comunes eran principalmente dos: su origen no legal y su existencia por fuera del Presupuesto General.

4.2. Las características de la parafiscalidad típica en el derecho nacional

El concepto que se pretendió englobar en la parafiscalidad en Colombia no es nuevo, ni producto de la Constitución Política de 1991. La doctrina[109]

108. Conforme lo dispone la reforma a la Disposición Adicional Primera de la Ley General Tributaria, según la modificación que se realizó en 2017, por cuya virtud se estableció que "Tendrán la consideración de tributarias las prestaciones mencionadas en el apartado 1 que tengan la consideración de tasas, contribuciones especiales e impuestos a las que se refiere el artículo 2 de esta Ley"; por otra parte, "serán prestaciones patrimoniales de carácter público no tributario las demás prestaciones que exigidas coactivamente respondan a fines de interés general", y concluye "en particular, se considerarán prestaciones patrimoniales de carácter público no tributarias aquellas que teniendo tal consideración se exijan por prestación de un servicio gestionado de forma directa mediante personificación privada o mediante gestión indirecta", entre ellas se encuentran, la explotación de obras, y la prestación de servicios en concesión, por sociedades de economía mixta y *demás fórmulas de Derecho privado*".
109. En palabras de Juan Camilo Restrepo, "el concepto de parafiscalidad no nació a la vida jurídica colombiana con la Constitución del año 1991. Algunos expertos en la materia –de manera muy especial Alfonso Palacio Rudas–, comenzaron desde los años setenta a divulgar en nuestro medio la existen-

concuerda en que su primera manifestación normativa data de 1927 con la creación del Fondo Cafetero, cuando la Ley 76 de dicha anualidad creó el llamado "*impuesto al café*" que gravaba a los productores. Su destinación era la inversión en su propio beneficio, era administrado por la Federación Nacional de Cafeteros y vigilado por la Superintendencia Bancaria[110].

Con posterioridad, fueron creadas otros cobros de similar naturaleza, al punto que se propuso en repetidas ocasiones la posibilidad de positivizar la parafiscalidad, como una manifestación del poder impositivo del Estado, con el fin de beneficiar concretamente a determinados sectores económicos, sin que se utilizaran los recursos del Presupuesto General de la Nación.

Esas primeras iniciativas y las que ocurrieron ya en vigencia del texto constitucional de 1991, llevaron a intensificar el uso de esa herramienta de financiación, con la consecuente ampliación del control constitucional por

cia de esta figura hacendística desarrollada en Francia a partir de la segunda posguerra", *Hacienda Pública*, 9ª ed., U. Externado, 2012, p. 378. Otros autores dan cuenta de debates promovidos por el senador Carlos Restrepo Piedrahita. Ver, también, Romero, César *et al.*, "La parafiscalidad en la Constitución Política de 1991", *Revista Dixi*, Vol. 14 No. 15, 2012, p. 104 a 117.

110. A pesar de que en ese momento se le otorgó la naturaleza jurídica de impuesto, el juez de constitucionalidad tenía claro que "La Federación, en consecuencia, al recibir esos fondos no los transforma en elementos integrantes de un patrimonio privado, pudiendo disponer de ellos libremente con pérdida de su naturaleza oficial. Los recibe para cumplir una actividad estatal que el Gobierno, por disposición de la ley, le confía, atinente a la protección y defensa del café, mediante una serie de actos, constitutivos de la administración de un impuesto, cuyo recaudo debe invertirse en cantidad igual a su importe", en consecuencia, la "Federación recibe, pues, sumas de origen público, concretamente un impuesto, con el deber de invertirlas en- objetos determinados, de utilidad general, sin poder distraerlas en otros fines. Asume de tal manera el cumplimiento de una tarea de manejo de fondos fiscales, de gestión de dineros del erario, de administración de impuestos". La atribución del control a esta entidad fue declarada inexequible por la Corte Suprema de Justicia, mediante providencia del 14 de octubre de 1970, GJ 2338 Bis.

parte de la Corte Constitucional y la creación de una doctrina constitucional respecto de sus características, fundamento y regímenes jurídicos aplicables.

Desde los inicios de su actividad, la Corte Constitucional, al analizar las diferentes demandas de constitucionalidad contra la creación de esos cobros ha ido creando una lista de características claramente definidas. Así, en Sentencia C-040 de 1993, pronunciándose acerca de la Cuota de Fomento Panelero, la Corte identificó tres criterios presentes en las contribuciones parafiscales, así: "*tienen como característica esencial la destinación específica; no entran a engrosar el monto global del presupuesto nacional y, como se verá más adelante, se diferencian claramente de los impuestos y tasas*". Dicho enunciado fue ampliado en los siguientes términos:

> *De las anteriores exposiciones quedan varias cosas claras. En primer lugar que el término 'contribución parafiscal' hace relación a un gravamen especial, distinto a los impuestos y tasas. En segundo lugar, que dicho gravamen es fruto de la soberanía fiscal del Estado, que se cobra de manera obligatoria a un grupo, gremio o colectividad, cuyos intereses o necesidades se satisfacen con los recursos recaudados. En tercer lugar, que se puede imponer a favor de entes públicos, semipúblicos o privados que ejerzan actividades de interés general. En cuarto lugar que los recursos parafiscales no entran a engrosar las arcas del presupuesto nacional. Y por último, que los recursos recaudados pueden ser verificados y administrados tanto por entes públicos como por personas de derecho privado.*

En esa misma dirección, pero con algo más de detalle, se buscó determinar los elementos de esta categoría y su naturaleza tributaria, así:

> 5. Las contribuciones parafiscales son, ha dicho esta Corporación desde sus primeras providencias, una especie del género tributos. Se trata de "*una técnica del intervencionismo económico legitimada constitucionalmente*" y excluida de la prohibición general de rentas de destinación específica establecida en el artículo 359 de la Constitución.
>
> Tales contribuciones (i) son obligatorias en tanto se imponen en ejercicio del poder coercitivo del Estado, esto es, de su soberanía fiscal; (ii) tienen por objeto gravar a un grupo, gremio o sector económico de manera que de ellas se predica la *singularidad*; (iii) su inversión se encuentra orientada de forma exclusiva al grupo, gremio o sector económico que resulta gravado lo que supone que son *específicas*; (iv) los recursos que de su recaudo se obtienen son públi-

cos y, en consecuencia, la administración se encuentra sometida a los controles que corresponden a dicha naturaleza; y (v) la administración de dichos recursos puede ser conferida a personas jurídicas de derecho privado mediante la celebración de los contratos respectivos o gestionarse directamente por parte de un órgano que forme parte del presupuesto general, sin que ello implique que hagan parte del presupuesto general en consideración a la *autonomía* que a ellos se reconoce. Recientemente reiteró que dichas contribuciones '*han sido descritas como un punto medio entre la tasa y el impuesto, y su característica esencial es que el cobro solo se impone a un grupo de ciudadanos o un sector de la economía, con el propósito de que sea utilizada en su propio beneficio*'.

6. Su condición de tributo somete a tales contribuciones, en general, a los mismos principios que rigen la fijación de impuestos y tasas, en particular, el de legalidad cuyo fundamento jurídico se encuentra en los artículos 150 -nums. 10 y 12- y 338 de la Carta. En atención a lo allí prescrito (i) los tributos deben ser adoptados por órganos plurales y ampliamente representativos de manera que no es posible delegar la regulación de tales materias en otros órganos (*principio de legalidad como representación*); (ii) la obligación de pagar los tributos solo es exigible cuando ha sido establecida previamente al hecho que da lugar a su nacimiento (*principio de legalidad como prohibición de retroactividad*); y (iii) el legislador tiene la obligación de establecer y precisar –predeterminar- los elementos esenciales del tributo lo que comporta, de manera particular, el deber de establecer el sujeto activo, el sujeto pasivo, el hecho gravable, la base gravable y la tarifa (*principio de legalidad como regulación suficiente*).

7. En la tercera de sus expresiones el principio de legalidad se manifiesta en una especie de *mandato de regulación suficiente* o *predeterminación* de los elementos esenciales del tributo a fin de ofrecer certidumbre sobre el alcance y los efectos de la obligación tributaria, evitando que otras autoridades asuman dicha tarea"[111]. (Se subraya)

Resulta pertinente volver sobre algunas de estas características. En primer lugar, antes de entrar en los aspectos prácticos, decantados por la

111. Corte Constitucional, Sentencia C-644 de 2016. Ver, también, Corte Constitucional, sentencia C-655 de 2003. Postura que fue ampliamente reiterada en las sentencias C-152 de 1997, C-577 de 1995, Corte Constitucional, sentencia C-615 de 2013 y C-621 de 2013, entre otras.

Corte Constitucional, existe consenso en cuanto a que la creación de contribuciones parafiscales obedece a una técnica de intervención del Estado en la economía[112], se trata de una de las modalidades de las llamadas actividades de fomento que pueden realizar las autoridades públicas[113].

Así las cosas, en el específico escenario de la parafiscalidad, el legislador puede utilizar el poder impositivo del cual es titular con el fin de crear cargas a un sector concreto de la economía, para luego reinvertirlo según las necesidades del respectivo sector y con ello *lograr un adecuado desarrollo social y la generación de oportunidades económicas*. Así

112. En efecto, "La parafiscalidad es una técnica del intervencionismo económico legitimada constitucionalmente, -destinada a recaudar y administrar (directa o indirectamente) y por fuera del presupuesto nacional-determinados recursos para una colectividad que presta un servicio de interés general. Dicha técnica se utiliza, por ejemplo, para el fomento de actividades agrícolas, de servicios sociales como la seguridad social, de la investigación científica y del progreso tecnológico, que constituyen todos intereses de gremios o colectividades especiales, pero con una relevante importancia social. Es por esta razón que el Estado impone el pago obligatorio de la contribución y presta su poder coercitivo para el recaudo y debida destinación de los recursos. Se trata, en últimas, de la aplicación concreta del principio de solidaridad, que revierte en el desarrollo y fomento de determinadas actividades consideradas como de interés general", Corte Constitucional, C-040 de 1993.

113. Definidas por la doctrina como aquellas "medidas de los poderes públicos que tienen por finalidad estimular, promover, incentivar o sostener determinadas actividades o iniciativas privadas, por entender que en ello concurre un interés público", Sánchez Morón, M., *Derecho Administrativo. Parte general*, 13ª ed., tecnos, Madrid, 2017, p. 814. La doctrina nacional también se ha acercado al concepto, al señalar que "hace referencia a las ayudas e incentivos de naturaleza pública y administrativa que tienen como objetivo central el apoyo a algunas actividades privadas, con el fin de lograr un adecuado desarrollo social y la generación de oportunidades económicas", Rodríguez, L., *Derecho administrativo. General y colombiano*, T. II, 20ª ed., Temis, Bogotá, p. 413.

pues, aunque tal calificación merezca algún matiz[114], se puede afirmar que, a la luz de la jurisprudencia, la generación de recursos a través de la parafiscalidad implica la ejecución de una actividad de fomento a través de la creación de un tributo sectorial y de destinación específica.

Otra de sus características principales es su autonomía, la cual se deriva de dos consideraciones distintas: por una parte, se está en presencia de recursos que, a pesar de ser, como lo ha afirmado la jurisprudencia generalmente, *públicos*, no entran en el Presupuesto General de la Nación o de las entidades territoriales; y, por la otra, tienen una destinación específica determinada por el ordenamiento jurídico. Y según lo acepta la Corte Constitucional, el control del manejo de esos recursos le corresponde a la Contraloría General de la República[115].

La imposición de una destinación específica predeterminada por el legislador —principal rasgo distintivo de las contribuciones parafiscales—, proviene del carácter sectorial del recaudo y de la necesidad de garantizar su intrasectorialidad, es decir, que el fundamento del cobro a un grupo de sujetos determinado es el interés de suplir las necesidades propias de esos sujetos, no las de la colectividad en general. Una de las garantías derivadas de esa destinación específica es el hecho de que su administración corresponda, generalmente, a personas de derecho privado sin ánimo de lucro, que gozan de representatividad en el sector gravado.

Finalmente, el análisis de la jurisprudencia constitucional arroja una consideración complementaria. Si bien es cierto que, al tratarse de la ex-

114. Existe un mito, en el derecho colombiano, según el cual todo cobro de carácter unilateral debe necesariamente calificarse como un tributo, pues, por una parte, existen ingresos de carácter no tributario –como las regalías- y, por la otra, algunos cobros unilaterales, que han sido calificados como parafiscales, como el subsidio familiar, pero que no necesariamente cumplen los requisitos de la categoría que se pretende aplicar.
115. Como se desprende, con total claridad, de la sentencia de la Corte Constitucional, C-152 de 1997.

presión de una carga impositiva estatal, el legislador goza de una amplia libertad de configuración, no lo es menos que los principios de la parafiscalidad —constitucional y legalmente consagrados— constituyen un límite inexpugnable. Por ejemplo, el legislador no puede vulnerar el principio de intrasectorialidad —aunque entendido en un sentido ampliado— y tampoco puede crear impuestos que graven los recursos parafiscales, so pena de desnaturalizar los recursos y tornarnos en algo distinto.

Estas características, someramente identificadas en este trabajo —pero ampliamente desarrolladas en la jurisprudencia de la H. Corte Constitucional— dan cuenta, en todo caso, de que el fenómeno de la parafiscalidad es particularmente amplio y complejo. A tal punto que se podría decir, como lo ha dado a entender la propia Corte, que se trata de una categoría residual en materia tributaria. Desde esta perspectiva, todo lo que no sea impuesto ni tasa, pero obedezca al poder impositivo del Estado, se califica como contribución parafiscal[116]. Estas reglas, que parecen absolutas en su formulación, deben analizarse a partir de las particularidades de los distintos sectores en los que actúan, pues su aplicación depende, en buena medida, de las razones que hayan llevado a su creación.

116. Tal consideración se encuentra implícita en algunas argumentaciones de la Corte Constitucional, por ejemplo, en Sentencia C-621 de 2013 se afirmó:

"De lo anotado, concluye la Sala que si el *diferencial de participación* producto de la venta de combustible en el territorio colombiano fuera un tributo –asunto que será definido en el acápite destinado a la solución del problema jurídico–, este debería reunir los elementos esenciales a una contribución parafiscal. *En este estadio del desarrollo argumentativo* se llega a dicha conclusión, más que por una identificación acabada de los elementos típicos de la parafiscalidad en el recaudo previsto en el literal C) de la Ley 1450 de 2011, porque las características definitorias de las otras dos manifestaciones de los tributos excluyen cualquier posibilidad de que sea considerado como un *impuesto* o como una *tasa*".

La doctrina nacional, sin negar su utilidad[117], ha sido crítica de la parafiscalidad como categoría conceptual por las dificultades que genera su aplicación generalizada a todos los cobros en los que su naturaleza no esté claramente definida. Por ejemplo, para Plazas Vega la extraordinaria importancia del concepto se ve opacada por el hecho de que la discusión

> *suele tener como contexto una apreciación equívoca acerca de los recursos que pueden calificarse como parafiscales. A tal punto, que ya es común que, como especies del mismo género de la parafiscalidad se aluda a erogaciones tan disímiles como los aportes a la seguridad social, al subsidio familiar y a los fondos de fomento y de regulación económica, sin que se repare que poco o nada tienen en común*"[118].

Lo cierto es que, como lo señala Ortiz Henao, "*tal como sucede en Colombia, la doctrina internacional no es pacífica frente a estas exacciones*"[119].

4.3. Algunos ejemplos de parafiscalidad típica

Como ejemplos de la parafiscalidad típica (contribuciones parafiscales de naturaleza tributaria), podríamos citar: (*i*) las contribuciones parafiscales de naturaleza gremial; (*ii*) las contribuciones parafiscales propias de los servicios públicos sociales (artes escénicas, arancel judicial); y, (*iii*) las prestaciones del Sistema de Seguridad Social en Salud, pensiones y riesgos profesionales. La técnica de la parafiscalidad ha sido

117. Juan Camilo Restrepo ha señalado que esta técnica "resulta un instrumento útil para canalizar recursos hacia determinados sectores agrícolas con miras a fortalecer la investigación tecnológica, la comercialización y la sistematización de procesos agrícolas. De hecho, es en el campo agropecuario donde mayor generalización viene teniendo el concepto de contribuciones parafiscales", Restrepo, J. C., *Hacienda Pública*, 9ª ed., U. Externado, 2012, p. 383.
118. Plazas Vega, Mauricio, *Derecho de la Hacienda Pública y Derecho Tributario*, T. II, 3ª ed., Temis, 2017, p. 168.
119. Ortiz Henao, Elena, *El salario en la determinación de las bases gravables de las contribuciones parafiscales de la protección social en Colombia*, Tesis de Maestría, U. Externado, Bogotá, 2019, p. 2.

de frecuente utilización por el legislador nacional en tratándose de contribuciones parafiscales de naturaleza gremial. En efecto, se han identificado al menos las siguientes contribuciones parafiscales:

- Fondo Nacional del Café (Ley 9 de 1991)
- Fondo de Estabilización de Precios del Café (Ley 1969 de 2019)
- Fondos Nacional de Arroz, Cerealista y del Cacao (Ley 67 de 1983)
- Fondo de Fomento Panelero (Ley 40 de 1990)
- Fondo Nacional del Ganado (Ley 89 de 1993)
- Fondo Nacional Avícola (Ley 117 de 1994)
- Fondo Nacional de Fomento Hortifrutícola (Ley 118 de 1994)
- Fondo de Fomento Palmero (Ley 138 de 1994)
- Fondo de Fomento Algodonero (Ley 219 de 1995)
- Fondo Nacional de la Porcicultura (Ley 272 de 1996, modificada por la Ley 623 de 2000 y la Ley 1500 de 2011)
- Fondo Nacional del Tabaco (Ley 534 de 1999)
- Fondo de Fomento Cauchero (Ley 686 de 2001, modificada por la Ley 1758 de 2015)
- Fondo de Fomento de la Papa (Ley 1707 de 2014).

Esta herramienta ha sido utilizada con el fin de generar recursos para garantizar la inversión en determinados sectores productivos, especialmente agrícolas, suplir las necesidades de ese mismo sector y promover su tecnificación. La regla de la gestión contractual de los parafiscales fue tomada del sector agrícola, en el que, con algunas excepciones, la gestión contractual es usual, al igual que un amplio poder estatal en cuanto a los mecanismos de control e intervención de esa gestión. Si bien cada ley y figura ha tenido su propio desarrollo, esto no elimina que, por la propia naturaleza, algunas cualidades se compaginen[120]. Estas similitudes son trascendentes en cuanto clasifica y da un sentido a la categoría.

Las leyes de fomento dentro del sector agrícola son un tipo de recaudo parafiscal que da una reinversión y garantiza el propio funcionamiento del gremio, estas tienen base sobre el Estado social de derecho y específicamente el artículo 65 constitucional que consagra la importancia del fomento agrícola[121]. La lógica de este tipo de leyes viene desde la obligatoriedad sectorial y la función de incentivar al sector a través de la investigación, apoyo dentro de procesos, financiamiento de planes, programas, divulgación, etc.

Se crea en cada caso un fondo especial que tiene un alto grado de independencia del manejo de recursos, y una vigilancia estatal tanto del recaudo como de las actividades de reinversión y ejercicio. La inspección del recaudo la realiza el Estado por medio de la Contraloría General de la República, la cual puede *"adoptar sistemas adecuados que no interfieran*

120. Aunque aquí se sacaron algunas de las características más importantes con base a el fomento Agrícola, al ser un aporte parafiscal cuenta también con las características derivadas de la Sentencia C-152 de 1997: *"Según la Constitución y la ley orgánica de presupuesto, y de conformidad con la jurisprudencia de esta Corte, las características esenciales de las contribuciones parafiscales son: 1a. Son obligatorias, porque se exigen, como todos los impuestos y contribuciones, en ejercicio del poder coercitivo del Estado; 2a. Gravan únicamente un grupo, gremio o sector económico; 3a. Se invierten exclusivamente en beneficio del grupo, gremio o sector económico que las tributa; 4a. Son recursos públicos, pertenecen al Estado, aunque están destinados a favorecer solamente al grupo, gremio o sector que los tributa; 5a. El manejo, la administración y la ejecución de los recursos parafiscales pueden hacerse por personas jurídicas de derecho privado (generalmente asociaciones gremiales), en virtud de contrato celebrado con la Nación, de conformidad con la ley que crea las contribuciones, o "por los órganos que forman parte del presupuesto general de la Nación; 6a. El control fiscal de los recursos originados en las contribuciones parafiscales, para que se inviertan de conformidad con las normas que las crean, corresponde a la Contraloría General de la República; 7a. Las contribuciones parafiscales son excepcionales."*

121. Véase Sentencia C-1067 de 2002.

la autonomía de la entidad administradora, ni dificulten la ejecución de los programas y proyectos que se adelanten" (Ley 117 de 1994). El Ministerio de Agricultura puede llegar hasta la revisión de libros o documentación. Cada fondo se encuentra asignado a un gremio con funciones claras y específicas de la funcionalidad, todo creado bajo la ley de fomento, son ejemplos de esta figura: el Fondo de Estabilización de precios del café –Asociación Nacional de Cafeteros, el Fondo Nacional del Ganado -Federación Colombiana de Ganaderos, el Fondo Nacional de Fomento Hortifrutícola -Asociación Hortifrutícola de Colombia.

La asociación o federación toma un papel importante porque con esta el Estado, a través del Ministerio de Agricultura, suscribe un contrato para darle la función administradora del fondo. Este contrato se lleva con términos generalmente de cinco a diez años[122]. Igualmente, en casos de incumplimiento del contrato, se puede producir su caducidad. En este tipo de eventos en los cuales por algún motivo se termina el contrato o se tiene que llegar a liquidar el fondo, se procede de la siguiente manera: "Todos sus bienes, incluidos los dineros del Fondo que se encuentren en caja o en bancos, una vez cancelados los pasivos, serán entregados por el Ministerio de Agricultura a **una entidad pública o privada especializada, con el fin de que los invierta en los mismos objetivos a los establecidos en la presente ley**" (Ley 686 de 2001), al final queda en cabeza del Ministerio de Agricultura como representante del gobierno el manejo y la entidad representativa que llevara la administración de las cuotas recaudadas. Toda entidad administradora termina recibiendo un reconocimiento por su manejo que, generalmente es del 5 % al 10 % del recaudo (hay casos excepcionales como en el Fondo Nacional del Tabaco que es del 12 %).

122. En la Ley 534 de 1999: de la creación del Fondo Nacional del Tabaco se dio una duración de cinco años prorrogables. Mientras que en la Ley 686 de 2001, que es del Fondo de Fomento Cauchero se habla de diez años.

Aunque el Fondo tiene su creación independiente del Presupuesto General de la Nación[123], una importante característica de estas leyes es la inclusión de disposiciones que especifican que pueden recibir y canalizar recursos de crédito externo siempre que se suscriban con el Ministerio de Agricultura y sea para el cumplimiento de los objetivos de estas leyes[124], igualmente si bien las cuotas son obligatorias para ciertas personas del sector (específicamente señaladas por la ley), es preciso señalar que los beneficios no pueden segregar a personas que no aporten y sean beneficiarias legitimas de la norma legal, pues una base fundamental de este tipo de leyes es el Estado social de derecho y se desprende el principio de solidaridad parafiscal[125] según lo menciona la Sentencia C-152 de 1997.

Hay casos particulares y excepcionales en los cuales los recursos de un fondo se pasan a un nuevo fondo creado. En el artículo 21 de la Ley 1707 de 2014, por ejemplo, se hace referencia al traspaso del Fondo Nacional de Fomento de la papa al de Fomento de la Hortifrutícola. En este caso específico, se dieron cuatro meses para el traspaso de uno al otro con mención de no generar afectaciones en dineros que ya estuvieran comprometidos o ejecutados.

Finalmente, en todo fondo se hace la formación de una junta directiva la cual consta con un representante del Ministerio de Agricultura que generalmente es quien preside la junta[126]. La junta tiene un papel

123. Entra dentro de la división que realiza el Estatuto Orgánico de Presupuesto en la cual divide las clases de contribuciones parafiscales en dos: 1. Las que administran los particulares generalmente con corporaciones gremiales, estas se toman por fuera del presupuesto general de la nación y 2. Las "que se administran por "los órganos que formen parte del Presupuesto General de la Nación"" (Sentencia C-152 de 1997). En dado caso, más allá de la división son recursos públicos que pertenecen al Estado y están destinados a favorecer a un solo gremio.
124. Véase Ley 138 de 1994, Ley 219 de 1995, Ley 534 de 1999, etc.
125. Véase Sentencia C-152 de 1997.
126. Generalmente la división es: Un representante del Ministerio de Agricultura y algunos representantes de la actividad que se menciona dentro de ley.

importante porque en este tipo de leyes se les da la facultad de "aprobar subcontratos de planes, programas y proyectos específicos con otras agremiaciones y cooperativas que le presente la entidad administradora del Fondo o cualquiera de los miembros de la Junta Directiva". (Ley 118, 1994) y en otros casos son los que aprueban el presupuesto y las inversiones anuales del fondo, además corroborar el correcto funcionamiento.

Así mismo, existen en Colombia **contribuciones parafiscales propias de los servicios públicos sociales (artes escénicas, arancel judicial).** Este sector es, probablemente, el más excepcional de aquellos en los que se utiliza la técnica de la parafiscalidad, aunque comparte similitudes en cuanto a su régimen jurídico frente a las del sector agropecuario. Dos ejemplos pueden ilustrar esta categoría: (i) el fondo para las artes escénicas[127] y (ii) el famoso arancel judicial, declarado inconstitucional por la Corte Constitucional, en Sentencia C-169 de 2014. En este caso, la parafiscalidad aparece de aplicación compleja, dada su cercanía con el concepto de tasa, en su modalidad de contraprestación por el acceso a un servicio público.

Algo parecido puede decirse de las contribuciones parafiscales propias del Sistema de Seguridad Social, esto es, aquellas que se recaudan dentro del Sistema de Seguridad Social, pero solamente en lo atinente a las prestaciones del Sistema de Seguridad Social en Salud, pensiones y riesgos profesionales. No puede predicarse lo mismo de los recursos parafiscales (no contribuciones propiamente dichas) del Sistema de Subsidio Familiar. Pese a ser igualmente parte del sistema de Seguridad Social, su régimen jurídico es especial, como se explicará a continuación.

127. Corte Constitucional, Sentencia C-615 de 2013.

5. LA IMPOSIBILIDAD DE AJUSTAR LA PARAFISCALIDAD ORDINARIA A LOS RECURSOS DEL SUBSIDIO FAMILIAR

La jurisprudencia se ha ocupado de manera constante, también, del subsidio familiar, su naturaleza jurídica y la de los entes que los administran, las cajas de compensación familiar. La Corte, como se explicó, ha concluido que los recursos que administran las Cajas de Compensación son *rentas parafiscales atípicas*[128].

La idea de parafiscalidad atípica surge, justamente del incumplimiento de los requisitos que la propia jurisprudencia construyó para tal efecto, en particular los relativos al origen de la carga, al beneficio sectorial que generan y al hecho de que se trata de una expresión de la soberanía impositiva del Estado.

5.1. Por su origen laboral

Desde esta perspectiva, el Subsidio Familiar si bien pretendió desde sus inicios constituir una retribución *parasalarial*, con el fin de que esos beneficios no impactaran el salario y se convirtieran en una carga demasiado elevada para los empresarios. Aunque evolucionó a un conjunto de prestaciones con distinta naturaleza, lo cierto es que ese carácter *subvencional*, bajo la lógica de proteger a la familia como núcleo de la sociedad, originada e íntimamente ligada a la relación de carácter laboral, separa estos recursos del ámbito tributario.

Pero, de manera muy concreta excluye las dos ideas sobre las que reposa la parafiscalidad: el propósito de financiar la promoción del desarrollo de determinado sector industrial, por una parte, y, por la otra, la titularidad de la prestación de un servicio a través de unos recursos extra-presupuestales, como ocurre con los aportes a la Seguridad Social en Salud y a pensiones.

128. Corte Constitucional, Sentencia C-1173 de 2001.

5.2. Por la dificultad de identificar el sector

El concepto del gravamen y destinación sectorial tratándose de las contribuciones parafiscales supone que estos tributos deben ser afectados al mismo sector del cual provienen los recursos[129]. Así lo expresa el artículo 29 del Estatuto Orgánico del Presupuesto al contemplar que *"son contribuciones parafiscales los gravámenes establecidos con carácter obligatorio por la ley, que afectan a un determinado y único grupo social o económico y se utilizan para beneficio del propio sector"*.

El fundamento constitucional de este presupuesto se apoya en los principios de equidad e igualdad, *"en tanto no sería posible imponer una carga tributaria a un sector de la población y dejar de hacerlo respecto de las demás personas que tienen una misma capacidad económica, para financiar políticas y programas estatales de alcance general o beneficio de otros sectores"*[130].

Frente al alcance de este presupuesto de la esencia de este tipo de contribuciones, la jurisprudencia ha adoptado una posición flexible en aras de explicar la casuística propia de algunos ejemplos que han sido entendidos por esta Corporación como expresiones propias de la parafiscalidad, como son los de la Seguridad Social.

A propósito de los aportes a salud y a pensiones que hacen tanto empleadores como trabajadores en virtud de la Ley 100 de 1993, la Corte, en Sentencia C-711 de 2001 sostuvo, en cuanto a la identidad que debe existir entre quien aporta y quien se beneficia, que estas contribuciones se imponen a determinados grupos socioeconómicos —entre los cuales se encuentra el conformado por empleadores y trabajadores-—, los cuales *"supera[n] la noción de sector"*, de manera que este concepto debía entenderse

> *en un sentido amplio, toda vez que el beneficio que reporta la contribución no solo es susceptible de cobijar a quienes directa o exclusivamente la han pagado, sino también aquellos que por razón de vínculos jurídicos, económicos o*

129. Corte Constitucional. Sentencia C-473 de 2019.
130. Ibidem. Ver también Sentencias C-959 de 2007 y Sentencia C-178 de 2016.

> *sociales que los ligan para con el respectivo grupo pueden válidamente hacer uso y aprovechar los bienes servicios suministrados por las entidades responsables de la administración y ejecución de tales contribuciones*[131].

Con fundamento en este precedente, la misma Corte, en Sentencia C-1173 de 2001, a propósito, en específico del subsidio familiar, aseguró que este tipo de contribuciones parafiscales eran *atípicas* en relación con el elemento de la destinación sectorial, *"toda vez que han sido impuestas directamente por el legislador en cabeza de determinado grupo socio económico —los empleadores—, pero con el objeto de beneficiar a los trabajadores*[132]*"*. Surge entonces, de manera formal —puesto que la Corte ya había identificado otros elementos que hacen *sui generis* a este tipo de aportes— el concepto de la parafiscalidad atípica en referencia al subsidio familiar. Lo expuesto es reiterado en la Sentencia C-393 de 2007, según la cual:

> *La aclaración de la Corte acerca de que los recursos del subsidio familiar eran rentas parafiscales atípicas apunta a destacar las particulares condiciones de esos recursos. Ciertamente, a diferencia de lo que ocurre con las rentas parafiscales ordinarias, el pago del subsidio familiar obliga a todos los empleadores, sin diferenciar si son públicos o privados e independientemente del sector económico en el que se desempeñan. Además, en armonía con lo anterior, los dineros que se recaudan por este concepto no benefician a un sector económico específico sino a todos los trabajadores de bajos y medianos ingresos en general. Y, finalmente, los beneficiarios del subsidio no son las personas que pagan la contribución, es decir los empleadores, sino los trabajadores.*

Como se aprecia, la Corte en la Sentencia C-1173 de 2001, asume una posición más laxa para justificar la identidad del grupo que aporta y quien se beneficia de las contribuciones parafiscales, puesto que mientras en la C-711, esta diferenciación podría justificarse en la medida en que tanto los empleadores como los trabajadores en conjunto aportan, por virtud de la ley, al Sistema de Seguridad Social en Salud y Pensiones, de ahí que resulta razonable que pueda considerarse como un solo sec-

131. Corte Constitucional. Sentencia C-711 de 2001.
132. Corte Constitucional. Sentencia C-1173 de 2001.

tor; no ocurre lo mismo en términos del subsidio familiar, puesto que el esquema de identidad sectorial del que se viene haciendo referencia se quiebra de forma evidente, en la medida en que, por la misma configuración y propósito de esta prestación, el trabajador no aporta o contribuye con la financiación de la misma, pero si es el destinatario exclusivo —en los términos de la Ley 21 de 1982— de los beneficios que se financian con el pago que hacen los empleadores. Por esta razón se entiende que la Corte haya acudido a la atipicidad[133], puesto que la configuración fáctica y normativa del subsidio familiar, no encaja, en estricto sentido, en los supuestos que gobiernan la regulación legal de las contribuciones parafiscales, utilizando para el efecto el precedente establecido por la Corte en virtud del cual, la noción de sector ampliado por vínculos jurídicos y sociales como lo es el grupo empleador-trabajador.

Ahora bien, para la Corte, el alcance de la destinación sectorial de las contribuciones parafiscales también encuentra un matiz tratándose de la materialización o entrega de los beneficios propios de este tipo de tributos. De esta forma, según el alto tribunal,

> *no resulta indispensable que estos [beneficios] entreguen directamente y en la forma de una contraprestación individual a cada una de las personas que integran el correspondiente grupo, ni que esta contraprestación sea directamente proporcional al aporte efectuado, sino únicamente que los recursos sean destinados a la satisfacción de las necesidades del sector, considerado globalmente.*

Lo anterior ha sido expuesto por la Corte, precisamente al referirse al subsidio familiar:

> *"[E]n su condición de rentas parafiscales, los recursos del subsidio familiar no generan una contraprestación individual para sus destinatarios, sino todo lo contrario, para el sector o grupo económico al que ellos pertenecen (...) no es*

133. Según el Diccionario de la Lengua Española, el término atípico hace referencia a algo *"que por sus caracteres se aparta de los modelos representativos o de los tipos conocidos".* atípico, atípica | Definición | Diccionario de la lengua española | RAE - ASALE.

una característica de la parafiscalidad la de que los sujetos pasivos de la contribución sean exactamente y de manera individual quienes reciban los beneficios de la reinversión de los recursos captados. La correspondencia que exige la parafiscalidad se establece entre sectores, no entre personas, de lo cual resulta que lo esencial no es que el contribuyente individualmente considerado reciba una retribución directa y proporcional al monto de su contribución, sino que el sector que contribuye se simultáneamente aquel que se favorece con la destinación posterior de lo recaudado' (...) de ahí que la jurisprudencia haya llegado a afirmar que en relación con este beneficio, el trabajador no tiene un derecho subjetivo adquirido sino solamente un 'interés legítimo' (...) Por lo tanto, lo esencial no es que el beneficiario del subsidio familiar individualmente considerado reciba una retribución directa y proporcional al monto de su contribución, como lo plantea equívocamente el actor, sino que los recursos captados de los empleadores, dada su naturaleza pública, sean reinvertidos en beneficio de todos los trabajadores, entendidos éstos como una sola colectividad."

Si bien es cierto que los recursos que gestionan las Cajas provenientes del pago del 4 % de la nómina que pagan los empleadores, mientras no sean entregados al trabajador en los términos previstos en la ley no constituye un derecho adquirido de los trabajadores y que sea el mismo legislador el llamado a determinar el alcance de las prestaciones otorgadas a los beneficiarios, no lo es menos que se trata de un interés legítimo, que se encuentra en su patrimonio jurídico y que obedece a la situación del trabajador —según consideraciones de socioeconómicas y familiares— sobre el cual recae una expectativa legítima. Esta postura es clara a partir de la C-575 de 1992 en la cual se afirmó sin matices que los recursos del Sistema son "*recursos de los trabajadores en tanto que sector*", no de manera individual, sino de manera colectiva. Así, los trabajadores son los titulares, sino del recurso parafiscal considerado como bien fungible, sí de su destinación en tanto que esos recursos deben ser gestionados para garantizar las prestaciones sociales que la ley ha creado.

Tan cierto es lo afirmado que, contrario a lo que ocurre en otros ejemplos de parafiscalidad, en los términos de la Ley 21 de 1982, como se expuso, la totalidad de los recursos que provienen del 4 % —sin perjuicio de las denominadas apropiaciones obligatorias— están destinados a otorgar derechos individualizables a la totalidad de los trabajadores beneficiarios, siempre y cuando reúnan los requisitos previstos en las normas aplicables. De esta forma, todo trabajador vinculado con contrato de trabajo, que devengue hasta 4 SMLMV, si tiene personas a cargo y labora un mínimo de 96 horas mensuales, tiene el "derecho" —como de forma expresa lo indica la ley— a reclamar la cuota monetaria. Igual ocurre tratándose del subsidio en especie o en servicios, los cuales surge la obligación a la Caja de entregarlos, en tanto se cumplan con los requerimientos legales.

Frente a lo expuesto por la Corte en relación con que el beneficio no debe ser necesariamente proporcional al "monto de su contribución" o al "aporte efectuado", si bien se considera que tal presupuesto resulta propio de las contribuciones parafiscales típicas, no ocurre lo mismo tratándose del subsidio familiar, en la medida en que los trabajadores, que son los beneficiarios de estos recursos no contribuyen o aportan para el financiamiento de las prestaciones que se instituyen a su favor.

Finalmente, en lo que atañe a las dificultades de determinar el sector, en los que corresponde al subsidio familiar, se puede concluir, junto con Plazas Vega, que en este caso

> *no hay un sector de la seguridad social ni del subsidio familiar respecto del cual pueda aludirse a un origen y un destino parafiscal, porque es sabido que todas las personas naturales, por ejemplo en Colombia, deben estar amparadas por la seguridad social y todos los empleadores deben realizar aportes al subsidio familiar en beneficio de la generalidad de los empleados, independientemente del derecho que algunos de estos puedan tener a percibir auxilios monetarios por personas a cargo*[134].

Una vez enunciadas las razones por las cuales las dinámicas del subsidio familiar no se ajustan a las particularidades propias de la parafiscalidad típica, se considera que, de hacerse un análisis desde el punto de vista del derecho laboral o, si se quiere, con solo analizar el proceso histórico y la regulación propia del subsidio familiar en Colombia, se puede

134. Plazas Vega, Mauricio, *Derecho de la hacienda pública y derecho tributario*, T. II, 3ª ed., Temis, 2017, p. 169.

llegar con relativa facilidad a la conclusión de que no resulta necesario acudir a categorías tributarias para explicar el funcionamiento de estas estructuras y con ello, acudir a elaboraciones jurídicas complejas para justificar como opera el concepto de "sector", "grupo socioeconómico" o "proporcionalidad en el beneficio según lo aportado", en la medida en que el solo concepto de prestación social de origen laboral —al igual que la mayoría de prestaciones que se derivan del contrato de trabajo—, puede explicar y justificar la dinámica propia del subsidio familiar, que no es otra cosa que el pago que deben hacer exclusivamente los empleadores a favor de sus trabajadores para precaver, mitigar o gestionar un riesgo y necesidad que pueda ocurrir con ocasión del vínculo con su empleador y que tratándose de la prestación objeto del presente análisis, se hace a través de una Caja de Compensación Familiar, por temas de eficiencia, equidad e igualdad, según lo expuesto en el capítulo 1.

Bajo este escenario la función principal de las cajas no es velar por un beneficio colectivo del "sector empleador-trabajador", sino garantizar que los trabajadores beneficiarios de forma exclusiva —según lo define la misma Ley 21 de 1982— puesto que estos son los titulares de esta prestación —a tal punto que puede ser objeto de protección vía tutela— reciban los beneficios previstos en el ordenamiento previa verificación de los requisitos legales.

En conclusión, las dificultades que encontró la Corte al momento de determinar la forma en que opera el beneficio y destinación sectorial a propósito del subsidio familiar, a tal punto que encontró el fundamento para declarar la atipicidad en esta parafiscalidad, son las mismas razones que llevan a concluir que el estudio de esta prestación social resulta ajeno a cualquier esquema tributario, como a continuación se estudiará.

5.3. Por su origen legal. La facultad o soberanía impositiva del Estado

Una de las confusiones principales que se han generado en la materia, obedece a la indebida calificación de los ingresos del Sistema de

Subsidio Familiar como tributos, esta confusión ha generado que, por defecto se califiquen como parafiscales.

En efecto, dado que se trata de un cobro establecido en la ley y que se enmarca en el ámbito de la Seguridad Social, la jurisprudencia —sin el adecuado soporte normativo[135]— califica estos ingresos como tributos y no pudiendo enmarcarse como impuestos o tasas, opta por darle la naturaleza de parafiscales. Así, para desvirtuar el origen tributario de los recursos del Sistema, se requiere analizar el carácter coactivo derivado del poder impositivo del Estado.

En primer lugar, como lo ha señalado la doctrina, los tributos constituyen una forma de garantizar u obtener ingresos para el funcionamiento del Estado o de las obligaciones que tiene a su cargo[136]. Se caracterizan esencialmente, entonces, así: "*i. Prestación pecuniaria debida*

135. En efecto, "Pese a que las cotizaciones de los empleadores con destino al Sistema General de Seguridad Social no tienen los atributos que la doctrina e incluso la misma jurisprudencia colombiana han otorgado a las contribuciones parafiscales de la protección social, resulta de forzosa conclusión que en el ordenamiento jurídico colombiano estas exacciones son consideradas por la ley y la jurisprudencia como contribuciones parafiscales de la protección social y, en esa medida, como tributos", Ortiz Henao, Elena, *El salario en la determinación de las bases gravables de las Contribuciones parafiscales de la protección social en Colombia*, Tesis de Maestría, U. Externado, 2019, p. 73.

136. En palabras de Gabriel Muñoz, "*la Constitución y los demás textos normativos de diverso orden le imponen a las organizaciones estatales una serie de misiones institucionales que deben cumplir, de las cuales son señalados ejemplos la provisión de educación, de salud, de seguridad y de justicia. Para asumir tales tareas el Estado se ve condicionado a obtener los ingresos con los cuales financiará los gastos en los que incurra, contexto en el cual se destacan los tributos como fuente de recursos de acusada personalidad dentro de las distintas de las que se vale la Hacienda Pública*", Muñoz Martínez, Gabriel, "Derecho tributario: concepto y fundamento de su autonomía científica", Piza Rodríguez, Julio, *La obligación tributaria y sus fundamentos constitucionales*, U. Externado, 2015, p. 24.

a un ente público; ii. Tiene fundamento en el poder impositivo del Estado; iii. Tiene como propósito cubrir las necesidades financieras del Estado"[137].

Esas mismas características se encuentran en el sistema del *Common Law*, por ejemplo, para John Snape, "*aparte de constituir una obligación derivada de la ley, para que se trate de una imposición tributaria debe ser: producto del ejercicio de la actividad legislativa; determinado y cobrado por una entidad pública o por una organización que realiza actividades de naturaleza pública; y debe buscar el cumplimiento de un interés público*"[138]. En otras palabras, no es suficiente con que se cree una determinada carga pecuniaria en la ley, para que esta pueda considerarse como un tributo, se requiere la configuración del conjunto de elementos descritos.

En el caso de los impuestos, el hecho generador debe ser alguna actividad que delate capacidad económica. En el caso de las tasas y de las contribuciones especiales, el hecho generador será la realización de una actividad pública de la que se perciba un beneficio económico. Para resolver este punto, resulta necesario analizar el hecho de que a pesar de que exista una consagración legal del deber de asignar un determinado monto a las Cajas de Compensación Familiar (el 4 % de la nómina) esta obligación legal no constituye un tributo.

Ello por dos razones principalmente: por una parte, porque a pesar de que todo tributo tiene origen en la ley, no todo cobro que se establezca a través de una ley, constituye tributo; por la otra, porque al crear este cobro, el legislador no pretendió generar ingresos para el Estado o para la realización de una actividad de titularidad pública, es decir, no tuvo

137. Insignares, Roberto y Piza, Julio, "Concepto de tributo", Piza Rodríguez, Julio (ed.), *La obligación tributaria y sus fundamentos constitucionales*, U. Externado, 2015, p. 274.

138. Snape, John, "The 'Sinews of the State.' Historical justifications for taxes and tax law," Bhandari, Mónica (ed.), *Philosophical foundations of tax*, Oxford University Press, 2017, p. 9.

como propósito la creación un tributo —frente a este último punto se hará referencia en el siguiente acápite—.

El poder impositivo del Estado encuentra origen, a su vez, en el *poder de imperio*, que supone, de acuerdo con la teoría clásica, el ejercicio de la soberanía por parte del Estado en el sentido de que no se está sujeto a ninguna autoridad superior y, en consecuencia, *"puede emplear la coacción sobre quienes están sometidos a su poder*[139]*"*. Consecuencias del ejercicio de la soberanía es la capacidad de autoorganización del Estado[140] y el poder de *expedir normas jurídicas*, con fundamento en lo previsto en la Constitución, cuyo cumplimiento es obligatorio para todos los destinatarios de forma transitoria o definitiva[141].

El artículo 3 de la Constitución Política prevé que la soberanía reside exclusivamente en el pueblo, del cual emana el poder público. Por su parte, el poder de coacción o de imperio está previsto en el artículo 4° que indica que es deber de los nacionales y extranjeros en Colombia, acatar la Constitución y las leyes y respetar y obedecer a las autoridades. El artículo 113 define como ramas del Poder Público, la legislativa, la ejecutiva y la judicial, además de los órganos independientes y autónomos para el cumplimiento de las demás funciones del Estado.

Como principal exponente de la Rama Legislativa, se encuentra el Congreso de la República, encargado de reformar la Constitución, hacer

139. Naranjo Mesa, Vladimiro. Teoría Constitucional e Instituciones Políticas. Duodécima Edición. Editorial Temis. Bogotá, 2014. Pág. 235.
140. *Ibidem*. "Este poder se traduce en que el Estado mismo, a través de sus propios integrantes, es quien fija sus propias reglas de organización, sin que para ello puedan intervenir otros Estados o potencias extranjeras. Esto lo hace a través de la Constitución Política; dentro de esta Constitución se determina el régimen político que la Nación quiera adoptar, así como la extensión y límites de los órganos que ejercerán, a nombre del Estado, sus funciones. De esta manera el poder constituyente aparece como una primera consecuencia de la soberanía". Pág. 251.
141. *Ibidem*.

las leyes y ejercer el control político sobre el gobierno y la administración. Por su parte, el artículo 150 constitucional consagra el principio de reserva de ley en relación con las variadas temáticas allí contenidas entre las que se encuentran: la expedición de códigos en todos los ramos de la legislación, aprobar el plan nacional de desarrollo, determinar la estructura de la administración nacional, expedir normas de inspección y vigilancia, conceder autorizaciones contractuales al gobierno, establecer contribuciones fiscales y excepcionalmente las parafiscales, determinar la moneda legal, aprobar o improbar tratados internacionales, expedir las leyes de intervención económica de conformidad con el artículo 334 y las que deben regir el ejercicio de las funciones públicas y la prestación de los servicios públicos, entre otras.

Como se observa, la facultad de ejercer la soberanía impositiva a través de la expedición de contribuciones fiscales y parafiscales es solo una manifestación del poder de imperio que se ejerce a través de las competencias asignadas al Congreso de la República, de ahí la razón por la cual, se insiste, no toda obligación pecuniaria prevista en la ley proviene del ejercicio del poder tributario.

Pues bien, derivado de la competencia de la rama Legislativa para expedir códigos, pero con una regulación más extensa que goza, de igual forma, de raigambre constitucional, se encuentra el régimen de protección al trabajo. La Corte[142] ha reiterado que la misma Constitución define la naturaleza jurídica del trabajo a partir de una triple dimensión: i) del preámbulo y del artículo 1° se muestra que es valor fundante del Estado social de derecho que debe orientar tanto las políticas públicas de pleno empleo, como las medidas legislativas para impulsar las condiciones dignas y justas en ejercicio de la profesión y oficio; ii) el trabajo es un principio rector del ordenamiento jurídico que limita la libertad de configuración normativa del legislador porque impone un conjunto de reglas mínimas laborales que deben ser respetadas por la ley, de con-

142. Corte Constitucional. Sentencia C-614 de 2009.

formidad con el artículo 53; iii) de acuerdo con lo expuesto en el artículo 25 de la carta el trabajo es un derecho y un deber social que goza de una parte de un núcleo de protección subjetiva e inmediata que le otorga el carácter de fundamental y de otra, de contenidos de desarrollo progresivo como derecho económico y social. Frente al margen de configuración normativa del trabajo, la Corte ha indicado:

> *"Dada la textura abierta del trabajo y su especial naturaleza, el legislador tiene amplia potestad de configuración normativa del mismo, pero ese grado de amplitud dependerá de si se trata de hacer efectivas las políticas públicas de empleo o de concretar la protección del derecho subjetivo al trabajo. De esta manera, si el legislador busca definir reglas dirigidas a materializar el desarrollo progresivo de mejores condiciones laborales, de acceso al pleno empleo y del trabajo como instrumento para garantizar un orden político, económico y social justo, su margen de valoración es más amplia porque goza de mayor libertad de configuración, mientras que si la ley pretende regular las particularidades de la relación de trabajo y las condiciones individuales en las que se desenvuelve la relación de empleador y trabajador, el margen de libertad se reduce porque se limita al cumplimiento de requisitos constitucionales mínimos obligatorios y exigibles por vía judicial".*

Como se observa, el legislador cuenta con una amplia potestad de configuración normativa en relación con el trabajo a tal punto que, de acuerdo con lo previsto en el artículo 53 de la Constitución, le corresponde al Congreso de la República expedir el estatuto del trabajo, ley que deberá ajustarse a los principios mínimos fundamentales previstos en la citada norma, entre los que se encuentran, la irrenunciabilidad a los beneficios mínimos establecidos en normas laborales y la garantía de la seguridad social. Respecto del principio de irrenunciabilidad de los beneficios laborales, la Corte, en Sentencia C-968 de 2003, con fundamento a su vez en la Sentencia C-356 de 1994, ha expuesto:

> *"La Constitución Política consagra en el artículo 53, como garantía mínima fundamental en materia laboral, el principio de irrenunciabilidad a los beneficios mínimos establecidos en las normas laborales que, en opinión de la Corte, "refleja el sentido reivindicatorio y proteccionista que para el empleado tiene el derecho*

laboral. De suerte que los logros alcanzados en su favor, no pueden ni voluntaria, ni forzosamente, por mandato legal, ser objeto de renuncia obligatoria"[143].

En efecto, dicho principio se inspira en el carácter esencialmente tuitivo de la normatividad laboral, orientada como ninguna otra, a proteger al trabajador de los eventuales abusos de que pueda ser objeto, para lo cual lo rodea de una serie de derechos y garantías que se consideran indispensables a fin de asegurarle un mínimo de bienestar individual y familiar que consulte la dignidad humana. De ahí que las disposiciones legales que regulan el trabajo humano sean de orden público, y que los derechos y prerrogativas en ellas reconocidos estén sustraídos a la autonomía de la voluntad privada, por lo que no son disponibles salvo los casos exceptuados por la ley (C.S.T, art. 14).

En razón de lo anterior, la efectividad de este principio no es un asunto que sólo concierna al trabajador, sino que también compromete a los empleadores, al legislador y demás autoridades, incluyendo las encargadas de impartir justicia en materia laboral".

Así las cosas, la importancia, entre otros aspectos, del legislador en relación con el estatuto del trabajo, tal como se encuentra consagrado actualmente en el Código Sustantivo del Trabajo, en su artículo 13, es determinar *"el mínimo de derechos y garantías consagradas en favor de los trabajadores"* de tal forma que, en virtud del carácter de orden público de las normas laborales (art. 14 del C.S.T) tales prerrogativas son irrenunciables generando la ineficacia de cualquier estipulación que afecte o desconozca estos mínimos.

Así las cosas, con ocasión de este mandato y competencia, el legislador bien puede imponer obligaciones pecuniarias a los empleadores para efectos de instituir un derecho o prestación mínima a favor de los trabajadores en el marco de un contrato de trabajo, tal como ocurre con la obligación de aumentar el salario mínimo (art. 148 del C.S.T) y la consagración de las prestaciones sociales (título VIII del C.S.T., en aquello que no haya sido derogado o asumido por el Sistema de Seguridad Social Integral), como las

143. Sentencia C-356 de 1994. M. P. Fabio Morón Díaz

cesantías o la prima de servicios, sin que por esta razón pueda advertirse o considerarse válidamente que dichas prerrogativas, por la sola circunstancia de estar consagradas en la ley y, por ende, de ser obligatorias dado su carácter de orden público, tengan naturaleza tributaria.

De la misma forma, dentro del ámbito laboral, pero formalmente no incluidas dentro del Código Sustantivo del Trabajo, existen obligaciones pecuniarias con cargo al empleador que no tienen naturaleza tributaria, en tanto se constituyen en prerrogativas o derechos de los trabajadores. Al respecto el Decreto 2968 de 1960 que establece normas *"sobre fomento del ahorro y constitución de fondos mutuos de inversión en las empresas"*, modificado por el Decreto 1705 de 1985 *"por el cual se dictan normas sobre la actividad de los Fondos Mutuos de Inversión"*; este último, en su artículo 1° define a los Fondos Mutuos de Inversión como aquellos constituidos con *"aportes de los trabajadores y contribución de las empresas de conformidad con lo dispuesto en el Decreto 2968 de 1960"*. Frente a la contribución empresarial, el artículo 2° del Decreto 1705 indica que en el acuerdo de constitución de estos fondos *"se determinará, de forma general, el monto de la contribución que la empresa se obliga a entregar al Fondo en beneficio exclusivo de los trabajadores que participen en el mismo, contribución que será equivalente al cincuenta por ciento (50 %) de los aportes legales voluntarios"* y que, en los términos del artículo 5 del Decreto en cita, podrá ser consolidado o transferido a los integrantes del Fondo. Esta contribución fue declarada constitucional en Sentencia C-159 de 1998, al tiempo que se reconoció su naturaleza no tributaria.

Es precisamente dentro de este ámbito de actuación del legislador en el cual se enmarca el subsidio familiar, puesto que, como se indicó en el capítulo I, desde la Ley 58 de 1963, se definió su naturaleza jurídica como prestación social de origen laboral con destino exclusivo a los trabajadores beneficiarios, denominación que se mantiene en la actualidad, tal como lo prevé el artículo 1° de la Ley 21 de 1982, el artículo 151 de la Ley 1450 de 2011, el parágrafo 1° del artículo 19 de la Ley 1797 de 2016 y el artículo 1° de la Ley 2225 de 2022.

La sola circunstancia de que el pago de esta prestación se realice por intermedio de una Caja de Compensación Familiar, en nada modifica la naturaleza jurídica del subsidio familiar, ni convierte en recursos tributarios o públicos los recursos del 4 %, puesto que, como se abordará en el próximo acápite, los mismos no ingresan a estas corporaciones a favor o en nombre del Estado.

Ahora bien, debe entenderse el contexto en el cual se enmarca el requisito de *"origen de legal o la facultad impositiva del Estado"*, que tanto la jurisprudencia, como la doctrina han identificado como de la esencia de los tributos, cuestión que, de nuevo, obliga a estudiar este elemento, desde la ciencia de la Hacienda Pública o las finanzas del Estado.

Como se indicó, uno de los aspectos contentivos de la Hacienda Pública es el estudio de los ingresos públicos o los recursos de que se vale el Estado para cumplir sus fines. Dentro de la clasificación de los recursos públicos, entre las diversas categorías existentes, se destaca aquella clasificación estrictamente jurídica como lo es la que distingue entre recursos de derecho privado (*iure gestionis o iure privatorum*) y recursos de derecho público (*iure imperii*); la primera hace referencia a los ingresos que son percibidos por el Estado como si fuera un particular, esto es, *"en desarrollo de negocios jurídicos semejantes a los que celebran los particulares, independientemente de las normas sobre transparencia que contemplen las legislaciones"*[144], en estos casos los recursos que reporta el Estado, corresponden en su mayoría a la noción de *precio* en tanto la relación entre lo que se da y se recibe de entiende como equivalente[145].

Por su parte, los recursos de derecho público o *iure imperii*, como su nombre lo indica, son percibidos por el Estado en ejercicio de su supremacía o *poder de imperio*, como sucede con los tributos, las multas, las regalías

144. Plazas Vega, Mauricio. Ob. Cit. Pág. 14
145. *Ibidem.*

impuestas por la ley y los bienes adquiridos por el Estado en desarrollo de los procesos de extinción de dominio[146], los cuales tienen naturaleza coactiva.

La Corte Constitucional ha utilizado esta clasificación para efectos de diferenciar los tributos de los denominados precios públicos. En Sentencia C-927 de 2006, la Corte para efectos de diferenciar la tasa como especie tributaria, como las tarifas o también tasas que hacen referencia a la autorización administrativa para permitir el uso del espectro electromagnético por parte del Estado, hizo las siguientes precisiones:

> *"Conforme lo afirman la Vista Fiscal y la mayoría de los intervinientes, ese tipo de "contraprestaciones" se reconocen en la teoría de la Hacienda Pública con el nombre de "precios públicos", los cuales se predican de los ingresos no tributarios del Estado que surgen como erogación pecuniaria de contrapartida directa, personal y conmutativa a cargo de los beneficiarios, cuya causa jurídica es -como ya se señaló- la autorización para acceder al uso temporal de bienes y servicios de propiedad estatal.*
>
> *Tanto las tasas como los precios públicos parten en principio del mismo supuesto, esto es, el Estado entrega bienes o presta servicios frente a los cuales es posible obtener a cambio una retribución. Sin embargo, mientras que en el caso de los "precios públicos" la obligación surge de una relación eminentemente contractual o voluntaria fundada en el postulado de la autonomía de la voluntad (origen ex contractu); en tratándose de las tasas dicha obligación emana de la potestad tributaria del Estado que se ejerce mediante ley (origen ex lege)"*[147].

De manera que el presupuesto de que todo tributo, inclusive, por su puesto, las contribuciones parafiscales típicas, provienen de la ley en tanto ejercicio de la potestad impositiva, debe entenderse en su real dimensión, esto es, por un lado, que sirve principalmente para distinguirlo de otro tipo de ingresos o recursos públicos desde el punto de vista de su origen y, en segundo lugar, que la circunstancia de que todo tributo provenga de la ley, no implica que toda obligación pecuniaria

146. *Ibidem.*

147. Corte Constitucional. Sentencia C-927 de 2006.

allí prevista, tenga naturaleza tributaria, en tanto que el denominado poder de imperio no se reduce única y exclusivamente a esta facultad, sino que involucra otras actividades en las que exista un interés público, tal como lo establece, en términos de la función legislativa, el artículo 150 y el artículo 53 de la Constitución Política, en lo que se refiere a las competencias del Congreso en relación con el contrato de trabajo.

Por consiguiente, que la obligación de pagar el subsidio familiar como prestación social a cargo de los empleadores en el marco de las relaciones laborales provenga de la ley, no es razón suficiente para concluir, necesariamente, que se trata de una contribución parafiscal o de un ingreso tributario. Incluso, dado que el objeto de la regulación del subsidio familiar fue la creación de una prestación social a favor de los trabajadores en particular, debe entenderse que la intervención del legislador fue con el fin de mejorar las condiciones de los trabajadores en el marco exclusivo de las relaciones laborales y no, con el fin de percibir recursos (tributarios o no tributarios) para el Estado para realizar una finalidad eminentemente colectiva. A continuación, se expondrá con más detalle esta afirmación.

5.4. Las entidades que los recaudan y administran no son públicas, ni lo hacen a nombre del Estado. Los recursos del 4 % no son de propiedad ni de titularidad del Estado

Como se ha expuesto, cuando se hace referencia al concepto de recurso o ingreso público, se hace alusión, a su vez, a la *propiedad o titularidad* del Estado de esos valores y la finalidad pública a la cual están destinados. En este línea, se recuerda que si bien todos los recursos públicos, en tanto son del dominio del Estado y deben ser destinados a un propósito colectivo superior, no toda finalidad, interés o servicio público es de titularidad exclusiva o debe ejecutarse y desarrollarse por el Estado, al punto que bien puede financiarse con recursos que no son públicos o de naturaleza privada, como ocurre, a manera de ejemplo, con el servicio público de educación[148] o con la actividad financiera, bursátil y aseguradora[149].

Si se trata de ingresos tributarios, la propiedad o titularidad del Estado de los mismos, se deriva de la determinación del sujeto activo de la obligación tributaria, que debe corresponder a una entidad pública, aun cuando los particulares puedan participar del recaudo y administración, en tanto exista un título habilitante expreso que lo autorice. Al respecto, el artículo 338 de la Constitución establece como requisito esencial de los tributos, que la ley, las ordenanzas y los acuerdos fijen directamente el sujeto activo de los impuestos. Por su parte, la Corte Constitucional, en Sentencia C-583 de 1996, sostuvo como elementos de la obligación tributaria, además del sujeto pasivo, el hecho gravado, la base gravable y la tarifa, el sujeto activo *"que es la entidad estatal con derecho a exigir el pago del tributo"*.

Si se analizan las normas que dieron origen al subsidio familiar y el estatuto actual que contempla su régimen jurídico, la naturaleza jurídica y estructura organizacional de la corporación que administra los recursos del 4 %, la forma expresa como fue previsto su control, su relación con el sistema de finanzas públicas, el estudio comparativo con otros ejemplos de la denominada parafiscalidad típica y la finalidad intrínseca de esta prestación social y la jurisprudencia de la Corte Constitucional, se llega a la conclusión de que estos recursos no son de propiedad del Estado.

5.4.1. Desde el punto de vista formal

El punto de partida para determinar la naturaleza de un recurso, más aún cuando su creación proviene de la Ley, es precisamente analizar di-

148. El artículo 67 de la Constitución define a la educación como un servicio público que tiene una función social.
149. El artículo 335 de la Constitución Política define estas actividades como de interés público y la Corte Constitucional en Sentencia SU-157 de 1999, entre otras, las define como un servicio público.

cho texto con el fin de determinar el rol o función del Estado en relación con la definición, administración y control de dichos ingresos. De esta forma, desde el punto de vista eminentemente formal, las normas que crean tributos, independientemente de la aplicación del principio de prevalencia del contenido material sobre la simple denominación por parte del legislador[150], generalmente contienen conceptos, expresiones, menciones explícitas a la competencia del Estado en relación con la administración y control de estos ingresos y, en todo caso, denotan la intención del Estado de percibir recursos públicos.

Tratándose en específico de las contribuciones parafiscales, las leyes que las crean hacen referencia expresa a esa modalidad de tributo, tal como ocurre, por ejemplo, en el artículo 3° de la Ley 1707 de 2014, el artículo 3° de la Ley 686 de 2001, el artículo 2° de la Ley 89 de 1993, el artículo 2° de la Ley 534 de 1999, el artículo 3° de la Ley 272 de 1996, el artículo 2° de la Ley 219 de 1995, el artículo 2° de la Ley 138 de 1994, el artículo 3° de la Ley 118 de 1994, el artículo 4° de la Ley 117 de 1994, el artículo 7° de la Ley 40 de 1990, los artículos 1° y 2° de la Ley 67 de 1983, en las cuales, además de hacer referencia a la creación de recursos parafiscales o cuotas de fomento, se encargan de definir el sector que se beneficia con dichos recursos.

Incluso, aun cuando la denominación que utilice la ley no corresponda, en lo material, con la respectiva categoría tributaria, de la norma se puede advertir la intención del legislador de crear recursos públicos en tanto hace alusión a categorías como sujeto activo, pasivo, hecho generador, tarifa, etc., en cumplimiento del principio de certeza tributaria[151]. Nada de eso ocurre tratándose de la norma que en la actualidad regula los aspectos fundamentales del subsidio familiar, no solo por el hecho de no mencionar término alguno que desde el punto de vista formal permita deducir o afirmar que el legislador pretendió crear un tributo,

150. Corte Constitucional. Sentencia C-169 de 2014 y C-136 de 1999, entre otras.
151. Corte Constitucional, Sentencia C-101 de 2022.

sino por la circunstancia, no menos importante, de que el legislador de forma expresa definió los elementos de esta prestación y la naturaleza de los recursos que la financian.

Debe aclararse, eso sí, que el debate en torno a la naturaleza jurídica de los denominados recursos del 4 %, pudo tener origen, así sea de forma parcial, en la circunstancia de que el legislador previó que las Cajas de Compensación Familiar no solo recibieran estos ingresos, sino también los correspondientes a los aportes al Servicio Nacional de Aprendizaje (SENA), a la Escuela Superior de Administración Pública (ESAP) y para las Escuelas Industriales e Institutos Técnicos Nacionales, Departamentales, Intendenciales, Comisariales, Distritales y Municipales[152] (art. 15 Ley 21 de 1982), lo cual ha permitido que usualmente se engloben estos recursos bajo el término del "pago de parafiscales" o del "impuesto a la nómina" o que se relacione el término "aportes" bajo una connotación tributaria.

No obstante, esta discusión debería resolverse con facilidad, si se repara en la misma terminología que utilizó el legislador para hacer referencia a las obligaciones derivadas propiamente del subsidio familiar, con las demás enunciadas, puesto que, mientras el 4 % de la nómina debe dirigirse al "pago" de una prestación social de origen laboral, con las características que ya se indicaron y cuya gestión y reconocimiento corresponde a una Caja de Compensación Familiar de naturaleza privada, los demás ingresos, en forma de "aportes", están destinados a una finalidad general y abstracta y son gestionados y administrados por una entidad de naturaleza pública, lo cual permite establecer con claridad la diferencia en relación con su naturaleza jurídica de estas categorías de obligaciones pecuniarias.

152. Debe tenerse en cuenta que la destinación de estos últimos aportes fue modificada mediante el artículo 111 de la Ley 633 de 2000, el artículo 143 de la Ley 1450 de 2011, el artículo 59 de la Ley 1753 de 2015 y el artículo 184 de la Ley 1955 de 2019.

5.4.2. Desde el punto de vista orgánico

Como se expuso, al tratarse de recursos de propiedad del Estado, la regla general es que una entidad pública, en cualquiera de sus modalidades, sea la que se encargue de la administración y gestión de los recursos públicos. De ahí entonces que se exija que en toda creación de tributos se determine el sujeto activo el cual, en principio corresponde a una entidad del orden nacional, del descentralizado o por servicios.

La misma Ley 21 de 1982, como se indicó en el punto anterior, establece el régimen ordinario en relación con la gestión de los ingresos tributarios, al establecer que los aportes de la nómina que deben hacer los empleadores, sean públicos o privados, distintos al subsidio familiar, deben destinarse al funcionamiento de entidades públicas o administrados por entidades de la misma naturaleza (contribuciones al SENA, a la ESAP y al Fondo de Financiamiento de la Infraestructura Educativa como cuenta especial del Ministerio de Educación Nacional).

Si bien es cierto, las contribuciones parafiscales *típicas*, de conformidad con la ley, pueden administrarse por un organismo autónomo, sea oficial o privado[153], en caso de este último debe existir una habilitación jurídica expresa que así lo autorice. Por regla general, la gestión de esta tipología de recursos parafiscales se hace por virtud o a través de la celebración de un contrato de administración con el Gobierno nacional. Al respecto, en Sentencia C-678 de 1998, al definir el alcance del artículo 29 del Estatuto Orgánico del Presupuesto en lo que atañe a la administración de los recursos parafiscales expuso:

> *"Por otra parte,* ***el artículo 29 del Decreto 111 de 1996 contempla dos formas de administración de los recursos parafiscales, a saber, los que se administran por particulares en virtud de contratos que celebra la Nación*** *(inciso* ***primero****) y los que se administran por los órganos que forman parte del Presupuesto Nacional (inciso segundo), los primeros, es decir los administrados por los particulares, no se incorporan en el presupuesto de la Nación, al paso*

153. Corte Constitucional. Sentencia 191 de 1996.

que los segundos sí se incorporan pero solo para registrar la estimación de su cuantía y en capítulo separado de las rentas fiscales. Por lo tanto, como ya lo ha señalado esta Corporación, es principio esencial de la parafiscalidad, que sus rentas no hagan parte de los ingresos corrientes de la Nación".

En igual sentido, en Sentencia C-651 de 2001, la Corte reiteró:

"Esa administración de recursos parafiscales se realiza con fundamento en un contrato especial que celebra el Gobierno con la entidad o sociedad fiduciaria que escoja, el cual necesariamente tiene un componente oneroso".

Por su parte, la misma Corte ha declarado la inconstitucionalidad de disposiciones que aun contemplando los elementos esenciales de toda contribución parafiscal, preveían la *entrega directa* de estos recursos a una entidad privada, sin mediación de un contrato celebrado con la Nación, en el que se determinaran las condiciones para la administración de estos recursos públicos. Al respecto, en Sentencia C-273 de 1996, se sostuvo:

Ha decidido la Corte que las contribuciones parafiscales son obligatorias, afectan solamente a un grupo o sector económico, y se destinan al mismo. Igualmente, ha establecido que los recursos parafiscales son públicos, ***pertenecen al Estado,*** *aunque están destinados a favorecer solamente al grupo o sector que los tributa.*

En el caso que nos ocupa, estamos en presencia de una contribución que, si bien reúne algunos de los elementos de la parafiscalidad, ***está destinada a una persona jurídica de derecho privado,*** *como lo es la Cooperativa de la Rama Jurisdiccional y del Ministerio Público. Esta destinación es contraria a los principios de la parafiscalidad.*

Los recursos parafiscales son recursos públicos, son del Estado. ***Cuando su administración corresponde a una persona jurídica de derecho privado, tal administración se cumple en virtud de un contrato entre la Nación y la persona jurídica de derecho privado.*** *Es el caso del Fondo Nacional del Café, cuya administración corresponde a la Federación Nacional de Cafeteros de Colombia, en virtud de contratos celebrados por ésta con la Nación, desde el mes de diciembre de 1940.*

La Constitución ***no autoriza el que se exija una contribución parafiscal para que el Estado la entregue directamente a los particulares,*** *como acon-*

tece en el caso que se analiza. En este caso la facultad impositiva se ejerce, no en favor del Estado, sino en favor de una persona jurídica de derecho privado.

Puede, en consecuencia, afirmarse que la norma acusada es contraria al numeral 12 del artículo 150 de la Constitución.

En el mismo sentido, la Corte ha dejado claro que solo existen dos formas de administrar recursos parafiscales: *"por entes que forman parte del presupuesto general de la Nación o por particulares en virtud de un contrato celebrado con la Nación, y que el Legislador tiene la facultad de determinar la persona privada que se encargará del manejo, recaudo, administración y ejecución de estos recursos"*[154].

Por consiguiente, para la Corte se requiere, sin excepción alguna, la exigencia de una autorización del legislador al Gobierno nacional para la suscripción de contratos con personas jurídicas de derecho privado para la administración de los recursos parafiscales, al respecto expuso:

"La jurisprudencia de la Corte ha realizado una interpretación sistemática de los artículos 150-9, 189-20 de la Carta Política, y con el artículo 29 del Decreto 111 de 1996, para determinar que (i) dada la importancia y magnitud de estos contratos, (ii) el carácter de contribuciones parafiscales que emanan de la soberanía del Estado, (iii) su naturaleza de recursos públicos, así como (iv) la finalidad de estos contratos destinados al manejo, administración, recaudo y ejecución de estos recursos, (iv) el Congreso debe autorizar al Gobierno para celebrar el contrato de administración (v) cuando se trata de personas jurídicas de derecho privado y que (vi) en desarrollo de la libertad de configuración legislativa en esta materia, tiene también la facultad para determinar la entidad de carácter privado que vaya a administrar estos recursos, (vii) siempre y cuando se garantice una estructura democrática y participativa".

En conclusión, dado que se trata de la administración de recursos públicos o, lo que es igual de propiedad del Estado, la Corte Constitucional tiene una jurisprudencia sólida y consolidada según la cual; ***i***) su creación y regulación tiene reserva de ley, en cuyo desarrollo; ***ii***) resulta proscrita

154. Corte Constitucional. Sentencia C-437 de 2011 y C-678 de 1998.

la entrega directa de la administración de estos recursos a una entidad privada; en consecuencia ***iii***) siempre se requiere de la celebración de un contrato entre el Gobierno Nacional y la entidad de derecho privado correspondiente, para lo cual; ***iv***) en todo caso se exige de la autorización expresa por parte del legislador para estos efectos, aun cuando se pueda señalar en la ley la entidad que vaya a gestionar estos recursos.

Lo expuesto permite afirmar que tratándose de los recursos que gestionan las Cajas de Compensación Familiar no se cumple con el criterio orgánico antes descrito, puesto que, a diferencia de lo que ocurre con la denominada parafiscalidad típica, no existe la obligatoriedad, derivada de la ley, de suscribir un contrato de administración entre el Gobierno Nacional y las Cajas para la gestión de estos ingresos.

Resulta claro que repugna contra los principios del ordenamiento jurídico nacional el que los particulares se encuentren habilitados a administrar, gestionar o decidir el destino de recursos públicos, sin que medie, para ello, un acto expreso en virtud del cual el titular de esos recursos habilita a un particular a realizar su gestión.

En la gran mayoría de los ejemplos de la parafiscalidad, **esos recursos se gestionan a través de contratos que celebra el Estado**, como se explicó con detalle más arriba. El Fondo Nacional del Café se administra mediante contrato por una duración de diez años suscrito con la Federación Nacional de Cafeteros (FNC), prorrogado desde 1928; en el caso del Fondo Nacional de estabilización de precios del café, el artículo 4 de la Ley 1969 de 2019 establece que su administración se hará mediante contrato suscrito entre el Gobierno Nacional y la FNC. Igual mecanismo fue previsto por el legislador para la administración de las cuotas de fomento arrocero, cacaotero y cerealista[155]. Para la cuota de fomento gana-

155. Como lo establece el artículo 8 de la Ley 67 de 1983, a cuyo tenor:
"**Artículo 8°. Administración.** El Gobierno Nacional a través del Ministerio de Agricultura contratará con la Federación Nacional de Arroceros; la Federación Nacional de Cultivadores de Cereales o la Federación Nacional

dero y lechero, regulado por la Ley 89 de 1993, en la cual se establece la obligación de celebrar un contrato con FEDEGAN "*por una duración no inferior a diez (10) años*" (art. 7); y así para la cuota de fomento cauchero (art. 6 de la Ley 686 de 2001, modificado por el 9 de la Ley 1758 de 2015), la cuota de Fomento Palmero (art. 9 de la Ley 138 de 1994), la cuota de fomento algodonero (art. 7 de la Ley 219 de 1995), la cuota de fomento tabacalero (art. 8 de la Ley 534 de 1999), la cuota de fomento para la papa (art. 13 de la Ley 1707 de 2014), la cuota de fomento avícola (art. 9 de la Ley 117 de 1994), la cuota de fomento porcícola (art. 8 de la Ley 272 de 1996), la cuota de fomento Hortifrutícola (art. 9 de la Ley 118 de 1994).

En realidad, este es, quizá, el único ejemplo de recursos verdaderamente parafiscales, puesto que buscan generar ingresos públicos para promover de manera específica un sector, como expresión de actividades de fomento realizadas por el Estado. En el caso de los parafiscales gremiales, dado que no ingresan en el Presupuesto General de la Nación a pesar de ser de titularidad pública, una parte de la doctrina considera, incluso, que no son ingresos propiamente tributarios[156].

de Cacaoteros, según el caso, la administración y recaudo de las Cuotas de Fomento Arrocero, Cerealista y Cacaotero. A falta de cualquiera de estas Asociaciones, podrá encomendar tales actividades a otra Asociación sin ánimo de lucro lo suficientemente representativa del correspondiente subsector.

En el Contrato Administrativo se dispondrá lo relativo al manejo de los recursos del Fondo, la definición y establecimiento de programas y proyectos, las facultades y prohibiciones de la entidad administradora, el plazo del contrato y demás requisitos y condiciones que se requieran para el cumplimiento de los objetivos legales, así como la contraprestación por la administración y recaudo de cada cuota, cuyo valor podrá ser hasta del diez por ciento (10 %) del recaudo anual.

156. Para Juan Camilo Restrepo, "las contribuciones parafiscales por definición tienen una asignación específica, y por lo tanto no tienen el carácter de recursos tributarios", *Hacienda Pública*, 9ª ed., U. Externado, 2012, p. 382.

Así pues, la existencia de una regulación expresa y una jurisprudencia reiterada, según la cual resulta indispensable la existencia de un acto contractual que habilite la administración de recursos parafiscales por parte de particulares, lo cual se justifica en tanto que, por su naturaleza tributaria (son recursos públicos), permite concluir con facilidad que la ausencia de este presupuesto tratándose de los recursos correspondientes al pago del Subsidio Familiar, es una muestra evidente de que para el legislador estos ingresos no son y nunca han sido considerados de propiedad o titularidad del Estado.

Cabe advertir, en el caso de los recursos que gestionan los particulares que hacen parte del denominado por la Ley 100 de 1993 Sistema de Seguridad Social Integral, si bien no existe como tal un contrato entre el Gobierno Nacional y las administradoras, lo cierto es que tales ingresos se acercan más a la noción tradicional de recurso parafiscal, no solo por la circunstancia esencial de que quien aporta es quien se beneficia (en especial los trabajadores), sino por el hecho de que este Sistema, creado en la citada Ley 100 —en el cual, por demás, no se incluye al Subsidio Familiar— reúne en un solo cuerpo normativo el conjunto de instituciones, normas, procedimientos y recursos para proporcionar la cobertura integral de las contingencias, especialmente las que menoscaban la salud y la capacidad económica de los habitantes del territorio nacional, cuya dirección, coordinación y control está a cargo del Estado.

De esta forma el Estado, a través del citado Sistema Integral, decidió prestar y garantizar el servicio-derecho a la seguridad social a todos los habitantes del territorio de manera progresiva, de ahí que el legislador haya decidido que el mismo se financiara de manera tripartita: Estado-Empleadores-Trabajadores. En línea con lo expuesto y en lo relacionado con el Sistema General de Seguridad Social en Salud, los artículos 177, 178 y 205 de la Ley 100 de 1993, definen a las Entidades Prestadoras de Salud como *"entidades responsables de la afiliación y el registro de los afiliados y del recaudo de sus cotizaciones, por delegación del Fondo de Solidaridad y Garantía".*

Lo expuesto contrasta con el funcionamiento de las Cajas de Compensación Familiar, a las que se les ha entregado directamente la administración del 4 % de la nómina de los empleadores, para que, de manera autónoma, gestionen esos recursos en el marco de lo establecido en las disposiciones normativas que regulan la materia.

Finalmente, en lo que atañe al punto de vista orgánico, debe señalarse que la estructuración de los órganos de gobierno de las entidades privadas que manejan la parafiscalidad típica difiere de la prevista para las Cajas de Compensación Familiar. De esta forma, cuando existe un contrato entre la Nación y las entidades privadas para el manejo de estos recursos, es común que se conforme un Comité de Dirección integrado por representantes directos del Gobierno nacional, circunstancia que se encuentra en total consonancia y armonía con la naturaleza pública de estos recursos, pero que difiere de lo previsto para las Cajas cuyos órganos de gobierno, en especial el Consejo Directivo funciona bajo una lógica de paridad de las partes del contrato laboral —empleadores y trabajadores— que origina el pago, sin mencionar que la Asamblea General de Afiliados la conforman los empleadores que integran la Corporación. En consecuencia, desde el punto de vista orgánico no es posible considerar que los ingresos del 4 % sean recursos públicos.

5.4.3. Desde el punto de vista sustancial

Para el desarrollo de este criterio se desarrollarán los siguientes subtemas; 5.4.3.1) la finalidad sustancial de los recursos del 4 %; 5.4.3.2) la diferencia entre prestación social de origen laboral, prestación social que hace parte de la Seguridad Social y el Sistema de Seguridad Social Integral; 5.4.3.3) El interés público y el servicio público; 5.4.3.4) La actividad relacionada con el subsidio familiar no supone el ejercicio de una función administrativa por parte de las cajas de compensación familiar.

5.4.3.1. La finalidad sustancial de los recursos del 4 %

Se ha expuesto que las contribuciones parafiscales típicas hacen parte de las finanzas públicas, es decir una forma de captar recursos públicos para financiar necesidades del Estado, con la particularidad de que se trata de ingresos extraídos de forma obligatoria de un sector económico para ser invertidos en el propio sector, con exclusión del resto de la sociedad. En otras palabras, la parafiscalidad, así considerada, en una forma de fomento o de financiamiento específica y especial de una actividad determinada que se sustenta en una función atribuida al Estado. De esta forma, esta modalidad tributaria parte de la existencia de una necesidad que le corresponde suplir al Estado, para lo cual se decide, para el efecto, captar recursos en ejercicio de su facultad impositiva. Dado que se trata del financiamiento de actividades determinadas, la obligación de pago de la contribución se circunscribe al sector que se va a beneficiar de estos recursos, de ahí que se rompa la regla general de la unidad de caja en relación con el presupuesto público. Así lo recuerda la Corte en Sentencia C-437 de 2011:

> 6.3.11 Con posterioridad, en sentencia SU-1023 de 2001[157], nuevamente la Sala Plena de esta Corporación se pronunció sobre la naturaleza de rentas parafiscales, poniendo de relieve su naturaleza y finalidad para beneficio del mismo sector gravado, y mencionando que según la teoría de las rentas parafiscales referidas a inversiones en las actividades que señale la ley tienen "una relación de doble vía, comprendida como la oportunidad que tienen los destinatarios de beneficiarse de las rentas o utilidades que genere su inversión y el derecho a la posterior destinación dentro de los amplios parámetros que señala la ley, la cual genera a su vez, en sentido contrario, la obligación de asumir las cargas que se surjan en el proceso".

Así las cosas, encuentran plena correspondencia los elementos de singularidad y destinación propios de este tipo de tributos, en la medida que en aplicación de los principios de igualdad y equidad tributaria se

157. M. P. Jaime Córdoba Triviño.

justifica que sólo puedan beneficiarse de las inversiones realizadas con estos recursos, las personas obligadas a asumir estas cargas.

Como se expuso en el capítulo I, la imposición vía acto con fuerza de ley de una obligación a los empleadores no tuvo la intención de extraer recursos de un sector para su propio beneficio o de buscar el financiamiento de actividades o sistemas de previsión social a cargo del Estado, sino que tuvo como finalidad, única y exclusiva, la creación de una prestación social a favor de los trabajadores y sus familias, en el marco de las relaciones laborales. El papel del Estado entonces se limitó a ejercer, eso sí, su poder coactivo a través de la expedición de disposiciones jurídicas, no con el ánimo de generar o captar recursos públicos sino para garantizar la igualdad y la no discriminación en cuanto al reconocimiento de esta prestación.

De esta forma, es en el concepto de prestación social de origen laboral en el que gravita la naturaleza jurídica de los recursos del 4 %, para lo cual basta con recordar que estas obligaciones pecuniarias se encuentran a cargo de los empleadores, se constituyen como un derecho de los trabajadores y se originan durante la relación de trabajo o con ocasión de la misma con el fin de cubrir riesgos o necesidades de los empleados. De esta forma, como lo ha expuesto el Consejo de Estado, las prestaciones sociales "emergen indudablemente de los servicios subordinados que se prestan al empleador". En el mismo sentido, la Corte ha expuesto con precisión el fundamento del subsidio familiar en armonía con el concepto de prestaciones sociales de origen laboral:

> "(...) Precisamente, el hecho de que el subsidio familiar constituya una prestación social justifica la diferenciación entre dos grupos de personas que respecto de las cajas de compensación se encuentran en situaciones que se aprecian prima facie como manifiestamente distintas[158]. Otra sería la cuestión

158. La Corte ha reiterado en su jurisprudencia que el primer aspecto a analizar frente a un cargo basado en la igualdad es si los grupos son comparables o si, por el contrario, entre ellos existen *prima facie* diferencias manifiestas. Así, en la Sentencia C-741 de 2003 se indicó que la estructura analítica del juicio

si el subsidio por desempleo fuera proveído directamente por el Estado. El derecho del trabajador al subsidio familiar se deriva de la existencia de una relación laboral. Dado que el trabajo suministrado por el asalariado genera ordinariamente excedentes para el dueño del capital, se ha dispuesto que éste, además del salario, le brinde al trabajador una serie de prestaciones sociales, que consisten en beneficios o servicios para atender los riesgos y necesidades que se causen durante el ciclo laboral, el cual comprende tanto la evolución de la relación laboral como los periodos durante los cuales el trabajador no se encuentra vinculado laboralmente por estar desempleado[159]. El subsidio familiar es una de esas prestaciones, dirigidas específicamente al "alivio de las cargas económicas que representa el sostenimiento de la familia..." (art. 1 de la Ley 21 de 1982).

Pues bien, dado que el subsidio familiar constituye una prestación social lo propio es que los que se beneficien de él sean las personas que estén involucradas en una relación laboral con los patronos que pagan esa prestación social"[160] (Se resalta).

Se resalta que para la Corte el subsidio familiar, además de ser una prestación social, se reconoce que no se presta "directamente" por el Estado, sino

de igualdad está compuesta por tres elementos y que el primero persigue establecer precisamente si el juicio es pertinente para la situación que se analiza: "El primero versa sobre la relevancia del principio de igualdad en un determinado caso. Cuando el legislador ha tratado de manera diferente situaciones que son claramente distintas, la Corte ha considerado que no procede efectuar un juicio de igualdad..."

159. En sentencia del 18 de julio de 1985, la Sala de Casación Laboral de la Corte Suprema de Justicia determinó que "Prestación social es lo que debe el patrono al trabajador en dinero, especie, servicios u otros beneficios, por ministerio de la ley, o por haberse pactado en convenciones colectivas o en pactos colectivos, o en el contrato de trabajo, o establecida en el reglamento interno de trabajo, en fallos arbitrales o en cualquier acto unilateral del patrono, para cubrir los riesgos o necesidades del trabajador que se originan durante la relación del trabajo o con motivo de la misma. Se diferencia del salario en que no es retributiva de los servicios prestados y de las indemnizaciones laborales en que no repara perjuicios causados por el patrono..."

160. Corte Constitucional. Sentencia C-393 de 2007.

que se deriva de la existencia de una relación laboral, de tal manera que encuentra total fundamento que quienes se beneficien sean las personas que están involucradas en el vínculo de trabajo con los empleadores que pagan esta prestación. Por lo demás, la Corte enfatiza que las prestaciones sociales tienen su origen en los excedentes que ordinariamente recibe el empleador por el trabajo suministrado por el asalariado, cuestión que, de nuevo, permite excluir cualquier tipo de connotación pública, de propiedad del Estado o de origen tributario a los recursos derivados del pago del subsidio familiar.

Así las cosas, si el Estado no interviene de forma alguna -más allá del rol expuesto que resulta común para todo tipo de reconocimiento de derechos laborales- en el ciclo de gestión de los recursos del subsidio familiar (recaudo, administración, financiamiento, reconocimiento y entrega efectiva) no podría afirmarse que este es el propietario de estos ingresos -mientras no entren de forma efectiva en el patrimonio de los trabajadores-, en tanto no existe título alguno que habilite su dominio.

Lo expuesto se reafirma con lo previsto en el artículo 40 de la Ley 21 de 1982 que consagra la iniciativa privada para la creación de una Caja de Compensación Familiar, siempre que se reúnan los requisitos exigidos y con lo regulado en el artículo 68 de la referida ley, que regula el proceso de liquidación de una Caja de Compensación Familiar, disponiendo para el efecto que deberá procederse de conformidad con lo preceptuado en el Código Civil sobre la disolución de las Corporaciones, al tiempo que enfatiza que los estatutos de las Cajas deben contemplar de manera clara acerca de la disposición de sus bienes "de tal forma que se prevea su utilización en objeto similar al de la Corporación disuelta a través de instituciones sin ánimo de lucro o de carácter oficial" y aclara que los mismos no pueden repartirse entre los empleadores o trabajadores beneficiarios.

Finalmente, la norma en mención expone con absoluta claridad que solo ante una ausencia de regulación de los estatutos, "los bienes pasarán al dominio de la Nación y el Gobierno Nacional podrá adjudicarlos a otra u otras Cajas de Compensación Familiar, o en su defecto, a entidades públicas o privadas de similares finalidades".

De lo expuesto de forma expresa en el citado artículo 68 no puede existir duda alguna de la intención del legislador, en primer lugar, de reconocer la autonomía privada, derivada de la naturaleza de derecho privado, de las Cajas de Compensación Familiar en la medida en que deja a su arbitrio, salvo algunas restricciones, la disposición de los bienes a su cargo en caso de liquidación y, como consecuencia, otorga total claridad acerca de la naturaleza de los bienes y recursos que gestiones, incluso aquellos afectos al Subsidio Familiar, puesto que enfatiza que solo y exclusivamente ante la ausencia de disposición especial en los estatutos, estos bienes pasarán al dominio de la nación, cuestión que reitera y confirma, precisamente, que, salvo ocurrencia de esta causal excepcional, no son de propiedad y titularidad del Estado y, por tanto, no pueden considerarse válidamente como recursos públicos.

5.4.3.2. Diferencia entre prestación social de origen laboral, prestación social que hace parte de la Seguridad Social y el Sistema de Seguridad Social Integral

Podría argumentarse que los recursos del 4 % tienen naturaleza parafiscal típica, por la circunstancia de que el subsidio familiar es considerado como una prestación de la Seguridad Social y, por tanto, compartiría los mismos elementos que la Corte Constitucional ha esgrimido en relación con la connotación de los recursos, esto es su origen parafiscal, tal como ocurre, a manera de ejemplo, con salud y pensiones.

Como se expuso en el capítulo I, es común encontrar en el derecho comparado y en los instrumentos internaciones que se han encargado de regular los aspectos relevantes de la seguridad social, que las prestaciones que se otorgan por este concepto sean financiadas con recursos públicos (fiscales o parafiscales), gestionados o administrados por entidades de naturaleza públicas y cuyos beneficios se encuentran organizados bajo sistemas comprensivos, integrales y universales.

De esta forma, un análisis histórico del origen y transformaciones de la seguridad social, por lo menos en Colombia, permite entender que las prestaciones sociales existentes en la actualidad, han tenido como origen común el contrato de trabajo, de tal forma que era el empleador el encargado de reconocer y pagar de forma exclusiva estos beneficios con ocasión de cubrir los riesgos y necesidades propias de los trabajadores que se generaran durante o con ocasión de la relación de trabajo (definición típica de prestación social ampliamente estudiada en esta obra); a partir de la creación del Seguro Social (1946)[161] se inició en Colombia la implementación de esquemas de Seguridad Social comprensivos que encuentran origen en el Reino Unido (atribuido a William Beveridge), los cuales se caracterizan, principalmente, porque: i) cubre a todos los habitantes; ii) tiende a la universalización y para ello aplica subsidios públicos; iii) se basa en un aseguramiento social; iv) se financia principalmente con impuestos, y; v) existe una administración pública del sistema, esto es se privilegia la intervención estatal para la prestación del servicio de la seguridad social[162].

De esta forma, el Decreto Ley 433 de 1971, el Decreto Ley 1650 de 1977 y la Ley 100 de 1993 representan los esfuerzos del Estado colombiano en crear Sistemas "generales o integrales" de Seguro o Seguridad Social, con principios, normas y financiación unificada y que se estructuran bajo la operación y administración de una entidad pública[163] o, en todo caso, bajo la dirección, coordinación y control del Estado[164].

Lo expuesto tiene plena concordancia con lo previsto en el numeral 2 del artículo 193 del Código Sustantivo del Trabajo, según el cual las prestaciones sociales "dejarán de estar a cargo de los empleadores cuando el riesgo en ellas sea asumido por el Instituto Colombiano de Seguros Sociales, de acuerdo con la ley y dentro de los reglamentos que

161. Ley 90 de 1946.
162. Cortés González, Juan Carlos. Seguridad Social, derecho para todos. Primera Edición. Organización Iberoamericana de Seguridad Social. Editorial Legis. 2016. Pág. 62.
163. En su momento era el Instituto Colombiano de Seguros Sociales
164. Ley 100 de 1993. Art. 4.

dicte el mismo Instituto". De esta forma, las prestaciones referencias a los accidentes de trabajo y enfermedades profesionales, el pago de la licencia de maternidad y paternidad, el auxilio funerario, el reconocimiento y pago de la pensión de jubilación —ahora de vejez— y la prestación del servicio de salud no profesional que en un principio corrían a cargo directamente del empleador, no solo en relación con su pago, sino en su gestión, fueron asumidas por el Estado a través de la creación del Instituto Colombiano de Seguros Sociales y la constitución de nuevas fuentes de financiamiento de origen tributario.

En este orden de ideas, en la actualidad, la Ley 100 de 1993 representa la decisión del Estado de asumir ciertas prestaciones de la Seguridad Social (pensiones, salud, riesgos laborales y los servicios sociales complementarios) a través de la constitución del Sistema de Seguridad Social Integral el cual reviste las siguientes características: i) pretende garantizar los derechos irrenunciables de la persona —y no únicamente los de los trabajadores— y la comunidad para obtener la calidad de vida acorde con la dignidad humana, mediante la protección de las contingencias que la afecten en los términos de dicha ley; ii) se presta por Estado con sujeción a los principios de eficiencia, universalidad, solidaridad, integralidad, unidad y participación; iii) tiene como objetivos principales: a) garantizar las prestaciones económicas y de salud de quienes tienen una relación laboral o capacidad económica suficiente para afiliarse al sistema, b) garantizar la prestación de los servicios sociales complementarios en los términos de la ley, c) garantizar la ampliación de la cobertura hasta lograr que toda la población acceda al sistema (art. 6); iv) se financia de forma tripartita, esto es con recursos provenientes de forma obligatoria por los empleadores, los trabajadores y el Estado (esto es, del erario público); v) dado que son recursos captados con la finalidad de financiar las prestaciones que se otorgan por el Estado a través de este Sistema, estos ingresos son administrados directamente por entidades públicas o existen normas que de manera expresa delegan en los particulares el recaudo de estos recursos como ocurre en el caso del Sistema General de Seguridad Social en Salud (177, 178 y 205 de la Ley

100 de 1993) o el mismo Estado garantiza los ahorros del afiliado y pago de pensiones a que este tenga derecho cuando las administradoras —usualmente de naturaleza privada— del Régimen de Ahorro Individual con Solidaridad incumplan sus obligaciones (art. 60).

En el mismo sentido, el artículo 283 de la Ley 100, señala que "el Sistema de Seguridad Social Integral, con cargo a las cotizaciones previstas en la presente Ley, pagará exclusivamente las prestaciones consagradas en la misma", de tal forma que las convenciones que hacia el futuro se llegaren a pactar en condiciones diferentes "deberán contar con los recursos respectivos para su garantía, en la forma como lo acuerden empleadores y trabajadores", precepto que deja claro que cualquier prestación no contenida en la Ley 100 o en condiciones distintas a las allí previstas no hace parte del Sistema de Seguridad Social Integral y, por ende, se regulará por el régimen particular aplicable.

Ahora bien, existen prestaciones sociales de origen laboral que a pesar de que han sido también reconocidas como parte de la seguridad social, no han sido incluidas en el Sistema de Seguridad Social Integral (como es el caso del auxilio de cesantía[165] y el Subsidio Familiar) y, por tanto, si bien gozan de protección constitucional, lo cierto es que las normas, principios, características e instituciones contenidos en la Ley 100 de 1993 no resultan aplicables a estas prestaciones.

En cuanto a los principios que fundamentan en general la seguridad social, eficiencia, universalidad, solidaridad y obligatoriedad, se encuentra que no aplican o lo hacen de forma distinta respecto del Sub-

165. En Sentencia C-171 de 2020 la Corte se pronunció acerca del auxilio de cesantías y su tratamiento a partir de la Sentencia C-826 de 2003, y señaló: "de conformidad con lo establecido por esta Corporación y los instrumentos internacionales, el auxilio de cesantías es una prestación de la seguridad social, que al mismo tiempo responde a un beneficio mínimo establecido en la normatividad laboral, el cual, en atención al artículo 53 constitucional, adquiere la condición de irrenunciable".

sidio Familiar en comparación con el Sistema de Seguridad Social integral. Respecto al principio de universalidad, en el Sistema de Seguridad Social Integral, como se señaló, el Estado debe propender por la garantía y acceso a toda la población, aun cuando no se encuentren inmersos en una relación laboral, para lo cual el Estado interviene para garantizar la financiación del Sistema con recursos del Presupuesto.

Por su parte, el mismo principio de universalidad tratándose de las prestaciones que se derivan de la relación laboral, puede tener un alcance si se quiere más delimitado. Así, según la Corte, este principio se refiere a garantizar que todos los trabajadores por el solo hecho de serlo puedan acceder a este tipo de beneficios, de ahí que la jurisprudencia de esa Corporación esté encaminada a "ampliar los derechos prestacionales de ciertos sectores de los trabajadores, que han sido injustificadamente restringidos por el legislador mediante tratamientos diferenciados, que no estaban fundados en una justificación constitucional razonable"[166].

Igual ocurre con el principio de solidaridad, el cual encuentra especial aplicación tratándose de la regulación y funcionamiento de cada tipo de prestación. Para solo poner un ejemplo, en el Sistema de Seguridad Social en Salud la población inserta en el mercado de trabajo formal cotiza obligatoriamente para el régimen contributivo y aporta un porcentaje para un fondo solidario encaminado a financiar el régimen subsidiado[167].

Por su parte, la solidaridad en el subsidio familiar opera a través de la redistribución del ingreso, en donde los aportes que hace el empleador en relación con las personas que devengan un ingreso alto, se redirigen para garantizar las prestaciones propias de este Subsistema a los trabajadores de menores ingresos. Tampoco se comparten los principios de obligatoriedad, en virtud del cual, en lo que atañe a "la afiliación al Sistema General de Seguridad Social en Salud es obligatoria para todos los habitantes en Colombia. En consecuencia, corresponde a todo emplea-

166. Corte Constitucional. Sentencia C-823 de 2006.
167. Corte Constitucional. Sentencia T-760 de 2008.

dor la afiliación de sus trabajadores a este Sistema y del Estado facilitar la afiliación a quienes carezcan de vínculo con algún empleador o de capacidad de pago" (art. 153.2) y el de protección integral (art. 153.3), el cual exige al Sistema, brindar "atención en salud integral a la población".

En consecuencia, la asunción por parte del Estado, a través de su dirección, coordinación y control, de la protección y garantía de ciertas prestaciones que conforman el Sistema General de Seguridad Social Integral, se traduce en el ejercicio de funciones de titularidad pública, de manera que los recursos que se recaudan de forma obligatoria, bajo cualquier modalidad de las personas a las que se les asigna el deber de contribuir con la finalidad de financiar este Sistema —salvo que la ley disponga lo contrario—, tienen la naturaleza de ingresos públicos en tanto se emplean con el objetivo de cubrir necesidades u obligaciones asumidas directamente por el Estado.

Lo expuesto no ocurre tratándose del Subsidio Familiar, puesto que, si bien sustancialmente puede corresponder a una prestación propia de la Seguridad Social, lo cierto es que no ha sido incluida dentro del Sistema General de Seguridad Social Integral y, por tanto, el Estado no ha asumido de forma directa su dirección, coordinación, administración, reconocimiento y garantía[168] —sí su control—, de manera que estas actividades no pueden considerarse como de titularidad o dominio público. De ahí que resulte impreciso denominar los recursos que financian esta prestación social de origen laboral como de naturaleza pública.

5.4.3.3. El interés público y el servicio público

Lo afirmado no pretende desconocer el claro interés público que revisten las actividades que desarrollan las Cajas de Compensación Familiar, cuestión que ha sido expresamente reconocida por la Corte Constitucional en la Sentencia C-508 de 1997, según la cual:

168. Con excepción de la Caja de Compensación Campesina (COMCAJA) de naturaleza pública. Ley 101 de 1993.

> Es incuestionable entonces que en las actividades que se relacionan con el subsidio familiar —recaudo, administración de los recursos y pago a beneficiarios—, existe un interés público, por lo cual su regulación y orientación compete al Estado. De aquí se desprenden significativas consecuencias : teniendo en cuenta que el subsidio familiar es administrado por entidades intermediarias entre los empleadores y los trabajadores, cuya gestión compromete el interés general por lo cual requiere no sólo ser objeto de inspección, vigilancia y control, sino de armonización de políticas generales, dicho régimen jurídico contempla expresamente normas que se refieren a la organización administración y funcionamiento de las Cajas de Compensación Familiar.

De esta forma, la Corte explica con suficiencia que el interés público de las actividades que se relacionan con el subsidio familiar, significa que la regulación y orientación —que no su dirección, administración o garantía— compete al Estado, lo cual implica: i) el ejercicio de la inspección, vigilancia y control sobre las Cajas de Compensación Familiar; ii) la armonización del subsidio familiar con las políticas generales; y, iii) la regulación sobre dichas actividades, entre las que se encuentran la organización, administración y funcionamiento de estas corporaciones.

Lo expuesto se encuentra en total consonancia con lo que ha expuesto la Corte al referirse a otras actividades que aun cuando sean de iniciativa y financiamiento privado, también poseen la connotación de interés público, como ocurre con la actividad bancaria y el servicio público de educación, circunstancia que impone al Estado funciones específicas de control, regulación y limitación de dichas actuaciones[169].

Al respecto, aun cuando se le catalogara como servicio público a las actividades que realizan las Cajas de Compensación Familiar en relación con el subsidio familiar, tal circunstancia en nada incide en la naturaleza jurídica de los recursos. Para explicar este punto, vale la pena entrar en el régimen constitucional de los servicios públicos. En particular se debe tener en cuenta lo normado en el artículo 365 superior, a cuyo tenor:

169. Ver entre otras, Corte Constitucional, Sentencia SU-157-99 y SU-560 de 1997.

ARTÍCULO 365. Los servicios públicos son inherentes a la finalidad social del Estado. Es deber del Estado asegurar su prestación eficiente a todos los habitantes del territorio nacional.

Los servicios públicos estarán sometidos al régimen jurídico que fije la ley, podrán ser prestados por el Estado, directa o indirectamente, por comunidades organizadas, o por particulares. En todo caso, el Estado mantendrá la regulación, el control y la vigilancia de dichos servicios. Si por razones de soberanía o de interés social, el Estado, mediante ley aprobada por la mayoría de los miembros de una y otra cámara, por iniciativa del Gobierno decide reservarse determinadas actividades estratégicas o servicios públicos, deberá indemnizar previa y plenamente a las personas que en virtud de dicha ley, queden privadas del ejercicio de una actividad lícita.

De esta disposición constitucional se puede extraer, para los efectos que interesan a esta investigación, por una parte, que *los servicios públicos son inherentes a la finalidad social del Estado* y, por la otra, que pueden *ser prestados por el Estado, directa o indirectamente, por comunidades organizadas, o por particulares*. Sobre este punto, Libardo Rodríguez, con singular claridad, ha señalado que, como consecuencia de la evolución del concepto de servicio público en las últimas décadas, "*no todas las actividades de servicio público las realiza la administración, pues algunas las efectúan los particulares*" y, más adelante, concluye "*lo anterior implica, además, que no siempre el servicio público estará regido por el derecho administrativo*"[170].

La Corte Constitucional también lo ha entendido así. Por ejemplo, en Sentencia C-172 de 2014, dicha Corporación resaltó:

3.2.- En la medida en que el régimen de servicios públicos permite su prestación directa o indirecta por el Estado, por comunidades organizadas y por los particulares (art. 365 CP), surge un vínculo entre estos y las libertades económicas, la libertad de empresa y la libre competencia (arts. 333 y 334 CP). Así, teniendo siempre como norte que la prestación adecuada y eficiente de servicios públicos representa uno de los fines sociales del Estado, la Corte ha

170. Rodríguez, Libardo, *Derecho Administrativo. General y colombiano*, T. II, 20ª ed., Temis, p. 385.

reconocido que las libertades económicas pueden desplegarse en este sector, donde el Estado interviene para regular su ejercicio, asegurar la libre competencia y evitar el abuso de quienes se encuentran en posición dominante.

En palabras de la Corte Constitucional, la regulación de los servicios públicos se proyecta como una de las formas de intervención del Estado en la economía. Así, respecto de la libre competencia económica, que se refleja en la tensión de intereses entre los agentes que participan en la prestación de servicios públicos, el rol del Estado se orienta a remover los obstáculos indebidos, 'para corregir los errores de un mercado imperfecto y delimitar el ejercicio de la libertad de empresa, así como para preservar la sana y transparente competencia, con el fin de lograr una mejor prestación de aquéllos'[171].

Si bien un servicio público es una actividad de interés general, lo cual puede entenderse en un sentido amplio[172], no toda actividad que tenga

171. En otra oportunidad se afirmó: "pueden sintetizarse un conjunto de consideraciones para lo que interesa en el presente caso: (i) hay una relación inescindible entre la cláusula de Estado social y la prestación de los servicios públicos, por expresa disposición constitucional; (ii) la ley debe fijar el régimen jurídico de su prestación, que puede ser llevada a cabo por el Estado o particulares. No obstante, aquel mantiene la potestad de la regulación, control y vigilancia de su suministro; (iii) por razones de soberanía o de interés general, el Estado puede reservarse la prestación de determinados servicios públicos; (iv) en cualquier caso, el legislador está en la obligación de asegurar la prestación eficiente de los servicios públicos a todos los habitantes del territorio nación; (v) en los planes y presupuestos de la Nación y de las entidades territoriales, el gasto social tiene prioridad sobre cualquier otra asignación", Corte Constitucional, sentencia C-272 de 2016.

172. Al respecto, José Carlos Laguna señala "los servicios de interés general (art. 106.2 TFUE), servicios esenciales (art. 128.2 CE) o servicios públicos (en sentido amplio) satisfacen necesidades vitales de los ciudadanos: alimentación, telecomunicaciones, energía, transportes sector postal, sector financiero, sanidad, educación, etc. (i) Estas actividades se reservan a la Administración y organizan en régimen de derechos exclusivos, cuando es más eficiente su prestación por una sola empresa (suministro de agua potable, evacuación y depuración de aguas residuales, recogida de basuras, alumbrado público).

esta incidencia puede ser considerada como un servicio público de titularidad pública o que involucre la gestión de recursos del Estado.

En numerosas ocasiones la calificación de una actividad privada como un servicio público no tiene que ver con la *"Estatización"* de esa actividad[173], sino con el interés del Estado de intervenir en ella de manera decidida, para garantizar su realización en condiciones que beneficien a sus usuarios, es el caso de servicios públicos sociales como el teatro, o el de transporte de personas, o financieros, como el bancario[174]. En efecto, como lo señala Sánchez Morón, *"la legislación o bien la jurisprudencia y la doctrina jurídica califican como servicio público determinadas actividades de iniciativa privada y libre, en las que, sin embargo, concurre un interés general de tal intensidad que justifica su regulación estricta por normas administrativas y su sometimiento a un control público igualmente incisivo"*[175].

De esta forma, entonces, ni la calificación de interés público o servicio público de una actividad supone, de forma alguna, su publificación o, lo que es igual, no resulta sinónimo de titularidad exclusiva del Estado de tal manera que deba financiarse con recursos de su propiedad, sino

(ii) no obstante, esto es la excepción. En una economía de mercado, siempre que sea posible deben ser prestados por la libre iniciativa en régimen de competencia. Es por eso por lo que algunas de estas actividades han sido liberalizadas (telecomunicaciones, energía, transportes, televisión) o siempre han estado sujetas a un régimen de libre iniciativa (sector financiero, distribución alimentaria, comercio minorista de productos básicos de consumo)", *Tratado de derecho administrativo*, 4ª ed., Civitas, Madrid, 2022, p.242.

173. Aunque en algún momento se hubiere entendido así, como se puede entender a partir de las reflexiones de José Luis Villar Palasí. Al respecto, ver Meilán Gil, José Luis, "El servicio público en el derecho actual", *Anuario da Facultade de Dereito da Universidade da Coruña*, No. 1, 1997, p. 378.
174. Como lo determinó la Corte Constitucional en Sentencia SU-157 de 1999.
175. Sánchez Morón, Miguel, *Derecho Administrativo*, Parte General, 13ª ed., Tecnos, 2017, p. 791.

que implica el deber del Estado en intervenir en dichas actividades a través de ejercicios, principalmente de control y regulación.

En el caso del Subsidio Familiar, se ha indicado que esta actividad no ha sido declarada o reconocida como de titularidad del Estado en tanto no se le ha asignado una función directa y expresa dirigida al control, gestión, administración o garantía de la misma, de tal forma que los recursos que sirven para el financiamiento de esta prestación social, por esta circunstancia, tampoco pueden reputarse como públicos.

5.4.3.4. La actividad relacionada con el subsidio familiar no supone el ejercicio de una función administrativa por parte de las cajas de compensación familiar

Existe un consenso en el derecho nacional en cuanto a que la existencia de un servicio público no implica el desarrollo de función administrativa. Son, al respecto, particularmente esclarecedoras las consideraciones del Consejo de Estado:

> En este sentido, el origen del cobro no es la realización de una actividad pública o de titularidad pública prestada por particulares, sino un contrato de trabajo. En efecto, no se debe olvidar que el propósito de estos aportes consiste en garantizar la calidad de vida de los trabajadores, en particular de aquellos que tienen menores ingresos, a través de unas prestaciones que no inciden en el salario.
>
> (...)
>
> De acuerdo con las normas constitucionales y legales que se vienen comentando, resulta claro que la prestación de servicios públicos no supone el ejercicio de una función pública...[176].

176. Consejo de Estado, Sección Tercera, providencia del 17 de febrero de 2005, Exp. 27673.

Reflexiones que encontraron fundamento en la Sentencia C-037 de 2003 de la Corte Constitucional, en la cual dicha Corporación concluyó:

> *si bien en un sentido amplio podría considerarse como función pública todo lo que atañe al Estado, cabe precisar que la Constitución distingue claramente los conceptos de función pública y de servicio público y les asigna contenidos y ámbitos normativos diferentes que impiden asimilar dichas nociones, lo que implica específicamente que no se pueda confundir el ejercicio de función públicas, con la prestación de servicios públicos, supuestos a los que alude de manera separada el artículo 150 numeral 23 de la Constitución que asigna al Legislador competencia para expedir las leyes llamadas a regir una y otra materia*[177].

En el caso concreto, del Sistema de Subsidio Familiar, la jurisprudencia, a pesar de lo señalado más arriba, no ha dudado en calificarlo como la manifestación de un servicio público. Por ejemplo, en Sentencia T-586 de 1999, la Corte Constitucional señaló que las

> *cajas de compensación familiar cumplen con una actividad que consiste en administrar el sistema de subsidio familiar, y que, en tal virtud, reconocen a ciertos beneficiarios una prestación propia del régimen de seguridad social cual es el pago del subsidio en dinero. En cuanto el régimen de seguridad se erige como un servicio público, debe deducirse que el subsidio familiar también lo es*[178].

Posteriormente, la propia Corte Constitucional resaltó que las Cajas de Compensación Familiar no ejercen función pública, sino una función social en el marco de la prestación de un servicio público. Al respecto concluyó:

> Por definición legal (art. 39 de la Ley 21 de 1982), las Cajas de Compensación Familiar son personas jurídicas de derecho privado sin ánimo de lucro, organizadas como corporaciones en la forma prevista en el Código Civil, que cumplen funciones de seguridad social y se encuentran sometidas al control y vigilancia estatal a través de la Superintendencia del Subsidio Familiar creada por la Ley 25 de 1981. **Se trata, pues, de entidades que no ejercen funciones públicas sino que desarrollan una función social (énfasis añadido)**[179].

177. Corte Constitucional, Sentencia C-037 de 2003.
178. Corte Constitucional, Sentencia T-586 de 1999.
179. Corte Constitucional, Sentencia C-1173 de 2001.

Esta postura también fue asumida por el Departamento Administrativo de la Función Pública en concepto No. 20186000330551 del 4 de enero de 2019, en el cual dicha entidad afirmó:

> *En consecuencia y dado que las Cajas de Compensación Familiar son personas jurídicas regidas por el derecho privado que cumplen una función social destinada a administrar el Sistema de Subsidio Familiar por tanto, en criterio de esta Dirección Jurídica la Ley 1821 de 2016 no es de aplicación a las Cajas de Compensación Familiar toda vez que las mismas cumplen un servicio público y no una función pública.*

En esta misma línea de pensamiento, en concepto 217 de 2021, la Contraloría General de la República fue clara en resaltar:

> "En conclusión, es claro que las Cajas de Compensación Familiar son personas de derecho privado y aunque cumplen una función social esta **no ha sido catalogada por la Constitución y la Ley como una función pública**. En consecuencia, se encuentran sometidos a vigilancia y control del Estado, especialmente en consideración a la naturaleza de los recursos que administra, **pero no puede ser considerado como una entidad pública o como un particular que presta servicios públicos**" (énfasis añadido).

Existen, entonces, suficientes argumentos para considerar que, en el caso de las Cajas de Compensación Familiar y del Sistema de Subsidio Familiar, la prestación del servicio público no implica el ejercicio de una función pública, en tanto, por demás, no se les ha asignado prerrogativa o poder alguno inherente del Estado.

Se puede concluir, entonces, que los recursos del Sistema de Subsidio Familiar no son ingresos públicos —presupuestales, extrapresupuestales, tributarios o no tributarios— pues no pretenden financiar actividades de titularidad pública, sino de carácter privado colectivo, derivado del contrato de trabajo, calificadas como un servicio público pero desprovisto de la característica de función pública.

5.4.4. Desde el punto de vista jurisprudencial

Desde el primer pronunciamiento de la Corte Constitucional —Sentencia C-575 de 1992— en relación con la naturaleza jurídica del Subsidio Familiar, se dejó sentada la naturaleza especial de los recursos que sirven para el reconocimiento de esta prestación.

Si bien la Corte, sin mayor detenimiento, sostuvo que los recursos destinados por los empleadores a las Cajas de Compensación Familiar eran aportes de orden parafiscal, calificación que permitía desvirtuar el argumento del entonces demandante según el cual estos recursos constituían propiedad privada o un derecho subjetivo del trabajador o empleador, lo cierto es que a continuación dicha Corporación expresó las razones por las cuales los ingresos del 4 % no reunían las características propias de otros tipos de parafiscalidad. En este sentido, la Corte afirmó que estos recursos:

- "No son renta estatal sino recursos de los trabajadores en tanto que sector";
- Dada la naturaleza jurídica de las Cajas de Compensación Familiar como Corporaciones regidas por los artículos 633 y siguientes del Código Civil, los recursos del 4 % "no pertenece[n] ni en todo ni en parte a ninguno de los individuos que la componen". De esta manera, para la Corte: "los recursos de las Cajas no son propiedad privada (artículo 58 de la Carta) del empleador ni de los trabajadores en particular sino del sector de los trabajadores remunerados. No es pues un derecho subjetivo de las personas sino del sector en su conjunto".
- Son "recursos afectados a una particular destinación de interés general. Sus destinatarios, por disposición de la ley, deben reunir dos requisitos: que se trate de un trabajador y que dicho trabajador devengue menos de cuatro salarios mínimos".
- La propiedad de estos recursos, así como su administración, a diferencia de lo que sucede con el Fondo Nacional del Café, no pertenece al Estado y en consecuencia no media al respecto un

contrato entre la Nación y la entidad. Pero en uno y otro caso los recursos están afectados a una finalidad que tiene que cumplir el administrador de los mismos, pues, al fin de cuentas, ambos recursos son parafiscales.

- [E]l recaudo y la destinación de estos fondos [los previstos en el artículo 68 de la Ley 49 de 1990] son una limitación legal de la libertad de empresa, plenamente justificada por la solidaridad social que debe existir en aras de la dignidad de la persona, como quiera que la empresa tiene una función social que implica responsabilidades.
- En consecuencia, cuando la Ley 49 de 1990 entra a regular la destinación de los fondos de subsidio familiar de vivienda de las Cajas de Compensación Familiar, constituidos con aportes privados, no está sino desarrollando el mandato del artículo 333 de la carta, que permite limitar la iniciativa privada con base en la prevalencia del interés general.
- "Por otra parte la Corte observa que los recursos del subsidio familiar que se destinen a una entidad del subsistema de ejecución de vivienda de interés social, en virtud de la facultad que en este sentido regula el artículo 65 de la Ley 21 de 1982, no son de propiedad de la entidad respectiva. Dichos entes realizan una labor de canalización y mediatización de los recursos del subsidio entre la Caja y el usuario, que siempre será un trabajador que devengue menos de cuatro salarios mínimos. Luego ni el legislador podría alterar tal estado de cosas ni la Administración podría modificar la especial destinación de estos recursos. Sólo desde esta óptica entiende la Corte Constitucional la conformidad con la Carta de la norma atacada".

Como se observa, la Sentencia C-575 de 1992 es cardinal en lo que se refiere al entendimiento de la naturaleza jurídica de los recursos del 4 %, no solo por el hecho de constituir el primer pronunciamiento de la Corte en este sentido, sino que, por su contenido, debe ser el derrotero al momento de abordar el estudio de esta temática desde el punto de vista jurisprudencial. Ciertamente, luego de exponer de forma somera las razones por las cuales consideraba que estos recursos tenían naturaleza jurídica de parafiscales, la Corte procedió a exponer las argumentaciones que, paradójicamente, desvirtuaban esta calificación o, por lo menos, daba las bases o fundamentos que sustentan la connotación atípica o sui generis de estos ingresos.

De esta manera, la Corte dejó claro que los recursos del 4 % no son renta estatal, sino que son bienes de los trabajadores en tanto que sector, afirmación que posteriormente complementó al advertir que estos, a diferencia de la denominada parafiscalidad "típica", no eran de propiedad del Estado —de ahí que no se exigiera contrato entre la Nación y la entidad—, sino que eran "aportes privados" de propiedad "privada" —valga la redundancia— del sector de los trabajadores remunerados, afectados a una particular destinación de interés general prevista en la ley en ejercicio, esta última, de las facultades de intervención del Estado en la economía o de limitación de la iniciativa privada.

Esta concepción "privada" de los recursos que financian la prestación social en estudio, explica el énfasis hecho por la Corte a la naturaleza jurídica de las Cajas de Compensación Familiar no solo como entidades de derecho privado, sino como corporaciones regidas por el Código Civil, circunstancia que las aleja de cualquier asimilación a entidad pública, de un particular que ejerce funciones públicas o, en todo caso, de una persona jurídica que maneja o administra recursos públicos, al tenor, como ya se dijo, del inciso segundo del artículo 635 del Código Civil.

Es así como, para la Corte, a lo sumo, los recursos que gestionan las Cajas de Compensación Familiar, aun cuando puedan considerarse de naturaleza parafiscal, lo cierto es que tienen una connotación especial o atípica, en la medida en que no tienen la naturaleza de recursos públicos, en tanto no son de propiedad del Estado.

La Corte ha venido dando contenido a la citada "especificidad" de los recursos del Subsidio Familiar frente a otro tipo de parafiscalidades. Así, en Sentencias C-508 de 1997 y C-393 de 2007, la Corte reiteró el interés público —que no recurso público— que reviste esta actividad, al tiempo que situó en el contrato de trabajo y en la naturaleza de prestación social, el origen de la obligación del empleador de pagar el 4 % de su nómina y no en la soberanía tributaria del Estado. Por su parte, en la Sentencia C-1173 de 2001 se reconoció de forma expresa la atipicidad de estos recursos al no reunirse el requisito de la destinación sectorial en estricto sentido. De igual forma, en Sentencia C-473 de 2019 y en la misma Sentencia C-1173 de 2001, se indicó que las Cajas de Compensación no ejercían funciones administrativas.

Con todo, debe advertirse que también existen pronunciamientos de la Corte Constitucional en las que ha asimilado los recursos del 4 % a otro tipo de parafiscalidades y, por ende, les ha atribuido las mismas consecuencias jurídicas. Al respecto, conviene citar la Sentencia C-655 de 2003, en la cual, el Máximo Tribunal Constitucional concluyó que todos los recursos que hacen parte de la Seguridad Social son rentas o contribuciones parafiscales, incluidos entonces aquellos que hacen financian el subsidio familiar. Sin embargo, es necesario precisar que en esa oportunidad los fundamentos principales de la aludida providencia se circunscribieron a citar la jurisprudencia de la Corte en relación con la naturaleza jurídica de los recursos que financian el Sistema General de Seguridad Social en Salud, los cuales, como se indicó, difieren de los del subsidio familiar. Así mismo, se tuvo en cuenta la Sentencia C-575 de 1992, la cual, como se ha insistido a pesar de catalogar estos recursos como parafiscales, también dejó claro que no eran de propiedad del Estado como sí ocurría con las demás categorías de parafiscalidad.

En consecuencia, analizada la jurisprudencia de la Corte Constitucional cuando se ha referido de forma expresa al subsidio familiar, se encuentra que desde el primer pronunciamiento, a pesar de que de forma ligera y sin mayor desarrollo calificó los recursos del subsidio familiar como parafiscales, lo cierto es que desde esa misma providencia dejó sentadas las particularidades de estos ingresos las cuales no permiten su asimilación o identificación con otro tipo de parafiscalidades, partiendo de la circunstancia de que los primeros, a diferencia de los segundos no son de propiedad del Estado.

5.4.5. Desde el punto de vista del control

Las normas legales que crean contribuciones parafiscales definen la forma como debe ejercerse el control sobre estos recursos definiendo para el efecto la entidad encargada de efectuarlo. Bajo este escenario, dado que se trata de recursos públicos, las disposiciones correspondientes asignan de forma expresa a la Contraloría General de la República la función de ejercer el control fiscal sobre estos ingresos, sin perjuicio de la posibilidad de que concurran otras modalidades de supervisión.

Para ejemplificar el argumento, el artículo 17 de la Ley 1707 de 2014 (Cuota de Fomento a la Papa), el artículo 21 de la Ley 686 de 2001 (Fondo de Fomento Cauchero), el artículo 12 de la Ley 89 de 1993 (Cuota de Fomento Ganadero y Lechero), el artículo 14 de la Ley 534 de 1999 (Cuota de Fomento Tabacalero), el artículo 13 de la Ley 272 de 1996 (Cuota de Fomento Porcino), el artículo 14 de la Ley 219 de 1995 (Cuota de Fomento Algodonero), el artículo 14 de la Ley 138 de 1994 (Cuota de Fomento Palma de Aceite), el artículo 10 de la Ley 118 de 1994 (Cuota de Fomento Hortifrutícula), el artículo 14 de la Ley 117 de 1994 (Cuota de Fomento Avícola), el artículo 16 de la Ley 40 de 1990 (Cuota de Fomento Panelero), los artículos 1° y 2° de la Ley 67 de 1983 (Cuota de Fomento Arrocero, Cerealista y Cacaotero), radican en la Contraloría General de la República el control fiscal de los recursos.

En general, es común que el legislador asigne de forma expresa la forma de ejercer el control en aquellas actividades que desarrollen los particulares en ejercicio de una función pública, en la administración de recursos públicos o en la prestación de un servicio público. Por ejemplo, tratándose de las Cámaras de Comercio, El Decreto 410 de 1971 (Código de Comercio) asigna a la CGR el control y vigilancia de los recaudos o ingresos que reciben estas entidades por la función pública que desarrollan, al tiempo que a la Superintendencia de Industria y Comercio le corresponde la vigilancia y control sobre las funciones propias de las Cámaras de Comercio.

Por su parte, respecto de la prestación de los servicios públicos domiciliarios, la Ley 142 de 1994, si bien el control general sobre la ejercicio de estas actividades recae en la Superintendencia de Servicios Públicos Domiciliarios, lo cierto es que tratándose de las entidades públicas que prestan directamente estos servicios o que tienen alguna participación en empresas de esta naturaleza, el control fiscal sobre los recursos o aportes de naturaleza pública se asigna a la Contraloría General de la República, pero únicamente respecto de dichos aportes y los actos o contratos que versen sobre las gestiones del Estado en calidad de accionista, según sea el caso. Lo expuesto, de conformidad con los artículos 27.4 y 50 de la Ley 142 de 1994.

Pues bien, de conformidad con el artículo 39 de la Ley 21 de 1982, las Cajas de Compensación Familiar se deben someter al control y vigilancia en la forma establecida en la Ley, el cual de forma directa y expresa fue atribuido a la Superintendencia de Subsidio Familiar en los términos de la Ley 25 de 1981, el Decreto 2150 de 1992 y la Ley 789 de 2002. De manera que, el legislador en plena concordancia con la naturaleza de los recursos que se ha expuesto en el presente capítulo asignó a estas Corporaciones el tipo de control propio que se impone a los particulares que ejercen una actividad de interés público como los son los órganos de carácter técnico propio de las Superintendencias, en contraposición al tipo de supervisión propio de las entidades que manejan recursos públicos, como lo es la Contraloría General de la República.

No sobra advertir que, si bien en la actualidad las Cajas de Compensación Familiar están sometidas al control fiscal por parte de la CGR respecto de los recursos del 4 %, lo cierto es que tal atribución no devino directamente de la ley como ya se expuso, sino a partir de la jurisprudencia de la Corte Constitucional (Sentencia C-575 de 1992) que consideró como parafiscales estos recursos. Con todo, el control fiscal sobre las Cajas por parte de la CG, se empezó a abrir paso de forma concreta, a partir del concepto del 3 de diciembre de 2001 expedido por la Sala de Consulta y Servicio Civil del Consejo de Estado[180].

180. Radicado 1375.

5.4.6. Concepto CGR-OJ-160-2022 de la Contraloría General de la República

Los órganos de control no han estado ajenos a la discusión sobre la naturaleza jurídica de los recursos del subsidio familiar. Si bien había sido común encontrar conceptos de la Contraloría General de la República en los cuales se englobaba a los recursos del subsidio familiar en la categoría general de recursos parafiscales sin diferenciación alguna, lo cierto es que en concepto CGR-OJ-160-2022 emitido por la oficina jurídica, se modifica la postura al manifestar lo siguiente:

> "Es evidente que esos recursos no entran al erario público, sino que se constituyen para el beneficio del sector trabajo. A su vez, las cotizaciones que los empleadores realizan para efectos de la seguridad social, son contribuciones parafiscales las cuales son fijadas por la ley, y su propósito es atender la especial destinación que la misma señala.
>
> "En armonía con lo anterior, debemos concluir que las contribuciones parafiscales que manejan las Cajas de Compensación Familiar, no son propiedad del empleador, ni del trabajador, como tampoco pertenecen al Estado, por tanto, corresponden al sector que los aporta" (p. 6).

Con base en esta consideración, la Contraloría concluyó:

> Es claro, **entonces, que no son recursos privados, tampoco pertenecen al Estado, sino propiedad colectiva del sector de los trabajadores.** La obligatoriedad de la organización de las cajas de compensación como corporaciones tiene la implicación sobre el **carácter colectivo de la propiedad**, lo cual es congruente con la condición de las contribuciones parafiscales de ser propiedad del sector de los trabajadores **(énfasis añadido, p. 8).**

Y reafirma, "*son propiedad de los trabajadores como grupo sectorial, no le pertenecen a la Nación ni el Estado puede disponer de ellos, si bien, son un recurso público sometido al control fiscal*" (p. 9). Finalmente, el órgano de control distingue entre recursos públicos y recursos estatales como una relación de género a especie, para señalar:

> "Si bien, todos los recursos estatales son recursos públicos, no todos los recursos públicos son estatales. Los tributos, las tasas y las contribuciones especiales, son rentas estatales de naturaleza pública, producto de la sobe-

ranía impositiva del Estado, son recaudadas por la Nación, las entidades territoriales, eventualmente por entidades públicas vinculadas o adscritas, que van al tesoro público o a las tesorerías de entes que tienen autonomía para recaudarlos. Son también recursos estatales los rendimientos generados por tales recursos, y también son bienes estatales los adquiridos con tales fondos. Salvo las excepciones de destinación específica constitucionalmente aceptadas, esas rentas sirven para financiar las actividades propias del Estado y las que éste defina en la prestación de los servicios a su cargo. También son recursos estatales, aquellos manejados por particulares y entes públicos, que por disposición normativa se les haya dado la atribución para administrarlos, puesto que mantienen su condición de recursos públicos. Por su naturaleza misma, todo recurso estatal es un recurso público, y sirve para financiar las actividades propias del Estado, en beneficio de la Sociedad como un todo.

"No ocurre lo mismo con las contribuciones parafiscales, porque los recursos recaudados en virtud de la ley que los crea, son propiedad del grupo o sector del que son recaudados y no son propiedad del Estado (ni de la Nación ni de las entidades territoriales), ni siquiera cuando son recaudados por entidades públicas. La propiedad de dichos recursos es inherente al grupo o sector que los aporta, pues esa es una de sus características que las definen, siendo ellos los beneficiarios de los servicios provistos con tales recursos.

"Su condición de recurso público deriva de que su propiedad es de los miembros del grupo o sector del que se recaudan, que, además, por las características propias del sector, hace que esta propiedad colectiva corresponda al grupo sin que otorgue derecho de propiedad individual a ninguno de sus miembros, quienes conforman la masa de propietarios mientras pertenezcan al grupo" (p. 11 a 12).

Esta postura resulta sumamente interesante para la configuración de un régimen propio aplicable a los recursos del Sistema del Subsidio Familiar, que obedece a su propia naturaleza, a la definición legislativa de sus características y a la necesidad de un modelo de control que se adapte a esa realidad jurídica. Esas características de los recursos del Sistema, reconocidas por la Contraloría General de la República se pueden definir así:

i) Existe una diferencia entre los recursos estatales (de titularidad o propiedad de una entidad pública) y los recursos públicos (respecto de los cuales se predica un interés del Estado). La relación es de género a especie, toda vez que en la generalidad de los recursos públicos puede haber recursos estatales y recursos no estatales.

ii) Los recursos del Sistema de Subsidio Familiar, a pesar de ser públicos por el interés que traen aparejados, no pertenecen a una entidad pública, ni ingresan en el presupuesto del Estado.

iii) La titularidad de los recursos recae colectivamente en el sector de los trabajadores, lo cual justifica al tiempo, su calificación como parafiscales y la protección especializada que se les otorga.

iv) La titularidad no radica en los trabajadores de manera individual, sino colectivamente, por ello el hecho de que un sujeto deje de ser trabajador formal implica, por regla general, la pérdida del derecho a acceder a las prestaciones sociales.

Se trata, entonces, de un avance importante en el reconocimiento de la naturaleza especial —atípica— de los recursos del Sistema de Subsidio Familiar, la cual tiene una doble naturaleza, como prestación social y de origen laboral, con un régimen jurídico específico. Ello justifica y explica la titularidad colectiva de los trabajadores e impone un conjunto de cargas para las autoridades nacionales.

Como resultado de lo expuesto en este acápite, se puede concluir que desde el punto de vista formal, orgánico, sustancial, jurisprudencial y de control, sumado a las variaciones conceptuales expresadas por los órganos de control, se concluye que los recursos del denominado 4 % no pueden catalogarse como recursos públicos en el sentido de que su propiedad recae en el Estado.

6. LA PARAFISCALIDAD ATÍPICA. CONSECUENCIAS DE ESA CALIFICACIÓN

6.1. Conceptualización de la parafiscalidad atípica

A la luz de lo afirmado hasta este momento queda claro, por una parte, que la calificación de parafiscalidad se produjo como consecuencia de una inadecuada interpretación del texto constitucional en la sentencia fundadora de la Corte Constitucional de 1992 y aunque en ella se afirmó que a pesar de ser parafiscales esos recursos no eran públicos, la jurisprudencia siguió repitiendo sin mayor análisis esa petición de principio; por la otra, también se demostró que existe una importante discusión doctrinal respecto de la pertinencia de esa calificación, que surge como consecuencia de la imposibilidad de enmarcar ese cobro en los elementos del tributo o, aun, en los de la parafiscalidad, razón por la cual se ha acudido al concepto general de **parafiscalidad atípica**. Finalmente, derivado de esta última calificación, se han identificado ciertos criterios a partir de los cuales pueden concluirse que los recursos que financian esta prestación social no son de naturaleza pública, esto es que no son propiedad del Estado.

En este sentido, si bien puede criticarse esa calificación, lo cierto es que el derecho vigente, por ello, se ha decidido aceptar esta categoría; con todo resulta indispensable identificar el contenido que el ordenamiento jurídico le ha dado, con el propósito de entender la realidad del sistema y proteger sus aspectos centrales.

A este respecto, vale la pena recordar que el origen del Sistema de Subsidio Familiar se encuentra en una doble necesidad de proteger al trabajador, mejorando su calidad de vida, sin que por ello se incrementaran de manera desmedida las cargas prestacionales para el empleador. En su contexto, respondían, como todavía lo hacen, a un concepto de economía del trabajo, en la cual el mejoramiento de las condiciones de vida del trabajador tendía a incrementar las condiciones de productividad de la empresa, pero sin ánimo de generar recursos que ingresaran al Presupuesto Nacional. Por ello, el nacimiento de estos beneficios de carácter social se encuentra ligado de las estructuras que se encargarían de administrarlos: las Cajas de Compensación Familiar.

Con este propósito, puede definirse que los denominados ingresos del 4 %, en su calidad de recursos parafiscales atípicos, son los recursos que en el marco de una relación laboral, son pagados por el empleador por conducto de una Caja de Compensación Familiar, con destinación y beneficio exclusivo de sus trabajadores y personas a cargo en su calidad de titulares legítimos, destinados a una actividad de interés público consistente en el reconocimiento de una prestación social denominada subsidio familiar y las demás finalidades que, reuniendo los elementos antes descritos, estén previstas de forma expresa en la ley. De esta manera se destacan los siguientes elementos de la definición, los cuales, dada la relación inescindible con el subsidio familiar como prestación social, han sido objeto de desarrollo, en su mayoría, en los capítulos precedentes.

- *Son pagados por el empleador en el marco de una relación laboral.* Como se ha expuesto, el origen de estos recursos surgió de la concepción de "salario justo" en el entendido de que debe corresponder a los ingresos suficientes que permitan solventar las cargas familiares de los trabajadores. De ahí que se considere al subsidio familiar es un derecho laboral con protección constitucional.
- *El pago se hace por conducto de una Caja de Compensación Familiar.* Las Cajas son un elemento esencial de la definición en tanto fueron concebidas como el vehículo idóneo para garantizar la administración y el reconocimiento en igualdad de condiciones y sin discriminación del subsidio familiar y demás prestaciones previstas en la ley.
- *Los recursos son de titularidad colectiva de los trabajadores.* La titularidad colectiva de los trabajadores se deriva en tanto se reconoce que los empleadores hacen un "pago" de manera que se produce una transferencia de propiedad con destino a una Caja de Compensación Familiar (corporación constituida en los términos del Código Civil) y, mientras no se reúnan los elementos previstos en la ley para el reconocimiento particular de la pres-

tación social, están afectados a una finalidad colectiva o interés legítimo que se instituye en su propio beneficio.

- *La finalidad de los recursos del 4 % es de interés público*: Dado que se trata del reconocimiento de una prestación social en el marco de una relación laboral con fundamento en la solidaridad, goza de protección constitucional en tanto que el trabajo constituye un derecho fundamental. Como consecuencia, los recursos del 4 % son objeto de la intervención del Estado a través del ejercicio del poder regulatorio y de la vigilancia, inspección y control propio de las actividades que teniendo esta connotación son realizadas por particulares.
- La finalidad principal de estos recursos es el reconocimiento del subsidio familiar como prestación social, de conformidad con el régimen jurídico previsto en la ley y que fue desarrollado en el capítulo II.
- Finalmente se reconoce la posibilidad de que los recursos del 4 % pueden eventualmente destinarse a finalidades distintas al reconocimiento de subsidio familiar, siempre y cuando se reúnan los demás elementos previstos en la definición en tanto, se recuerda, son recursos de titularidad colectiva de los trabajadores y, por tanto, tiene como objeto exclusivo su beneficio.

Por último, debe señalarse, como características de estos recursos, su inembargabilidad y la imposibilidad de gravarse fiscalmente, cuestiones que, por su importancia serán desarrolladas a continuación.

6.2. La inembargabilidad de los recursos del Sistema del Subsidio Familiar

Sobre este punto, vale la pena resaltar que es posible encontrar dos fundamentos de la inembargabilidad en el derecho nacional. La inembargabilidad puede ser, ya sea la consecuencia de la existencia de una afectación al interés general de los recursos o de la existencia de unos bienes que pertenecen a una persona de derecho público. Así, en lo relativo a las rentas nacionales de naturaleza estatal, el Consejo de Estado ha afirmado que *[e]l principio de la inembargabilidad de los bienes estatales encuentra su plena y cabal justificación en la necesidad de defender la ejecución de los programas incluidos en los presupuestos de las entidades estatales, para asegurar en los distintos niveles el equilibrio fiscal y garantizar el cumplimiento de los principios rectores de la ejecución presupuestal; evitándose el manejo caprichoso y arbitrario de las finanzas públicas*[181].

En el caso concreto, la inembargabilidad tiene un doble fundamento:

i) La continuidad del servicio público, pues se entiende que el embargo de los recursos puede implicar la perturbación en su prestación.

ii) La destinación que la ley ha dado a los recursos, pues un embargo implicaría determinar un uso diferente del definido por la ley.

Desde esta perspectiva, el fundamento normativo de la inembargabilidad de los recursos del Sistema del Subsidio Familiar puede encontrarse en diversas disposiciones normativas con diferente alcance. En primer lugar, resulta pertinente señalar que existe una reserva legal en cuanto a los bienes inembargables, de conformidad con el artículo 63 de la Constitución Política, a cuyo tenor:

"Artículo 63. Los bienes de uso público, los parques naturales, las tierras comunales de grupos étnicos, las tierras de resguardo, el patrimonio arqueológico de la Nación y **los demás bienes que determine la ley, son inalienables, imprescriptibles e inembargables**".

Ello da vida, desde el punto de vista constitucional al artículo 4 de la Ley 21 de 1982 que determina la

ARTÍCULO 4º. El subsidio familiar es inembargable, salvo en los siguientes casos:

181. Consejo de Estado, Sala Plena, sentencia 22 de julio de 1997, Exp. S-694. Cf. también, Consejo de Estado, Sección Tercera, sentencia del 7 de octubre 1999, Exp. 16225.

1º. En los procesos por alimentos que se instauren en favor de las personas a cargo que dan derecho al reconocimiento y pago de la prestación.

2º. En los procesos de ejecución que se instauren por Instituto de Crédito Territorial, el Banco Central Hipotecario, El Fondo Nacional de Ahorro, las Cooperativas y las Cajas de Compensación Familiar por el incumplimiento de obligaciones originadas en la adjudicación de vivienda.

Tampoco podrá compensarse, deducirse, ni retenerse salvo autorización expresa del trabajador beneficiario.

En consecuencia, resulta claro que, por disposición legal, los recursos del Sistema de Subsidio Familiar son inembargables. Lo cual tiene sentido, pues, como se indicó, se trata de una prestación social de origen laboral que no pertenece individual, sino colectivamente a los trabajadores. Así mismo, esa inembargabilidad es un reflejo del artículo 48 de la Constitución Política que prohíbe darles a estos recursos un destino distinto del definido por la ley. En segundo lugar, se puede encontrar genéricamente la inembargabilidad de los recursos de la seguridad social contenida en el numeral 1 del artículo 594 CGP, a cuyo tenor:

"ARTÍCULO 594. BIENES INEMBARGABLES. Además de los bienes inembargables señalados en la Constitución Política o en leyes especiales, no se podrán embargar:

1. Los bienes, las rentas y recursos incorporados en el presupuesto general de la Nación o de las entidades territoriales, las cuentas del sistema general de participación, regalías y **recursos de la seguridad social** [...]". (Énfasis fuera de texto).

En este sentido, no sobra resaltar que no solo se protegen estos recursos como consecuencia de su pertenencia al Presupuesto General de la Nación o de las entidades territoriales, sino por su destino a la seguridad social, la cual puede ser prestada, en sus distintas modalidades por entidades del sector público o por entidades privadas.

La inembargabilidad aquí definida se extiende a todos los bienes y recursos que se hayan adquirido con los recursos así obtenidos, como lo ha señalado la Superintendencia de Subsidio Familiar. En efecto, en concepto del 8 de abril de 2021, se señaló:

> una vez establecido el contexto normativo y jurisprudencial que sirve de soporte a la inembargabilidad de los recursos recaudados y administrados por las Cajas de Compensación Familiar, es necesario hacer precisión sobre los bienes muebles e inmuebles adquiridos con los recursos del subsidio familiar, puesto que los mismos, junto con sus utilidades y remanentes hacen parte de los recursos parafiscales administrados por las cajas con destinación específica[182].

Por otra parte, en tercer lugar, existe una inembargabilidad reforzada de los recursos del Sistema General de Seguridad Social en Salud, en cuanto las Cajas de Compensación Familiar pueden prestar este servicio, derivada de las normas que regulan especialmente la materia. En efecto, en virtud de la Ley 21 de 1982 (Art. 4 y en complemento con las Leyes 22 de 1985, 71 de 1988, 49 de 1990, 100 de 1993 y 789 de 2002), el CGP (Art. 594) y el artículo 25 de la Ley 1571, a cuyo tenor:

> "ARTÍCULO 25. DESTINACIÓN E INEMBARGABILIDAD DE LOS RECURSOS. Los recursos públicos que financian la salud son inembargables, tienen destinación específica y no podrán ser dirigidos a fines diferentes a los previstos constitucional y legalmente".

Así las cosas, desde la promulgación de la Ley 21 de 1982, las Cajas de Compensación Familiar debían priorizar la atención en los servicios de salud durante la ejecución de sus programas (Art. 62 Ley 21 de 1982), luego, dicha priorización se consolidaría con las Leyes 100 de 1993 y 789 de 2002.

En armonía con lo abordado, en la Sentencia C-313 de 2014, en examen previo de constitucionalidad del artículo 25 de la Ley 1571 de 2015, se precisó lo siguiente respecto de la inembargabilidad de los recursos que financian la salud, como aquellos que recaudan las Cajas de Com-

182. Superintendencia de Subsidio Familiar, concepto No. 1-2021-003846 Exp. 32/2021/CJUR, del 8 de abril de 2021.

pensación Familiar, para la garantía y protección de derechos fundamentales[183] que se materializa con la destinación de estos recursos:

"El artículo 25 del Proyecto hace referencia al tratamiento de los recursos que financian la salud, a los cuales dota de las siguientes características: i) son públicos, ii) son inembargables, iii) tienen destinación específica y, por ende, iv) no podrán ser dirigidos a fines diferentes de los previstos constitucional y legalmente.

"En lo que respecta al carácter público que se le atribuye a los recursos de salud, esta Corporación ha precisado, en reiteradas ocasiones, que dicho peculio es de índole parafiscal, aspecto que refuerza su naturaleza pública.

Ahora bien, en lo concerniente a la inembargabilidad de los recursos de la salud y a la destinación específica de los mismos, es de advertir que, tal como lo ha sostenido la Corte en varias de sus providencias, "la inembargabilidad busca ante todo proteger los dineros del Estado -en este caso los de las entidades descentralizadas del orden departamental- para asegurar en esa forma que se apliquen a los fines de beneficio general que les corresponden, haciendo realidad el postulado de prevalencia del interés común plasmado en el artículo 1º de la Carta". Para la Sala, la prescripción que blinda frente al embargo a los recursos de la salud, no tiene reparos, pues, entiende la Corte que ella se aviene con el destino social de dichos caudales y contribuye a realizar las metas de protección del derecho fundamental. Con todo, encuentra la Corporación que la regla que estipula la inembargabilidad, eventualmente puede chocar con otros mandatos, por ello, tienen lugar las excepciones al momento de definirse en concreto la procedencia o improcedencia de la medida cautelar".

183. Cuyos rasgos se encuentran definidos en el artículo 4 de la Ley 100 de 1993, por cuya virtud:
"**ARTICULO 4º. Del Servicio Público de Seguridad Social.** La Seguridad Social es un servicio público obligatorio, cuya dirección, coordinación y control están a cargo del Estado y que será prestado por las entidades públicas o privadas en los términos y condiciones establecidos en la presente Ley.
"Este servicio público es esencial en lo relacionado con el Sistema General de Seguridad Social en Salud. Con respecto al Sistema General de Pensiones es esencial sólo en aquellas actividades directamente vinculadas con el reconocimiento y pago de las pensiones".

Por lo demás, se concluye que los recursos que administran las Cajas de Compensación Familiar por concepto de aportes parafiscales, destinados a la Salud o al Subsidio Familiar, de conformidad con las Leyes 21 de 1982, 1564 de 2012 (CGP) y 1571 de 2015, son inembargables y las medidas cautelares que contra ellos se decreten deben ceñirse a los eventos excepcionalísimos que la Ley y la Jurisprudencia han establecido para esa finalidad[184].

En conclusión, los recursos del Sistema de Subsidio Familiar son inembargables por expresa disposición legal. La inembargabilidad de estos recursos no implica que puedan ser calificados como públicos, pues ella deviene de una expresa disposición normativa, que encuentra referente en normas sustanciales (Ley 21 de 1982) y procesales (Código General del Proceso). La inembargabilidad de los recursos del Sistema de Subsidio Familiar es consecuencia de su vinculación con el servicio público, cuya calificación proviene del artículo 48 de la Constitución Política y de la Ley 21 de 1982, que expresamente definen la seguridad social como un servicio público y proscriben el uso de esos recursos para fines distintos de aquellos definidos por la Ley.

Como consecuencia de lo anterior, el Código General del Proceso reconoce expresamente la inembargabilidad de los recursos de la seguridad social, como un mecanismo para proteger: **a.** la continuidad en la prestación del servicio por parte de las Cajas de Compensación Familiar y **b.** la inmutabilidad de la destinación de los recursos definida legalmente. Finalmente, según la actividad que se preste, en particular el servicio de salud existirá una inembargabilidad reforzada, derivada de las disposiciones normativas que, al regular especialmente ese servicio, la consagran, como ocurre con la Ley Estatutaria 1571 de 2015.

184. Concepto sobre inembargabilidad de los recursos recaudados y administrados por las Cajas de Compensación Familiar, Superintendencia de Subsidio, 22 de octubre de 2020. https://www.ssf.gov.co/documents/20127/699956/Radicado_2-2020-406176-Solicitud+concepto+sobre+inembargabilidad+de+los+recursos+recaudados+y+administrados+por+las+Cajas+de+Compensaci %C3 %B3n+Familiar.pdf/913cc4a2-24b2-8280-d32d-30498321d30c.

6.3. Imposibilidad de gravarlos fiscalmente

Aunque parezca evidente, se debe reiterar que los recursos del 4 % no pueden gravarse desde el punto de vista tributario. Se dice que parece una verdad incontrovertible, pues el solo hecho de que el ordenamiento jurídico nacional los haya calificado como tributos parecería excluir esa posibilidad: los recursos obtenidos a través de una carga tributaria no se pueden gravar. Sin embargo, la jurisprudencia constitucional ha dado un argumento de raigambre constitucional de interés para entender el alcance de los conceptos en estudio. En Sentencia de C-655 de 2003, la Corte Constitucional señaló:

> "Ciertamente, la imposición de gravámenes a las entidades que hacen parte de la seguridad social integral, no goza de legitimidad constitucional, en cuanto tiene como efecto excluir o apartar del ciclo del sistema todos aquellos recursos que son imprescindibles para dar estricto cumplimiento a los principios Superiores que propugnan la universalización y eficiente el servicio público de seguridad social. El diseño del Sistema de Seguridad Social, a través de la vía de la administración delegada, 'debe mantener un equilibro económico que le permita cumplir con los propósitos constitucionales'. Los de 'hacer efectivo el derecho a la seguridad social (CP art. 49) de quienes oportuna y cumplidamente cotizan con las entidades administradoras de salud, con lo cual se pretende, además, proteger los recursos parafiscales de la seguridad social y exigir un grado importante de eficiencia en el pago y las transferencias de las cotizaciones, las cuales, en virtud del principio de solidaridad, revierten en beneficio no sólo del asalariado y su familia sino también de otras personas, en virtud de la existencia del régimen subsidiado de salud. Se trata pues de finalidades que no sólo son jurídicamente legítimas sino que tienen gran importancia, conforme a los valores constitucionales, puesto que la Carta establece que la eficiencia y la solidaridad son principios que orientan el sistema de seguridad social en salud (CP arts. 48 y 49), por lo cual se deben proteger los recursos económicos que financian el sistema'".

Esta postura fue aplicada por la Corte Constitucional para el Sistema del Subsidio Familiar en Sentencia C-890 de 2012, pero se debe extraer de ella que, de la misma manera que se limita el poder de configuración legislativo y se restringe la posibilidad de que se embarguen los recursos del Subsidio Familiar, se debe limitar la posibilidad de que se impongan cargas tributarias sobre el 4 %.

No obstante, sobre los recursos que las Cajas de Compensación Familiar reciben por programas ejecutados por fuera del 4 %, puedan ser objeto del pago de impuestos, tasas o contribuciones[185]. En este acápite se probó que desde el nacimiento del Subsidio Familiar ha existido una duda en cuanto a su naturaleza. Esa duda original se ha ido disipando y, a pesar de que no cumplen los requisitos establecidos en la ley, desde 1992 la jurisprudencia constitucional los ha englobado dentro del concepto de la parafiscalidad atípica.

La especificidad de estos recursos ha llamado a una doble atipicidad. En el primer caso, se trata de unos tributos atípicos, pues no constituyen ingreso público —no solo no ingresan al presupuesto, sino que no existe titularidad de una entidad del Estado— sino que también se trata de una parafiscalidad atípica, pues se trata de: **a.** recursos con una finalidad específica en beneficio colectivo de los trabajadores; **b.** que son gestionados por organizaciones privadas por directa autorización de la ley; **c.** su administración no es autorizada o creada por contrato estatal; **d.** su administración se rige por principios, normas y métodos propios del derecho privado, conforme a la naturaleza de las Cajas de Compensación Familiar.

185. En efecto, "la demandante hace énfasis en que las Cajas de Compensación Familiar cumplen funciones de seguridad social, pero conforme ha quedado expuesto, la Corte ha indicado que no todos los servicios prestados por las Cajas de Compensación Familiar forman parte del concepto de seguridad social, lo cual significa que cuando no existe 'una relación directa y estrecha con el manejo de los riesgos que atentan contra la capacidad y oportunidad de los individuos y sus familias para generar los ingresos suficientes en orden a una subsistencia digna', cabe la imposición de un impuesto, en cuyo caso no se vulnera 'la prohibición constitucional de destinar o utilizar los recursos de las instituciones de la Seguridad Social para fines diferentes a ella'" (Corte Constitucional, Sentencia C-890 de 2012).

Capítulo IV. Las cajas de compensación familiar

La figura de las Cajas de Compensación Familiar, como se explicó previamente, surgió ante la necesidad de crear entes especializados encargados de recaudar los aportes de los empleadores y repartirlos a los trabajadores, al tiempo de contar con entidades de fomento en beneficio de los trabajadores afiliados. Su origen en Colombia está ligado a la iniciativa del sector privado y, en concreto, de la Asociación Nacional de Industriales (ANDI) en 1954. No obstante, ha tenido una importante evolución en la normatividad colombiana hasta convertirse en lo que hoy representan.

1. RESEÑA HISTÓRICA Y NATURALEZA JURÍDICA DE LAS CCF

1.1. Creación y reseña histórica de las CCF

La figura jurídica de las Cajas de Compensación Familiar (CCF) se creó mediante el artículo 9 de la Ley 90 de 1946, el cual asignó al Instituto de Seguros Sociales, entre sus funciones principales, la de "*organizar (...) las Cajas de Compensación destinadas a atender a los subsidios familiares que algunos patronos decidan asumir en beneficio de los asegurados obligatorios o que lleguen a establecerse por ley especial o en las convenciones colectivas de trabajo*" (Se subraya). Sin embargo, fue solamente en marzo de 1954, en el marco del V *Plenum* Nacional de la Unión Nacional de Trabajadores de Colombia, con participación activa de la ANDI, que se creó la primera Caja de Compensación Familiar en el país, a saber, la Caja de Compensación Familiar de Antioquia —COMFAMA— la cual tuvo inicialmente naturaleza gremial.

Tres años más tarde, bajo el gobierno de la Junta Militar que remplazó a Gustavo Rojas Pinilla, se expidió el Decreto 118 de 1957 por medio del cual, entre otras cosas, se estableció la obligatoriedad del subsidio familiar, se definió el 4 por ciento como porcentaje del aporte para el subsidio familiar (el otro 1 por ciento tenía como destino el Servicio Nacional de Aprendizaje) y se determinó que las Cajas de Compensación Familiar eran las únicas autorizadas para el recaudo y repartición del subsidio familiar en Colombia. Ese mismo decreto estableció que las cajas estarían exentas del pago de impuestos de todo orden y que se considerarían entidades de repartición, prohibiéndoles ejercer el comercio o cualquier actividad distinta a la de repartición del subsidio familiar. Ello no impidió considerarlas, desde sus inicios y por disposición legal, como *"entidades de marcada creación privada o particular con fines eminentemente sociales y sin ánimo de lucro"*[186]. En los años siguientes la evolución del sistema se produjo a la luz de las siguientes disposiciones:

> (i) el Decreto 3151 de 1962 autorizó a las CCF [par]a prestar servicios sociales a sus afiliados, adicional a la entrega del subsidio familiar en dinero y sometió a las Cajas a la inspección, vigilancia y control de la Superintendencia Nacional de Cooperativas; (ii) la Ley 69 de 1966 dispuso que los empleadores debían afiliar a los trabajadores en los departamentos en los que efectivamente desarrollaran su trabajo; (iii) la Ley 56 de 1973 definió de manera clara que el subsidio familiar podía reconocerse en dinero, especie o servicios y permitió la participación de dos miembros representantes de los trabajadores afiliados en los consejos directivos.
>
> Finalmente, (iv) la Ley 25 de 1981 fortaleció el control sobre las CCF, a través de la creación de la Superintendencia de Subsidio Familiar y la Ley 21 de 1982 (aún vigente) introdujo las modificaciones sustanciales al subsidio familiar y estructurales en relación con la organización y funcionamiento de las CCF.[187]

186. Expediente D-14004. Demanda de inconstitucionalidad contra el numeral 1° del parágrafo 1° de la Ley 789 de 2002, *"por la cual se dictan normas para apoyar el empleo y ampliar la protección social y se modifican algunos artículos del Código Sustantivo de Trabajo."*
187. Expediente D-14004. Demanda de inconstitucionalidad contra el numeral 1° del parágrafo 1° de la Ley 789 de 2002, *"por la cual se dictan normas para*

1.2. Naturaleza jurídica de las CCF

El artículo 39 de la Ley 21 de 1982 las define como

> *"[P]ersonas jurídicas de derecho privado sin ánimo de lucro, organizadas como corporaciones en la forma prevista en el Código Civil, cumplen funciones de seguridad social y se hallan sometidas al control y vigilancia del estado en la forma establecida por la ley"*. (Se resalta).

Del anterior precepto normativo se derivan las siguientes características esenciales de las Cajas de Compensación Familiar, lo que permite, de contera, establecer su naturaleza jurídica.

- **Persona jurídica de derecho privado**. Fue querer expreso del legislador que las Cajas de Compensación Familiar debían tener la naturaleza de persona jurídica (no natural) regulada por el derecho privado, esto es por el conjunto de normas que se encargan de regular las relaciones entre los particulares y cuyos principios fundamentales son la autonomía de la voluntad y el principio de igualdad, en tanto, cada uno de los sujetos se encuentra en el mismo plano en el marco de los actos privado. En este sentido, entonces, su nacimiento, organización, funcionamiento, disolución y extinción se determina, de manera principal, por la autonomía de la voluntad de sus asociados y por las normas imperativas y supletivas especiales previstas en la ley.

De conformidad con el artículo 633 del Código Civil, *"se llama persona jurídica, una persona ficticia, capaz de ejercer derechos y contraer obligaciones civiles, y de ser representada judicial y extrajudicialmente"*. Por su parte, para Alessandri, Somarriva y Vodanovic, en general, las personas jurídicas se dividen en dos grandes grupos: personas jurídicas de derecho público y personas jurídicas de derecho privado; mientras las primeras *"representan la autoridad pública en las funciones administrati-*

apoyar el empleo y ampliar la protección social y se modifican algunos artículos del Código Sustantivo de Trabajo."

vas que deben desempeñar", las segundas *"dependen de la iniciativa de los particulares. Mediante ellas se manifiesta la actividad de éstos"*[188].

De esta forma, por manifestación expresa del legislador, las Cajas de Compensación Familiar NO tienen la condición de entes de derecho público y, por ende, no se regulan por normas de esta naturaleza. Al respecto, el Consejo de Estado no ha vacilado en indicar:

> "(...) *Las Cajas de Compensación Familiar son* ***entes particulares*** *sin ánimo de lucro,* ***que surgen de la voluntad de asociación de los empleadores y trabajadores con el fin de cumplir una función social,*** *y por tanto* <u>*no hacen parte de la rama ejecutiva del poder público, ni pertenecen al sector descentralizado del nivel nacional, departamental o municipal.*</u>
>
> *En consecuencia, si bien es cierto que debido a las restricciones legales que existen en materia de afiliación, las Cajas de Compensación están distribuidas en los diferentes departamentos y municipios del país, también lo es, que* ***este hecho*** <u>***no las convierte***</u> ***en entidades de la administración pública del nivel nacional o territorial***"[189].

- <u>**Persona jurídica sin ánimo de lucro**</u>. Se refiere a las personas jurídicas que no distribuyen las utilidades y excedentes obtenidos, puesto que su deseo no es el enriquecimiento personal, sino que persiguen un fin social o comunitario. Los rendimientos obtenidos son reinvertidos en el mejoramiento de los procesos y actividades en beneficio y fortalecimiento del objeto social. Dentro de las personas jurídicas sin ánimo de lucro o que persiguen un fin meramente moral, se encuentran las corporaciones y fundaciones las cuales se encuentran reguladas, principalmente en los artículos 633 y siguientes del Código Civil.

188. Alessandri Rodríguez, Arturo; Somarriva Undurraga, Manuel; Vodanovic H., Antonio. Curso de Derecho Civil. Tomo II. Editorial Nascimiento. Santiago de Chile. 1940. Pág. 146.
189. Consejo de Estado. Sala de Consulta y Servicio Civil. Concepto No. 2435 del 10 de febrero de 2020 reiterado en el Concepto 2457 del 18 de diciembre de 2020, expediente: 11001-03-06-000-2020-00233-00.

- **Persona jurídica organizada como corporación en la forma prevista en el Código Civil**. La *corporación* es un *"ente jurídico sin ánimo de lucro que nace de la voluntad de varios asociados o corporados, los cuales pueden ser personas naturales o jurídicas y que tiene como finalidad ofrecer bienestar físico, intelectual o moral a sus asociados y/o a la comunidad en general"*[190].

Por su parte, la *fundación* es una persona jurídica *"que tiene por objeto realizar un fin lícito de interés general por medio de bienes determinados afectados permanentemente a su consecución"*. Con todo, el artículo 633 de Código Civil, prevé que *"[h]ay personas jurídicas que participan de uno y otro carácter"*, esto es que pueden tener elementos tanto de corporaciones como de fundaciones. Las principales características de una corporación en los términos del C.C., son las siguientes:

i) *En cuanto a su patrimonio*, resulta independiente del patrimonio de los miembros, de tal forma que *"lo que pertenece a una corporación, no pertenece ni en todo ni en parte a ninguno de los individuos que la componen; y recíprocamente, las deudas de una corporación no dan a nadie derecho para demandarlas en todo o parte, a ninguno de los individuos que componen la corporación, ni dan acción sobre los bienes propios de ellos, sino sobre los bienes de la corporación*[191], salvo manifestación expresa en contrario y la responsabilidad será solidaria, si así se consigna.

ii) *Respecto de su capacidad de goce:* salvo norma expresa en contrario, las corporaciones al igual que las fundaciones, pueden adquirir bienes de todas las clases a cualquier título, cuestión que se deriva de la autonomía de su voluntad.

iii) *Frente a su capacidad de ejercicio*: tienen la capacidad de ser representadas judicial y extrajudicialmente de acuerdo con lo que defina la misma corporación (art. 639 del C.C).

190. Alessandri Rodríguez, Arturo; Somarriva Undurraga, Manuel; Vodanovic H., Antonio. Curso de Derecho Civil. Tomo II. Editorial Nascimiento. Santiago de Chile. 1940, 147. https://bibliotecadigital.ccb.org.co/bitstream/handle/11520/8345/Guia %20Practica %20Entidades %20sin %20Animo %20de %20Lucro.pdf?sequence=1.
191. Artículo 637 de Código Civil.

iv) *Respecto de su estructura organizacional*: El artículo 638 del C.C., establece la regla general de quórum y mayorías, estableciéndose la regla de las mayorías, salvo que la norma estatutaria establezca otra cosa. Frente a los estatutos, el artículo 641 del C.C., prescribe su fuerza obligatoria:

"Los estatutos de una corporación tienen fuerza obligatoria sobre ella y sus miembros están obligados a obedecerlos bajo las penas que los mismos estatutos impongan".

En cuanto a la importancia de los estatutos, además de lo expuesto en la norma precedente, la doctrina ha dicho:

"Los estatutos de las entidades sin ánimo de lucro son las disposiciones internas que conforman el marco de acción, funcionamiento y desarrollo de los objetivos de la entidad que está constituyéndose y sobre los cuales basan su existencia, toma de decisiones, designación de administradores y órganos de fiscalización, su disolución y liquidación.

En razón de las disposiciones vigentes, los estatutos de las entidades sin ánimo de lucro deben contener unos requisitos generales que se encuentran regulados en el Decreto 2150 de 1995 y que como mínimo debe contener toda entidad sin ánimo de lucro que se constituya y unos requisitos especiales, que se encuentran previstos de manera diferencial en la normatividad que regula cada tipo de entidad"[192].

Dentro de los aspectos mínimos que deben contener los estatutos, se encuentran: el objeto, la clase de persona jurídica, el patrimonio y la forma de hacer los aportes, la forma de administración con indicación de las atribuciones y facultades de quien tenga a cargo la administración y representación legal, la periodicidad de las reuniones, la duración de la entidad y las causales de disolución entre otras. Por su parte, el artículo 641 del C.C., prevé el derecho de policía correccional que toda corporación tiene sobre sus miembros, el cual podrá ejercerlo en los términos en que establezcan los respectivos estatutos.

192. Guía Práctica de las Entidades sin Ánimo de Lucro y del Sector Solidario, de la Cámara de Comercio de Bogotá -Oscar Manuel Gaitán Sánchez-, publicada en enero de 2014.

v) *En cuanto a la disolución de las corporaciones*, el artículo 649 del C.C., contempla: "*Disuelta una corporación, se dispondrá de sus propiedades, en la forma que para este caso hubieren prescrito sus estatutos; y si en ellos no se hubiere previsto este caso, pertenecerán dichas propiedades a la nación, con la obligación de emplearlas en objetos análogos a los de la institución*".

Al comparar las características generales propias de las corporaciones, se encuentra que todas estas hacen parte del régimen jurídico de la CCF, no solo por la denominación que establece el artículo 39 de la Ley 21 de 1982, sino que, en este mismo texto legal son especialmente desarrolladas. De esta forma, la CCF son sujetos de derechos y obligaciones, creadas en ejercicio del derecho de asociación por los empleadores que tienen por demás la calidad de afiliados o miembros, actúan a través de representantes judiciales y extrajudiciales, tienen una estructura organizacional que se gobierna por sus estatutos y que se guía por el principio democrático. Mención especial merece el artículo 68 de la Ley 21 de 1982, la cual contempla una redacción similar y remisión expresa al artículo 649 del C.C., a saber:

Tabla 2. Comparativo entre el artículo 649 del C.C y el artículo 68 de la Ley 21 de 1982

Artículo 649 del C.C	Artículo 68 de la Ley 21 de 1982
Disuelta una corporación, **se dispondrá de sus propiedades**, en la forma que para este caso hubieren prescrito sus estatutos; y si en ellos no se hubiere previsto este caso,	Artículo 68. Resuelta la liquidación de una Caja de Compensación Familiar se procederá de conformidad con lo preceptuado en el Código Civil sobre disolución de corporaciones.

pertenecerán dichas propiedades a la nación, con la obligación de emplearlas en objetos análogos a los de la institución. Tocará al congreso de la Unión señalarlos.	Los estatutos de las Cajas deberán contemplar claramente la forma de disposición de **sus bienes** en caso de disolución una vez satisfechos los pasivos, en tal forma que se provea su utilización en objeto similar al de la corporación disuelta a través de instituciones sin ánimo de lucro o de carácter oficial. En ningún caso los bienes podrán ser repartidos entre los empleadores afiliados o trabajadores beneficiarios de la corporación en disolución. A falta de regulación, **los bienes pasarán al dominio de la Nación** y el Gobierno Nacional podrá adjudicarlos a otra u otras Cajas de Compensación Familiar, o en su defecto, a entidades públicas o privadas de similares finalidades.

Fuente: Elaboración propia

Como se expuso en el capítulo III de las anteriores disposiciones se desprende con claridad, desde el punto de vista positivo, que los bienes que obtenga o adquieran las corporaciones o, en especial, las Cajas de Compensación Familiar en los términos de la Ley 21 de 1982, **son de su propiedad** y, desde la perspectiva negativa que NO son de titularidad del Estado o de la Nación, a tal punto, que **solo** en el evento en que los estatutos nada prevean acerca de su disposición, en ese exclusivo evento, pasarán al dominio de la Nación, pero solo para que sean adjudicados a otras Cajas o, en su defecto a entidades públicas o privadas de similares finalidades.

De esta forma, no debería existir discusión alguna sobre la naturaleza jurídica de los recursos del 4 % y de los demás bienes que se obtengan de estos ingresos, por lo menos en el sentido de que no son de propiedad o de dominio del Estado y, por ende, tampoco podrían considerarse como recursos públicos.

Lo expuesto no significa de ninguna forma que las Cajas tengan completa libertad para usar y disponer de los bienes que recibe de los empleadores con motivo del pago del subsidio familiar, en tanto deben siempre atenerse a la finalidad de esos recursos, al cual deriva directamente de la ley, en consonancia con su naturaleza jurídica de corporaciones y, en la medida en que comparten elementos de las fundaciones.

Ciertamente, si bien la Ley 21 de 1982 define a las CCF como corporaciones en los términos regulados por el Código Civil, lo cierto es que el artículo 633 de dicha codificación, como se vio, de forma expresa indica que existen personas jurídicas que participan tanto del carácter de corporación como de fundación. Tratándose entonces de las cajas, las características de fundación estarían dadas no solo porque su finalidad no solo está encaminada al beneficio de los asociados —empleadores— sino principalmente y de forma directa a los trabajadores beneficiarios, sino que, por disposición misma de la ley, se establece una finalidad específica de los bienes y recursos que gestiona por razón del subsidio familiar.

En consecuencia, de conformidad con los artículos 649 el C.C., y 68 de la Ley 21 de 1982, los bienes que la caja adquiera u obtenga en los términos de lo dispuesto en esta última normativa se reputan de su propiedad, en virtud, por demás, de su condición de persona jurídica capaz de contraer derechos y obligaciones y, por ello, cuenta con un patrimonio como atributo de esa personalidad jurídica, lo cierto es que con ocasión de esa misma naturaleza jurídica —corporación con algunos elementos de fundación— y por disposición expresa de la ley, los recursos y bienes de que puede disponer según la Ley 21 de 1982, los debe utilizar para lograr las finalidades allí contendidas.

Lo expuesto se refuerza con un elemento que contiene el mismo artículo 39 de la Ley 21 de 1982, que también define a las CCF como corporaciones que cumplen funciones de seguridad social, lo cual, sin perjuicio de lo que se expondrá a continuación, lo cierto es que al desarrollar este tipo de funciones les es aplicable a estos entes —en lo pertinente— y a los recursos expresamente destinados para estos fines, el artículo 48 de la Constitución Política, según el cual *"no se podrán destinar ni utilizar los recursos de las instituciones de la Seguridad Social para fines diferentes a ella"*, precepto que refuerza la limitación de las Cajas para disponer de los bienes y recursos destinados a la seguridad social, únicamente para estos propósitos.

Finalmente, en lo que atañe al presupuesto en estudio, como se expondrá con mayor detalle más adelante, a partir de los años noventa, las CCF no solo reciben y obtienen recursos derivados del denominado 4 % de los empleadores, sino que, en la medida en que se les ha encomendado nuevas funciones y responsabilidades o, se les ha obligado a separar, contable y financieramente algunas unidades de negocio que en principio hacían parte del reconocimiento del subsidio familiar en cualquiera de sus modalidades, han venido percibiendo nuevos recursos que deben utilizarse para finalidades predeterminadas o, en todo caso, para el cumplimiento de los propósitos previstos en la ley o en los estatutos de cada corporación.

- **Cumplen funciones de seguridad social**. Como se indicó en el capítulo II, tanto la Corte Constitucional, como el Consejo de Estado, han reiterado que el subsidio familiar es considerado una prestación propia de la seguridad social en Colombia. Incluso, la Corte Suprema de Justicia, desde 1976, ya reconocía esta característica:

> *"3ª El subsidio familiar hace parte de la* ***seguridad social*** *en cuanto tiende a la defensa integral de la familia y, por tanto, puede incluirse en la denominación genérica de las prestaciones sociales de los trabajadores. Así ha sido considerado en la legislación desde su establecimiento (D. 1521 de 1957, artículo 7º), y posteriormente por la Ley 58 de 1963 (artículos 8º y 9º)"*[193]. (Se resalta).

193. Corte Suprema de Justicia, Sala Plena, Sentencia del 12 de Agosto de 1976. M. P. Luis Sarmiento Buitrago.

De esta forma, por su condición de ser una prestación social de los trabajadores, el subsidio familiar fue considerado como un beneficio propio de la seguridad social al propender, por demás, por la defensa integral de la familia.

Sin duda la principal función de las CCF consiste en el pago de la prestación social de origen laboral que es el subsidio familiar, la cual se paga *"en dinero, especie y servicio a los trabajadores de mediano y menores ingresos, en proporción al número de personas a cargo* [...]*"*[194]. Ello, con el objetivo de aliviar las cargas económicas que representa el sostenimiento de la familia, como núcleo básico de la sociedad. Y aunque desde un principio las CCF se centraron en la ejecución de las actividades y acciones inherentes a la materialización del pago del subsidio familiar, de manera progresiva el legislador les fue asignado a las CCF una gran variedad de funciones en lo atinente a programas sociales, para la niñez, protección al cesante, educación, entre otros.

Así, por ejemplo, la Ley 49 de 1990, en su artículo 68, ordenó a las Cajas de Compensación Familiar destinar, de acuerdo con algunas reglas, el 20 por ciento del 4 por ciento que reciben, a la constitución de un fondo para el subsidio familiar de vivienda; mientras que la Ley 100 de 1993 realizó una importante ampliación en su portafolio de servicios, al autorizar a las Cajas de Compensación Familiar para constituir Entidades Promotoras de Salud (EPS) y fondos de pensiones y Aseguradoras del Régimen subsidiado para la población no afiliada. Además, dispuso la destinación entre el 5 y 10 por ciento del 4 por ciento al entonces fondo de solidaridad y Garantía FOSYGA[195]. En la misma línea, mediante la Ley 789 de 2002 creó el Fondo de Subsidio al Empleo y Desempleo (FONE-

194. Artículo 1 de la Ley 21 de 1982.

195. https://www.mintrabajo.gov.co/documents/20147/319079/informe_I_sistema_de_subsidio_familiar.pdf/71f16a32-6a81-09dc-1289-88267ad28f08?-download=true#:~:text=El %20origen %20de %20las %20Cajas,de %20la %20n %C3 %B3mina %20para %20este.

DE). En palabras del Ministerio del Trabajo, refiriéndose a este último Fondo y a los cambios normativos que se vinieron presentando, expuso:

"Las altas tasas de informalidad y desempleo presentadas en el inicio de la primera década del siglo XXI, además de la creciente dificultad para la administración y prestación de servicios debido al gran número de tareas asignadas conllevó a la necesidad de reformar el sistema, razón por la cual el gobierno del entrante presidente Álvaro Uribe Vélez decreta la ley 789 de 2002, considerada como el nuevo marco legal para el funcionamiento de las CCF. Ésta destinó un porcentaje adicional de los recursos para la creación del Fondo de Subsidio al Empleo y al Desempleo (FONEDE), encargado de entregar el subsidio al 5 desempleo, capacitar a los desempleados para estimular el re-enganche laboral y de estudiar y brindar créditos a Mypimes con el objeto de promover la creación de empleo formal. De otra parte, se modifica la base para la liquidación del porcentaje para el subsidio familiar en dinero, puesto que su cálculo se realiza luego de las apropiaciones de ley destinadas a atender las funciones asignadas a estas corporaciones.

El decreto 1769 de 2003 establece la cuota de referencia departamental a la cual deben ajustarse cada una de las cajas de compensación, el fin de este decreto es [...] regular la competencia desleal; de otra parte, el mismo decreto establece que ninguna CCF puede sobrepasar a partir de 2008 un coeficiente particular de 105 %.

En 2004, la Ley 920 autorizó a las cajas a adelantar actividades financieras y en 2005, mediante el Decreto 1465 se las autorizó a asumir funciones de operador de información de la seguridad social.

Finalmente, en el año 2013 la Ley 1636 crea el Mecanismo de Protección al Cesante y la institucionalidad necesaria para la operación y funcionamiento del Servicio Público de Empleo en el país. Así mismo, se suprime el Fondo de Fomento al Empleo y Protección al Desempleo (FONEDE). En esta Ley las Cajas de Compensación Familiar deben brindar a través del "Fondo de Solidaridad de Fomento al Empleo y Protección al Cesante" una serie de beneficios sociales y económicos, capacitación y una ruta de empleo para la población cesante".[196]

196. MINISTERIO DEL TRABAJO. INFORME DEL SISTEMA DE SUBSIDIO FAMILIAR EN COLOMBIA. https://www.mintrabajo.gov.co/documents/20147/319079/informe_I_sistema_de_subsidio_familiar.pdf/71f16a32-6a81-09dc-1289-88267ad-

No sobra aclarar que el Fondo de fomento al Empleo y Protección del Desempleo (FONEDE) fue reemplazado por el Mecanismo de Protección al Cesante, creado por la Ley 1636 de 2013, que asignó a las Cajas la función de brindar, a través del "Fondo de Solidaridad de Fomento al Empleo y Protección al Cesante", ciertos beneficios sociales y económicos, así como actividades de *"capacitación y una ruta de empleo para la población cesante"*[197].

Aun cuando la Ley 21 de 1982 sigue siendo el marco regulatorio general de las Cajas, se han producido importantes desarrollos posteriores que determinan su funcionamiento, financiación y organización, incrementando de manera exponencial las actividades confiadas a las Cajas. En efecto, el artículo 41 de la Ley 21 de 1982, complementado por el artículo 16 de la Ley 789 de 2002, les otorgó una amplia capacidad para dedicarse a diferentes actividades.

Como puede verse, todas estas actividades están basadas en el principio de solidaridad y la priorización de la población de escasos recursos. De ahí el término "compensación" que caracteriza a estas entidades, en la medida en que, si bien los empresarios pagan los aportes que nutren el Sistema en función de cada trabajador de su nómina, los recursos se destinan primordialmente a atender a los trabajadores más necesitados y a sus familias. Por tanto, sus funciones (de interés social) se centran en el desarrollo de programas para la prestación de la seguridad social, el pago del subsidio monetario, y el otorgamiento de vivienda de interés social[198].

28f08?download=true#:~:text=El %20origen %20de %20las %20Cajas-de %20la %20n %C3 %B3mina %20para %20este.

197. MINISTERIO DEL TRABAJO. INFORME DEL SISTEMA DE SUBSIDIO FAMILIAR EN COLOMBIA. https://www.mintrabajo.gov.co/documents/20147/319079/informe_I_sistema_de_subsidio_familiar.pdf/71f16a32-6a81-09dc-1289-88267ad-28f08?download=true#:~:text=El %20origen %20de %20las %20Cajas-de %20la %20n %C3 %B3mina %20para %20este.

198. Constitucional. Sentencia C-041 de 2006. M. P. Clara Inés Vargas Hernández.

Ahora bien, la circunstancia de que el legislador haya catalogado a las CCF como corporaciones *"que cumplen funciones de seguridad social"*, también se relaciona al hecho de que para ese momento —y aún sigue sucediendo puesto que la ley 100 de 1993 no modificó esta condición— estas entidades no hacían parte o no integraban el sistema o régimen de seguridad social vigente para ese entonces contenido en el Decreto Ley 1650 de 1977.

El aludido decreto tuvo como objeto establecer el régimen general de los seguros sociales obligatorios y las normas sobre organización y funcionamiento de las entidades que los administraban. Si bien se contempló que una de las contingencias amparadas eran las "asignaciones familiares", lo cierto es que no se desarrolló este concepto, ni se hizo alusión alguna al subsidio familiar o a las Cajas de Compensación Familiar.

Finalmente, debe aclararse que la ley, con posterioridad, le ha otorgado a las CCF nuevas funciones que no se enmarcan, en estricto sentido, en el concepto de seguridad social, tal como lo ha sostenido la Corte Constitucional, al tiempo que el artículo 151 de la Ley 1450 de 2011 si bien contempló que las Cajas de Compensación Familiar forman parte del Sistema de Protección Social, aclaró que, *"en todo caso el Sistema de Compensación Familiar como **prestación social** seguirá rigiéndose por las normas que lo regulan"*.

- **Se hallan sometidas al control y vigilancia del estado en la forma establecida por la ley**. El hecho de que el legislador haya contemplado que las CCF se encarguen de la gestión del subsidio familiar y que, por ello, se considere que cumplen funciones de seguridad social, permite afirmar que estas corporaciones desarrollan actividades de interés público o social —que no función pública o administrativa—, circunstancia que implica la intervención y control del Estado sobre dichas actividades en los términos previstos en la Constitución y la ley. El desarrollo de la intervención y control del Estado sobre las CCF se desarrollará en el capítulo V de este libro.

1.3. Consecuencias de la naturaleza jurídica de las CCF como entes de derecho privado.

1.3.1. La autonomía de la voluntad

Uno de los principales efectos de que la ley defina que las Cajas de Compensación Familiar son personas jurídicas de derecho privado, consiste en excluir cualquier regulación aplicable a las entidades de derecho público. Lo anterior en virtud del principio de **autonomía**, cardinal entre las relaciones entre particulares. Al respecto, la Corte Constitucional se ha referido a la autonomía de la voluntad como una garantía de las libertades individuales y la ha definido en los siguientes términos:

> *"3. Según la doctrina jurídica, la autonomía de la voluntad privada es la facultad reconocida por el ordenamiento positivo a las personas para* ***disponer de sus intereses con efecto vinculante*** *y, por tanto, para crear derechos y obligaciones, con los límites generales del orden público y las buenas costumbres, para el intercambio de bienes y servicios o el desarrollo de actividades de cooperación.*
>
> *Dentro de este cuadro, la autonomía permite a los particulares: i) celebrar contratos o no celebrarlos, en principio en virtud del solo consentimiento, y, por tanto, sin formalidades, pues éstas reducen el ejercicio de la voluntad; ii) determinar con amplia libertad el contenido de sus obligaciones y de los derechos correlativos, con el límite del orden público, entendido de manera general como la seguridad, la salubridad y la moralidad públicas, y de las buenas costumbres; iii) crear relaciones obligatorias entre sí, las cuales en principio no producen efectos jurídicos respecto de otras personas, que no son partes del contrato, por no haber prestado su consentimiento, lo cual corresponde al llamado efecto relativo de aquel"*[199].

Ligado al anterior concepto, pero aplicado a las personas jurídicas, se encuentra la libertad de empresa, la cual comprende "*la facultad de las personas de "(...) afectar o destinar bienes de cualquier tipo (principalmente de capital) para la realización de actividades económicas para la producción e intercambio de bienes y servicios conforme a las pautas o*

199. Corte Constitucional. Sentencia C-394 de 2013. M. P. Nilson Pinilla Pinilla.

modelos de organización típicas del mundo económico contemporáneo con vistas a la obtención de un beneficio o ganancia"[200]. *Esta libertad comprende, entre otras garantías, (i) la libertad contractual, es decir, la capacidad de celebrar los acuerdos que sean necesarios para el desarrollo de la actividad económica; (ii) la libre iniciativa privada*[201].

Si bien las libertades económicas no son absolutas por virtud de la Constitución Política, lo cierto es que el legislador no goza de absoluta discrecionalidad para limitar estas libertades, estando en la obligación, en todo caso, de respetar el núcleo esencial de la libertad involucrada. Tratándose de la libertad de empresa, para la Corte Constitucional contempla los siguientes contenidos:

> *"(i) el derecho a un tratamiento igual y no discriminatorio entre empresarios o competidores que se hallan en la misma posición*[202]*; (ii) el derecho a concurrir al mercado o retirarse; (iii)* ***la libertad de organización y el derecho a que el Estado no interfiera en los asuntos internos de la empresa como la organización empresarial y los métodos de gestión***[203]*; (iv) el derecho a la libre iniciativa privada; (v) el derecho a la creación de establecimientos de comercio*

200. *Cfr.* Sentencia C-524 de 1995, M. P. Carlos Gaviria Díaz.
201. Ver Sentencia C-228 de 2010, M. P. Luis Ernesto Vargas Silva.
202. Ver Sentencias T-291 de 1994, M. P. Eduardo Cifuentes Muñoz.
203. Ver la Sentencia C-524 de 1995, M. P. Carlos Gaviria Díaz. La Corte expresó en esta oportunidad: "[El] Estado al regular la actividad económica cuenta con facultades para establecer límites o restricciones en aras de proteger la salubridad, la seguridad, el medio ambiente, el patrimonio cultural de la Nación, o por razones de interés general o bien común. En consecuencia, puede exigir licencias de funcionamiento de las empresas, permisos urbanísticos y ambientales, licencias sanitarias, de seguridad, de idoneidad técnica, etc., **pero en principio y a título de ejemplo, no podría en desarrollo de su potestad de intervención interferir en el ámbito privado de las empresas, es decir, en su manejo interno, en las técnicas que se deben utilizar en la producción de los bienes y servicios, en los métodos de gestión**, pues ello atentaría contra la libertad de empresa y de iniciativa privada (...)" (negrilla fuera de texto).

con el cumplimiento de los requisitos que exija la ley; y (vi) el derecho a recibir un beneficio económico razonable"[204].

En consideración al texto del artículo 333 de la Constitución, que señala que para el ejercicio de las libertades económicas *"nadie podrá exigir permisos previos o requisitos, sin autorización de la ley"* y que *"la ley delimitará el alcance de la libertad económica"*[205], es claro que toda persona jurídica de derecho privado (entre las que se encuentran las Cajas de Compensación Familiar) gozan de autonomía para disponer de sus intereses de forma vinculante. Y si bien el Estado tiene la competencia de restringir tal garantía o libertad, lo cierto es que cualquier regulación que limite ese derecho debe definirse de manera exclusiva por el legislador, al tratarse de un asunto sujeto a reserva legal, al tiempo que debe respetar como núcleo esencial la libertad de las personas jurídicas de organizarse y el derecho a que el Estado no interfiera en los asuntos internos de la empresa como la organización empresarial y los métodos de gestión. Esto significa que es deber del legislador definir los instrumentos de intervención en la economía, sus límites y la forma cómo las demás autoridades públicas pueden participar en la regulación de las actividades económicas[206].

204. Corte Constitucional. Sentencia C-263 de 2011.
205. Ver Sentencias C-415 de 1994, M. P. Eduardo Cifuentes Muñoz; C-352 de 2009, M. P. María Victoria Calle Correa; entre otras.
206. Ver Sentencia C-352 de 2009, M. P. María Victoria Calle Correa. A modo de ejemplo, en la Sentencia C-692 de 2007, M. P. Rodrigo Escobar Gil, la Corte enunció las siguientes materias que corresponde al legislador regular en relación con la intervención del Estado en la economía: "[A]l legislador le corresponde: (i) dictar las normas generales y señalar en ellas los objetivos y criterios a los cuales debe sujetarse el Gobierno para regular las actividades financieras, bursátil, aseguradora y cualquier otra relacionada con el manejo, aprovechamiento e inversión de los recursos captados del público (C.P. art. 150-19-d); (ii) dictar las normas a las cuales debe sujetarse el Gobierno para el ejercicio de las funciones de inspección y vigilancia que le han sido atribuidas (C.P. arts. 150-8 y 189-24); (iii) regular la forma de intervención económica del Estado (C.P. arts. 189-25, 334 y 335); (iv) dictar las normas que regirán la

De allí el reconocimiento de la libertad de organización y el derecho a que el Estado no interfiera en los asuntos internos como son la organización empresarial y los métodos de gestión[207]; toda vez que la facultad de intervención del Estado debe respetar como núcleo esencial la libertad. Tan es así que, cuando el legislador ha considerado que existen razones válidas para limitar la autonomía presupuestal de las Cajas de Compensación, lo ha hecho de manera expresa, como ocurrió al prohibir la financiación de actividades de mercadeo y salud con cargo a recursos del 4 % (artículo 65 de la Ley 633 de 2000, modificada por la Ley 1450 de 2010[208]).

prestación de los servicios públicos; y (v) dictar las normas con sujeción a las cuales el Gobierno puede intervenir en las actividades financieras, bursátil, aseguradora y cualquier otra relacionada con el manejo, aprovechamiento e inversión de los recursos captados del público (C.P. art. 335)."

207. Ver la Sentencia C-524 de 1995, Carlos Gaviria Díaz, citada por la Sentencia C-263 de 2011. La Corte expresó en esta oportunidad: "[El] Estado al regular la actividad económica cuenta con facultades para establecer límites o restricciones en aras de proteger la salubridad, la seguridad, el medio ambiente, el patrimonio cultural de la Nación, o por razones de interés general o bien común. En consecuencia, puede exigir licencias de funcionamiento de las empresas, permisos urbanísticos y ambientales, licencias sanitarias, de seguridad, de idoneidad técnica, etc., **pero en principio y a título de ejemplo, no podría en desarrollo de su potestad de intervención interferir en el ámbito privado de las empresas, es decir, en su manejo interno, en las técnicas que se deben utilizar en la producción de los bienes y servicios, en los métodos de gestión**, pues ello atentaría contra la libertad de empresa y de iniciativa privada (...)" (negrilla fuera de texto).

208. A cuyo tenor:
"**Artículo 65.** ***Manejo financiero.*** *El artículo 65 de la Ley 633 de 2000, quedará así: Las cajas tendrán un manejo financiero independiente y en cuentas separadas del recaudo del cuatro por ciento (4 %) de la nómina, para los servicios de mercadeo y salud, incluidos en estos últimos las actividades de IPS y EPS. Por consiguiente, a partir de la vigencia de la presente Ley, en ningún caso los recursos provenientes del aporte del cuatro por ciento (4 %) podrán destinarse a subsidiar dichas actividades.*

En aplicación del postulado de la autonomía de la voluntad, en consonancia con el artículo 6 de la Constitución Política, las CCF en su condición de particulares **pueden hacer todo aquello que no se encuentre expresamente prohibido o regulado (mediante normas imperativas) en las disposiciones normativas expresamente aplicables**, cuestión que les otorga amplia libertad para disponer de sus intereses en distintos aspectos dentro de los cuales se encuentran: *i*) determinar su régimen de contratación; *ii*) la regulación de las relacionas con sus empleados en los términos, eso sí, del Código Sustantivo del Trabajo; *iii*) definir su política administrativa y financiera; *iv*) redactar sus estatutos, entre otros.

El principio de la autonomía de la voluntad también tiene efectos en los que se refiere al régimen de responsabilidad de las CCF y sus traba-

> ***Parágrafo 1°.*** *Las cajas de compensación familiar podrán aprobar préstamos con destino a colaborar en el pago de atención de personas a cargo de trabajadores beneficiarios, al tenor de la Ley 21 de 1982, en eventos que no estén cubiertos por el Sistema General de Seguridad Social en salud o cobertura de servicios médico-asistenciales a que, por norma legal, deba estar afiliado el trabajador. El préstamo por evento podrá ser superior a diez (10) veces la cuota del subsidio monetario mensual vigente al momento del mismo. Las cajas podrán establecer cuotas moderadoras para estos efectos exclusivamente.*
> ***Parágrafo 2°.*** *Los subsidios de escolaridad en dinero pagados por las Cajas de Compensación a las personas a cargo de trabajadores beneficiarias, matriculadas en los tres (3) últimos grados del ciclo secundario de la educación básica y en el nivel de educación media, formarán parte del cálculo de subsidio monetario pagado por cada Caja de Compensación Familiar y de la obligación de destinación para educación prevista en el artículo 5° del Decreto 1902 de 1994, siempre que la destinación total para ella no resulte inferior a la obligatoria antes de la vigencia de la presente ley.*
> ***Parágrafo 3°.*** *Cuando durante el ejercicio anual el programa de salud presente resultados deficitarios, las Cajas de Compensación Familiar, previa decisión de sus Consejos Directivos, podrán cubrir el déficit con los remanentes que arroje la Caja en el correspondiente período que provengan de los diferentes componentes del programa de salud y de programas distintos a los ejecutados con recursos provenientes del cuatro 4 %.*

jadores, en términos del control estatal, puesto que en primer lugar no son sujetos imputables de conductas contenidos en normas de Derecho Público no aplicables de forma expresa, al tiempo que, se insiste, no les aplica el postulado general de responsabilidad que se predica de los servidores públicos, según el cual, solo pueden hacer aquello expresamente regulado, en tanto que, ante el vacío normativo, las CCF pueden y deben aplicar el postulados de la autonomía de la voluntad.

1.3.2. Las CCF no cumplen funciones públicas o administrativas, sino funciones de interés público o social

Siendo las CCF entidades de derecho privado, cumplen funciones también privadas, pero con interés general, lo cual no equivale a aseverar que ejercen autoridad o despliegan funciones administrativas. Por el contrario, cuando la Corte Constitucional se ha referido a la "función pública" que prestan las CCF, lo ha hecho en alusión a la función social que prestan las CCF por el servicio a su cargo, y por los fines de equidad que este —y las cajas mismas— persiguen. Véase, por ejemplo, el siguiente extracto de la Sentencia C-508 de 1997[209] en la cual, luego de reconocer que el sistema de subsidio familiar es un mecanismo de redistribución del ingreso, la Corte indicó lo siguiente:

> *"Los principios que lo inspiraron y los objetivos que persigue, han llevado a la ley y a la doctrina a definir el subsidio* ***familiar como una prestación social legal, de carácter laboral****. Mirado desde el punto de vista del empleador, es una obligación que la ley le impone, derivada del contrato de trabajo. Así mismo, el subsidio familiar es considerado como una* ***prestación propia del régimen de seguridad social****.*
>
> *Y desde el punto de vista de la* ***prestación misma del servicio****, este es una* ***función pública****, servida por el Estado a través de organismos intermediarios manejados por empresarios y trabajadores. Desde esta perspectiva, en su debi-*

209. Corte Constitucional. Sentencia C-508 de 1997. M. P. Vladimiro Naranjo Mesa.

da prestación se considera comprometido el ***interés general*** *de la sociedad, por los* ***fines de equidad que persigue"****. (Se subraya)*

Así las cosas, en la sentencia en cuestión (C-508/97), la Corte se refirió al "interés público" detrás de las actividades que se relacionan con el subsidio familiar, así como al "interés general" que compromete la gestión de las CCF, todo lo cual justifica la inspección, vigilancia y control del Estado, sin que por ello pierdan su naturaleza privada o se adscriban o vinculen a ningún organismo de la Administración Pública.

Para mayor claridad, la misma Corte en la Sentencia C-1173 de 2001 hizo una expresa y clara distinción entre la función social que cumplen las CCF por virtud de las actividades de interés general que desarrollan, por un lado, y el concepto de función pública, completamente ajeno a las cajas, por el otro. Dispuso la Corte:

> Por definición legal (art. 39 de la Ley 21 de 1982), las Cajas de Compensación Familiar son personas jurídicas de derecho privado sin ánimo de lucro, organizadas como corporaciones en la forma prevista en el Código Civil, que cumplen funciones de seguridad social y se encuentran sometidas al control y vigilancia estatal a través de la Superintendencia del Subsidio Familiar creada por la Ley 25 de 1981. Se trata, pues, **de entidades que no ejercen funciones públicas sino que desarrollan una función social**.

Al analizar su naturaleza, la Corte Suprema de Justicia cuando actuaba como Juez de la Carta dijo sobre las cajas de Compensación Familiar:

> "...no es una actividad privada la que cumplen, ni son los bienes que le pertenezcan en la forma de propiedad privada adquirida con justo título, lo hace a las Cajas entes de derecho privado; todo lo contrario, son las **actividades de interés general y los bienes que están destinados a lograr el bienestar de los trabajadores y sus familias lo que las configura como entes de origen legal, y de naturaleza especial que se organizan bajo las reglas del derecho privado**..."

La jurisprudencia constitucional también ha expresado que las Cajas de Compensación Familiar fueron concebidas como entes intermediarios para el pago del subsidio familiar. Por esta razón, se considera que **cumplen funciones de seguridad social** bajo la directa intervención del Estado. (Se destaca). [210]

Es esta, entonces, la manera en que debe darse lectura a los pronunciamientos de la Corte Constitucional en los que alude a la "función pública" de las CCF, entendida en realidad como una **función puramente social pero privada**, de interés público o general, para beneficio de los trabajadores. Así puede confirmarse al revisar la Sentencia C-041 de 2006[211], en la cual se indicó:

> En efecto, las Cajas de Compensación Familiar ejercen, entre otras actividades, unas primordiales que tienen el carácter de **función pública o social**, como así ya lo ha reconocido esta Corporación, las cuales pueden enmarcarse en dos grandes grupos a saber: servicios que prestan en calidad de entidades que desarrollan diversos programas para la prestación de la seguridad social; y, la que cumplen en calidad de entidades pagadoras del subsidio dinerario, y el otorgamiento de vivienda de interés social.
>
> [...] Se tiene así, que de la naturaleza de las Cajas de Compensación Familiar **se desprende un claro propósito social**, que no se desdibuja por el hecho de haber sido autorizadas para ejercer cierta actividad financiera, la cual no puede quedar desligada de los supremos objetivos que constitucionalmente se encuentran enmarcados en el Estado Social de Derecho, fundado en la dignidad, la justicia y la solidaridad, pues además de que cumplen **funciones de interés general**, integran el sector de economía solidaria o sector social, **siendo generadoras de condiciones de bienestar para los individuos y sus familias**". (Se destaca).

En suma, la función social está directamente relacionada con el interés social inherente a los servicios que prestan las CCF en desarrollo de los programas para la prestación de la seguridad social y en su función de pagadora del subsidio monetario, entre otros. Es por esto por lo que la Contraloría General de la República a través de concepto 80-112-CGR-OJ-192 de 2020 (radicado No. 2020IE0075209 del 24 de noviembre de 2020), señaló:

210. Corte Constitucional, Sentencia C-1173 de 2001.
211. Corte Constitucional. Sentencia C-041 de 2006.

*En consecuencia, en razón de las características expuestas anteriormente, la jurisprudencia ha resaltado que las cajas de compensación familiar son "entes jurídicos de naturaleza especialísima" y ha destacado "que **no ejercen funciones públicas, sino que desarrollan una función social**".*

Y también por ello, según lo ha dicho la Corte Constitucional, las CCF *"no se adscriben ni vinculan a ningún organismo de la Administración Pública."* (Sentencia C-508 de 1997), todo lo cual condiciona las posibles repercusiones de su actividad y gestión.

En consecuencia, las CCF no cumplen funciones públicas, puesto que no desempeñan funciones típicas que la Constitución y la ley les ha asignado directamente al Estado a través de los "órganos de las ramas del poder público, de los órganos autónomos e independientes, (art. 113) y de las demás entidades o agencias públicas, en orden a alcanzar sus diferentes fines"[212].

Tampoco ejercen funciones administrativas, entendidas como aquella sub-especie de las funciones públicas que hace referencia a aquellas actividades encomendadas al ejecutivo y dirigidas *"a la aplicación de la Constitución, de la ley, y de los ordenamientos inferiores"* [213], comoquiera que las CCF no tienen poderes de instrucción, esto es no ejercen *"potestades públicas que significan, en general, el ejercicio de la autoridad inherente del Estado"*, como por ejemplo, *"el señalamiento de conductas, el ejercicio de coerción o la expedición de actos unilaterales"*[214].

En la misma línea, las CCF no manejan o administran recursos públicos, por lo menos en lo que hace referencia al pago del subsidio familiar por parte de los empleadores, puesto que, como expuso en el Capítulo III, estos ingresos no tienen esta condición.

212. Corte Constitucional. Sentencia C-037 de 2003. M. P. Álvaro Tafúr Galvis
213. Consejo de Estado. Sala de Consulta y Servicio Civil. Concepto del 30 de julio de 2019. Expediente: 11001-03-06-000-2019-00051-00(2416)
214. Corte Constitucional. Sentencia C-037 de 2003 y Sentencia C-563 de 1998.

Las CCF, en general, cumplen un servicio público de marcado interés social que se predica de ciertas actividades o incluso potestades cuyo ejercicio o asignación está en cabeza principalmente de particulares, pero que, por su trascendencia, revisten un interés general o una utilidad pública que implica obligaciones y restricciones a su titular, al tiempo que amerita la intervención del Estado para su regulación, control o vigilancia. A manera de ejemplo, la Constitución Política en el artículo 67 cataloga la educación como un derecho de la persona y un servicio público que tiene una función social. De igual forma, el artículo 58 señala que la propiedad es una función social que implica obligaciones. En el mismo sentido el artículo 333 dispone que la empresa, como base del desarrollo, tiene una función social que implica obligaciones.

Desde sus orígenes, la actividad de las CCF nació con una marcada vocación a lo social, tal como lo ha reconocido, también de antaño, la Corte Suprema de Justicia:

> *"2ªEste subsidio familiar fue establecido como obligación a cargo de determinados patronos particulares y de algunas entidades oficiales por el Decreto 118 de 1957, estatuto que a su vez ordenó a los patronos obligados, constituir corporaciones denominadas Cajas de Compensación Familiar o afiliarse a las existentes, con excepción de los que fueron autorizados para asumir directamente el pago. Las Cajas de Compensación Familiar son entidades que por ministerio de la ley deben crear los particulares* ***con fines eminentemente sociales y sin ánimo de lucro"****.*

Resulta claro entonces el propósito eminente social atribuido a las CCF y la ausencia de poderes de instrucción inherentes al Estado, circunstancia que descarta su asimilación a particulares que cumplen funciones públicas o administrativas y, en consecuencia, tampoco resultan aplicables los principios de la función administrativa previstos en el artículo 209 de la Constitución Política, ni aquellos contenidos en el artículo 3° de la Ley 1437 de 2011.

Lo expuesto no se reduce a una simple discusión dogmática, sino que tiene efectos decisivos en los que se refiere a la aplicación, o no, de conceptos, disposiciones o principios propios del Derecho Público a las

CCF, como es el caso, para solo poner un ejemplo, de la Ley 1821 de 2016 que estipula la edad de retiro forzoso de *servidores públicos o a particulares que cumplan funciones públicas y que, de acuerdo con la normatividad anterior, estuvieran sujetos a esta modalidad de retiro".*

En una consulta absuelta por el Departamento Administrativo de la Función Pública (en adelante DAFP)[215] respecto si dicho régimen le era o no aplicable a los directores de las Cajas de Compensación Familiar, se respondió de forma afirmativa, puesto que, en opinión de la entidad pública, estas corporaciones no obstante su naturaleza de derecho privado, sí cumplían funciones públicas y, en consecuencia, les era aplicable la Ley 1821 de 2016 a los órganos directivos.

No obstante, el aludido concepto fue prontamente reconsiderado por el DAFP mediante Concepto del 4 de enero de 2019, con radicado No. 20186000330551, concluyendo lo siguiente:

> *"En consecuencia, y dado que las Cajas de Compensación Familiar son personas jurídicas regidas por el derecho privado que cumplen una función social destinada a administrar el sistema de subsidio familiar por tanto, en criterio de esta Dirección Jurídica la ley 1821 de 2016 no es de aplicación a las Cajas de Compensación Familiar toda vez que las mismas cumplen un servicio público y* ***no una función pública****".*

En la misma línea, en Concepto 188781 de 2021, el DAFP dio respuesta a la consulta sobre si un particular adquiere la calidad de servidor público cuando la entidad para la cual trabaja (en el caso de la consulta, una CCF) firma un contrato con una entidad del Estado que conlleva transferencia de funciones públicas. En tal evento, el mismo DAFP manifestó lo siguiente:

> [...] en caso que se determine que dicho empleado o los demás que están vinculados a la Caja de Compensación ejercen funciones públicas como particulares, por la celebración de contratos con el estado por parte de dicha entidad, no implica el cambio de naturaleza del empleo, es decir que **las personas vinculadas a la Caja de Compensación seguirán siendo empleados**

215. Oficio No. 20186000227131 del 13 de septiembre de 2018.

particulares y no servidores públicos, y se regirán por las normas vigentes de derecho privado.[216] (Negrilla fuera de texto).

Este último concepto fue citado por la SuperSubsidio al absolver un cuestionamiento sobre la edad de retiro forzoso de los directores administrativos de las CCF. Si bien la Supersubsidio manifestó carecer de competencia para pronunciarse sobre asuntos laborales de una CCF, no solamente invocó el mencionado concepto del DAFP (que descarta, de plano, la posibilidad de impartirles a dichos empleados particulares el tratamiento de "servidores públicos"), sino que afirmó:

> 3.1. Según lo establecido en la Ley 21 de 1982, las Cajas de Compensación Familiar son **personas jurídicas de derecho privado sin ánimo de lucro**, organizadas como corporaciones en la forma prevista en el Código Civil; cumplen funciones de seguridad social y están sometidas al control y vigilancia del Estado.
>
> 3.2. Son entidades creadas legalmente, de naturaleza especial y administran recursos parafiscales, por lo cual su regulación e inspección compete al Estado.
>
> 3.3. **Al ser las Cajas de Compensación Familiar corporaciones de derecho privado, sus trabajadores no son catalogados como empleados públicos**; sus funcionarios se rigen en materia laboral por el Código Sustantivo del Trabajo.
>
> 3.4. El Consejo Directivo de una Caja de Compensación Familiar tiene como función la adopción de la política administrativa y financiera de la Caja, por lo tanto debe definir los instrumentos relacionados con su personal y salarios.
>
> 3.5. **Los temas de índole laboral de las Cajas de Compensación Familiar forman parte de su autonomía administrativa y son regulados en el Código del buen gobierno, los cuales deben enmarcarse a lo estipulado en el en el Código Sustantivo del Trabajo.**

216. https://funcionpublica.gov.co/eva/gestornormativo/norma.php?i=164767#:~:text=Los %20servidores %20p %C3 %BAblicos %20est %C3 %A1n %20 alp %C3 %BAblicas %20y %20regular %C3 %A1 %20su %20ejercicio. %E2 %80 %9D.

3.6. La Pensión de Vejez es la prestación económica que adquiere un trabajador afiliado al sistema de seguridad social una vez cumple con los requisitos legales establecidos para ello. Es una prestación de carácter mensual y vitalicia.

3.7. La figura de la edad de retiro forzoso únicamente se aplica al sector público según lo consagrado en la Ley 1821 de 2016 y en el Decreto 321 de 2017.

3.8. El ámbito de la normatividad laboral del derecho privado (Código Sustantivo del Trabajo) no contiene una norma que establezca la edad límite para una persona laborar.

3.9. Las causales justas para dar por terminado un contrato de trabajo se encuentran enumeradas taxativamente en el artículo 62 del Código Sustantivo del Trabajo.[217] (Negrilla fuera de texto)

A partir de lo expuesto, se explica la relevancia en tener claridad sobre la naturaleza jurídica de las CCF, puesto que, a partir de allí, se puede determinar con certeza el régimen jurídico aplicable a estas corporaciones, para lo cual no sobra reiterar e insistir en su naturaleza de derecho privado y, por ende se concreta la imposibilidad de aplicar conceptos, normas o principios propios del derecho público incluido el régimen aplicable a los particulares que cumplen funciones públicas o administrativas.

1.3.3. Las Cajas de Compensación Familiar como prestadoras de un servicio público

Según quedó expuesto en el título que antecede, las CFF no ejercen funciones públicas (al menos no en la acepción tradicional de "función pública"), sino funciones sociales. No obstante, ello **no obsta para reconocer que sí prestan un servicio público**, toda vez que la finalidad de las actividades que desarrollan es satisfacer necesidades de interés general. Al respecto, el artículo 430 del Código Sustantivo del Trabajo

217. https://www.supersubsidio.gov.co/documents/20127/990230/Radicado_2-2022-121884.pdf/44928a47-738a-0307-49b9-b7c824e385cf.

señala que se considera servicio público "*toda actividad organizada que tienda a satisfacer necesidades de interés general en forma regular y continua, de acuerdo con un régimen jurídico especial, bien que se realice por el Estado directa o indirectamente, o por personas privadas*".

Por su parte, el artículo 48 de la Constitución Política define la seguridad social como un *servicio público* de carácter obligatorio que se prestará bajo la dirección, coordinación y control del Estado, con sujeción a los principios de eficiencia, universalidad y solidaridad en los términos que establezca la ley. De igual forma, dispone el mismo artículo, la seguridad social puede ser prestada por entidades públicas o privadas de conformidad con la ley.

Al respecto, la Corte Constitucional ha reconocido la doble condición de la seguridad social, como derecho irrenunciable y como servicio público:

> *"3. Los artículos 48, 49, 50, 53 y 365 de la Constitución Política reconocen a la seguridad social como un **servicio público** y, a su vez, como un derecho constitucional. Inicialmente se ha entendido que una actividad económica se convierte en servicio público, cuando se dirige "a satisfacer una necesidad de carácter general, en forma continua y obligatoria, según las ordenaciones del derecho público, bien sea que su prestación esté a cargo del Estado directamente o de concesionarios o administradores delegados, **o de simples personas privadas**"*[218].
>
> *Desde esta perspectiva, la jurisprudencia constitucional ha reconocido que la seguridad social admite dicha categorización, por cuanto pretende la satisfacción de necesidades de carácter general, consistentes en amparar a toda la población colombiana, sin discriminación de ninguna naturaleza, durante todas las etapas de su vida, contra los riesgos o contingencias que menoscaben sus derechos a la integridad, salud, dignidad humana y mínimo vital, circunstancias frente a las cuales se requiere de una prestación o cobertura continua y obligatoria, en aras de hacer efectivos los mandatos superiores previstos en el Texto Constitucional (preámbulo y artículos 1, 2 y 5 de la Carta fundamental).*

218. Corte Suprema de Justicia. Sentencia de agosto 18 de 1970. M. P. Eustorgio Sarria. Corte Constitucional. Sentencias T-1000 de 2001 y C-623 de 2004.

> *Esto significa que la seguridad social cumple con los tres postulados básicos para categorizar a una actividad como de* ***servicio público****, pues está encaminada a la satisfacción de necesidades de carácter general, lo que exige el acceso continuo, permanente y obligatorio de toda la colectividad a su prestación, siendo además necesaria e indispensable para preservar la vigencia de algunos de los derechos fundamentales que sirven de soporte al Estado Social de Derecho, como ocurre con los derechos a la vida, al mínimo vital y la dignidad humana"*[219] (Se resalta).

De acuerdo con el artículo 366 de la Constitución Política son fines sociales del Estado el bienestar general y el mejoramiento de la calidad de vida de la población y "*Será objetivo fundamental de su actividad la solución de las necesidades insatisfechas* ***de salud, de educación,*** *de saneamiento ambiental y de agua potable*". Adicionalmente, el artículo 48 de la Constitución expresamente señala que la Seguridad Social es un servicio público.

Finalmente, los conceptos de función pública y servicio público tienen definiciones y alcances distintos, según lo ha expresado la Corte Constitucional[220], de tal forma que las actividades propias que se efectúen con ocasión de un servicio público no implican, *per se*, el desarrollo de funciones públicas, en tanto que se insiste, no necesariamente implica la asunción de poderes inherentes del Estado.

1.3.4. Las CCF como órganos ajenos al Presupuesto General de la Nación

En relación directa con lo que acaba de exponerse en el numeral 1.2 de este capítulo, y en vista de que las CCF *"no se adscriben ni vinculan a ningún organismo de la Administración Pública"*[221], las CCF en momento alguno pueden considerarse como órganos del presupuesto general de la nación. En efecto, las Cajas son **personas jurídicas de derecho privado que ni siquiera hacen parte de la rama ejecutiva del poder públi-**

219. Corte Constitucional. Sentencia C-111 de 2006. M. P. Rodrigo Escobar Gil.
220. Corte Constitucional. Sentencia C-114 de 2005.
221. Corte Constitucional, ponente Vladimiro Naranjo Mesa, Sentencia C-508 de 1997, Rad D-1627.

co, ni pertenecen al sector descentralizado del nivel nacional, departamental o municipal; y **los recursos que administran ni siquiera son de naturaleza presupuestaria o pública, sino que se trata de recursos de titularidad colectiva de los trabajadores.**

En buena hora, la Corte mediante Sentencia C-306 de 2022[222] reiteró el carácter privado sin ánimo de lucro de las Cajas de Compensación Familiar, y el hecho de que los aportes para el subsidio familiar están marcados por una "parafiscalidad atípica", pues se trata de una carga prestacional de los empleadores en beneficio de los trabajadores, recursos que NO pueden incluirse en el Presupuesto General de la Nación. Ello redunda directamente en la autonomía de las entidades para el diseño y manejo de sus presupuestos, puesto que...

> [...] contrario a las contribuciones parafiscales que administran los órganos del PGN, los aportes parafiscales destinados al pago del subsidio familiar no son manejados por estos últimos órganos sino por las cajas de compensación familiar; entidades que, se insiste, son personas jurídicas de derecho privado sin ánimo de lucro, en forma de las corporaciones de que trata el Código Civil (supra 30); esto es, por entidades que no forman parte del PGN.
>
> 36. En fin, para la Sala es claro que las contribuciones parafiscales destinadas al pago del subsidio familiar no son materia del PGN y que, por el contrario, como en el presente caso, "(c)*uando la administración de los recursos parafiscales se confía a entes que no hagan parte del Presupuesto General de la Nación* (...) *los administradores [de tales entes] elaborarán sus presupuestos anuales de ingresos y gastos, los cuales deberán ser aprobados por sus órganos directivos, todo de acuerdo con los parámetros fijados en las respectivas normas legales de creación de los recursos*"[40].
>
> 37. Ahora bien, la importancia del rol que cumplen las Cajas de Compensación Familiar en la administración de la parafiscalidad ha suscitado su inclusión en el desarrollo de otros programas de protección social que se financian con recursos parafiscales, y con recursos provenientes del Presu-

222. Corte Constitucional, ponentes Cristina Pardo Schlesinger y Jorge E. Ibáñez Najar, Sentencia C-306 de 2022, Expedientes D-14.624 y D-14.631 (Acumulados).

puesto General de la Nación. En particular, la Corte observa que el Decreto Legislativo 801 del 4 de junio de 2020 dispone en sus artículos 3 y 4 un auxilio al cesante por el periodo de duración de la emergencia sanitaria por la COVID 19. El auxilio es operado por las Cajas de Compensación Familiar a quienes se confió la recepción, validación y otorgamiento del subsidio.

1.3.5. Las CCF no requieren de contrato o delegación para recaudar y gestionar los recursos del subsidio familiar

Como corolario de que las CCF no cumplen funciones públicas o administrativas, ni que se consideren entes adscritos o vinculados a la Administración Pública, debe reiterarse que estos entes **no requieren contrato o delegación para administrar recursos del subsidio familiar.** La Corte Constitucional en la Sentencia C-1173 del 2001 señaló que esta prestación social (el subsidio familiar) es recaudada, distribuida y pagada por las Cajas de Compensación Familiar que, además, están en la obligación de organizar y administrar las obras y programas que se establezcan para el pago del subsidio familiar (art. 41 de la Ley 21 de 1982). Una vez el empleador decide afiliar a sus trabajadores a determinada Caja, esta se encarga de recibir mensualmente la totalidad de los recursos del 4 %, junto con los recursos de las demás empresas afiliadas, para a partir de allí efectuar la operación de compensación necesaria para garantizar el reconocimiento oportuno e íntegro de la prestación social en los términos que ha previsto la ley. Con este cobro no se pretenden generar ingresos públicos, presupuestales o extra presupuestales.

Desde su creación mediante el Decreto 118 de 1957 —al tornarse obligatorio el reconocimiento del **subsidio familiar**— los únicos entes a los que se les encargó la **organización y reconocimiento de esta prestación social son las CCF,** sin que por ello se hubiese modificado su naturaleza prestacional. Esto ha permitido que, desde sus inicios y por ministerio de la ley, las Cajas de Compensación sean entidades de marcada naturaleza privada o particular, con fines eminentemente sociales y sin ánimo de lucro.

Solamente para abundar en argumentos, es necesario puntualizar que, si acaso fuesen rentas estatales, entonces no podrían ser administradas por las CCF sin un contrato previo. Así puede constatarse de la Sentencia C-575 de 1992, donde la Corte Constitucional, luego de confirmar que el Subsidio Familiar no es una renta estatal, concluyó que

> ***La propiedad de estos recursos, así como su administración, a diferencia de lo que sucede con el Fondo Nacional del Café, no pertenece al Estado** y en consecuencia **no media al respecto un contrato entre la Nación y la entidad.** Pero en uno y otro caso los recursos están afectados a una finalidad que tiene que cumplir el administrador de los mismos, pues, al fin de cuentas, ambos recursos son parafiscales*[223].

La sentencia C-308 de 1994, en relación con el contrato de administración del Fondo del Café (que, a diferencia de las CCF, sí subsiste a partir de recursos parafiscales de naturaleza pública) señaló algunos elementos que resultan ilustrativos para encontrar las diferencias entre dicho régimen y el del Subsidio Familiar. Dijo la Corte:

> *En nuestro ordenamiento jurídico la figura de la parafiscalidad constituye un instrumento para la generación de ingresos públicos, caracterizado como una forma de gravamen que se maneja por fuera del presupuesto -aunque en ocasiones se registre en él- afecto a una destinación especial de carácter económico, gremial o de previsión social, en beneficio del propio grupo gravado, bajo la administración, según razones de conveniencia legal, de un organismo autónomo, oficial o privado. No es con todo, un ingreso de la Nación y ello explica porque no se incorpora al presupuesto nacional, pero no por eso deja de ser **producto de la soberanía fiscal**, de manera que sólo el Estado a través de los mecanismos constitucionalmente diseñados con tal fin (la ley, las ordenanzas y los acuerdos) puede imponer esta clase de contribuciones como ocurre también con los impuestos. Por su origen, como se deduce de lo expresado, las contribuciones parafiscales son de la misma estirpe de los impuestos o contribuciones*

223. Corte Constitucional, Sentencia C-575 de 1992. En la providencia se hace referencia a la C-449 de 1992, en la cual se cuestionaba la constitucionalidad de los recursos que administra el Fondo Nacional de Cafeteros. Esta postura fue reiterada en la C-183 de 1997 y C-041 de 2006.

fiscales, y su diferencia reside entonces en el precondicionamiento de su destinación, en los beneficiarios potenciales y en la determinación de los sujetos gravados. Aunque la contribución parafiscal se utiliza como un mecanismo para generar ingresos en favor de unos beneficiarios previamente reconocidos, no puede confundirse con la noción de rentas de destinación especial, que se estiló bajo el sistema de la Constitución anterior, y se prohibió expresamente en la nueva Carta Política, salvo contadas excepciones.

*La Federación Nacional de Cafeteros administra, no obstante tener la condición de persona jurídica de derecho privado, unos **recursos públicos** que son los que integran el Fondo Nacional del Café. Y debe tenerse en cuenta, así mismo, que dichos recursos se canalizan para sufragar los gastos e inversiones que demandan la ejecución de los programas que asumió la Federación como delegataria del Estado "para la defensa, protección y fomento de la industria cafetera colombiana, actividades estas que indudablemente constituyen funciones públicas. Hay que dejar en claro que, en razón de ser recursos públicos, provenientes de contribuciones parafiscales, los bienes que integran el Fondo Nacional del Café, no hacen parte del erario, es decir, del Tesoro de la Nación. Y por esta razón, en ningún caso, mientras esté vigente el contrato con la Federación, podrá dárseles destinación diferente a la prevista en las leyes que establecen las fuentes de financiación del referido Fondo. Las contribuciones parafiscales, se repite, son recursos públicos, pero no son ingresos corrientes de la Nación.* (se destaca)

Si la Federación manejaba y maneja recursos públicos, no hay duda que la destinación excepcional de parte de éllos a objetivos no previstos originariamente por la ley, requería de la autorización oficial para que se pudieran realizar válidamente inversiones en actividades como las señaladas. En virtud del principio de legalidad, la destinación de recursos públicos a objetivos no previstos por la ley es contraria a derecho y no puede cumplirse por ningún organismo o persona que administre recursos públicos, y mucho menos por personas privadas que los administren como colaboradores del Estado. El principio de legalidad es demasiado inflexible para condescender con el manejo a discreción de los recursos públicos, bien sea por las autoridades oficiales o por los particulares. (Se destaca)

Como puede observarse, en el caso de los recursos provenientes de contribuciones parafiscales con los cuales se constituyó el Fondo Nacional del Café, la Corte aclaró que sí eran "recursos públicos" y por ello, para su administración, media un contrato entre la Nación y la Federación Nacional de Cafeteros de Colombia. **En cambio, nada de ello ocurre en el**

caso del subsidio familiar, pues en su administración las Cajas de Compensación Familiar no hacen parte de la descentralización por colaboración, sino que desempeñan una actividad esencialmente colectiva, pero no pública. Así se desprende al analizar la población beneficiaria de las prestaciones del Sistema, pero también en las organizaciones que los administran. Las funciones de sus órganos de Gobierno Corporativo provienen de la ley y de las medidas internas que los órganos de gobierno adopten para la adecuada operación de las Cajas de Compensación Familiar, pero no son consecuencia de algún contrato celebrado con el Estado o por delegación de este, de carácter administrativo o legal.

1.3.6. Los trabajadores que prestan sus servicios a las CCF no son funcionarios o servidores públicos

El hecho de que las CCF no tengan la naturaleza de entidades públicas, ni se regulen por el derecho p***úblico, que no se adscriban o vinculen a la*** administración pública y que no tengan la condición de particulares que cumplan funciones administrativas no manejen recursos públicos, trae consigo la necesaria y lógica consecuencia que los trabajadores que prestan sus servicios al interior de estas corporaciones no puedan considerarse como funcionarios o servidores públicos.

Como lo ha reconocido de manera expresa el Consejo de Estado, las calidades y la forma de vinculación de las personas que prestan sus servicios a las Cajas de Compensación Familiar, se regulan por los respectivos estatutos y por las normas aplicables del Código Sustantivo del Trabajo, en tanto, se trata de personas jurídicas de derecho privado.

> *"En relación con los miembros de los consejos directivos y los directores administrativos de las cajas de compensación familiar, quedan comprendidos en las personas que actúan subordinadas a una entidad jurídica que presta servicios públicos en actividades de seguridad social,* ***cuyos trabajadores tienen el carácter de particulares.*** *Aunque son personas naturales que administran los recursos parafiscales la subordinación laboral hace que las* ***faltas disciplinarías*** *sean controladas conforme a las leyes aplicables a sus empleados de acuerdo con los estatutos de cada caja y a las estipulaciones contractuales entre las*

cuales se incluyen las del Código Sustantivo del Trabajo; no se olvide que estas entidades incluyen revisoría fiscal, control interno, mecanismos de rendición de cuentas, además del ejercido por la Superintendencia de Subsidio Familiar.

(...)

Desde la perspectiva jurídica del régimen laboral, *las personas vinculadas mediante contrato de trabajo con las cajas de compensación familiar,* ***son trabajadores particulares*** *y tales relaciones están regidas por el Código Sustantivo del Trabajo, en la medida de que se trata de regular situaciones de derecho individual del trabajo (art. 3º del C. S. del T.) y a que dichas entidades están sometidas al derecho privado, de conformidad con el artículo 39 de la ley 21 de 1982*

Debe observarse que la misma ley establece algunas reglas especiales a los directores administrativos y revisores fiscales de las cajas de compensación; sin embargo, ***no por ello se modifica el vínculo contractual de carácter privado en la relación laboral que se genera entre ellos y la caja empleadora,*** *por ende, la normatividad disciplinaria aplicable es la correspondiente al código sustantivo de trabajo*[224]*".*

En la misma línea, la Contraloría General de la República, en el Concepto 217 de 2021 reconoció que *"las Cajas de Compensación Familiar no son entidades públicas y por lo tanto sus trabajadores no ostentan tal calidad"* y, por ende, no procedía el ejercicio de la acción de repetición contra los colaboradores de estos entes.

En consecuencia, debido a la autonomía con que gozan las Cajas de Compensación Familiar en tanto personas jurídicas de derecho privado, las normas aplicables en cuanto a su estructura organizacional son las propias de este derecho, en concordancia con lo previsto en la Ley 21 de 1982.

224. Consejo de Estado. Sala de Consulta y Servicio Civil. Concepto del 10 de diciembre de 1997. Radicado No. 1055.

1.3.7. El régimen de contratación de las CCF es el derecho privado

Consecuencia directa de que las CCF sean personas jurídicas de derecho privado y que, por ello, se regulen bajo los postulados de la autonomía de la voluntad, es que puedan ejercer su libertad contractual. Así las cosas su régimen contractual es eminentemente de derecho privado y, por ende no les resultan aplicables las normas previstas en el Estatuto General de Contratación de la Administración Pública (Ley 80 de 1993) ni los principios de la contratación estatal contenidos en el artículo 23 de dicho Estatuto, ni los contenidos en el artículo 209 de la Constitución Política o en el artículo 3° de la Ley 1437 de 2011, los cuales como se desprende de las normas en comento, solo aplican para las entidades estatales o los particulares que ejercen funciones administrativas. En los mismos términos tampoco les es aplicable la remisión contenida en el artículo 53 de la Ley 2195 de 2022 que modificó el artículo 13 de la Ley 1150 de 2007.

Corolario de los expuesto y sin perjuicio de las obligaciones aplicables de forma expresa a las Cajas derivadas de la Ley 1712 de 2014 (Ley de Transparencia y del Derecho al Acceso a la Información Pública Nacional), tampoco le corresponde a las CCF la publicación de su información contractual en el Sistema Electrónico de Contratación Pública (SECOP), el cual sólo aplica a las entidades públicas —independiente de su régimen contractual— de conformidad con la Ley 1150 de 2007, en concordancia con la Ley 80 de 1993 y el artículo 150 de la Constitución Política que le otorga la competencia al Congreso de la República de expedir *"el estatuto general de contratación de la **administración pública** y en especial de la **administración nacional**"*[225].

Con todo, las CCF han venido implementando *"manuales de contratación"* los cuales deben entenderse como la adopción de una buena práctica de gobierno corporativo en desarrollo del deber impuesto a estos entes de constituir un código de buen gobierno (parágrafo 2° del artículo 21 de

225. Al respecto, puede consultarse la Sentencia C-119 de 2020 expedida por la Corte Constitucional.

la Ley 789 de 2002) y lo contenido en el parágrafo 2° del artículo 23 de la misma Ley y no como una aplicación derivada de las normas y principios propios de contratación aplicables a las entidades públicas.

2. CREACIÓN, ORGANIZACIÓN Y FUNCIONES DE LAS CAJAS DE COMPENSACIÓN FAMILIAR

Como se desprende de la normatividad ya analizada, el talante de derecho privado de las Cajas de Compensación Familiar, como entidades sin ánimo de lucro ajenas al PGN, determina su estructura organizacional. La Ley 21 de 1982 les otorgó a las Cajas de Compensación Familiar una importante autonomía para el desarrollo de las actividades que le fueron encomendadas por virtud de la ley, lo cual se ve reflejado en las competencias entregadas a los órganos de gobierno. En efecto, el artículo 39 de la Ley 21 de 1982 somete al régimen de corporaciones en la forma prevista en el Código Civil y, según lo ha dicho la Corte Constitucional...

> ***En virtud de esta naturaleza privada****, la estructura y administración de las cajas de compensación familiar, determinada por la ley, contempla que estén dirigidas por una asamblea general de afiliados, un consejo directivo y un director administrativo.*

2.1. Requisitos de constitución de las cajas de compensación familiar y reconocimiento de su personería

Si bien es cierto que las CCF son organismos privados, el hecho de que realicen actividades relevantes para el cumplimiento de los fines del Estado hace que las Cajas tengan reglas especiales de conformación, a saber:

> Las Cajas de Compensación Familiar que se establezcan a partir de la vigencia de la presente Ley deberán estar organizadas en la forma prevista en el artículo anterior y obtener personería jurídica de la Superintendencia, de Subsidio Familiar, que sólo podrá reconocerla cuando se demuestre su conveniencia económica y social y cumpla además uno de los siguientes requisitos:

1. Tener un mínimo de quinientos (500) empleadores obligados a pagar el subsidio familiar por conducto de una Caja.

2. Agrupar un número de empleadores que tengan a su servicio un mínimo de diez mil (10.000) trabajadores beneficiarios del subsidio familiar.

Parágrafo. La superintendencia de Subsidio Familiar previo concepto del consejo superior del Subsidio Familiar, podrá autorizar la constitución de una caja sin el lleno de los requisitos anteriores en casos excepcionales de especial conveniencia y atendiendo siempre a su ubicación geográfica. (artículo 40 de la Ley 21 de 1982)

Debe advertirse que, de manera transitoria, el 132 de la Ley 2159 de 2021 dispuso que durante la vigencia 2022, el numeral segundo se reemplazaría por una exigencia de contar con un mínimo de 10 000 trabajadores afiliados, aligerando considerablemente la carga para su constitución, sin una explicación razonable. La disposición fue declarada inexequible por la Corte Constitucional, conservándose entonces la mayor rigurosidad en los requisitos de su constitución.

Ahora bien, una vez constituida la CCF, el director administrativo provisional será el encargado de hacer la solicitud de aprobación y reconocimiento de la personería jurídica ante la Superintendencia de Subsidio Familiar, para lo cual deberá allegar la siguiente información:

1. Solicitud escrita sobre aprobación y reconocimiento de la corporación.

2. Original y copia del acta de constitución suscrita por los constituyentes de la corporación.

3. Estudio de factibilidad, el cual debe contener la relación de empleadores con indicación del número de trabajadores a su servicio y de trabajadores beneficiarios de la prestación del Subsidio Familiar por empleador constituyente, con indicación del número de personas a cargo. Además, debe informar i) el valor de la nómina mensual de salarios por empleador, ii) el cálculo de los aportes a recaudar por la nueva corporación, iii) la proyección de la distribución

de los aportes y gastos de administración, instalación y funcionamiento y iv) la sustentación sobre la conveniencia económica y social de la corporación[226].

La Superintendencia tendrá un mes para pronunciarse sobre la solicitud de aprobación y reconocimiento de la personaría jurídica de la CCF. Si la información remitida está incompleta, se deben comunicar a la corporación las falencias con la finalidad de que el interesado las subsane en el término de dos meses, so pena de que se entienda que la caja desistió de la solitud. En caso de que la solicitud esté completa, o que teniendo falencias ellas sean subsanadas de manera oportuna, la Superintendencia deberá pronunciarse dentro de los 15 días siguiente al recibo de la información. La resolución mediante la cual se aprueba y reconoce personería jurídica a una CCF debe estar debidamente motivada, y solo estará vigente y surtirá efectos una vez se publique en el Diario Oficial.

2.2 Órganos de dirección de las CCF

Del carácter indudablemente privado (artículo 3 del Decreto 1421 de 1957, artículo 39 de la Ley 21 de 1982) de las CCF, se desprende una organización en la forma prevista en el Código Civil para las corporaciones. Adicionalmente, las funciones sin ánimo de lucro y de seguridad social condicionan una determinada estructura de sus órganos de dirección para el cumplimiento de estos altos cometidos.

Se reitera, a diferencia de lo que ocurre otras entidades que se encargan de la gestión de recursos parafiscales típicos, en los órganos de dirección de las CCF, no existe representación directa con voz y voto de funcionarios del Gobierno nacional, con lo que se refuerza la naturaleza eminentemente privada de la cajas y la condición NO estatal o pública de los recursos del 4 %.

Como se verá a continuación, las Cajas son las únicas instituciones en Colombia que cuentan con un gobierno bipartito, compuesto tan-

226. Decreto 341 de 1988. Arts. 2 y 3

to por trabajadores y empresarios, donde los trabajadores tienen un rol esencial en el gobierno corporativo. Esto sin perjuicio, por supuesto, de los beneficios que reciben de las Cajas de Compensación Familiar, las cuales deben cumplir, por disposición del artículo 15 de la Ley 21 de 1982, con un rango de acción en el territorio en el nivel departamental. Esto busca garantizar que las Cajas desconcentren sus servicios en la zona de interés y que todos los trabajadores del territorio —no solo aquellos que trabajan en las ciudades— puedan beneficiarse.

En las Cajas de Compensación Familiar el Gobierno Corporativo se ejerce a través de: **(i)** una Asamblea General de Afiliados compuesta por los empleadores y empresas afiliadas y que constituye el máximo órgano de dirección de la Caja; **(ii)** un Consejo Directivo, compuesto de manera paritaria por 5 representantes de los empleadores y 5 representantes de los trabajadores (sindicalizados y no sindicalizados); y, **(iii)** un Director Administrativo. La Asamblea General debe elegir un revisor fiscal con su respectivo suplente.

La Asamblea General de Afiliados es la máxima autoridad de las Cajas, y la integran los afiliados —empleadores- hábiles o sus representantes acreditados (artículo 2.2.7.1.2.2 del Decreto Único Reglamentario del Sector Trabajo 1072 de 2015), quienes se reúnen de manera ordinaria o extraordinaria para el cumplimiento de las funciones mencionadas en el artículo 47 de la Ley 21 de 1982, a saber:

> [...] 1. Expedir los estatutos que deberán someterse a la aprobación de la superintendencia del Subsidio Familiar.
>
> 2. Elegir a los representantes de los empleadores ante el Consejo Directivo.
>
> 3. Elegir el Revisor fiscal y su Suplente.
>
> 4. Aprobar u objetar los balances, estados financieros y cuentas de fin de ejercicios y considerar los informes generales y especiales que presente el Director Administrativo.

5. Decretar la liquidación y disolución de la Caja con sujeción a las normas legales y reglamentarias que se expidan sobre el particular.

6. Velar, como máximo órgano de dirección de la Caja por el cumplimiento de los principios del subsidio familiar, así como de las orientaciones y directrices que en este sentido profieran el Gobierno Nacional y la Superintendencia del Subsidio familiar.

7. Las demás que le asignen la ley y los estatutos.

Según lo ha explicado la SuperSubsidio, cada afiliado "*tiene derecho como mínimo a un (1) voto en las reuniones de las Asambleas*"[227], y las Cajas en sus estatutos podrán adoptar "*sistemas de votación ponderada*" que, en todo caso, considere "*el número de trabajadores beneficiarios vinculados laboralmente a la empresa afiliada*" [228].

Por su parte, el Consejo Directivo es el órgano directivo de la Caja de Compensación Familiar, al cual podrán pertenecer todos los afiliados a las cajas, sin límite de salario. El Consejo es elegido por la Asamblea General y está compuesto por cinco representantes de los trabajadores y cinco representantes de los empleadores. Para que el Consejo pueda entrar a ejercer válidamente sus funciones, los actos de elección tienen que aprobarse por la SuperSubsidio.

En caso de vacancia definitiva de un miembro principal (por ejemplo, si el empleador pierde la calidad de afiliado o si termina la vinculación del trabajador con el empleador afiliado a la caja; o por desafiliación, renuncia, expulsión, suspensión, desaparición de la persona jurídica elegida), su suplente la llenará hasta finalizar el período estatutario. Y

227. https://www.ssf.gov.co/documents/20127/722739/T %C3 %8DTULO+III+-+CAJAS+DE+COMPENSACI %C3 %93N.pdf/f0b3043c-296c-2e29-478b-c279ebcd1662.

228. https://www.ssf.gov.co/documents/20127/722739/T %C3 %8DTULO+III+-+CAJAS+DE+COMPENSACI %C3 %93N.pdf/f0b3043c-296c-2e29-478b-c279ebcd1662.

si se presenta vacancia tanto del consejero principal como del suplente, es obligación del Director Administrativo informar de ello a la Superintendencia del Subsidio Familiar dentro de los cinco (5) días calendario siguientes a la ocurrencia del hecho, *"con el fin de mantener actualizado el registro correspondiente"*[229]. Y, en general, tendrá que informar acerca de cualquier novedad en la conformación del Consejo Directivo, con la finalidad de evitar que al interior de este órgano actúen personas que no reúnen los requisitos para ejercer válidamente sus cargos y generen nulidad en las decisiones, como ocurriría en casos como estos:

> a) Los empleadores que, habiendo sido elegidos válidamente, presentan mora y la Corporación no les aplica los procedimientos de suspensión y expulsión como lo ordenan las normas vigentes del subsidio familiar.
>
> b) En el caso de los representantes de los trabajadores que no llenen los requisitos al momento de su designación o pierden su calidad de beneficiarios durante el ejercicio de sus cargos.
>
> c) Cuando a pesar de presentarse inhabilidades e incompatibilidades y demás aspectos que afecten su participación, continúan tomando decisiones en este Órgano de Dirección[230].

Frente a los representantes de los trabajadores beneficiarios, le ley prevé que son escogidos por el Ministerio del Trabajo de listas que presentan tanto las centrales obreras con personería jurídica reconocida como las Cajas de Compensación de todos los trabajadores beneficiarios no sindicalizados[231]. El ejercicio del cargo se entenderá desde la fecha de posesión o autorización de este; y para realizar el reconocimiento y registro, la SuperSubsidio debe haber recibido (i) el acto administrativo de designación, por parte del Ministerio del Trabajo, con constancia

229. Circular Externa 2022-00002 del 2 de marzo de 2022 (marzo 2) de la Superintendencia del Subsidio Familiar. Diario Oficial No. 51.965 de 3 de marzo de 2022.
230. Circular Externa 2022-00002 del 2 de marzo de 2022 (marzo 2) de la Superintendencia del Subsidio Familiar. Diario Oficial No. 51.965 de 3 de marzo de 2022.
231. artículo 52 de la Ley 21 de 1982, modificado por el artículo 22 de la Ley 789 de 2002.

de ejecutoria y las notificaciones respectivas; **(ii)** la comunicación de aceptación del cargo; **(iii)** la manifestación de no encontrarse incurso en causales de inhabilidad e incompatibilidad de que trata el Decreto Ley 2463 de 1981; y, **(iv)** la solicitud de autorización para ejercer el cargo de cada uno de los nombrados[232].

Por su parte, los representantes de los empleadores son elegidos en la Asamblea General para el período que lo dispongan los estatutos, mediante el sistema del cociente electoral. Podrán ser elegidos los empleadores afiliados que sean hábiles, esto es, que **(i)** reúnan los requisitos de los estatutos y sean admitidos por su consejo directivo (o por director administrativo como delegado del Consejo) y, además, **(ii)** se encuentren en pleno goce de los derechos que su calidad les otorga, y estén a paz y salvo por todo concepto[233]. El artículo 54 de la Ley 21 de 1982, consagra las funciones del Consejo Directivo:

> *"Artículo 54. Son funciones de los Consejos Directivos:*
>
> *1º. Adoptar la política administrativa y financiera de la Caja teniendo en cuenta el régimen orgánico del subsidio familiar y las directrices impartidas por el Gobierno Nacional.*
>
> *2º. Aprobar, en consonancia con el orden de prioridades fijadas por la presente ley, los planes y programas a que deban ceñirse las inversiones y la organización de los servicios sociales. Los planes y programas antedichos serán sometidos al estudio y aprobación de la Superintendencia del Subsidio Familiar.*
>
> *3º. Aprobar el presupuesto anual de ingresos y egresos y someterlo a la aprobación de la autoridad competente.*

232. Circular Externa 2022-00002 del 2 de marzo de 2022 (marzo 2) de la Superintendencia del Subsidio Familiar. Diario Oficial No. 51.965 de 3 de marzo de 2022.
233. Circular Externa 2022-00002 del 2 de marzo de 2022 (marzo 2) de la Superintendencia del Subsidio Familiar. Diario Oficial No. 51.965 de 3 de marzo de 2022

4º. Fijar, por semestres anticipados, la cuota de subsidio en dinero, pagadera por personas a cargo, calculada con base en el porcentaje mínimo de los recaudos previstos en el numeral 1o. del artículo 43 y el número de personas a cargo.

5º. Determinar el uso que se dará a los rendimientos líquidos o remanentes que arrojen en el respectivo ejercicio las operaciones de la Caja correspondiente de conformidad con lo dispuesto en el artículo 43.

6º. Vigilar y controlar la ejecución de los programas, la prestación de los servicios y el manejo administrativo y financiero de la Caja.

7º. Elegir el Director Administrativo y los demás funcionarios que señalen los estatutos.

8º. Evaluar los informes trimestrales de gestión y de resultados que debe presentar el Director Administrativo.

9º. Aprobar los contratos que suscriba el Director Administrativo cuando su cuantía fuere superior a la suma que anualmente determine la Asamblea General.

10. Las demás que le asignen la ley y los estatutos".

Salvo contadas excepciones de origen legislativo, son los Consejos Directivos quienes adoptan la política administrativa y financiera de la Caja *"teniendo en cuenta el régimen orgánico del subsidio familiar y las directrices impartidas por el Gobierno Nacional"* (Art. 54-1 de la Ley 21 de 1982), debiendo igualmente aprobar el presupuesto anual de ingresos y gastos y los planes y programas de inversión y la organización de servicios sociales, para posterior aprobación de la Supersubsidio (numerales 2 y 3 *ibidem*). También les corresponde aprobar y definir el uso que se dará a los rendimientos de sus operaciones (artículo 54-5 de la Ley 21 de 1982) y aprobar los contratos que suscriba el Director en cuantía superior a la suma que anualmente determine la Asamblea General (numeral 9, *ibidem*), entre otras.

Y en su función de aprobación por parte de los Consejos Directivos, este debe velar por la correcta aplicación de los recursos en cada uno de los programas *"conforme con los principios de* ***legalidad, equilibrio*** *financiero y eficiencia*"[234]. Nótese cómo el ordenamiento jurídico no establece más exigencia que someterse a los principios de ***eficiencia, eficacia y solidaridad*** en la determinación del presupuesto, con el fin de garantizar el interés social inherente a las prestaciones reconocidas en el Sistema, con un amplio margen de autonomía de las Cajas de Compensación Familiar, dentro del marco de la ley y bajo la inspección, vigilancia y control ejercidos por la Superintendencia de Subsidio Familiar. Y es que lo que interesa al legislador es, en esencia, el cumplimiento de los fines para los cuales fue instaurado el Sistema, a través del reconocimiento de las prestaciones y servicios que prestan las Cajas de Compensación Familiar, que no una intervención innecesaria en la libertad económica de los mencionados organismos privados.

Finalmente, debe indicarse que, en los términos del parágrafo del artículo 50 de la Ley 21 de 1982[235], existen decisiones a cargo del Consejo Directivo cuya adopción requiere una mayoría calificada consistente en las dos terceras partes de sus miembros.

Si bien existe la claridad de que para la elección del director administrativo se requiera de esa mayoría calificada, no sucedía lo mismo en

234. Numeral 2 del artículo 2.2.7.5.4.1 del Decreto 1072 de 2015.

235. **Parágrafo.** Los Consejos Directivos requerirán de una mayoría de las dos terceras partes de sus miembros para tomar determinaciones concernientes a:
1°. Elección de Director;
2°. Aprobación del presupuesto anual de ingresos y egresos;
3°. Fijación de la cuota del subsidio en dinero, pagadera por personas a cargo, cuando ella resultara de la asignación de un porcentaje superior al previsto en el artículo 43 para ese propósito;
4°. Aprobación de los planes y programas de inversión y organización de servicios que debe adelantar el Director Administrativo;
5°. Aprobar u objetar los balances, estados financieros y cuentas de fin de ejercicio y considerar los informes generales y especiales que presente el Director Administrativo, para su remisión a la Asamblea General." (Modificado según Artículo 1 de Ley 31 de 1984)

relación con el régimen de mayorías exigido para removerlo, cuestión que finalmente fue resuelta a través de un concepto emitido por la Sala de Consulta y Servicio Civil de Consejo de Estado[236], según el cual la mayoría necesaria corresponde, de igual forma, a la calificada prevista en el citado parágrafo del artículo 50 de la Ley 21 de 1982, para lo cual se aplicó de forma supletoria el artículo 163 del Código de Comercio. **El Director Administrativo,** de conformidad con el artículo 55 de la Ley 21 de 1982, tiene las siguientes funciones:

1. Llevar la representación legal de la Caja.

2. Cumplir y hacer cumplir la Ley, los estatutos y reglamentos de la entidad, las directrices del Gobierno Nacional y los ordenamientos de la Superintendencia del Subsidio Familiar.

3. Ejecutar la política administrativa y financiera de la Caja y las determinaciones del Consejo Directivo.

4. Dirigir, coordinar y orientar la acción administrativa de la Caja.

5. Presentar, a consideración del Consejo Directivo, las obras y programas de inversión y organización de servicios, y el proyecto de presupuesto de ingresos y egresos.

6. Presentar a la Asamblea General el informe anual de labores, acompañado de los balances y estado financiero del correspondiente ejercicio.

7. Rendir ante el Consejo Administrativo los informes trimestrales de gestión y resultados.

8. Presentar ante la Superintendencia del Subsidio Familiar los informes generales o periódicos que se le solicitan sobre las actividades desarrolladas, el estado de ejecución de los planes y programas, la situación general de la entidad y los tópicos que se relacionan con la política de seguridad social del Estado.

236. Consejo de Estado. Sala de Consulta y Servicio Civil. Concepto del 18 de diciembre de 2020. Expediente: 11001-03-06-000-2020-00233-00(2457)

9. Presentar a la consideración del Consejo Directivo los proyectos de planta de personal, manual de funciones y reglamento de trabajo.

10. Suscribir los contratos que requiera el normal funcionamiento de la Caja, con sujeción a las disposiciones legales y estatutarias.

11. Ordenar los gastos de la entidad.

12. Las demás que le asigne la Ley y los estatutos, como, por ejemplo, el deber de informar a la Superintendencia del Subsidio familiar las novedades acerca de la conformación del Consejo Directivo.

El Director Administrativo estará, en todo, sujeto a la ley y los estatutos de la respectiva Caja, los cuales podrán limitar la capacidad de celebrar y ejecutar contratos según su naturaleza o cuantía, requiriendo en tales casos la autorización expresa de la Asamblea. Ahora bien, es muy relevante el expreso reconocimiento que ha hecho la SuperSubsidio en cuanto a que, *"a falta de estipulación estatutaria dicho funcionario se encuentra en capacidad de celebrar o ejecutar todos los actos y contratos comprendidos dentro del objeto social o que se relacionen en forma directa con la existencia y funcionamiento de la entidad a la cual representa"*[237].

A su turno, el Director Administrativo, como representante legal de la Caja, debe ejecutar la política administrativa y financiera de la Caja y las determinaciones del Consejo Directivo; dirigir, coordinar y orientar la acción administrativa de la Caja; y preparar para consideración del Consejo el proyecto de presupuesto de ingresos y egresos, así como los proyectos de planta de personal, manual de funciones y reglamento de trabajo, suscribir contratos y ordenar los gastos de la entidad entre otros (Artículo 55 de la Ley 21 de 1982, numerales 3, 4, 9, 10 y 11).

237. https://www.ssf.gov.co/documents/20127/722739/T %C3 %8DTULO+II-I+-+CAJAS+DE+COMPENSACI %C3 %93N.pdf/f0b3043c-296c-2e29-478b-c279ebcd1662.

En virtud de su naturaleza, y de acuerdo con los artículos 23 y siguientes de la Ley 222 de 1995, existe un genérico *deber de obrar de buena fe, con lealtad y con la diligencia de un buen hombre de negocios*. En palabras de la Corte Constitucional:

> *"Puede concluir la Corte, que en materia de sociedades, dada la importante labor que desempeñan sus administradores, en razón a la gran responsabilidad que asumen y la repercusión que sus actuaciones pueden tener en el desarrollo social, ha sido la ley la que les ha impuesto de manera general a éstos,* ***ejercer sus funciones con sujeción a los principios de lealtad y buena fe, así como actuar con la diligencia de un buen hombre de negocios, en interés de la sociedad y teniendo en cuenta los intereses de sus asociados.*** *En tal medida, la actuación de los administradores debe ir más allá de la diligencia común y corriente, pues su gestión profesional de carácter comercial debe orientarse al cumplimiento de las metas propuestas por la sociedad.*
>
> *Cabe recordar, que la Ley 222 de 1995, impuso a los* ***administradores un grado de diligencia y prudencia superiores a la mediana que hasta entonces tenían, la de un buen padre de familia, pues ahora deberán actuar con la diligencia propia de un buen hombre de negocios,*** *es decir, con la que pondría un comerciante normal en sus propios asuntos, lo que supone una* ***mayor exigencia en la administración de los asuntos propios de la sociedad"***[238]. *(Negrilla fuera de texto).*

En cuanto al concepto de *buen hombre de negocios*, la Superintendencia de Sociedades encuentra su fundamento en el mandato que los asociados confieren a los administradores, por lo cual se espera que pongan sus conocimientos profesionales, técnicos y su experiencia al servicio de la sociedad para el exitoso desempeño de esta, ya que "*en esa medida si la sociedad obtiene resultados positivos redundará en beneficio económico para los asociados*" [239], incluso por encima de los intereses individuales, en caso de contraponerse con el interés social

238. Corte Constitucional, C-123 de 2006.
239. Superintendencia de Sociedades, Oficio 220-015163 Del 11 de Febrero de 2013, https://www.supersociedades.gov.co/nuestra_entidad/normatividad/normatividad_conceptos_juridicos/32968.pdf.

Así las cosas, si bien el legislador dejó a criterio de la Caja, con fundamento en su autonomía, la forma para efectuar la gestión financiera de los recursos que administran, ello siempre debe hacerse con respeto a la reserva de ley en la determinación del destino que deben tener esos recursos; y en claro cumplimiento del deber de diligencia y, en particular, el genérico deber de obrar de buena fe, el cual se concreta en el deber de encontrar y aplicar la mejor planeación y gestión financiera y contable posible, disminuyendo el riesgo financiero y el endeudamiento innecesario, entre otros. Finalmente, el **revisor fiscal** tiene a su cargo las siguientes funciones:

> *1º. Asegurar que las operaciones de la Caja se ejecuten de acuerdo con las decisiones de la Asamblea General y el Consejo Directivo, con las prescripciones de las leyes, el régimen orgánico del subsidio familiar y los estatutos.*
>
> *2º. Dar oportuna cuenta, por escrito, a la Asamblea, al Consejo Directivo, al Director Administrativo y a la Superintendencia del Subsidio Familiar según los casos, de las irregularidades que ocurran en el funcionamiento de la entidad y en el desarrollo de sus actividades.*
>
> *3º. Colaborar con la Superintendencia del Subsidio Familiar, y rendir los informes generales periódicos y especiales que le sean solicitados.*
>
> *4º. Inspeccionar los bienes e instalaciones de la Caja y exigir las medidas que tiendan a su conservación o a la correcta y cabal prestación de los servicios sociales a que están destinados.*
>
> *5º. Autorizar con su firma los inventarios, balances y demás estados financieros*
>
> *6º. Convocar a la Asamblea General a reuniones extraordinarias cuando lo juzgue necesario.*
>
> *7º. Las demás que le señalen las leyes o los estatutos y las que, siendo compatibles con las anteriores, le encomienden la Asamblea General y la Superintendencia del Subsidio Familiar.*

Como criterio transversal aplicable a las personas que integran los órganos de dirección y control de las CCF, se encuentra que deben sujetarse al Decreto-Ley 2463 de 1981 que establece el régimen de inhabilidades, incompatibilidades y responsabilidades de los trabajadores de las cajas de compensación familiar, de las asociaciones de cajas[240] y de los miembros de sus organismos de dirección, administración y fiscalización.

2.3. Funciones de las CCF

Desde su origen y creación, las funciones asignadas a las CCF estuvieron inescindiblemente ligadas con el reconocimiento, asignación y reparto del subsidio familiar y con la gestión de los recursos (4 % parafiscalidad atípica) que financian este beneficio. No obstante, a partir del desarrollo y evolución del régimen jurídico particular de estas corporaciones, puede afirmarse que su propósito y funciones no se circunscriben única y exclusivamente respecto de esta prestación, en tanto que, por habilitación expresa del legislador, se les permite incursionar en distintos y disímiles campos, gestionar recursos de distinta naturaleza y emprender acciones como cualquier agente del mercado, siempre y cuando tales actuaciones se encuentren alineadas con su objeto social (de acuerdo con su naturaleza de corporaciones en los términos del C.C.) y con el marco normativo que les sea aplicable. Para sustentar la anterior afirmación resulta necesario exponer de manera concreta los principales hitos o etapas normativas que han marcado el devenir histórico de las funciones de las CCF en el país.

2.3.1. PRIMERA ETAPA. Creación de las Cajas de Compensación Familiar y el subsidio familiar

En una primera etapa, las CCF eran consideradas como entidades de solo reparto, esto es que solo recibían los recursos por parte de los

240. Ley 25 de 1981. Artículo 18. Para efectos de la presente Ley se entiende por asociaciones de Cajas de Compensación Familiar aquellas constituidas para prestar servicios sociales conjuntos a los beneficiarios del subsidio familiar.

empleadores con el fin de redistribuirlos entre los trabajadores beneficiarios de acuerdo con lo previsto en la ley y los reglamentos.

El Decreto Reglamentario 3151 de 1962 constituye un avance en la consolidación del subsidio familiar y de las Cajas de Compensación Familiar en la medida en que permitió que estas corporaciones invirtieran en obras de beneficio social las sumas no empleadas de los gastos de administración autorizados, siempre que se trate de programas que tendieran a favorecer el núcleo familiar. De esta forma, las Cajas dejan de entidades de solo reparto y pasan a desempeñar un papel más activo en actividades de fomento.

2.3.2. SEGUNDA ETAPA. La Ley 21 de 1982

Con la expedición de la Ley 21 de 1982, se organiza el régimen del subsidio familiar y de las CCF, al consolidar, entre otros aspectos, que esta prestación social puede reconocerse en dinero, especie o servicios, definiendo para el efecto un porcentaje específico de distribución de los recursos del 4 %.

En cuanto al reconocimiento del SF en servicios, como se expuso en el Capítulo II, el artículo 62 definió el siguiente orden de prioridades en los cuales las CCF podrían emprender las obras o servicios sociales correspondientes 1) salud; 2) programas de nutrición y mercadeo de productos que compongan la canasta familiar; 3) educación; 4) vivienda; 5) crédito de fomento para industrias familiares; 6) recreación social; 7) mercadeo de productos distintos a los previstos en el numeral 2.

Las obras y los programas sociales que organizan las cajas deben tener como criterio principal las necesidades de los trabajadores afiliados beneficiarios, en plena armonía con la finalidad y objeto del subsidio familiar. Una vez diseñadas, construidas y puestas en funcionamiento, su utilización, si bien está abierta a la comunidad en general, es decir, cualquier persona puede hacer uso de los mismos, lo cierto es que, de conformidad con el artículo 44 de la Ley 21 de 1982 y el artículo 2.2.7.5.3.7 del DUR 1072 de 2015, no pueden aplicarse recursos del subsidio familiar, incluyendo por supuesto, aquellos destinados a reconocer el subsidio familiar en servicios, para subsidiar a trabajadores no beneficiarios o a población no afiliada, salvo que la ley diga expresamente lo contrario.

Así las cosas, la ley ha regulado la forma como deben utilizarse las obras y servicios sociales a los afiliados y no afiliados, lo cual se traduce en el subsidio a las tarifas para dicho uso, tratándose de los afiliados y el cobro de tarifa plena para los no afiliados, tal como lo dispone el artículo 64 de la Ley 21 de 1982, en armonía con el segundo inciso del parágrafo 2° del artículo 3° de la Ley 789 de 2002.

Hasta este punto se puede concluir que hay una asimilación entre el SF y las CCF, de tal forma que la función de estas corporaciones se circunscribía única y exclusivamente a recaudar los recursos del 4 % para efectos de reconocer esta prestación social a los trabajadores beneficiarios en los términos expuestos. Si bien se permitía el acceso de la comunidad en general a ciertos servicios, solo los trabajadores o afiliados de categoría A y B podían acceder a tarifas subsidiadas para la utilización de los mismos.

El régimen jurídico antes expuesto encuentra plena justificación puesto que, si los empleadores están asumiendo una carga económica para el reconocimiento de una prestación social de origen laboral, resulta coherente que los recursos que de esta forma se recauden a través de las CCF deban destinarse necesariamente a los trabajadores beneficiarios al servicio de dichos empleadores.

Así mismo, debe indicarse que a partir de la habilitación legal a los Consejos Directivos de las CCF de cobrar una tarifa (no obstante, que algunas de estas sean subsidiadas) por el uso de las obras y programas sociales de estas Corporaciones, surgió una nueva fuente de recursos diferentes al denominado 4 % y que, por lo tanto, no se guía por las reglas y parámetros previstos por la ley para estos últimos ingresos.

2.3.3. TERCERA ETAPA. La parafiscalidad atípica y la creación de las apropiaciones obligatorias

A partir de la llegada los años noventa inicia un periodo de importantes transformaciones tanto en el régimen del SF como en el de las CCF, iniciando con la consideración de la naturaleza jurídica de estos recursos como rentas parafiscales atípicas, por parte de la Corte Constitucional, entre otras, en las Sentencias C-575 de 1992, C-1172 de 2001, C-183 de 1997, C-473 de 2019.

De igual forma, a través de sucesivas modificaciones legislativas se inició una práctica tendiente a destinar los recursos del 4 % a finalidades distintas del SF en los términos antes expuestos, a través de la creación de los denominados Fondos de Ley o apropiaciones legales obligatorias, a saber:

- Ley 49 de 1990 (art. 68). Obligación a las cajas de constituir un fondo (Fondo de Vivienda de Interés Social —FOVIS—).
- Ley 100 de 1993 (art. 217). Se obliga a las cajas a destinar un porcentaje de los aportes del subsidio familiar *"para financiar el régimen de subsidios en salud"*.
- Ley 115 de 1994 (art. 190, desarrollado por el artículo 2.2.7.4.4.17 del Decreto Único Reglamentario 1072 de 2015). *Las Cajas de Compensación Familiar deben descontar por lo menos el 10 % del saldo de obras y programas de inversión previsto en el numeral 4° del artículo 43 de la Ley 21 de 1982, para programas de educación básica y educación media en forma directa o contratada, destinados prioritariamente para los hijos de los trabajadores beneficiarios del subsidio familiar*
- Ley 633 de 2000 (art. 64). Se crea FONIÑEZ.
- Ley 789 de 2002 (art. 6). Se crea FONEDE.
- Ley 1636 de 2013 (art. 6). Se reemplaza FONEDE por FOSFEC.

La particularidad de estas apropiaciones es que se permitió la utilización de los recursos del 4 % para cubrir u otorgar prestaciones a población no afiliada o beneficiaria de estos en los términos ya expuestos previstos en la Ley 21 de 1982.

De forma paralela, se permitió a las CCF incursionar en nuevas actividades con el fin de cumplir con las finalidades previstas en las aludidas apropiaciones obligatorias. De esta manera, se les autorizó para crear programas de salud (con fundamento en la Ley 100 de 1993) sea en el aseguramiento o en la prestación de servicios en cualquiera de los regímenes o para hacer convenios con los entes territoriales para cofinanciar los programas de atención integral a la niñez y jornada escolar complementaria.

Así las cosas, como resulta apenas natural, las CCF comenzaron a recibir recursos diferentes al 4 % para la prestación de estos servicios, incluida la remuneración correspondiente, de ahí que se empiece a hacer referencia con mayor ahínco al concepto de *"recursos propios"* de estas corporaciones o servicios *"autocosteables"*, comoquiera que, por obvias razones no estaban afectos a la finalidad y destinación propia de los recursos del SF, en tanto no prevenían del aporte obligatorio por parte de los empleadores, esto es no tienen la naturaleza de recursos parafiscales atípicos.

2.3.4. CUARTA ETAPA. Regulación de las CCF como agentes del mercado

Con la expedición del artículo 65 de la Ley 633 de 2000 que luego es modificado por el artículo 40 de la Ley 1430 de 2010, se produce una modificación trascendental y expresa en el régimen jurídico de las CCF, consistente en la obligación de llevar un manejo financiero independiente y en cuentas separadas del recaudo del 4 % de los servicios de mercadeo y salud. Dice la norma en cuestión:

> *"**ARTICULO 65. MANEJO FINANCIERO.** «Artículo modificado por el artículo 40 de la Ley 1430 de 2010. El nuevo texto es el siguiente»: El artículo 65 de la Ley 633 de 2000, quedará así: Las cajas tendrán un manejo financiero independiente y en cuentas separadas del recaudo del cuatro por ciento (4 %) de la nómina, para los servicios de mercadeo y salud, incluidos en estos últimos las actividades de IPS y EPS. Por consiguiente, a partir de la vigencia de la presente*

Ley, en ningún caso los recursos provenientes del aporte del cuatro por ciento (4 %) podrán destinarse a subsidiar dichas actividades".

De esta forma, por restricción expresa del legislador, pero de forma correlativa por su misma habilitación, existe una separación o diferenciación entre los recursos provenientes del 4 % y aquellos producto de las actividades de mercadeo y salud (incluidas las actividades de IPS y EPS), de tal manera, que se prohíbe de forma expresa que los recursos del SF financien dichas actividades. No otra interpretación puede derivarse cuando al tenor de la norma en comento se exige la existencia de un "*manejo financiero independiente y en cuentas separadas*" de estos rubros. Lo expuesto se refrenda, en el caso del servicio de mercadeo, en el numeral 11 del artículo 12 de la Ley 789 de 2002, según el cual:

"12. Realizar actividades de mercadeo, incluyendo la administración de farmacias. Las Cajas que realicen actividades diferentes en materia de mercadeo social lo podrán realizar siempre que acrediten para el efecto ***independencia contable, financiera y operativa****, sin que puedan comprometer con su operación la expansión o mantenimiento* ***los recursos provenientes de los aportes parafiscales*** *o de cualquier otra unidad o negocio de la Caja de Compensación Familiar".*

La diferenciación prevista o creada en la norma ente los recursos del 4 % de cualquier otra fuente, genera una consecuencia sustancial frente a estas últimas rentas, consistente en la ausencia de afectación a las finalidades propias y específicas del subsidio familiar, de ahí entonces que no solo puedan y deban utilizarse para el objeto que sea del caso, sea salud o mercadeo, sino que no estarán inmersas dentro de las reglas propias de la compensación familiar, entre ellas su destinación a los trabajadores beneficiarios de las Cajas. Por esa razón, encuentra todo el sentido que los servicios de salud y mercadeo tengan como población objetivo no solo aquella que se encuentre afiliada al sistema o tenga derecho al disfrute de la prestación social en los términos advertidos.

Ahora bien, precisamente, el artículo 16 de la Ley 789 de 2002 contempla la modificación más radical en relación con el objeto de las CCF, comoquiera que ya no liga de forma directa e inescindible las actividades que puedan emprender estas corporaciones con la naturaleza propia y específica del subsidio familiar, sino que abre el abanico de posibilidades a distintos ámbitos, convirtiendo a las Cajas en actores multimodales otorgándoles para el efecto un margen amplio de autonomía.

En este sentido, la referida ley no solo actualizó y unificó, sino que amplió de manera decisiva el catálogo de funciones y la gama de servicios de las CCF. Así las cosas, estos entes fueron habilitados y autorizados para emprender programas en los siguientes campos: a) invertir en los regímenes de salud, pensiones riesgos profesionales; b) mercadeo social; c) participar en el sistema financiero; d) administrar programas de microcrédito; e) actividades de mercadeo en general en tanto no comprometan recursos del 4 %; f) la operación de farmacias; g) la operación de fondos de capital de riesgo; h) la operación de apropiaciones obligatorias de ley; i) los programas que venían operando en los campos de recreación, turismo, cultura (museos, bibliotecas y teatros), vivienda de interés social, crédito social, programas de jornada escolar complementaria, educación en general, atención a la tercera edad, programas de nutrición materno infantil; j) actividad financiera.

De igual forma se ampliaron las posibilidades de alianzas, convenios o inversiones para distintas actividades, a tal punto que el numeral 4 del artículo 16 de la Ley 789 de 2002, señala:

> *"4. Podrán asociarse, invertir o constituir personas jurídicas para la realización de cualquier actividad, que desarrolle su objeto social, en las cuales también podrán vincularse los trabajadores afiliados".*

Con fundamento en este numeral se permite a las CCF:

- Asociarse, invertir o constituir personas jurídicas
- Para la realización de ***cualquier actividad*** que desarrolle su objeto social
- En las que podrá vincularse a los trabajadores afiliados

De esta forma, siempre y cuando la actividad desarrolle su objeto social, (*sin que necesariamente deba circunscribirse al subsidio familiar*) la norma permite que las CCF se asocien, inviertan o constituyan personas jurídicas para su desarrollo.

En cuanto a la definición del objeto social, no solo se debe ajustar al previsto en los estatutos de la corporación, a las normas especiales que habilitan a la Caja a ejercer determinada actividad, sino que debe corresponder al definido en la ley. Se recuerda que, con fundamento en el artículo 39 de la Ley 21 de 1982, *"Las Cajas de Compensación Familiar son personas jurídicas de derecho privado sin ánimo de lucro, organizadas como corporaciones en la forma prevista en el Código Civil,* ***cumplen funciones de seguridad social*** *y se hallan sometidas al control y vigilancia del Estado en la forma establecida por la ley".*

Esta norma debe ser entendida en concordancia con la misma Ley 789 de 2002 (art. 1) y el artículo 151 de la Ley 1450 de 2011, según el cual las Cajas de Compensación Familiar forman parte del Sistema de Protección Social, sin perjuicio de que, *"en todo caso el Sistema de Compensación Familiar como prestación social seguirá rigiéndose por las normas que lo regulan",* circunstancia que permite diferenciar claramente el rol de la Caja cuando hace uso de los recursos del subsidio familiar (4 %) caso en el cual deberá enmarcarse en las normas específicas que regulan esta prestación, de lo contrario su función, en general está enmarcada en el desarrollo de la protección social. Así lo ha indicado la doctrina[241], al hacer referencia al alcance del citado artículo 16 de la Ley 789 de 2002:

> *"Fue el artículo 16 de la Ley 789 de 2002 el que, al adicionar el artículo 41 de la Ley 41 de 1982, amplió legalmente la gama de servicios ofertados por las cajas y en nuestro concepto modificó el orden de prioridades establecido por el artículo 62 de la Ley 21, por cuanto a partir de él se entiende como funciones de las cajas una serie de actividades* ***diversas o adicionales*** *consagradas en dicha norma, que tienen consagración normativa de igual rango y que se enuncian dentro del articulado modificado de la Ley 21 de 1982.*

241. Cortés González, Juan Carlos. Subsidio familiar y servicios sociales en Colombia. Régimen actual y perspectivas. Legis. Bogotá. 2011. Págs. 159 y ss.

(...)

Pero más allá de este enlistamiento que realiza la normatividad actualmente vigente al respecto, debe considerarse que el artículo 16 de la Ley 789 de 2002 se estructuró sobre un criterio de ***libertad, colaboración y ampliación en la gama de roles*** *a cargo de las Cajas de Compensación Familiar.*

(...)

Así mismo, impone [el artículo 16] *un* ***criterio amplio*** *sobre la materialidad de las acciones y proyectos de las cajas en la medida en que se consideren pertinentes, siempre y cuando se encuadren dentro del ámbito de la* ***protección social****" (Se resalta).*

Y, en otro aparte, se reiteró:

"Sea lo primero señalar que el numeral 2 del artículo 41 de la Ley 21 de 1982 remitía al artículo 62 de la misma ley en lo atinente a las obras y programas sociales a cargo de las cajas, estableciendo un orden de prioridades por campos de acción (...)

La Ley 789 de 2002, por el contrario, estableció en un plano de igualdad de condiciones los servicios cuya administración estaría a cargo de las cajas de compensación familiar, con la eliminación a nuestro juicio como se ha advertido del orden de prioridades que consagró el artículo 62 de la Ley 21 de 1982".

Así las cosas, en tanto que la actividad que pretendan desarrollar las CCF se encuentre dentro del marco de la Protección Social, los estatutos o cualquier norma especial que así lo habilite, la CCF podrá realizar cualquier actividad a través de la asociación, inversión o la creación de personas jurídicas.

Ahora bien, siguiendo con el análisis del artículo 16 de la Ley 789 de 2002, surge la disyuntiva —dado que la ley no lo aclara— de cuál debe ser la fuente de los recursos que pueden utilizar las cajas para financiar o emprender las actividades contempladas en dicha normativa dada la heterogeneidad de las funciones allí contenidas.

Para ello, necesariamente debe hacerse una interpretación armónica y sistemática entre el aludido artículo 16 y las normas particulares que regulan el subsidio familiar y el uso y destinación específica de los recursos del 4 %, para establecer que, en tanto, se trate de actividades en la cuales exista disposición específica que indique que deben financiarse con los recursos de la compensación familiar (sea para el reconocimiento de la prestación social o la aplicación de los fondos de ley), la Caja deberá utilizar estas partidas, de lo contrario podrá hacer uso de los denominados *"recursos propios"* o aquellos que no hacen parte de dicho 4 %. De nuevo, en relación con las actividades cuyo funcionamiento no se financia de forma total con los ingresos de la parafiscalidad atípica, son considerados dentro del mismo sector de la compensación familiar como actividades *autocosteables*.

Lo anterior se justifica y fundamenta por la aplicación del principio de interpretación normativa consistente en el "efecto útil", en tanto, no tendría sentido que el legislador habilitara a las Cajas a desarrollar actividades que no se enmarquen dentro de la compensación familiar, si no se habilita la utilización de recursos que reciban y gestionen las Cajas que no estén afectos al 4 %, lo cual, por demás, se encuentra dentro del ámbito de la autonomía de la voluntad de estas Corporaciones dado su régimen de derecho privado.

De esta forma, para solo poner un ejemplo, el numeral 2° y 3° del artículo 16 de la Ley 789 de 2002 sería de difícil o imposible aplicación si no se permitiera la utilización de los recursos por fuera del 4 % (puesto que claramente no se podrían utilizar estos rubros para el efecto) para *invertir* en los regímenes de salud, riesgos profesionales, pensiones o el sistema financiero. Igual ocurre con las actividades previstas en los numerales 13 y 14 de la norma en mención.

Finalmente, sobra indicar que los ingresos o excedentes que resulten de las actividades que la ley habilita a las Cajas a emprender y que se encuentran por fuera de la compensación familiar o de la destinación específica de los recursos del 4 %, seguirán la misma suerte y naturaleza de la actividad de la cual provienen o, en su defecto, podrán destinarse para los fines que la corporación considere pertinentes en ejercicio de la autonomía siempre y cuando se atengan a las limitaciones que normativamente sean aplicables. En conclusión, bajo la égida de la Ley 789 de 2002, las CCF se convierten en agentes del mercado, tal como lo reconoció la Corte Constitucional en la Sentencia C-429 de 2019[242].

3. OBLIGACIONES DE TRANSPARENCIA Y PUBLICIDAD

3.1. Régimen de transparencia y manejo de conflictos de interés

El artículo 21 de la Ley 789 de 2002 regula el **régimen de transparencia** aplicable a las CCF y a las personas que integran los órganos directicos, encaminado principalmente a garantizar la libre competencia entre cajas a través de la tipificación de conductas impliquen abuso de la posición dominante, prácticas comerciales restrictivas o competencia desleal. Así mismo, se establecen prohibiciones expresas en relación con el manejo y destinación de los recursos y bienes a su cargo.

El parágrafo 1° de la disposición normativa en comento asigna a la Superintendencia de Subsidio Familiar la competencia para sancionar las prácticas de selección adversa, sí como los procesos de comercializa-

242. Corte Constitucional. Sentencia C-429 de 2019. *"Progresivamente, se avanzó hacia el esquema normativo actualmente vigente, en el cual las cajas de compensación están autorizadas para participar en diferentes actividades económicas que van desde la prestación de servicios de recreación, el comercio de bienes mediante cadenas de supermercados, la prestación del servicio de salud y algunas actividades financieras, entre otro. En relación con este aspecto, se debe considerar lo expuesto en esta providencia con respecto al cambio del contexto económico que han experimentado las cajas de compensación familiar, en la medida en que actualmente intervienen en varios sectores de la economía que están regidos por reglas de mercado. No obstante, estas corporaciones quedan en desventaja respecto de los demás actores económicos que concurren con ellas en las distintas actividades económicas que están facultadas para desempeñar. En este sentido, las medidas analizadas implican una desigualdad para las cajas de compensación para reaccionar a la dinámica del mercado, lo cual puede incidir en la libre competencia".*

ción que no se enfoquen a afiliar a los diferentes niveles empresariales por parte de las diferentes Cajas y el traslado o retención ilegal de empleadores. Por su parte, el parágrafo 5° otorgó a la Superintendencia de Industria y Comercio las funciones de inspección, vigilancia y control en materia de competencia y protección al consumidor, de conformidad con las Leyes 155 de 1959 y 256 de 1996 y el Decreto-ley 2153 de 1992 y demás normas que los reglamenten o modifiquen.

El parágrafo 2° del referenciado artículo 21 impuso el deber a las CCF de construir un Código de Buen Gobierno; el parágrafo 4° prevé un procedimiento que debe aplicar la Caja en caso de desafiliación de una empresa o afiliado por mora de dos meses en el pago de sus aportes o inexactitud en los mismos y el parágrafo 6° consagra una nueva causal de inhabilidad a los directores y subdirectores de las cajas consistente en que no podrán ser elegidos a ninguna corporación ni cargo de elección popular, hasta un año después de haber hecho dejación del cargo en la respectiva caja, la cual fue declarada exequible por la Corte Constitucional en Sentencia C-014 de 2004.

En cuanto al manejo de los **conflictos de interés**, el artículo 23 de la Ley 789 de 2002 prevé varias causales que dan lugar a la aplicación del procedimiento previsto en dicha disposición en caso de configurarse. El legislador tuvo a bien introducir esta regulación con la finalidad de garantizar una correcta aplicación de los recursos que gestionan las CCF dado su propósito social. De esta forma, se pueden extraer las siguientes características del régimen de manejo de conflictos de interés aplicados a estas corporaciones:

i) Se impone una obligación a representante legal de la Caja o sus entidades vinculadas, de informar al Consejo Directivo o máximo órgano administrativo aquellos casos en los cuales él o un administrador, miembro del Consejo Directivo, socio o asociado, Revisores Fiscales tenga parentesco hasta el cuarto grado de consanguinidad; primero de afinidad o único civil, con las personas que se relacionan en la norma:

> *1. Los socios, asociados o de personas jurídicas que hagan parte de la red de servicios contratadas directa o indirectamente por la entidad o de las entidades vinculadas por razón de inversiones de capital.*

2. Los contratistas personas naturales y los socios o asociados de personas jurídicas con quienes la entidad o sus entidades vinculadas celebren cualquier tipo de contrato o convenio dentro del marco de la operación del régimen.

3. Los socios, asociados o de personas jurídicas receptoras de recursos de capital de la entidad o entidades vinculadas, conforme su objeto social lo permita.

ii) Cuando se presenten estos eventos, dice la norma, la persona que tenga los vínculos aludidos deberá abstenerse de participar en los procesos de selección, contratación o auditoría y la entidad deberá celebrarlos siempre y cuando estos proponentes se encuentren en condiciones de igualdad con las demás ofertas o ser la mejor opción del mercado.

De esta forma, no se prohíbe la celebración del negocio jurídico proyectado, sino que se obliga al involucrado a informar y apartarse de los procesos de selección correspondientes y, en todo caso, se podrán celebrar los actos jurídicos respectivos siempre y cuando se garantice la existencia de condiciones de igualdad entre todos los proponentes y que la opción sea la mejor del mercado.

iii) Constituye causal de remoción del Consejo Directivo y órgano administrativo la violación de estos deberes, incluyendo una inhabilidad para desempeñar esta clase de cargos por un término de diez años.

iv) Es deber del representante legal de la entidad informar a los trabajadores de la entidad o entidades vinculadas sobre el contenido de la presente disposición y adoptar las medidas correspondientes tendientes a garantizar la periodicidad de esta información. En particular, se obliga a incluir una cláusula en los diferentes contratos que celebre la entidad o entidades vinculadas, para garantizar por parte de terceros el suministro de la información.

v) Finalmente, se imponen una obligación a las cajas de establecer mecanismos caracterizados por una total transparencia en cuanto a los procedimientos a que deben acudir los proveedores para ser incluidos en el registro correspondiente.

3.2. Aplicación de la Ley 1712 de 2014

Con el objeto de regular el derecho de acceso a la información pública, los procedimientos para el ejercicio y garantía del derecho y las excepciones a la publicidad de información, la Ley 1712 del 2014 estableció que, en ejercicio del derecho fundamental de acceso a la información, toda persona puede conocer sobre la existencia y acceder a la información pública en posesión o bajo control de los sujetos obligados. Esta disposición se apoya en los principios de máxima publicidad para titular universal, transparencia, buena fe, facilitación, no discriminación, gratuidad, celeridad, eficacia, calidad de la información, divulgación proactiva de la información y responsabilidad en el uso de la información.

Pues bien, el ámbito de aplicación de la Ley de Trasparencia (Ley 1712 de 2014) incluye, entre los sujetos obligados de la ley, a las siguientes: (i) las personas naturales y jurídicas, públicas y privadas, que presten servicios públicos "*respecto de la información directamente relacionada con la prestación del servicio público*"; (ii) las entidades que administren instituciones parafiscales, así como fondos o recursos de naturaleza u origen público; (iii) y las personas naturales o jurídicas que reciban o intermedien fondos o beneficios públicos territoriales y nacionales y no cumplan ninguno de los otros requisitos para ser considerados sujetos obligados, pero en este caso solo respecto de aquella información que se produzca en relación con fondos públicos que reciban o intermedien. (Artículo 5).

Así las cosas, las Cajas de Compensación Familiar, quedaron sujetas, en lo que corresponda a la Ley 1712, puesto que aun cuando no administran recursos públicos o de propiedad del Estado según se expuso en la capítulo III, si puede considerarse que administran instituciones parafiscales —así sea atípicas— y prestan servicios públicos (en lo que atañe a sus funciones principales).

La información que debe publicarse es aquella prevista en el artículo 9°, no obstante, debe precisarse que no todos los numerales contenidos en dicha disposición aplican a las CCF, sino solo aquella información respecto de la cual exista, de forma previa, la obligación de realizar el proceso o actuación sujeta al deber de publicidad.

En este orden de ideas, la Ley 1712 no puede tener como objeto u efecto, "estatizar", esto es aplicar el derecho público a las personas jurídicas privadas con régimen propio y especial, sino armonizar las normas de publicidad, única y exclusivamente respecto de la información respecto de la cual existe el deber legar de producir, sin que esto riñe con los regímenes particulares.

De esta forma, existen literales que no aplicarían o solo se haría de forma parcial en lo que corresponda, en relación con aquellos que remiten de forma directa o indirecta a normas que no aplican a las CCF, como es el caso de la Ley 1474 de 2011 y el artículo 3° del Decreto 1510 de 2013, que señalan de manera expresa que solo aplican para entidades públicas.

Igual ocurre con el artículo 10, en tanto, remite expresamente a las contrataciones sometidas al régimen de contratación estatal que deban publicar su información contractual en el SECOP, cuestión que no ocurre, como ya se expuso, tratándose de las CCF. En conclusión, cada uno de los requerimientos de información objeto de la Ley 1712 de 2014, debe analizarse bajo el contexto y particularidades de cada sujeto obligado con miras a determinar su aplicabilidad.

Así lo ha entendido la misma Procuraduría General de la Nación, entidad encargada para verificar y velar por el cumplimiento adecuado de la Ley de Transparencia en los términos del artículo 23 *ibidem*, puesto, para estos efectos, ha puesto a disposición de los particulares obligados un formato especial de verificación para el cumplimiento del deber de transparencia, en el que se da la opción de indicar por cada una de la información sujeta a publicación si *"aplica o no aplica"* con la correspondiente justificación.

En el caso de las CCF se ha tenido conocimiento que han diligenciado el aludido formato con fundamento en las consideraciones expuestas en el presente aparte, las cuales han sido aceptadas por el ente de control. Por su parte, el artículo 9 determina que esta información debe ser publicada *"en los sistemas de información del Estado o herramientas que lo sus-*

tituyan", frente a lo cual el Decreto 103 de 2015[243] precisó que *"La información mínima requerida a publicar de que tratan los artículos 9°, 10 y 11 de la Ley 1712 de 2014"* debe publicarse en la página principal del sitio web oficial del sujeto obligado, en una sección identificada con el nombre de *"Transparencia y acceso a la Información pública"*[244]. Cuando la información esté publicada "***en otra sección del sitio web** o en un sistema de información del Estado"*, los sujetos obligados tendrán que identificar la información que reposa allí, habilitando los enlaces para poder acceder a ella[245].

Ahora bien, en los años venideros se produjo una notoria ampliación de esta carga de publicidad. En adición al cumplimiento de la Ley de Transparencia, la Circular Básica Jurídica de la SuperSubsidio[246] desarrolla una serie de obligaciones específicas a cargo de las Cajas de Compensación Familiar en lo atinente a sus comunicaciones internas y externas, especialmente frente a los usuarios, con el fin de evitar dificultades en el goce de los derechos de estos. Dispone la circular en lo pertinente:

Se debe incluir la expresión "Vigilado SuperSubsidio" en toda comunicación interna, externa y en la publicidad de las Cajas de Compensación Familiar, incluyendo las líneas telefónicas [Circular 21-2014]. Toda la información relacionada con programas, trámites y servicios debe ser transmitida en forma clara, precisa y concisa, sin que dé lugar a confusión o indebidas interpretaciones por parte de los usuarios [Circular 02-2020].

Las Cajas de Compensación Familiar deben perfeccionar el lenguaje e identificar los mecanismos apropiados para que los afiliados tengan el cono-

243. Por el cual se reglamenta parcialmente la Ley 1712 de 2014 y se dictan otras disposiciones.
244. Art. 4, compilado por el artículo 2.1.1.2.1.5 del Decreto 1081 de 2015.
245. Decreto 103 de 2015, Art. 4, compilado por el artículo 2.1.1.2.1.5 del Decreto 1081 de 2015.
246. https://www.ssf.gov.co/documents/20127/722739/T %C3 %8DTULO+III+-+CAJAS+DE+COMPENSACI %C3 %93N.pdf/f0b3043c-296c-2e29-478b-c279ebcd1662.

cimiento preciso sobre los deberes y los derechos que les permitan disfrutar de la mejor manera los beneficios a los que tienen acceso y derecho, incluida la cuota monetaria. El lenguaje claro debe ser prioridad de las Cajas de Compensación Familiar como administradores de recursos públicos, para así:

- Reducir el uso de intermediarios.
- Aumentar la eficiencia en la gestión de las solicitudes de los ciudadanos.
- Promover la transparencia y el acceso a la información.
- Facilitar el control y la participación ciudadana.
- Fomentar la inclusión social para grupos en situación de discapacidad.
- Reducir tiempo y recursos dedicados a ofrecer aclaraciones[247].

En conclusión, existe un régimen especial aplicable a las CCF que regulan las obligaciones de transparencia y publicidad a su cargo, sin perjuicio de la aplicación de otros contenidos normativos, pero única y exclusivamente en aquello que corresponda a su naturaleza jurídica y a la condición de los recursos que gestiona.

4. DISTRIBUCIÓN INTERNA DE LOS INGRESOS QUE RECIBEN LAS CCF

Como se indicó al momento de describir las distintas etapas que han acontecido en relación con la evolución de las funciones de las CCF, estas corporaciones están habilitadas para gestionar los recursos de la compensación familiar (4 % de la nómina que pagan los empleadores de forma obligatoria) la cual continúa siendo su principal función, al tiempo que se les permite el recaudo o la generación de recursos que no están afectos

247. https://www.ssf.gov.co/documents/20127/722739/T %C3 %8DTULO+II-I+-+CAJAS+DE+COMPENSACI %C3 %93N.pdf/f0b3043c-296c-2e29-478b-c279ebcd1662.

al Sistema de Compensación Familiar o a actividades que por disposición normativa deban financiarse con recursos distintos de dicho 4 %.

El régimen jurídico aplicable será aquel que gobierne la utilización de cada tipología de recurso (ej., subsidio familiar o el aseguramiento o prestación del servicio de salud). En ausencia de norma específica será el derecho privado el que deba aplicarse en armonía con los estatutos y reglamentos internos y criterio de cada CCF. Lo anterior, se justifica en la medida en que, si el origen del recurso no proviene de una exacción obligatoria al empleador, no pueden considerarse como un recurso parafiscal atípico y con ello no se puede exigir una destinación específica de estos rubros. Con todo, en lo que se refiere a la distribución que internamente deba hacer cada CCF en relación con los recursos del 4 %, la ley a estipulado de forma precisa la forma de efectuarlo como se pasa a exponer.

4.1. Distribución del 4 % y concepto de cociente

Como se ha indicado a lo largo de este libro, si bien la finalidad por excelencia de los recursos del denominado 4 % de la nómina que pagan los empleadores, consistió en el pago y reconocimiento del subsidio familiar en cualquiera de sus modalidades (dinero, especie o servicios), lo cierto es que a partir de los años noventa se han introducido modificaciones a la destinación de estos recursos, dando inicio a lo que se conocer como apropiaciones obligatorias o "fondos de ley", circunstancia que ha obligado al legislador la forma como la CCF deben distribuir internamente estos recursos con el fin de cumplir con los objetivos previstos en las leyes correspondientes.

Para ello, resulta importante mencionar el concepto de cociente, determinante al definir el monto que cada Caja debe apropiar para garantizar el reconocimiento de las prestaciones y beneficios previstos en las normas pertinentes.

La Ley 21 de 1982, en su artículo 43, definió la forma de distribución de los recursos del 4 % de la siguiente manera:

Tabla 3. Distribución del 4%

Concepto	Porcentaje
Subsidio Familiar en dinero	55
Gastos de instalación, administración y funcionamiento	10
Reserva legal	3
Cuota de sostenimiento de la Superintendencia de Subsidio Familiar	1
Obras y programas sociales para el pago del subsidio en especie o servicios	Saldo

Fuente: Elaboración propia

Por su parte, indica el parágrafo 1° del artículo 43 que los rendimientos y productos líquidos de las operaciones que efectúen las Cajas de Compensación Familiar, así como los remanentes presupuestales de cada ejercicio, serán apropiados por el Consejo Directivo y deberán destinarse al subsidio familiar en dinero o a la realización de obras y programas sociales, de acuerdo con el orden de prioridades.

No obstante, lo anterior, la misma Ley 21 planteó la obligación de destinar al año un porcentaje equivalente al 10 % de los recaudos para programas de vivienda (planes de construcción, financiación y mejora), para aquellas Cajas cuyo cociente resultare superior al 110 % del cociente nacional, con la indicación de que, en estos eventos, debía en, primer lugar, apropiarse este porcentaje y luego proceder a la destinación correspondiente en los términos del artículo 43, ya citado.

De esta manera, la ley introduce dos conceptos que serán fundamentales en el devenir, desarrollo y entendimiento de las modificaciones que con posterioridad recaerían sobre el régimen del subsidio familiar. En primer lugar, se adoptan las asignaciones obligatorias y específicas (distintas a las generales previstas en el artículo 43 de la Ley 21 de 1982) para determinados programas; y, en segundo lugar, se establece el concepto de cociente, que es el mecanismo previsto por el legislador para determinar el porcentaje que cada Caja debe apropiar para las asignaciones obligatorias, en función de sus ingresos y personas a cargo beneficiarias del subsidio.

Al respecto el parágrafo 3° del artículo 65 de la Ley 21 de 1982 define el cociente nacional como el resultado de dividir el total de recaudos para subsidio en las Cajas, por el número promedio de personas a cargo durante el año inmediatamente anterior. Por su parte, el cociente de cada Caja es aquel que resulta de realizar igual operación en relación con sus recaudos para subsidio y personas a cargo.

Así las cosas, lo que se busca es que las cajas que, por su nivel de ingresos o recaudos frente a las obligaciones a su cargo en relación con el subsidio familiar, presenten niveles superavitarios o, como se suele entender, estén *compensadas*, puedan destinar un porcentaje fijo adicional para una finalidad en particular.

En otras palabras, un cociente mayor que 100 significa que la caja tiene que destinar, en total, menos recursos dirigidos al subsidio monetario por afiliado que el promedio de las cajas, en la medida en que tiene proporcionalmente o más ingresos o menos trabajadores beneficiarios que el promedio de las cajas. En estos eventos, está en posibilidad de utilizar recursos del recaudo para finalidades específicas adicionales, sin poner el riesgo el pago del subsidio familiar que es el objeto propio de estas Corporaciones.

4.2. Las apropiaciones obligatorias

A partir de los conceptos de apropiaciones obligatorias, distintas a las previstas en el artículo 43 de la Ley 21 de 1982 y del cociente, por iniciativa del Gobierno nacional y a través del Congreso de la República, a partir de 1990, se han creado obligaciones especiales a las Cajas de Compensación Familiar con el objetivo primordial de apalancar la política social a través de la creación de programas gratuitos abiertos a toda la población, en especial a la más pobre. A continuación, se enuncian tales apropiaciones:

4.2.1. Programa de vivienda y atención a la primera infancia y jornada escolar complementaria

El artículo 68 de la Ley 49 de 1990 crea una destinación específica, a través de un fondo a cargo de los recaudos que por el subsidio familiar realizan la Cajas, dirigido a un subsidio de vivienda de interés social. En este caso, la apropiación está constituida por los aportes y rendimientos que haga la correspondiente Caja de Compensación, dependiendo de su cociente de recaudos en comparación con el cociente nacional, así: (i) cuando el cociente de la Caja resultare igual o superior al 110 %, se asigna mensualmente el equivalente al 20 % de los aportes; y (ii) si el cociente es superior al 100 % e inferior al 110 %, se apropiaría el 12 % de los aportes. Las demás Cajas no quedaron obligadas a realizar las destinaciones forzosas.

En relación con el cálculo del subsidio monetario, inicialmente el artículo 68 de la Ley 49 de 1990 previó que el 55 % que las Cajas deben destinar al subsidio monetario se calculará *"sobre el saldo que queda después de deducir la transferencia respectiva al fondo de subsidio familiar de vivienda y el diez por ciento [10 %] de los gastos de administración y funcionamiento"*, sin reducir en ningún caso el valor que estuviese pagando en subsidio en dinero al momento de expedirse la ley (parágrafo 2). Con posterioridad, la Ley 633 de 2000 precisó que de los aportes patronales se deberá destinar en primer lugar, lo concerniente a todas las asignaciones obligatorias prevista en la ley, luego los gastos de administración de las cajas y la contribución para el sostenimiento de la Superintendencia y finalmente, asignar lo concerniente al 55 % para el subsidio monetario y las demás destinaciones previstas en el artículo 43 de la Ley 21 de 1982. La operación sería, entonces, del siguiente tenor:

1. Recaudo de aportes patronales;
2. Apropiación de asignaciones obligatorias de ley;
3. Apropiación de gastos de administración de las Cajas;
4. Apropiación de la contribución para el sostenimiento de la SuperSubsidio;

5. Cálculo del 55 % para el subsidio monetario;

6. Demás destinaciones previstas en el artículo 43 de la Ley 21 de 1982, a saber, el 3 % para la construcción de la reserva legal de fácil liquidez y el saldo para obras y programas sociales que emprendan las Cajas.

Así mismo, la Ley 633 de 2000 le otorga la competencia a la Superintendencia de Subsidio Familiar para que, cada enero y con base en los estados financieros y estadísticos del año anterior reportados por las Cajas, proceda a calcular y certifique el cociente nacional, los cocientes particulares y las Cajas obligadas a asignar recursos de manera obligatoria para el subsidio de vivienda.

El artículo 63 de la Ley 633 de 2000, modificó, de forma progresiva, estos porcentajes de asignación: Para aquellas cuyo cociente de recaudo fuere igual o superior a 110 % deben asignar entre el 27 % y 26 % de los aportes, en función del ingreso de cada caja para el denominado Fondo para vivienda de interés social FOVIS. Para las cajas con cociente igual o superior al 100 % pero inferior al 110 %, deben transferir el 18 % de los aportes del 4 %. Para las cajas con cociente igual a 80 % e inferior al 100 % deben destinar el 12 % de los ingresos del subsidio familiar para vivienda. Finalmente, para las Cajas con cociente inferior a 80 % destinarán el 5 %. El parágrafo 3 del artículo en mención, excluye de la obligación de asignación forzosa a los departamentos de Amazonas, Arauca, Casanare, Caquetá, Chocó, Guajira, Guainía, Guaviare, Meta, Putumayo, San Andrés y Providencia, Sucre, Vaupés, Vichada y la región de Urabá, con excepción de las ciudades de Riohacha, Sincelejo, Villavicencio y Yopal.

El artículo 64 de la Ley 633 de 2000 indica que con los recursos adicionales que se generaran con la reforma a las asignaciones obligatorias para vivienda, el 50 % debía destinarse para estos efectos y el saldo para la atención integral a la niñez de 0 a 6 años y la jornada escolar complementaria, a lo cual se le conoce actualmente como el fondo FONIÑEZ. Finalmente, el numeral 7 del artículo 16 de la Ley 789 de 2002, reitera estos porcentajes de asignación de recursos para FOVIS y FONIÑEZ.

4.2.2. Destinación a salud

El artículo 217 de la Ley 100 de 1993 dispone que las Cajas de Compensación deben destinar el 5 % de los recaudos para financiar el régimen de subsidios en salud, salvo aquellas que obtengan un cociente superior al 100 % en el respectivo año, evento en el cual deben destinar un 10 %. Con todo, la norma dio la opción a estas corporaciones de administrar directamente estos recursos a través de la prestación de estos servicios de salud en el régimen subsidiado.

De igual forma, el artículo 46 de la Ley 1438 de 2011 dispuso en su momento que ¼ de punto porcentual de los aportes del 4 % debía destinarse para atender acciones de promoción y prevención dentro del marco de la estrategia de Atención Primaria en salud y en la unificación de los Planes de Beneficios. Esta apropiación luego pasó a integrar el denominado Fondo de Solidaridad de Fomento al Empleo y Protección al Cesante —FOSFEC— mediante la Ley 1636 de 2013 y, con posterioridad, mediante la Ley 1929 de 2018 cambió nuevamente su destinación para el saneamiento de pasivos en salud por parte de las Cajas de Compensación que cuenten o hubieren contado con programas de salud, como se expondrá más adelante.

4.2.3. Destinación para el auxilio al desempleo

El artículo 6° de la Ley 789 de 2002 previó la creación de un fondo para apoyar el empleo y para la protección del desempleado (FONEDE), el cual sería administrado en forma individual y directa o asociada por las Cajas de Compensación Familiar. Como fuentes para el financiamiento del fondo, se previeron las siguientes: i) la suma que resultare de aplicar el 55 % que en el año 2002 se aplicó para las personas a cargo que sobrepasaran los 18 años de edad; ii) el porcentaje no ejecutado que le corresponde del 4 % de los ingresos de las Cajas al sostenimiento de la Superintendencia de Subsidio Familiar en el período anual siguiente; iii) el porcentaje en que se redujeron los gastos de administración vigentes hasta el momento de la expedición de la ley, esto es el 2 %, dado que para el 2002 estos gastos representaban el 10 %, quedando finalmente en el

8 %; iv) el 1 % del 100 % de los recaudos para el subsidio familiar de las Cajas con cocientes inferiores al 80 % del cociente nacional; el 2 % de los recaudos para las cajas con cociente entre 80 % y 100 % del cociente nacional y el 3 % de los ingresos para las cajas con cociente superior al 100 % del cociente nacional; v) los rendimientos financieros del fondo

La Ley 1636 de 2013 modifica el FONEDE y crea el Fondo de Solidaridad de Fomento al Empleo y Protección al Cesante (FOSFEC), cuya fuente de financiación, además de lo dispuesto en el artículo 6° de la Ley 789 de 2002, se agregan los recursos de que trata el artículo 46 de la Ley 1438 de 2011.

4.2.4. Destinación especial para educación

Una vez descontadas las apropiaciones obligatorias y el 55 % correspondiente al subsidio familiar en dinero o cuota monetaria, de conformidad con el artículo 190 de la Ley 115 de 1994, desarrollado por el artículo 2.2.7.4.4.17 del Decreto Único Reglamentario 1072 de 2015, las Cajas de Compensación Familiar deben descontar por lo menos el 10 % del saldo de obras y programas de inversión previsto en el numeral 4° del artículo 43 de la Ley 21 de 1982, para programas de educación básica y educación media en forma directa o contratada, destinados prioritariamente para los hijos de los trabajadores beneficiarios del subsidio familiar.

Finalmente, si bien no constituye una apropiación obligatoria, el Decreto 1604 de 2022 que adicionó el DUR 1072 de 2015 y modificó el Decreto 2581 de 2007, permite que las cajas, de forma potestativa, puedan utilizar rendimientos y productos líquidos de las operaciones que efectúen, remanentes presupuestales de cada ejercicio, excedentes del 55 %, así como recursos propios, para crear y fortalecer las prestación de servicios de educación brindados por las Instituciones Técnicas Profesionales, Instituciones Tecnológicas, Instituciones Universitarias, Escuelas Tecnológicas, Instituciones de Educación para el Trabajo y Desarrollo Humano constituidas, adquiridas o en las que tengan participación las Cajas de Compensación Familiar.

Pues bien, una vez la Caja hace las apropiaciones obligatorias antes descritas, del saldo del 4 % correspondiente, se debe destinar el 55 % para reconocer el subsidio monetario o cuota monetaria y el excedente para el subsidio familiar en especie o servicios.

5. LA GESTIÓN UNIFICADA DE RECURSOS: UNIDAD DE TESORERÍA

Las Cajas de Compensación Familiar, por disposición directa de la ley, fueron facultadas para el recaudo y pago de la prestación social del Subsidio Familiar en Colombia. El legislador escogió, con tal fin, una arquitectura institucional para garantizar la gestión más adecuada de esos recursos y la flexibilidad suficiente para funcionar con los mismos principios del sector productivo. Así, se les dotó de una estructura de derecho privado y de autonomía, para la determinación y adopción de sus modelos de gestión y administración como de contratación.

En este sentido, en garantía de los principios de eficiencia y protección de los recursos, así como la garantía de aplicabilidad adecuada de los mismos, se requiere aplicar el ***principio de única tesorería***, de tal forma que se centralice en una sola tesorería la gestión del recaudo, administración, inversión, pagos y traslado de los recursos que ingresan a la Caja de Compensación Familiar. Ello hace parte del genérico deber de diligencia de los administradores que, según quedó expuesto páginas atrás, constituye un estándar de necesario cumplimiento en las Cajas de Compensación Familiar. Y responde, también, a la obligación de aplicar la mejor planeación y gestión financiera y contable posible, disminuyendo el riesgo financiero, para evitar el endeudamiento innecesario y, en consecuencia, el pago injustificado de intereses al sistema financiero.

5.1. El Concepto de Tesorería Centralizada o Unidad de Tesorería

La llamada "Tesorería Centralizada" es un mecanismo financiero que ha tenido mucho éxito en empresas, privadas o públicas, que manejan grandes flujos de recursos. Con este modelo se pretende ofrecer a las corporaciones *"la posibilidad de generar mayor eficiencia, más transparencia y acceso real a la información"*, pues *"con la estandarización de los procesos de gestión de liquidez, también se pueden encontrar mejorías significativas en términos de control y seguridad del dinero"*[248]. El objetivo consiste en que las empresas unifiquen su contabilidad y criterios de información para tener una visión completa, adecuada e integral de los flujos de caja y de la exposición al riesgo.

El concepto se fortaleció en las economías como consecuencia del colapso financiero de 2008, por la necesidad de crear mecanismos que le permitieran al mercado tener conocimiento de la real situación de las empresas, en particular, para mejorar los mecanismos de control y cumplimiento (*"compliance"*)[249]. Adicionalmente, la literatura especializada coincide en que los beneficios de realizar un manejo unificado de la tesorería consisten en la *mejor gestión de los flujos de caja, la reducción de los costos flotantes y transaccionales frente a los costos operativos*, pues se considera que al centralizar los procesos de pago, una empresa puede lograr eficiencias significativas y la maximización de beneficios en la gestión de la teso-

248. Petr Polak, "Global challenges in corporate finance and treasury management — centralization and internationalization", *Journal of Corporate Treasury management*, Vol. 4 No. 3, 2011, p. 345-353.

249. Elyse A. Weiner, "Centralising treasury: Improving visibility, access and control", *Journal of Corporate Treasury management*, Vol. 1 No. 4, 2008, p. 243.

ría[250] gracias a la eliminación, entre otras, de la duplicidad de esfuerzos en la empresa, al reducir los frentes de atención de las áreas de negocio[251].

Así, dentro del concepto sombrilla de "Tesorería centralizada", se pueden encontrar los siguientes beneficios relativos a lo financiero, el control y la gestión del riesgo:

- Visibilidad de los recursos, inversiones, deudas y de la liquidez global.
    - o Mejor monitoreo.
    - o Mejor gestión de los riesgos financieros.
    - o Mayor control de la situación real de la liquidez de la Caja de Compensación Familiar.
- Mejor acceso a la liquidez, lo cual implica...
    - o Menor endeudamiento de las Corporaciones con el sector financiero (a través, por ejemplo, de préstamos que generan sobrecostos como el impuesto al gravamen financiero del 4 por mil y los intereses de financiación sobre capital).
    - o Rendimientos mayores.
    - o Eficiente distribución de rendimientos, sin desconocer o menoscabar programas y servicios de la Caja para sus afiliados, en planes de mediano y largo plazo.
    - o Mayor movilidad, flexibilidad, planeación y eficiencia en la administración de los dineros disponibles permitiendo contar con los flujos de caja necesarios para cumplir cabalmente con las obligaciones adquiridas por la Corporación.

250. Petr Polak, "Global challenges in corporate finance and treasury management — centralisation and internationalization", *Journal of Corporate Treasury management*, Vol. 4 No. 3, 2011, p. 345-353.
251. https://www.bloomberg.com/professional/blog/benefits-treasury-centralization/

- Mayor facilidad para la ejecución de transacciones en los mercados financieros:
    - o Maximización de recursos en las negociaciones, manteniendo la liquidez, rentabilidad y sostenibilidad de los negocios.
    - o Menos cuentas bancarias, es decir, menores costos financieros.
    - Eficiencia en la operación y administración centralizada de los recursos financieros:
    - o Gestión a través de áreas especializadas de la Corporación (recaudo, pagos, traslados, inversiones).
    - o Optimización de la rentabilidad de los recursos y, por lo tanto, de cada uno de los portafolios administrados.
    - o Comunicación fluida con los distintos sectores de negocio.
    - o Innovación tecnológica.
    - o Creación de estándares de optimización de la gestión.
    - o Mayor eficiencia financiera en la gestión de tesorería, tanto del recaudo de ingresos como del pago oportuno de las obligaciones (egresos).

Una de las posibles modalidades, que parece la más ajustada a las necesidades del Sistema de Subsidio Familiar y a su diseño institucional, es el concepto de unificación de liquidez o *cash pooling*. La literatura especializada señala que el *"cash pooling o cuentas centralizadoras es una técnica de gestión de la tesorería por la cual en una entidad con una pluralidad de cuentas bancarias, localiza los saldos de las mismas en una única para obtener una posición consolidada. Es decir, el objetivo es gestionar la tesorería de una entidad como un todo, como una unidad"*[252]. Con este mecanis-

252. García, Fernando, "Tratamiento contable del Cash Pooling o Cuentas centralizadoras", *Revista Contable*, No. 56, 2017, p. 41.

mo se pueden optimizar las relaciones bancarias, facilitar la gestión de la o las cuentas y reducir las comisiones financieras y los intereses a pagar[253].

Se trata, entonces, de una técnica de gestión financiera, empleada principalmente en empresas con un manejo importante de liquidez y numerosos tipos de *negocio* abiertos, con la finalidad de garantizar mayor transparencia en el gasto y evitar los costos inherentes a la diversidad de frentes contables y de cuentas.

5.2. Aplicación del principio de Tesorería Centralizada a las Cajas de Compensación Familiar: Unidad de Tesorería

En atención a que se trata de un principio de gestión financiera y contable eficiente, este principio de centralización de la tesorería también se encuentra aplicado en el ámbito del derecho público, a través del principio de Unidad de Caja. Aun cuando se trata de un principio claramente inaplicable a las Cajas de Compensación (por la naturaleza privada de estas), resulta útil traerlo a colación para demostrar la pertinencia de su operatividad y poder trasladar, en lo pertinente, algunas conclusiones al concepto de Tesorería Centralizada.

En virtud del principio de disciplina fiscal denominado "Unidad de Caja", con el "*recaudo de todas las rentas y recursos de capital se atenderá el pago oportuno de las apropiaciones autorizadas en el Presupuesto General de la Nación*" (art. 16 del Estatuto Orgánico del Presupuesto —de ahora en adelante, EOP—). Así, en virtud de ese principio "*la totalidad de los ingresos públicos deben ingresar sin previa destinación a un fondo común desde donde se asignan a la financiación del gasto público*"[254].

Es claro, entonces que, desde el punto de vista de la gestión financiera, el principio de una tesorería unificada no solo es razonable, sino que

253. https://www.bloomberg.com/professional/blog/benefits-treasury-centralization/.
254. Restrepo, Juan Camilo, *Hacienda Pública*, 9ª ed., U. Externado, 2012, p. 360.

constituye un estándar adecuado de gestión de los recursos, en la medida en que: (**i**) permite más transparencia y claridad acerca del estado de una empresa o de una entidad pública; (**ii**) conlleva menos costos inherentes a la gestión de la liquidez; y, (**iii**) permite un control mucho más eficiente del destino de los recursos.

Vistos, pues, sus beneficios, y regresando al ámbito puramente privado de las Cajas de Compensación Familiar, el principio que debe aplicarse es el de "Tesorería Centralizada", propio de las empresas privadas. Se trata de un principio general de manejo financiero y contable eficiente y es como han estructurado las Cajas de Compensación Familiar el manejo financiero de los recursos que administran, en virtud del amplio margen de autonomía administrativa en el funcionamiento de las Cajas de Compensación Familiar que resulta de su naturaleza como personas jurídicas de derecho privado y de la Ley 21 de 1982 y las normas que la complementan y reglamentan, siempre con un importante control por parte de la Superintendencia de Subsidio Familiar.

Estando determinadas las Cajas, entonces, por el cumplimiento de los objetivos principales de las mismas (la ejecución de las actividades y acciones inherentes a la materialización del pago del subsidio familiar en dinero, especie o servicios en el marco de la seguridad social y la administración de recursos para la atención de programas sociales a su cargo, principalmente), el modelo de gestión financiera de tesorería centralizada es el que de mejor manera desarrolla los principios de eficiencia, transparencia y economía en el manejo de los recursos del Subsidio Familiar. Además, contribuye a la gestión adecuada y correcta, con sujeción a los principios, entre otros, de economía, eficacia, equidad y trasparencia.

En este sentido, es importante recordar el reconocimiento que ha hecho la Corte Constitucional[255] de la autonomía de las Cajas de Com-

255. Sentencia C-429 de 2019. En esta Sentencia, la Corte fue más allá al indicar respecto del denominado control previo: *Para la Corte, se trata de medidas paternalistas de carácter económico, en tanto suponen que las cajas de com-*

pensación Familiar y, especialmente, de los límites de la actividad de inspección, vigilancia y control que necesariamente deben acatar las Superintendencias, entre los cuales se encuentra la **prohibición** de *sustituir o desplazar a los particulares en la adopción de decisiones sobre la gestión de sus asuntos*, esto es, la prohibición de toda intromisión que anule la autonomía de los sujetos vigilados o que suponga ejercicios de coadministración, según quedó explicado.

Ahora, si bien la ley ordena a las Cajas de Compensación distribuir en distintos fondos, prestaciones y servicios los ingresos cuyo origen es el 4 % de la nómina del empleador, lo hace con el fin de que las mismas garanticen una cuantía determinada para el cumplimiento de ciertos beneficios predeterminados, sea la entrega de subsidio de vivienda, el pago de la cuota monetaria, la atención de la primera infancia, las prestaciones de los servicios de recreación, cultura, turismo, educación, el reconocimiento del Mecanismo de Protección al Cesante, entre otros. Esta distribución en nada se opone a que la Caja haga un manejo centralizado de los recursos utilizándolos de manera eficiente, incluso de los distintos Fondos, en tanto siempre se garantice el cumplimiento de sus competencias y se garantice el cubrimiento de las finalidades que la ley definió.

5.3. Análisis de posibles riesgos en la adopción de la tesorería centralizada dentro del sistema de Subsidio Familiar

El modelo financiero de gestión de recursos que se contrapone al de la tesorería centralizada consiste, precisamente, en el manejo independiente y rígido a través de cuentas bancarias u otro mecanismo finan-

pensación familiar carecen de la capacidad de gestionar sus propios intereses de manera adecuada y que, de no existir estos controles previos, incurrirán en uso indebido de los recursos parafiscales, pese a la existencia de múltiples competencias de la Superintendencia del Subsidio Familiar que (...) tienen un poder disuasorio respecto de esta eventualidad.

ciero que segmenta los recursos que financian el Subsidio Familiar en función de las distintas prestaciones que, por ley, corresponde a las CCF reconocer. Este es el modelo que han intentado imponer algunos órganos de control, sin que exista una fuente clara de origen de legal.

La aplicación de este modelo implica que, a pesar de existir liquidez global en la Caja de Compensación Familiar, ellas vean la necesidad de acudir al sector financiero para obtener liquidez transitoria en la cuenta que así lo requiera, aun si existen excedentes de liquidez en otras cuentas. En otras palabras, el sistema de numerosas cuentas es ineficiente, costoso, antieconómico y no garantiza una adecuada gestión de los recursos que manejan las Cajas. La pregunta es, entonces, ¿existen incentivos para asumir un costo financiero e internalizar unas ineficiencias estructurales que reducen la disponibilidad y rentabilidad de recursos? ¿Qué riesgos o perjuicios tiene, acaso, el modelo de Tesorería Centralizada que justifique semejante sacrificio para los recursos —de por sí limitados— con los que cuenta el sistema de subsidio familiar?

Pues bien, dos son los riesgos principalmente asociados a la tesorería centralizada (los cuales son alegados por los partidarios de la aplicación irrestricta del modelo atomizado por cuentas independientes para su implementación), a saber: **(i)** la posibilidad de que se desvíen recursos del sistema para otras actividades; y, **(ii)** la supuesta dificultad en la realización de controles a la gestión de los recursos.

En cuanto a lo primero, la idea en la cual se soporta la necesidad de la multiplicidad y separación de cuentas para evitar la desviación de los recursos parte de una premisa equivocada, y es suponer que el manejo de los recursos en una tesorería única permite la utilización de los recursos para "fines diferentes" de los previstos en las normas. Con este razonamiento se confunde un principio de *naturaleza financiera* (como es el de Tesorería Centralizada, tendiente a garantizar un uso eficiente de los recursos) con el principio de la *destinación específica*. El primero pretende que, mediante una adecuada planeación financiera, la organización pueda administrar los recursos de manera más eficiente y rentable, en función de las necesidades, prioridades y cronograma para cumplir sus funciones, como se lo permite el ordenamiento jurídico. Pero nada de ello tiene relación alguna con la obligación de las Cajas de darle a los recursos la destinación por la cual existen, deber impajaritable que en absoluto pugna con el modelo de unidad de tesorería, el cual garantiza que los recursos se utilicen para la finalidad para la cual fueron concebidos, que no es más que atender las prestaciones del Sistema de Subsidio Familiar.

Lo cierto es, entonces, que una destinación externa a las finalidades del sistema simplemente se traduciría en un gravísimo incumplimiento de la finalidad y funciones de las Cajas, erigidas precisamente para el pago de las prestaciones reconocidas por la ley, para lo cual existen en el ordenamiento colombiano suficientes mecanismos de control.

En cuando a lo segundo (esto es, la supuesta dificultad en la realización de controles a la gestión de los recursos), es claro que la utilización de una tesorería centralizada no elimina ni mengua de manera alguna la necesaria contabilización de los fondos que aseguren su destinación. Alegar lo contrario sería tanto como afirmar que actualmente las CCF destinan libremente los recursos que administran sin ningún tipo de control o repercusión, lo cual es claramente contrario a la realidad.

En este sentido, solo se podría hablar de una desviación de recursos en el hipotético caso de que la Caja dejara de prestar los servicios o prestaciones a su cargo en los términos de la ley, con fundamento en un desfinanciamiento definitivo de las mismas, debido a una gestión indebida de los recursos. Ello, además de constituir un caso extremo (y de muy difícil ocurrencia, pues la técnica de Unidad de Tesorería permite una mejor planeación financiera y contable, al garantizar mucha mayor claridad en el estado de liquidez global de la Caja de Compensación Familiar), bajo el marco normativo vigente resulta fácilmente prevenible y mitigable con la implementación de controles, que pueden ser monitoreados por los órganos de control internos o externos.

Por lo anterior, el foco de atención no puede ser el de restringir la administración financiera de la Caja a través de la prohibición del manejo centralizado de los recursos, sino el de ejercer los controles debidos y necesarios para que las Cajas de Compensación Familiar cumplan con sus obligaciones legales, los cuales parten desde una organización interna, un buen gobierno corporativo y la aplicación de controles externos consistentes en el reporte de información y seguimiento efectivo a la actividad de las Cajas.

Por tanto, en lo que tiene que ver con el establecimiento de controles, los supuestos riesgos también son infundados por cuanto, desde un punto de vista conceptual, se ha comprobado que la Tesorería Centralizada permite mayor transparencia y seguimiento a la ejecución del capital, al tiempo que los órganos de control de las Cajas cuentan con herramientas legales y operativas para su correspondiente seguimiento.

Sobra decir que cualquier manejo indebido en la administración de los recursos de Subsidio Familiar es objeto de las acciones correspondientes ante las autoridades competentes y, desde el punto de vista, financiero y contable, existen mecanismos sistematizados que permiten una plena trazabilidad de los recursos y su respaldo contable. Así mismo, se pueden hacer las verificaciones correspondientes en el flujo de caja para determinar la salud financiera de la Caja de Compensación bajo escrutinio y, se reitera, se cuenta con controles monitoreados por los diferentes órganos de control, tanto internos como externos, tales como la auditoría interna, la revisoría fiscal, la Superintendencia de Subsidio Familiar y la misma Contraloría General de la República.

Como se indicó, la tesorería centralizada tiene un importante beneficio relativo a la gestión y reconocimiento de los riesgos. Por ello, se pueden implementar controles en los *Front Office* (Inversiones), *Middle Office* (Administración y Control del Riesgo) y *Back Office* (Operaciones) en el portafolio de inversiones (Sistema de Administración de Riesgos de Mercado —SARM—). También se pueden segregar las funciones y atribuciones en el manejo del portafolio de inversiones.

Por ello, el funcionamiento técnico del Sistema permite que, sin perjuicio de la gestión centralizada de la liquidez (bajo el modelo que se considere más pertinente), contablemente se registren y reporten de forma separada, los diferentes portafolios que administra la Corporación (recursos propios, saldo para obras y programas de beneficio social y fondos de ley).

Adicionalmente, el método de reconocimiento contable permite monitorear que este quede asignado a cada Fondo y que respalde los saldos correspondientes de acuerdo con el desarrollo de las operaciones. Y, aun si fuese un riesgo real (que no lo es), él no estaría mitigado o resuelto con la sola existencia de cuentas separadas, lo cual no es garantía de mejor control.

Así las cosas, de conformidad con el marco normativo que regula las funciones de las Cajas de Compensación Familiar y la autonomía con que cuentan, en comparación con los supuestos riesgos que se han planteado frente al modelo de tesorería centralizado para el manejo financiero de los recursos del subsidio familiar, se considera que resulta el más adecuado.

5.4. Marco jurídico de la unidad de tesorería aplicable a las CCF

Para el año 2020 la SuperSubsidio, vía actos administrativos (principalmente la Resolución 044 de 2017 y la Circular 017 de 2014) prohibió la utilización de la Tesorería Centralizada en las CCF obligándolas para el efecto a constituir cuentas bancarias diferentes por cada una de las tipologías o destinación específica de los recursos del 4 % y generando con ello una rigidez en la utilización de los recursos. La consecuencia de esta prohibición fue encarecer *de facto* la liquidez de las CCF, puesto que a pesar de que podían tener recursos disponibles de otras cuentas —esto es, que no se tenía previsto su utilización en el corto plazo[256]— lo cierto, es que,

256. Esta circunstancia puede ocurrir, por ejemplo, con los recursos destinados a vivienda –FOVIS–, destinados al otorgamiento de subsidios, puesto que a pesar de que puedan ser reconocidos y asignados a una persona beneficiaria, lo cierto es que los mismos no suelen ser desembolsados de forma inmediata, sino que solo se hará en el momento en que la vivienda correspondiente se encuentra construida, lista para escriturar y el beneficiario cuente con el cierre financiero, circunstancia que bien puede ocurrir años después de la fecha de la asignación.

ante la imposibilidad de utilizar estos rubros, se veían obligadas a acudir al Sistema Financiero en busca de créditos para cubrir los requerimientos de liquidez, generándose con ello el pago de intereses de cuantía importante.

Esta situación condujo a la matización de la prohibición por parte del ente de control a través de la expedición de la Resolución 967 de 2017, que permitió utilización de la unidad de tesorería, pero únicamente respecto de los recursos correspondientes al saldo de obras y programas de beneficio social y con la obligación de reintegrarlos al cierre de la misma vigencia de su utilización.

Si bien este acto administrativo alivió en algo el manejo de estos recursos, lo cierto es que, al obligar a las CCF a retornar los recursos a la finalización del respectivo año, el efecto era muy similar, esto es, se obligaba a estas corporaciones a acudir al Sistema Financiero al final del año con el fin de obtener los créditos correspondientes para cumplir con la carga impuesta por la SuperSubsidio.

En el marco de la Emergencia Económica, Social y Ecológica declarado por el Gobierno Nacional con el fin de mitigar los efectos negativos acaecidos con ocasión de la pandemia originada en la COVID-19, se expidió el Decreto 488 de 2020 por medio del cual, entre otras medidas, se creó el denominado Subsidio de Emergencia que consistió en una transferencia económica por un valor de dos SMLMV divididos en tres mensualidades iguales, cuyos beneficiarios son los trabajadores dependientes e independientes de categoría A y B que se encuentren en situación de desempleo, el cual se previó su financiamiento a través de los recursos del FOSFEC, en específico a través de lo destinado para atender los beneficios económicos del Mecanismo de Protección al Cesante.

Dada la gran cantidad de postulantes a estos beneficios, apenas obvia dada la calamidad pública, el Gobierno Nacional se vio en la necesidad de expedir un nuevo Decreto Legislativo (770 de 2020) a través del cual permitió, entre otras medidas, que las Cajas de Compensación Familiar pudieran *anticipar* los recursos que proyectaran recibir del FOSFEC durante los periodos de cotización hasta el mes de diciembre de 2020 (dado el recaudo mensual), a través de cualquier figura de apalancamiento mediante el concepto de unidad de caja entre las subcuentas del FOSFEC con el fin de obtener recursos líquidos para atender la demanda de subsidios de emergencia solicitados.

Con posterioridad, la Contraloría General de la República, expide el Concepto 2020EE0052157 del 21 de mayo de 2020, a través del cual expuso que la unidad de tesorería no se encontraba expresamente prohibida por la ley y correspondía a los Gobiernos Corporativos de las Cajas de Compensación Familiar analizar la conveniencia en la aplicación de modelos de la centralización de la tesorería. Dijo al respecto:

> *"Respecto de la centralización de la tesorería, es cierto y como bien lo señala en su escrito, que este modelo permite la posibilidad de generar mayor eficiencia, más transparencia y acceso real a la información y su objetivo consiste en que las empresas unifiquen su contabilidad y criterios de información, para tener una visión completa, adecuada e integral de los flujos de caja y de la exposición al riesgo.*
>
> (...)
>
> *Es importante señalar que las Cajas de Compensación Familiar manejan un alto monto de recursos y no obstante el modelo de tesorería que se adopte el mismo debe permitir, identificar, clasificar, registrar, interpretar y analizar la información financiera originada en el recurso parafiscal. Y en este contexto, puede indicarse que la ley no prohíbe la unidad de tesorería en la Cajas de Compensación y habrá de evaluarse por parte del Gobierno Corporativo de las Cajas de Compensación Familiar las ventajas y desventajas que implicaría realizar esta centralización".*

Fue en este contexto en que se expidió el Decreto 765 de 2020, según el cual:

> ***ARTÍCULO 1. Modificación del artículo 2.2.7.5.4.1 del Decreto 1072 de 2015.*** *Modifíquese el artículo 2.2.7.5.4.1. del Decreto 1072 de 2015, el cual quedará así:*
>
> ***ARTÍCULO 2.2.7.5.4.1. Presupuesto de las Cajas de Compensación Familiar.*** *Los presupuestos de las Cajas de Compensación Familiar se regirán por los siguientes principios:*
>
> (...)

5. Unidad de tesorería, entendido como aquella práctica en el ejercicio de la gestión de los recursos económicos administrados por las Cajas de Compensación Familiar, donde se ***unifican*** *los recursos líquidos de la corporación, efectivo o sus equivalentes, independientemente de su fuente, sin establecer restricciones o predeterminar su uso.*

PARÁGRAFO 1. *Las Cajas de Compensación Familiar deberán realizar el registro contable de los porcentajes legales obligatorios y de la ejecución de los recursos, definidos para los diferentes programas a su cargo, y en todo caso garantizar siempre el cumplimiento de los fines del Sistema del Subsidio Familiar.*

PARÁGRAFO 2. *Las Cajas de Compensación Familiar deberán llevar un estricto seguimiento a través de mecanismos de autorregulación, autocontrol y gestión del riesgo al interior de la corporación donde se evidencie la trazabilidad del uso de los recursos bajo el principio de unidad de tesorería y el flujo efectivo de los recursos · según lo determine la Caja de Compensación Familiar de acuerdo a la necesidad de cada programa para asegurar su operación; situación que deberá ser informada a la Superintendencia de Subsidio Familiar de manera semestral en los términos y condiciones de reporte que esta defina, con el fin de ejercer su inspección, vigilancia y control."*

PARÁGRAFO 3. *La unidad de tesorería de que trata el presente artículo solo aplicará respecto de los recursos que recaudan las cajas de compensación por los aportes parafiscales regulados en la Ley y sus rendimientos.*

Como se observa, el Gobierno nacional decidió expedir la norma en mención no bajo el amparo del Estado de Emergencia Económica con la temporalidad que esto lleva consigo, sino a través de un decreto ordinario con el fin de dotarlo, precisamente, de efectos permanentes, lo cual refleja la clara intención del ejecutivo de revalidar la potestad que tienen las Cajas, por el solo ministerio de la ley, en la utilización de la unidad de tesorería en relación con todos los recursos que gestiona, reconociendo con ello, la importancia de este principio para el bienestar financiero de un Sistema que tiene su centro en la atención de los trabajadores y sus familias.

En este sentido, las consideraciones del Decreto 765 son claras y explícitas al enunciar la intención del Gobierno, en el sentido de que, como primera medida, se recordó la naturaleza privada de las Cajas de Compensación Familiar que, además, están sometidas al régimen de transparencia previsto en la Ley 789 de 2002, dentro del cual deben abstenerse de incumplir con las apropiaciones legales obligatorias para los programas de salud, vivienda de interés social, educación, jornada escolar complementaria, atención integral a la niñez y protección al desempleado.

Bajo estos parámetros, se reconoció que en los órganos de dirección de las Cajas se había encargado la adopción y ejecución de la política administrativa y financiera de estas corporaciones y definir uso que se le debe dar a los rendimientos y remanentes. En el mismo sentido y, citando la Sentencia C-429 de 2019, se indicó que las Cajas no ejercen funciones públicas, sino que desarrollan una función social y que al desempeñar diversas actividades económicas derivadas de normas legales que han ampliado cada vez más el espectro de los posibles sectores en los cuales pueden participar, se hacía necesario, para el cumplimiento eficiente y eficaz de sus fines y desde el punto de vista de la gestión financiera, incorporar dentro de los principios de los presupuestos de las Cajas de Compensación Familiar, el de unidad de tesorería *"como estándar de gestión adecuado de los recursos que administran, en consideración a su naturaleza y como un pilar general del manejo financiero y contable eficiente".*

Finalmente, el Gobierno nacional dejó aún más explícita su intención: *"se incorpora el principio presupuestal de unidad de tesorería como una forma que permite un mayor control frente al manejo de los recursos administrados por la Caja de Compensación y como un mecanismo de mayor eficiencia administrativa y financiera".*

Así las cosas, resulta diáfana la motivación del Gobierno nacional al expedir el Decreto 765 de 2020, en el sentido de, como criterio *transversal e integral* en lo que se refiere al manejo de todos —no se indicó restricción o limitación alguna— los recursos que administran las Cajas y como estándar de gestión y control financiero y contable eficiente de estos recursos, se incorporó como principio presupuestal, el de la unidad de tesorería.

Tan evidente fue esta motivación, que no puede existir margen de duda alguna en que en consonancia con estas consideraciones, el decreto dejó explícito que la unidad de tesorería aplicaba respecto de todos los recursos parafiscales que administre la Caja; no otro sentido puede atribuirse a la definición de este principio según la cual, la "*unidad de tesorería, entendido como como aquella práctica en el ejercicio de la gestión de* ***los recursos administrados*** *por las Cajas de Compensación Familiar, donde se* ***unifican*** *los recursos líquidos de la corporación, efectivo o sus equivalentes,* ***independientemente de su fuente, sin establecer restricciones o predeterminar su uso***".

Lo expuesto se reafirma en el parágrafo primero que establece que las Cajas deben realizar el registro contable *"de los porcentajes obligatorios"* circunstancia que evidencia la habilitación integral a las Cajas de usar bajo la unidad de tesorería todos los recursos que administra entre los cuales se encuentran, por supuesto, los denominados fondos de ley.

En la misma línea, el parágrafo 3° del decreto en estudio dispone que "*la unidad de tesorería de que trata el presente artículo solo aplicará respecto de los recursos que recaudan las cajas de compensación por los aportes parafiscales regulados en la Ley y sus rendimientos*", lo cual significa y reitera, ni más ni menos que los recursos de 4 % —parafiscalidad atípica— pueden ser utilizados bajo el concepto de tesorería centralizada en los términos que dispone el mismo Decreto 765. Por lo demás, el Decreto 765 también fue claro en reglamentar los siguientes aspectos:

Funcionamiento y restricciones: La Caja debe asegurar el registro contable de los porcentajes obligatorios y de la ejecución de los recursos respecto de los programas a su cargo y en todo caso garantizar el cumplimiento de los fines del Sistema de Subsidio Familiar.

Control: La norma fue expresa en indicar la forma como debe ejercerse el control de la utilización de la unidad de tesorería, en la medida en que dispuso que sería a través de los mecanismos de *autorregulación, autocontrol y gestión del riesgo* que se dispusieran al interior de las Cajas, se debe hacer un estricto seguimiento a la trazabilidad en el uso y flujo efectivo de los recursos, de acuerdo con la necesidad de cada programa para asegurar su operación. Finalmente, la norma fue contundente en indicar que las competencias de inspección, vigilancia y control de la

Superintendencia debían ejercerse en los términos del reporte de información que hicieran las Cajas de manera semestral en relación con el uso de la unidad de tesorería, precisamente de acuerdo con lo regulado de manera clara y precisa en el Decreto 765 de 2020.

El referido Decreto fue objeto de la expedición de instrucciones por parte de la SuperSubsidio, a través de la Resolución 298 de 2021 y la Circular 001 de 2022, actos administrativos a través de los cuales: i) se ratificó que el objeto de la unidad de tesorería era la totalidad de recursos del 4 % que recauda y gestionan las CCF incluidos los denominados "Fondos de Ley"; ii) impuso al Consejo Directivo de estas corporaciones incluir dentro de la política administrativa y financiera que adopte la aplicación de la unidad de tesorería; iii) determinó que las cajas debían rendir un informe detallado sobre respecto de los recursos de utilizados con fundamento en la unidad de tesorería, para lo cual se debía incluir como mínimo: fecha de utilización, recurso utilizado de la parafiscalidad y fondo de ley y la utilización del recurso, especificando la fecha de devolución del mismo; iv) se expidieron parámetros para la implementación de mecanismos de autorregulación, autocontrol y gestión del riego.

Las instrucciones dadas por la Superintendencia vienen a aclarar algunas dudas que se habían suscitado a partir de la expedición del Decreto 765 en comparación con el tratamiento vigente en relación con: *los tiempos para la devolución o reintegro del recurso y si debía reconocerse alguna actualización monetaria o interés corriente una vez ocurriera el retorno de ingresos*

En cuanto al *tiempo en que deben retornarse los recursos que se utilicen bajo la unidad de tesorería*, si bien, como se sostuvo, la Resolución 967 de 2017 obligaba a reintegrar estos ingresos a la finalización en la misma vigencia en que se hubieren usado, el Decreto 765 nada dijo al respecto. Si bien en el aludido decreto no se hace mención explícita a este aspecto, debe recordarse que sí se hace indicación expresa a los parámetros que debe seguir la caja para la aplicación de ese principio, esto es: llevar un estricto seguimiento a través de la utilización de mecanismos de autorregulación, autocontrol y gestión del riesgo; llevar trazabilidad del flujo efectivo de recursos de acuerdo a la necesidad de cada programa para asegurar su operación *"según lo determine la Caja de Compensación Familiar"*.

En estos términos la devolución o reintegro del recurso será determinado por cada Caja según su flujo efectivo y siempre y cuando no deje de prestar los servicios que le corresponden *so pretexto* de la utilización de este principio. En estos términos lo reiteró la SuperSubsidio en las instrucciones determinadas, a través de las cuales no impuso un término determinado para ese retorno, sino que lo dejó a discreción de cada caja en los términos de las normas aplicables.

Por su parte, no procede el *reintegro con indexación* por varias razones que se exponen a continuación. El manejo de estos recursos con una perspectiva de centralización, bajo el esquema de autonomía, no funciona bajo la lógica de anualidad en el gasto, sino de planeación de las inversiones y del mismo gasto. Desde esta perspectiva, el manejo de los recursos que se encuentran destinados para el pago de las prestaciones sociales no se encuentra sometida a las reglas propias de las obligaciones civiles o comerciales, pues, en este caso, es la misma organización la que gestiona la distribución de los recursos.

En este sentido, al tenor de lo expuesto por la jurisprudencia constitucional[257], la indexación o corrección monetaria (que se calcula con base en el IPC) es un mecanismo de actualización de *obligaciones* dinerarias, por lo tanto, debe existir una obligación para que este principio se aplique. El fundamento de esta premisa es evitar el enriquecimiento sin justa causa de la otra parte, puesto que un pago sin la debida actualización implica, a fin de cuentas, una disminución real del monto correspondiente generándose un desequilibrio en dicha prestación.

Por consiguiente, dado que, tratándose de la utilización de la unidad de tesorería, en tanto consiste en un modelo de gestión financiera, no da lugar al nacimiento de obligaciones por solo este hecho (pues es una

257. Corte Constitucional. Sentencia T-061 de 2018.

misma persona jurídica la que hace esa gestión), no puede predicarse que la utilización de este modelo de lugar a retornos dinerarios con fundamento en la aplicación de la corrección monetaria.

En segundo lugar y, en el mismo sentido, *lo relativo a los intereses*. De una manera general, los intereses pueden definirse como *"el precio que paga el deudor a su acreedor por la utilización del dinero de éste"*[258]. De la sola definición emerge con claridad la razón para considerar que no se pueden causar intereses por este concepto, pues no existe una obligación propiamente dicha, en la que haya un deudor y un acreedor, toda vez que se trata de la misma persona jurídica; lo que se evidencia es una operación contable, que está llamada a evitar los costos financieros de la necesidad de liquidez en el pago de determinadas prestaciones sociales.

En este sentido, resultaría contrario a la institución de la indexación e intereses —en cualquier modalidad— el hecho de que se pudieran causar en el seno del mismo sujeto de derecho. En conclusión, en cuanto al origen y alcance del Decreto 765 resulta clara la intención del Gobierno de reiterar la facultad de las Cajas, no solo en el marco de la emergencia sanitaria sino como herramienta permanente de gestión financiera de todos los recursos que gestiona, siempre y cuando se garantice el registro contable de los porcentajes obligatorios y de la ejecución de los mismos tendientes a garantizar el cumplimiento de los fines del Sistema de Subsidio Familiar, al tiempo que le entrega a las mismas Cajas, en virtud de su autonomía y responsabilidad la obligación de adoptar sistemas de autorregulación, autocontrol y gestión del riesgo para efectuar un estricto seguimiento a la trazabilidad del uso y flujo efectivo de los recursos, todo lo cual, por su puesto, debe ser informado y vigilado por la Superintendencia de Subsidio Familiar.

Finalmente, debe reiterarse y asegurarse, en los términos del ya citado Decreto 765, que la unidad de tesorería no tiene como objeto o como

258. Arrubla Paucar, Jaime, "Sobre el régimen legal de los intereses en Colombia", *Revista de la Facultad de Derecho*, No. 58, 1982, UPB, Medellín, p. 53.

efecto, de forma alguna, la desviación de los recursos para los fines previstos en la ley, ni mucho menos para dejar de apropiar y ejecutar los recursos que deben utilizarse en los denominados fondos de ley. En este sentido, cualquier movimiento financiero que se efectúe con ocasión de la unidad de tesorería debe versar sobre recursos que no estén siendo utilizados y, en todo caso, siempre deben reintegrarse a su lugar de origen de acuerdo con la necesidad de cada programa para asegurar su operación.

6. EL RÉGIMEN DE GASTOS DE ADMINISTRACIÓN

6.1. Marco normativo

El artículo 43 de la Ley 21 de 1982, establecía que hasta un 10 % de los aportes recaudados por las Cajas por concepto del subsidio familiar se podrá destinar para gastos de instalación, administración y funcionamiento. El artículo 18 de la Ley 789 de 2002 previó una disminución progresiva de este rubro pasando al 9 % en 2003 y a partir del año 2004 sería máximo del 8 % de los ingresos del 4 %. Por su parte, el numeral 17 del artículo 21 de la Ley 789 de 2002, dispuso lo siguiente:

> ***ARTÍCULO 21. RÉGIMEN DE TRANSPARENCIA.*** *Las Cajas de Compensación Familiar se abstendrán de realizar las siguientes actividades o conductas, siendo procedente la imposición de sanciones personales a los directores o administradores que violen la presente disposición a más de las sanciones institucionales conforme lo previsto en la presente ley:*
>
> (...)
>
> *17. Excederse del porcentaje autorizado para gastos de administración instalación y funcionamiento durante dos ejercicios contables consecutivos, a partir de la vigencia de la presente ley. Para tal efecto, se considerarán como gastos de administración, instalación y funcionamiento, aquellos que se determinen conforme las disposiciones legales. En todo caso, debe tratarse de un método uniforme de cálculo de gastos administrativos precisando la forma de distribución de costos indirectos que se deben aplicar a los distintos servicios, proporcionalmente a los egresos que cada uno de ellos represente sobre los egresos totales de la respectiva Caja.*

De la norma transcrita se desprenden las siguientes subreglas:

- Excederse del porcentaje autorizado para gastos de administración, instalación y funcionamiento solo podrá ser objeto de sanción por vulneración del régimen de transparencia en tanto ocurra en dos ejercicios contables consecutivos;
- En cuanto a la definición de los gastos de administración, instalación y funcionamiento, se hace un reenvío a las normas *legales* que dispongan lo pertinente.
- Con todo, la norma precisa que para el cálculo de este tipo de gastos se debe establecer: *i*) un método uniforme de cálculo de gastos administrativos; *ii*) en el cual se precise la forma de distribución de costos indirectos que se deben aplicar a los distintos servicios, proporcionalmente a los egresos que cada uno de ellos represente sobre los egresos totales de la respectiva Caja.

De esta forma, si bien la norma no exige un método específico que deba implementar una Caja para el cálculo de los gastos administrativos, si establece unos parámetros que deben observar todas las corporaciones, esto es que el sistema de cálculo sea uniforme, esto es que sea idéntico, conforme o consistente y que contemple la distribución de los costos indirectos de forma proporcional en función de lo que represente el egreso de determinado servicio con los egresos totales de la Caja.

Para efectos de definir el alcance de la norma en mención conviene diferenciar el concepto de costo directo e indirecto. La primera categoría hace referencia a todos aquellos costos que están vinculados directamente con la producción *"de modo que su relación con el producto se ve inmersa en su valoración final"*[259]; ejemplo de este tipo de costos son los materiales empleados en la producción directa o la compra de un lote para la construcción de una edificación. Por su parte, el costo indirecto *"es aquel que afecta*

259. ¿Qué son los costos directos? - Características y ejemplos (enciclopediaeconomica.com).

al proceso productivo de uno o más productos que vende una empresa, y que no puede medirse y asignarse directamente a una de las etapas productivas o a un producto concreto si no que hay que asumir un criterio de imputación coherente"[260]. Ejemplo de lo expuesto son los costos de los servicios públicos, el mantenimiento o los relacionados con las áreas funcionales utilizadas para el desarrollo de la actividad empresarial como los costes comerciales o de administración (tesorería, compras, marketing entre otros).

De esta forma, el numeral 17 del artículo 21 de la Ley 789 de 2002, prevé que, en relación con los costos indirectos, la Caja puede asignarlos a los distintos servicios que desarrolle de forma proporcional de acuerdo con los criterios uniformes que defina.

Ahora, adicional al 8 % del 4 % correspondiente a los gastos de administración, debe sumarse para este mismo rubro los porcentajes de administración que las disposiciones aplicables permiten destinar en relación con cada uno de los denominados fondos de ley o apropiaciones obligatorias. En la Circular 023 de 2003, la Superintendencia identificó de manera precisa los porcentajes máximos de administración que pueden utilizarse respecto de cada fondo teniendo como base para su liquidación los respetivos porcentajes de destinación previstos en las normas aplicables.

260. Coste indirecto - Qué es, definición y concepto | 2023 | Economipedia.

Figura 1. Distribución de gastos de administración contenida en la Circular 023 de 2003

GASTOS DE ADMINISTRACIÓN, INSTALACIÓN Y FUNCIONAMIENTO			
DESTINACION	% LIMITE	BASE	NORMAS
FOVIS	5%	TRANSFERENCIA FOVIS	Dec. 2620/ 2000
SALUD	15%	UPC SUBSIDIADA	Dec.1804/ 1999
FONIÑEZ	5%	EJECUCION NIÑEZ	Ley 789 / 2002
FONEDE	5%	EJECUCION FONEDE	Ley 789 / 2002
MERCADEO	AUTOCOSTEABLE		Ley 633 / 2000
HOTELERIA Y TURISMO	AUTOCOSTEABLE		Ley 21 / 1982
ADMINISTRACIÓN CENTRAL Y OTROS PROGRAMAS	9%	RECAUDO DEL 4%	Ley 789 / 2002
TRANSFERENCIAS A TERCEROS	0.5%	RECAUDO DEL 5% (SENA, ICBF)	Ley 21 / 1982

Fuente: Circular 023 de 2003 expedida por la Superintendencia de Subsidio Familiar

Dado que la Circular se expidió en el año 2003 el porcentaje para los gastos de "ADMINISTRACIÓN CENTRAL Y OTROS PROGRAMAS" estaba en el 9 %; como se indicó, a partir del 2004 el porcentaje disminuyó y aún permanece en el 8 %. Se hace hincapié que en el caso de los servicios de mercadeo, hotelería u turismo se hace referencia a su naturaleza autocosteable según se indicó líneas atrás. Ahora bien, en la citada circular, también se expidieron lineamientos e instrucciones para el cálculo y distribución de los gastos de administración, instalación y funcionamiento, definiendo como primera medida lo que debe entenderse por este tipo de egreso:

Figura 2. Concepto de gastos de administración, instalación y funcionamiento

2.1. GASTOS DE ADMINISTRACIÓN, INSTALACIÓN Y FUNCIONAMIENTO

2.1.1 CONCEPTO

Para la distribución de los recursos del Subsidio Familiar de que tratan las Leyes 21 de 1982 y 789 de 2002, se consideran Gastos de Administración, Instalación y Funcionamiento los ocasionados en el desarrollo del objeto social principal del ente económico y que se registran sobre la base de causación, las sumas o valores en que se incurra durante el ejercicio por la dirección, planeación, organización, ejecución y seguimiento del desarrollo de la actividad operativa de la Corporación, incluidas las áreas financiera, comercial, legal, administrativa y los gastos en que se incurra para la ampliación o apertura de instalaciones físicas.

Fuente: Circular 023 de 2003 expedida por la Superintendencia de Subsidio Familiar

De forma enunciativa, la Superintendencia clasificó este tipo de gastos de la siguiente manera:

Figura 3. Clasificación gastos de administración, instalación y funcionamiento

Se clasifican entre otros:

Gastos de Personal
Honorarios
Impuestos
Arrendamientos
Contribuciones y Afiliaciones
Seguros
Servicios
Gastos Legales
Mantenimiento, Reparaciones y Remodelaciones locativas
Adecuación e Instalación
Gastos de Viaje
Gastos de Propaganda y Publicidad
Depreciaciones
Amortizaciones
Provisiones
Transferencias de Ley (ICBF, SENA, ESAP, Salud e Institutos Técnicos)

Fuente: Circular 023 de 2003 expedida por la Superintendencia de Subsidio Familiar

El ente de control señaló que las Cajas no pueden excederse del valor asignado para los gastos de administración, instalación y funcionamiento, de tal forma que todas las actuaciones de estas Corporaciones, en especial las que se deriven de convenciones colectivas deben ajustarse a dichos valores. Ahora bien, en lo que hace referencia a la posibilidad de distribuir los gastos o costos indirectos de la administración central a los diferentes servicios, en el referido acto administrativo se dispuso lo siguiente:

Figura 4. Gastos de administración en apropiaciones obligatorias

En concordancia con lo dispuesto en la Ley 789 de 2002, se podrán distribuir gastos indirectos de la Administración Central a los diferentes servicios así:

- FOVIS, FONIÑEZ Y FONEDE:

Se podrán aplicar siempre y cuando se compruebe que los gastos sean relacionados, es decir, que se deriven de la misma actividad para la que fue creado el Fondo y si el(los) programa(s) no se lleva(n) a cabo, este gasto indirecto desaparece. No podrá superar en ningún caso el porcentaje límite establecido.

- Salud - ARS, IPS, EPS:

A los programas de salud sólo podrán aplicarse los gastos de administración estrictamente relacionados con este servicio.

- Mercadeo, Hotelería y Turismo:

A estos programas podrán aplicarse gastos indirectos siempre y cuando se compruebe que los gastos sean estrictamente relacionados, es decir, que se deriven de las actividades de Mercadeo Social, Hotelería y Turismo, teniendo siempre en cuenta que el servicio debe presentar punto de equilibrio financiero. Bajo ninguna circunstancia esta aplicación de gastos podrá resultar en pérdida para el servicio.

- Otros Programas:

A estos programas podrán aplicarse gastos indirectos siempre y cuando se compruebe que los gastos sean

8

№ 0 0 2

estrictamente relacionados. La forma de aplicación deberá realizarse proporcionalmente a los egresos que cada uno de ellos representen sobre los egresos totales de la respectiva Caja de Compensación.

Fuente: Circular 023 de 2003 expedida por la Superintendencia de Subsidio Familiar

Como lo dispone la misma Circular 023, estos gastos se reconocen mediante el sistema de causación o devengo en el periodo en el que se incurrieron y se registran con cargo a las cuentas del estado de resultados en los códigos que hacen parte del grupo (51) establecido por la Superintendencia del Subsidio Familiar mediante la Resolución 0537 de 2009 que unificó el catálogo de cuentas, modificada por la Resolución 044 de 2017 y que comprende en los códigos 5105 hasta el 5199, correspondientes a los siguientes conceptos:

Tabla 4. Catálogo de cuentas

CÓDIGO	DESCRIPCIÓN
5105	GASTOS DE PERSONAL
5110	HONORARIOS
5115	IMPUESTOS
5120	ARRENDAMIENTOS
5125	CONTRIBUCIONES Y AFILIACIONES
5130	SEGUROS
5135	SERVICIOS
5140	GASTOS LEGALES
5145	MANTENIMIENTO Y REPARACIONES
5150	ADECUACIÓN E INSTALACIÓN
5155	GASTOS DE VIAJE
5160	DEPRECIACIONES
5175	PUBLICIDAD, PROPAGANDA Y PROMOCIÓN
5195	DIVERSOS
5199	TRASLADOS Y TRANSFERENCIAS

Fuente: Resolución 044 de 2017 expedida por la Superintendencia de Subsidio Familiar

Con fundamento en los parámetros antes expuestos, a cada Caja de Compensación Familiar le corresponde definir el método uniforme para el cálculo de los gastos de administración el cual debe incluir, se reitera la forma como deben distribuirse los costos indirectos en los distintos servicios.

Se hace hincapié en que las normas antes descritas no se encargan de enunciar un listado taxativo del tipo específico de gasto o costo que debe imputarse a este rubro, sino que las normas aplicables se limitan a definir de forma amplia lo que debe entenderse por gastos de administración, instalación o funcionamiento, al tiempo que, de forma eminentemente enunciativa, se propone una forma de clasificación de esta categoría, lo cual guarda íntima relación con la naturaleza jurídica de los gastos de administración y el alto grado de autonomía que se le otorgó a las Cajas para el manejo y utilización de estas partidas. Así lo ha expuesto la SuperSubsidio en el concepto con radicado No. 2-2020- 296381 del 01 de junio de 2020, cuyo asunto reza "*Concepto de gastos de administración, instalación y funcionamiento del 8 % OBS*". De igual manera, la Contraloría General de la República a través de concepto 80-112-CGR-OJ-192 de 2020, identificado con No. 2020IE0075209 del 24 de noviembre de 2020, señaló:

> Así todos los ingresos y gastos de estas entidades deben estar incluidos en su presupuesto. En este orden, el rubro denominado, Gastos de Administración, Instalación y Funcionamiento debe estar contenido en el presupuesto y definido los respectivos rubros. La Superintendencia del Subsidio Familiar, en relación con los gastos de administración expresó lo siguiente:
>
> > Por lo general, se consideran como Gastos de Administración, aquellos que hacen parte de la operación normal de recaudo y distribución de los aportes patronales. En las cajas de Compensación Familiar se califican como tales, aquellos gastos que no tienen relación directa con las ventas de mercadeo o el aspecto operacional de su servicio social. (Se subraya).

Por lo expuesto, se puede dilucidar como el mismo ente de control establece un marco de acción para determinar la viabilidad en la utilización de los recursos ubicados en el rubro de Gastos de Administración, siendo todos aquellos gastos que no tienen relación directa con las ventas de mercadeo o el aspecto operacional de su servicio social. El mencionado concepto[261] proporciona elementos adicionales para tener claridad respecto al contenido del gasto de administración, instalación y funcionamiento cuando expresa: "De acuerdo con lo expuesto, los ingresos correspondientes a los Gastos de Administración, Instalación y Funcionamiento son los ocasionados en el desarrollo del objeto social de la Caja de Compensación Familiar".

De lo expuesto queda claro como el ordenamiento jurídico nacional, e incluso conceptos del ente de control fiscal, contemplan que los gastos de administración tienen relación con las sumas y valores en que se incu-

261. Contraloría General de la Republica. Oficina Jurídica. Concepto 80-112-CGR-OJ-192 de 2020, identificado con No. 2020IE0075209 del 24 de noviembre de 2020.

rra por la dirección, planeación, organización, ejecución y seguimiento del desarrollo de las actividades operativas de la corporación, generando un sinnúmero de aristas desde las que pueden enmarcarse las mismas, entre las que se destacan los gastos de personal e incluso las áreas financiera, legal, administrativa, de las mencionadas entidades donde se encuentran gastos de transacciones o conciliaciones.

Incluso, las prestaciones extralegales se enmarcan perfectamente dentro del concepto de "gastos de administración, instalación y funcionamiento" de las CCF, pues es uno de aquellos egresos o costos internos que asumen las CCF para su funcionamiento y operación, al amparo del Código Sustantivo del Trabajo que reconoce tales prestaciones. Corresponden con lo que, para la Superintendencia de Subsidio Familiar, comporta tal concepto a la luz de las Leyes 21 de 1982 y 789 de 2002. En efecto, acudiendo al Catálogo General de Cuentas, Clase 5 Gastos, contiene los grupos: (51) Gastos de Administración y (52) Gastos de operación, entre los que se incluyen las siguientes cuentas y subcuentas pertinentes.

Y, aún para mayor seguridad, se cuenta con la Circular Externa No. 023 de 2003 de la Superfinanciera, que luego de referirse a los porcentajes máximos de gastos de instalación, administración y funcionamiento a favor de las CCF, advierte:

Figura 5. Obligaciones laborales hacen parte del concepto de gastos de administración

Por lo anterior, todas las actuaciones de las Corporaciones y en especial las obligaciones que se deriven de las convenciones colectivas deberán ajustarse a dichos valores.

Fuente: Circular 023 de 2003 expedida por la Superintendencia de Subsidio Familiar

De lo anterior, queda claro como el ordenamiento jurídico nacional contempla que los gastos de administración tienen relación con las sumas y valores en que se incurra para dirección, planeación, organización, ejecución y seguimiento del desarrollo de las actividades operativa de la corporación, incluidas las áreas financiera, legal, administrativa. Y, por tanto, puede enmarcarse gastos de personal como son las prestaciones sociales extralegales y los beneficios derivados de las convenciones colectivas, puesto que se trata claramente de GASTOS DE PERSONAL.

Finalmente, dentro del marco normativo específico relacionado con la naturaleza y el cálculo de los gastos de administración, conviene citar la Circular 019 de 2016 por medio de la cual se establece el "MARCO GENERAL PARA EL ESTUDIO TÉCNICO DE COSTOS COMO INSUMO PARA LA DEFINICIÓN DE TARIFAS CATEGORIZADAS EN LOS PROGRAMAS SOCIALES DE LAS CAJAS DE COMPENSACIÓN FAMILIAR" la cual tiene como objetivo establecer un marco general de lineamientos para realizar estudios técnicos de costos —directos e indirectos—, como insumo para la determinación de tarifas categorizadas, en los programas de los servicios sociales de las Cajas de Compensación Familiar, los cuales también se reconocen como los servicios "autocosteables".

En relación con los costos indirectos, la citada norma establece como egresos que deben tenerse en cuenta para el estudio técnico de los costos a cargo de cada Caja, lo siguiente:

> ***"4.2. Egresos directos e indirectos operacionales y no operacionales***
>
> *Egresos directos: corresponden a los costos y gastos propios de los programas ofrecidos por cada servicio social de la Caja. Estos deben ser asignados a cada objeto de costo por medio de un criterio técnico de distribución o asignación, para que el costo unitario calculado reconozca este valor.*
>
> *Egresos indirectos: corresponden a los costos y gastos generados en la administración y supervisión del servicio social*[262]*, en áreas corporativas y áreas de apoyo de la Caja*[263]*, que prestan servicios a los programas.* ***<u>Éstos deben ser</u>***

262. Gastos generados por la administración del servicio social: egresos administrativos y de apoyo, directamente vinculado al servicio social
263. Gastos áreas corporativas y de apoyo de la caja: Dirección administrativa, subdirecciones, áreas Staff, áreas de apoyo que prestan servicios de soporte a los servicios sociales (Ej. Tecnología, Tesorería, Recursos Humanos, Infraestructura, etc.) y otras.

distribuidos/asignados por medio de un criterio técnico de distribución/ asignación para que el costo unitario calculado reconozca este valor".

De esta forma, la misma Superintendencia reitera lo concerniente a los gastos de administración indicando la posibilidad, incluso la exigencia, que para la definición de las tarifas de los servicios sociales se tengan en cuenta los egresos directos e indirectos y, estos últimos distribuirlos o asignarlos por medio de un criterio técnico para que el costo unitario calculado reconozca ese valor.

6.2. Naturaleza jurídica de los gastos de administración

Sin perjuicio de lo expuesto dentro de presente capítulo en relación con la naturaleza de corporaciones en los términos del Código Civil que tienen las CCF y el régimen aplicables en relación con los bienes que administra, debe indicarse que del marco normativo señalado con anterioridad, no existe disposición alguna que de forma expresa señale la naturaleza jurídica de los gastos de administración, instalación y funcionamiento; con todo, del análisis armónico de las disposiciones que rigen el subsidio familiar y las Cajas de Compensación Familiar, de los conceptos emitidos por organismos técnicos, por la misma Superintendencia de Subsidio Familiar y de los pronunciamientos jurisprudenciales que las Altas Cortes han emitido respecto de la naturaleza de los gastos de administración frente a actividades afines a las de las Cajas de Compensación Familiar, se concluye que la utilización por parte de estas corporaciones de estas partidas, como mínimo, se hace a título de contraprestación o remuneración por el servicio que prestan, esto es por el recaudo, gestión y reconocimiento de la prestación social del subsidio familiar y de los denominados fondos de ley o apropiaciones obligatorias.

De entrada, debe señalarse que la creación de una Caja de Compensación Familiar, por disposición del artículo 40 de la Ley 21 de 1982 es una actividad de iniciativa privada (sometida sí a la intervención estatal) y, por tanto, es producto del ejercicio de la libertad de empresa aun cuando se trate de corporaciones sin ánimo de lucro. De ahí que, como cualquier actividad de interés público que hagan los particulares debe dar lugar a una remuneración la cual, en el marco del Sistema de Subsidio Familiar obedece a los denominados gastos de administración que equivalen hasta a un 8 % del 4 % de la nómina de los empleadores más los porcentajes específicos de cada fondo de ley, según se indicó.

Lo expuesto no solo se deriva de la naturaleza jurídica de la actividad que realizan las Cajas de Compensación Familiar, sino que ha sido el entendimiento consistente que los organismos técnicos le han otorgado a estos rubros. En este sentido, en concepto emitido por el Consejo Técnico de la Contaduría Pública[264], se dejó consignado con absoluta claridad que, al margen de la discusión existente para ese entonces acerca de la forma como debía ser el tratamiento contable de los recursos del 4 %, cuestión que fue resuelta por el parágrafo primero del artículo 19 de la Ley 1797 de 2016, lo cierto es que de forma indiscutible para el Consejo Técnico los gastos de administración es la remuneración que reciben las Cajas por la labor que desempeñan y, por tanto deben contabilizarse como ingreso en tanto aumentan su patrimonio. Al respecto:

Figura 6. Gastos de administración como ingreso

Teniendo en consideración lo indicado en los párrafos predecesores, las cajas de compensación familiar, deberán registrar como ingreso tan solo aquellos rubros que aumentan su patrimonio, por ejemplo, "los gastos de administración y funcionamiento, que corresponden al 8% del valor recaudado, de los aportes parafiscales", así como la remuneración que reciben por concepto de administración de fondos (como el Fovis). Por su parte, los dineros que se reciben con cargo al fondo, que en esencia corresponden a los fondos y no a las cajas de compensación, deben registrarse como un pasivo. Esto es, solo es ingreso el monto cobrado por intermediación, el remanente cumple con la definición de pasivo.

En relación con los recursos recibidos (la contrapartida), se tendrán también dos tratamientos: corresponderán a activos de las cajas de compensación, tanto el 8% como el monto adicional por concepto de administración de fondos. En relación con el valor correspondiente a los pasivos, corresponderán a activos que tienen pasivos correlacionados y para efectos de presentación, deberán ser reflejados en los estados financieros por el neto, de tal manera que se refleje la realidad de la caja de compensación (NIC 32 párr. 42 y ss.), revelando adicionalmente en una nota a los estados financieros que el dinero recibido no puede ser utilizado para destinaciones diferentes de las asignadas (NIIF 7 párr. 13B)."

Fuente: CTCP. Concepto 2014-657

264. Consejo Técnico de la Contaduría Pública. Concepto 2014-657 del 14 de noviembre de 2014.

Si se tiene en cuenta que dentro del recaudo de aportes del 4 %, que son los recursos recaudados por concepto de la prestación social Subsidio Familiar y que constituye un 100 % de valor a distribuir y que una parte de dicha distribución, el 8 % es para los Gastos de Administración, se puede afirmar que estos se registran efectivamente como un ingreso, aumentando el patrimonio de las CCF.

En perfecta armonía con lo expuesto, el tratamiento a los gastos de administración en relación con la denominada parafiscalidad "típica" sigue la misma línea señalada, puesto que considera estas partidas como la contraprestación que se otorga por el servicio prestado, de ahí que otorgue un grado alto de autonomía para su manejo, al tiempo que su tratamiento es de recursos propios.

Tratándose de la parafiscalidad cerealista y avícola, los respectivos contratos de administración prevén de manera expresa una contraprestación por la administración, recaudo e inversión de los Fondos Parafiscales Cerealista y Avícola. Al respecto se pronunció el Consejo de Estado en el siguiente sentido:

> *"A. Tanto las leyes que crearon las cuotas parafiscales cerealista y avícola como los contratos de administración celebrados con FENALCE y FENAVI, disponen expresamente el pago de una* ***contraprestación*** *por la administración, recaudo e inversión de los Fondos Parafiscales Cerealista y Avícola. El significado común y también jurídico de esa locución corresponde a "1. f. Der. Prestación que debe una parte contratante por razón de la que ha recibido o debe recibir de la otra"21, esto es, que la suma acordada* ***remunera*** *el servicio prestado, sin que sea posible agregar otros valores por tal concepto.*
>
> *Ciertamente en los contratos especiales de administración celebrados entre el Ministerio de Agricultura y Desarrollo Rural y las mencionadas entidades gremiales, frente a la obligación de tales entidades de administrar el fondo parafiscal respectivo,* ***surge el derecho a recibir a cambio una contraprestación, la cual remunera en su totalidad el servicio prestado****"*[265].

265. Consejo de Estado. Sala de Consulta y Servicio Civil. Concepto del 8 de julio de 2010.

Si bien los recursos del Subsidio Familiar, como se indicó, son considerados como una modalidad de parafiscalidad atípica, lo cierto es que la filosofía en relación con la naturaleza de los gastos de administración es asimilable en relación con cualquier tipo de parafiscalidad.

Y, solamente para confirmar que lo recibido por gastos de administración y funcionamiento ingresa al patrimonio de las CCF, como "ingreso" o "remuneración" por concepto de intermediación, conviene revisar la Sección 23 Ingresos de Actividades Ordinarias de las NIIF para las Pymes, según la cual: "*Ingreso de actividades ordinarias es la* ***entrada bruta de beneficios económicos, durante el período, surgidos en el curso de las actividades ordinarias de una entidad, siempre que tal entrada dé lugar a un aumento en el patrimonio,*** *que no esté relacionado con las aportaciones de los propietarios de ese patrimonio*", excluyendo los importes recibidos por cuenta de terceras partes (o, en una agencia, los importes recibidos por cuenta del principal, limitándose al importe de la comisión). Entonces, de la misma manera que las agencias reciben comisiones como ingreso por su actividad ordinaria, las CCF reciben contraprestaciones por la venta de bienes y prestación de servicios, que aumentan su patrimonio.

Así mismo, la naturaleza remuneratoria de los gastos de administración se desprende del amplio margen de autonomía que se les otorgó a las Cajas para el manejo y utilización de estos recursos. Ciertamente, en lugar de establecer directrices precisas o limitar de cualquier manera la ejecución del 8 %, el artículo 21 de la Ley 789 de 2002, se insiste, simplemente dispone que las CCF se abstendrán de realizar las siguientes actividades o conductas, so pena de sanciones: "*17. Excederse del porcentaje autorizado para gastos de administración instalación y funcionamiento durante dos ejercicios contables consecutivos*".

En este punto se puede encontrar, incluso una similitud con los recursos de administración a los que tienen derecho las EPS, para las cuales se establece una prohibición de superar el porcentaje de gastos de administración fijado por el Gobierno nacional, aceptándose de manera pacífica que dicho rubro comprende la utilidad razonable para los particulares (C-262/13).

Es claro, pues, que el legislador decidió otorgar autonomía a las Cajas de Compensación Familiar para el desarrollo de sus actividades, dictando por ejemplo que son personas de derecho privado organizadas como corporaciones en la forma prevista en el Código Civil (art. 39 de la Ley 21 de 1982); y permitiéndoles a sus Consejos Directivos aprobar el presupuesto anual de ingresos y egresos; aprobar los planes de inversión y programas de inversión y organización de servicios que debe adelantar el Director Administrativo; aprobar u objetar balances, estados financieros, cuentas de fin de ejercicio para enviar a la Asamblea General, la cual los aprueba. (art. 47 y 50 *ibidem*).

NO autorizó a la Superintendencia de Subsidio Familiar para controlar la manera en que las CCF invierten el 8 % mencionado, sino solamente para asegurarse de que las CCF no excedan el porcentaje autorizado de gastos de administración. Es por eso por lo que no se encuentran entre las funciones de la Supersubsidio una atinente a la vigilancia en la inversión y destinación de los recursos del 8 %.

La Circular 023 de 2003 ya referenciada no dispone restricciones en la forma en que las Cajas deben utilizar los gastos de administración, puesto que los rubros o clasificación que allí se señala, se hace a título enunciativo —no taxativo—, con la única finalidad de organizar los reportes de información y garantizar, eso sí, que las Cajas NO superen los porcentajes permitidos para el efecto. De ahí que la única restricción expresa que se encuentra en dicho acto administrativo es que las *"Cajas de Compensación Familiar no podrán excederse bajo ninguna circunstancia del valor asignado para Gastos de administración, instalación y funcionamiento que resulta de multiplicar los porcentajes descritos en la tabla anterior* [gastos administrativos del 8 % y de los fondos de ley] *por el valor de base para cada caso".*

En consecuencia, los gastos de administración, instalación y funcionamiento son considerados como un ingreso que aumenta el patrimonio de las Cajas de Compensación Familiar en tanto se otorga en calidad de remuneración por el servicio que prestan. De ahí entonces que el control sobre este tipo específico de recursos se encamina a garantizar que las Corporaciones no sobrepasen el límite permitido durante dos ejercicios contables consecutivos y, más importante aún, que en caso de que esto llegare a ocurrir, que lo utilizado en exceso no se cubra con los demás recursos que encuentran su origen en el 4 % en tanto tienen una destinación reglada. Así lo ha expuesto la Superintendencia de Subsidio Familiar en concepto con radicado No. 2-2022-169211, según el cual:

> *Ahora bien, respecto del pago de sentencias judiciales y sanciones administrativas, es claro para esta Oficina que dichos rubros se enmarcan dentro del concepto de gastos de administración, instalación o funcionamiento. En este sentido, en caso de que las Cajas de Compensación Familiar se vean obligadas a asumir estos pagos, los mismos podrán deducirse del porcentaje asignado a gastos de administración, instalación y funcionamiento, siempre y cuando afecte la distribución del subsidio familiar en cualquiera de sus componentes.* ***Con todo, es importante advertir que la Caja de Compensación Familiar no se puede exceder de dicho monto y que, en caso de hacerlo, deberán afectarse recursos propios de la Caja.***

Considerando lo anterior, es necesario recordar que, como las rentas parafiscales atípicas no provienen de la capacidad impositiva del Estado ni constituyen renta estatal (C-575/92, reiterada por la sentencia C-1173/01), con mayor razón no lo son los recursos que reciben las CCF a título de gastos de administración, valor que incluye la contraprestación individual por la administración de los recursos y el cumplimiento de sus funciones de seguridad social.

6.3. Cálculo y control de los gastos de administración

6.3.1. Generalidades

De conformidad con lo expuesto, para el cálculo de los gastos de administración deben tenerse en cuenta principalmente los siguientes parámetros:

- La definición de gastos de administración, instalación y mantenimiento

- La identificación del servicio, Centro de Costo o actividad autocosteable de la respectiva CCF. Lo anterior, se recuerda, en la medida en que las Cajas tienen la posibilidad de ejercer actividades financiadas por fuera de los recursos del 4 % o de forma parcial.
- Identificación y asignación de los costos o gastos directos e indirectos en función de cada Centro de Costos.
- Verificar los límites máximos de los gastos de administración tratándose de las actividades que se financian con el 4 %, a través de la identificación de los ingresos provenientes del 4 % y del respectivo fondo de ley y multiplicándolos por el respectivo porcentaje máximo de este tipo de gastos.
- Llevar la contabilidad y realizar los reportes de información en los términos dispuestos por la Superintendencia del Subsidio Familiar.
- Debe diferenciarse la *totalidad* de los gastos de administración que puede tener una CCF por los servicios y actividades que desarrolla, de aquella porción que se financia con los recursos del 4 %.

En relación con este último punto la Superintendencia de Subsidio Familiar exige que el reporte de los gastos de administración se registre e informe de la forma prevista en las Circulares correspondientes esto es las Circulares 020 de 2016 y 007 de 2017 de la SSF, las cuales fueron compiladas en la Circular Única de la Superintendencia de Subsidio Familiar.

En el marco de esas circulares, se encuentra la estructura 3-016 que corresponde al "ESTADO DE RESULTADOS" en la cual se consolida y se registra el catálogo de cuentas para la rendición de información financiera prevista en la Resolución 044 de 2017 de la SSF, entre el cual se encuentra el ya mencionado Grupo 51 a nivel de Subcuenta que corresponde a los GASTOS OPERACIONALES DE ADMINISTRACIÓN Y

SERVICIOS SOCIALES[266] y como puede interpretarse, integra TODOS los gastos en que las CCF incurren con el fin de atender las actividades administrativas, incluyendo de los servicios sociales financiados o no financiados con los recursos del 4 %.

Para fines ilustrativos, el siguiente recuadro muestra las actividades que son financiadas en todo o en parte con recursos del 4 % con aquellas que cuentan con una fuente distinta:

Tabla 5. Cuadro comparativo entre actividades financiadas con recursos del 4% y por fuera del 4%

Financiadas en todo o en parte con recursos del 4 %	Financiadas con fuente distinta al 4 % o Centros de Costo por fuera del 4 %
- Pago de la cuota monetaria. - Pago del subsidio familiar en especie. - Pago del subsidio familiar en servicios. - Reconocimiento y pago de las prestaciones propias de cada fondo de ley y apropiaciones obligatorias (FOVIS, FONIÑEZ, FOSFEC, Ley 115 de 1994).	- Prestación del servicio de salud bajo el esquema de la Ley 100 de 1993. - Mercadeo. - Farmacias. - Portafolio de servicios empresariales. - Actividades en que la Caja actúa como contratista del Estado u operador de servicios financiados con recursos del Presupuesto General de la Nación o de las entidades descentralizadas. - En general cualquier actividad que se encuentre autorizada por la ley y dentro de su objeto social que no deba ser financiada con recursos del 4 %.

Fuente: Elaboración propia

266. Resolución 0044 del 2 de febrero de 2017 proferida por la Superintendencia del Subsidio Familiar

Ahora bien, dentro de las actividades que son financiadas con recursos del 4 %, existen actividades que generan sus propios ingresos por autorización expresa de la ley (a través de la aplicación y cobro de tarifas en los términos del citado artículo 64 de la Ley 21 de 1982) y, de manera correlativa generan costos y gastos. Estos servicios en el marco del Subsidio Familiar son definidos como "Centros de Costo"[267] o "actividades autocosteables". A manera de ejemplo, se encuentran los siguientes:

Tabla 6. Comparativo actividades financiadas en su totalidad y de manera parcial con recursos del 4%

Financiadas en su totalidad con recursos del 4 %	Financiadas de forma parcial con recursos del 4 % y con ingresos que genera la misma actividad
- Pago de la cuota monetaria. - Pago del subsidio familiar en especie. - Reconocimiento y pago de las prestaciones propias de cada fondo de ley y apropiaciones obligatorias (FOVIS, FONIÑEZ, FOSFEC).	- Servicios de mercadeo y farmacias. - Servicios de hotelería y turismo. - Servicios o programas de recreación, según sea el caso. - Crédito social. - Servicio de educación.

Fuente: Elaboración propia

Bajo el anterior esquema, una particularidad relevante de la estructura 3-016 es que obliga a las Cajas a registrar el catálogo de cuentas en función de cada uno de los Centros de Costo que tengan cada una de estas Corporaciones y que a título enunciativo se muestran en la tabla 20 del anexo técnico Circulares 020 de 2016 y 007 de 2017 de la SSF.

267. En estricto sentido, para la SSF, los Centros de Costos o programas definidos para la gestión de las CCF son aquellos que generan registros contables separados.

Figura 7. Tabla 20. Centro de Costo

6.20. TABLA 20: CENTRO DE COSTO

TABLA 20: CENTRO DE COSTO	
Código	**Nombre**
1	Administración
2	Mercadeo
3	Salud EPS-S
4	Salud – IPS
5	Salud - EPS-C
6	Medicina Prepagada
7	Salud y nutrición ley 21 de 1982
8	Educación Formal
9	Educación para el trabajo y desarrollo humano
10	Biblioteca
11	Cultura
12	Vivienda
13	Recreación, Deporte y turismo
14	Crédito Social
15	Fomento al emprendimiento y la empresarialidad
16	Convenios y/o programas especiales

Fuente: Tabla 20 del Anexo técnico Circulares 020 de 2016 y 007 de 2017 de la SSF

De esta forma, cada uno de estos Centros de Costo y los demás que pueda llegar a tener una CCF, debe contener el registro y contabilización de las cuentas contables previstas en la citada Resolución 044 de 2017, incluidas por su puesto, aquellas previstas en el Grupo 51. Resulta indispensable aclarar respecto de la tabla 20 que el Centro de Costo identificado con el Código 1 "Administración" es aquel que consolida las actividades y operaciones en relación con la gestión del recaudo de aportes 4 % y, por ende, es respecto de este Centro de Costo que se aplica el límite máximo de gastos de administración del 8 % sobre el 4 % y de los porcentajes específicos de gasto de administración propio de los fondos de ley, lo cual dicho de otra manera, no es aplicable a los demás programas y servicios o Centros de Costo.

La circunstancia de que la información financiera de la CCF se haga en función de los Centros de Costo, permite asignar directa e indirectamente los costos y gastos de operación y funcionamiento de ese segmento a través de los ingresos que los mismos generan o que es posible y legalmente afectar, descartando de esta forma la utilización indebida de los recursos del 4 % incluyendo, como se indicó, los gastos de administración que provienen de esa fuente en tanto que los mismos deben registrarse, se insiste, en el código 1.

6.3.2. Identificación y asignación de los costos indirectos de administración (CIA)

Una vez indicada la forma general en que se encuentra estructurado el reporte de la información financiera de la Caja, se debe partir de un criterio general para la identificación y asignación de los gastos de administración: si se trata de un costo o gasto directo, como es apenas lógico, se debe imputar al Centro de Costo correspondiente como sería el caso, por ejemplo, de los gastos de personal de un hotel de una Caja, en cuyo caso debe asignarse al Centro de Costo número 13 "Recreación, deporte y turismo".

Cuestión distinta supone la identificación y asignación de los costos indirectos, es decir aquellos que son necesarios y transversales a la organización o, lo que es igual, que afecta el proceso productivo de uno o varios productos o servicios que ofrece una empresa, pero que no puede medirse y asignarse directamente a ninguno de estos, como sería el caso, tratándose de las Cajas de Compensación Familiar, de los gastos propios de la tesorería, el área de mercadeo, jurídica, de planeación o de auditoría.

Para efectos de saber con certeza el impacto que tiene este tipo de costos en el proceso productivo o en la determinación del precio o tarifa de un servicio, existen distintos métodos para imputar de manera coherente los CIA, tales como técnicas que integran conceptos como *Asignación de CIF, Shared Services*, Áreas Gerenciales, Áreas de Soporte, Cadena de Valor, ABC *Costing*, RCA, entre otros.

En todo caso, debe aclararse que existen alrededor de 18 metodologías distintas para realizar la asignación de costos indirectos de administración o costos indirectos de servicios compartidos, soportados en metodologías técnicas, y que la elección entre ellas depende de la autonomía de la caja, según lo que considere más apropiado para la ejecución de su objeto.

En consecuencia, el procedimiento de asignación de costos indirectos de administración en las CCF tiene como objetivo realizar la asignación de CIA para un período determinado, que incluyen aquellos gastos que no se pueden asignar directamente a un programa o servicio específico, por corresponder a áreas que realizan actividades para varios o todos los programas y o servicios, por lo que se debe establecer, en los términos del numeral 17 del artículo 21 de la Ley 789 de 2002, una metodología que permita asignar los valores de estos CIA hacia los programas y servicios que los demandan, en el entendido que son necesarios para el normal funcionamiento.

En línea como lo anterior, en la Circular 019 de 2016, la Superintendencia de Subsidio Familiar exige a las Cajas de Compensación la definición de un criterio técnico, según lo determinen estas Corporaciones para asignar y distribuir los costos indirectos para que sean incluidos dentro del costo unitario que se tenga como referencia para la definición de las tarifas que se cobran por los servicios que prestan.

Capítulo V. Las cajas y la institucionalidad: instancias de control y armonización de políticas generales

Las premisas en las que se sustenta este libro parten de la consideración de que el subsidio familiar es una prestación social de origen laboral destinada a aliviar las cargas económicas que representa el sostenimiento familiar para los trabajadores beneficiarios de medianos y bajos ingresos en función de las personas a su cargo. Todo ello, en aras de fortalecer la familiar, como núcleo básico de la sociedad.

Como quedó expuesto, el pago de esta prestación corresponde al empleador a través de una caja de compensación familiar: persona jurídica de derecho privado sin ánimo de lucro, organizada como corporación en la forma prevista en el Código Civil, la cual cumple funciones de seguridad social.

Sin duda, una vez el subsidio familiar es liquidado y pagado, entra al patrimonio del trabajador beneficiario. Sin embargo, no ocurre lo mismo en tratándose de la naturaleza jurídica de los recursos que paga el empleador (4 % de la nómina) mientras se encuentran bajo el control de las cajas. Así, mientras un sector considera que estos recursos tienen la condición de rentas parafiscales "típicas" (esto es, ingresos públicos, de naturaleza tributaria, de propiedad del Estado, pero con la finalidad principal de beneficiar al grupo del cual se extraen); otro sector, incluidos los autores de esta obra, considera que estos ingresos, al tenor de la jurisprudencia de la Corte Constitucional, tienen el carácter de recursos parafiscales "atípicos" o "sui generis", en tanto no son de titularidad del Estado ni tienen origen tributario ni público. Por el contrario, su administración, gestión y disposición corresponde a las cajas en los términos de su naturaleza jurídica, con la finalidad prevista por la ley, esto es, con la finalidad de contribuir al bienestar de los trabajadores beneficiarios y sus familias.

Con todo, la circunstancia de que estos recursos no sean de propiedad del Estado no significa que la actividad que realizan las cajas sea simplemente "privada", sino que por el beneficio que supone para la colectividad, es considerada como una labor de "interés público". Al respecto, la Corte Constitucional ha señalado:

> *"Es incuestionable entonces que en las actividades que se relacionan con el subsidio familiar - recaudo, administración de los recursos y pago a beneficiarios -, existe un **interés público**, por lo cual su regulación y orientación compete al Estado. De aquí se desprenden significativas consecuencias : teniendo en cuenta que el subsidio familiar es administrado por entidades intermediarias entre los empleadores y los trabajadores, cuya gestión compromete el interés general por lo cual requiere no sólo **ser objeto de inspección, vigilancia y control, sino de armonización de políticas generales**, dicho régimen jurídico contempla expresamente normas que se refieren a la organización administración y funcionamiento de las Cajas de Compensación Familiar"*[268]. (Se resalta).

De esta manera, son dos las grandes consecuencias de considerar que la actividad que desarrollan las CCF en relación con los recursos del subsidio familiar reviste un interés público: ***i***) la necesidad de armonizar estas actividades con las políticas generales, y; ***ii***) el ejercicio de funciones de inspección, vigilancia y control en virtud del artículo 39 de la Ley 21 de 1982, según el cual las cajas están *"sometidas al control y vigilancia del Estado en la forma que establezca la ley"*.

El propósito de este capítulo consistirá, entonces, en desarrollar cada uno de estos aspectos. En cuanto al primero de estos, el análisis se circunscribirá al rol que desempeña el Consejo Superior del Subsidio Familiar y el Ministerio de Trabajo, entendiendo que, debido a las diferentes actividades que desarrollan las cajas, tiene interacción permanente con otros ministerios como lo son el de Vivienda Ciudad y Territorio, el de Salud y Protección Social, el de Educación Nacional, el de Cultura y el del Deporte, entre otros.

268. Corte Constitucional. Sentencia C-508 de 1997. M. P. Vladimiro Naranjo Mesa.

En cuanto al control, si bien la ley ha asignado competencias específicas a la Superintendencia de Industria y Comercio, a la Superintendencia Financiera y a los órganos competentes para ejercer estas competencias tratándose de los servicios de salud, educación y recreación, en las siguientes páginas se hará énfasis en las funciones a cargo de la Superintendencia de Subsidio Familiar.

Finalmente, se expondrán algunas consideraciones acerca del control fiscal a cargo de la Contraloría General de la República y el control disciplinario cuya competencia recae en la Procuraduría General de la Nación, desde una perspectiva crítica en relación con el alcance de las funciones que vienen ejerciendo uno y otro órgano de control frente a los recursos que administran las cajas, para luego proponer un modelo de control específico que, en todo caso, debería aplicarse a las cajas y a cualquier otro particular que ejerza actividades de interés público.

Todo ello es, por supuesto, sin perjuicio del control judicial para conocer de las acciones correspondientes al subsidio familiar, siendo este un asunto de competencia de la jurisdicción ordinaria en virtud del artículo 6° de la Ley 21 de 1982, según el cual *"Las acciones correspondientes al subsidio familiar prescriben en los términos del Código Sustantivo del Trabajo"*. En la misma línea, el numeral 4 del artículo 2° del Código Procesal del Trabajo y Seguridad Social (modificado por el artículo 2 de la Ley 712 de 2001) asigna a la Jurisdicción Ordinaria, en sus especialidades laborales y de seguridad social, la competencia para conocer de aquellas controversias relativas a la prestación de los servicios de la seguridad social que se susciten entre afiliados, beneficiarios o usuarios, empleadores y entidades administradoras o prestadoras. La norma exceptúa, únicamente, los asuntos de responsabilidad médica y los relacionados con los contratos, quedando todas las demás controversias bajo el conocimiento de dicha especialidad.

1. LA ARMONIZACIÓN CON LAS POLÍTICAS GENERALES

Sin perjuicio del carácter privado de las Cajas de Compensación, es indudable que existe una institucionalidad fuerte en materia de Subsidio Familiar, representada a nivel nacional por el Ministerio del Trabajo y el Consejo Superior del Subsidio Familiar (en adelante CSSF), sin perjuicio de otros órganos instituidos para el efecto.

El primero, en los términos del numeral 8 del artículo 2° del Decreto 4108 de 2011, tiene dentro de sus competencias, la definición y evaluación de las políticas en materia de subsidio familiar. A su turno, le corresponde a la Dirección de Generación y Protección del Empleo y Subsidio Familiar y a la Subdirección de Subsidio Familiar del Ministerio del Trabajo todo lo relacionado con la formulación de políticas, recomendaciones y proyectos normativos relacionados con el Subsidio Familiar. Para el efecto, junto con el Gobierno Nacional ejerce la potestad reglamentaria y las facultades normativas asignadas con el fin de desarrollar e implementar las políticas propias en materia del subsidio familiar y las CCF.

En cuanto al segundo, esto es, el ***CSSF***, se encuentra regulado en los artículos 81 y siguientes de la Ley 21 de 1982, y se trata de la entidad asesora del Ministerio de Trabajo en materia del subsidio familiar, pensada para armonizar el subsidio familiar con las políticas generales. Está integrado por: 1) el ministro de Trabajo y Seguridad Social o su delegado, quien lo preside; 2) el jefe del Departamento Nacional de Planeación o su delegado; 3) el gerente de la Caja de Crédito Agrario, Industrial y Minero o su delegado; 4) el superintendente del Subsidio Familiar; 5) cuatro (4) representantes de los trabajadores o sus respectivos suplentes; 6) dos (2) representantes de los empleadores o sus respectivos suplentes; 7) dos (2) representantes de las Cajas de Compensación Familiar y sus respectivos suplentes. Los representantes de los trabajadores, empleadores y Cajas de Compensación Familiar son designados de la forma prevista en el artículo 82 de la Ley 21 de 1982[269]. En cuanto a las funciones, el artículo 84 de la Ley 21 de 1982, señala las siguientes:

> *"1º. Asesorar al Gobierno Nacional en el estudio, formulación, coordinación, ejecución y evaluación de las políticas sobre subsidio familiar, en el marco de la política que adopte el Estado sobre seguridad social.*
>
> *2º. Sugerir normas y procedimientos para asegurar que las obras y los programas sociales de las Cajas de Compensación Familiar se adecuen a las políticas nacionales de seguridad social y el subsidio familiar y consulten el orden de prioridades señalado por la presente Ley.*
>
> *3º. Sugerir los mecanismos y procedimientos apropiados para lograr la coordinación y acción conjunta de las Cajas de Compensación Familiar en la planeación, programación y ejecución de los servicios sociales.*
>
> *4º. Formular sugerencias sobre los tipos de programas y las modalidades de prestaciones del subsidio respecto de los cuales convenga orientar los recursos de las Cajas para conseguir la mejor protección de los trabajadores beneficiarios y las personas a su cargo.*

269. Artículo 82. Los representantes de los trabajadores, los empleadores y las Cajas de Compensación Familiar serán designados para períodos de un (1) año por el Ministerio de Trabajo y Seguridad Social de la siguiente manera:
1º. Los representantes de los trabajadores de ternas que le sean remitidas por los Comités Ejecutivos de las Confederaciones de Trabajadores con personería jurídica.
2º. Los representantes de los empleadores de ternas que le sean remitidas por la Asociación Nacional de Industriales (ANDI), la Federación Nacional de Comerciantes (FENALCO), la Asociación Colombiana Popular de Industriales (ACOPI), la Cámara Colombiana de la Construcción (CAMACOL), La Asociación de Fabricantes de Productos Farmacéuticos (AFIDRO), y demás gremios y asociaciones representativos del sector empresarial.
3º. Los representantes de las Cajas, de ternas elaboradas por las Asociaciones de Cajas de Compensación Familiar debidamente reconocidas, las que tendrán representación adecuada según el número de entidades que agrupen, y quienes deberán ser representantes legales de las Cajas o Asociaciones de Cajas.

5º. Las demás que señale la Ley y el reglamento".

No obstante, debe indicarse que esta instancia ha sido de poca utilización, limitándose en esencia a la designación formal de sus integrantes cada año, sin que haya tenido mayor relevancia.

2. LA SUPERINTENDENCIA DE SUBSIDIO FAMILIAR

Para el control del cumplimiento de las actividades y prestaciones que deben realizar las Cajas de Compensación Familiar se cuenta, desde la Ley 25 de 1981, con la Superintendencia de Subsidio Familiar. Es a esta Superintendencia a quien, se le reportan periódicamente cifras e indicadores sobre la gestión y situación financiera de las Cajas, entre otros elementos de control.

Ahora bien, para dimensionar el alcance de las funciones de la SuperSubsidio, conviene recordar tanto la naturaleza privada de las cajas (de la cual se desprende su autonomía) y el mandato del artículo 1 del Decreto 2595 de 2012[270], según el cual ella ejerce la supervisión y control de las CCF en cuanto al cumplimiento del servicio de recaudar y pagar el subsidio familiar "*con el fin de preservar la estabilidad, seguridad y confianza del sistema del subsidio familiar*", a fin de que los servicios sociales a su cargo lleguen a la población beneficiaria y lo hagan, en todo caso, *"bajo los principios de eficiencia, eficacia, efectividad y solidaridad en los términos señalados en la ley"*.

Se busca, entonces, que el manejo de los recursos financieros redunde en beneficios directos para el sector laboral que el legislador quiso beneficiar[271], para lo cual se ha dotado a la SuperSubsidio de la función de "*Velar por el cumplimiento de las normas y principios relacionados con la eficiencia, eficacia y solidaridad y el control de gestión de las Cajas de*

270. Por el cual se modifica la estructura de la Superintendencia del Subsidio Familiar y se determinan las funciones de sus dependencias.

271. Considerando 4 del Decreto 341 de 1998.

Compensación Familiar o las entidades que estas constituyan, administren o participen, como asociadas o accionistas, con relación a la prestación de los servicios sociales a su cargo" (art. 2.3 del Decreto 2595 de 2012).

Es así como la actividad que las Cajas de Compensación Familiar realizan se encuentra sometida a la inspección, vigilancia y control por parte de la Superintendencia de Subsidio Familiar, control que se extiende a aspectos internos de la organización de las Cajas, pero también tiene estrictos límites definidos por la Corte Constitucional, en particular en la Sentencia C-429 de 2019. Y es que la calificación de los recursos que administran las Cajas de Compensación como parafiscales atípicos[272] ha tenido como consecuencia la aplicación —incorrecta— de controles propios de la actividad pública como el control fiscal y el disciplinario.

Claro está, por los motivos expuestos en acápites anteriores, nada en el ejercicio de dichas funciones desdice de la autonomía administrativa y financiera de las Cajas de Compensación, al punto que el artículo 2.2.7.7.3 del Decreto 1072 de 2015 advierte, con total vehemencia, que el "*Control administrativo, financiero y contable que ejerza el Superintendente del Subsidio Familiar en desarrollo del literal n) del artículo 6° de la Ley 25 de 1981,* ***deberá efectuarse con respeto de la autonomía que las entidades vigiladas tienen para establecer sus sistemas de administración financiera y contable***" (énfasis añadido). Y así lo ha reconocido también la SuperSubsidio quien, consciente de los límites a sus competencias, indicó:

> **Las políticas y procedimientos contables de las Cajas de Compensación de Familiar, son responsabilidad de cada Corporación**, con la obligatoria aplicación de los requerimientos de las Normas Internacionales de Información Financiera – NIIF; es así que la Superintendencia del Subsidio Familiar, ejerce sus funciones de Inspección, Vigilancia y Control, **con respeto de la autonomía que las entidades vigiladas tienen para establecer sus**

272. Asunto que fue explicado en el capítulo 2 de este libro.

sistemas de administración financiera y contable. Sistemas que están debidamente aprobados por su Consejo Directivo[273]. (Negrilla fuera del texto).

Y no podría ser de otra manera, ya que las funciones de inspección, vigilancia y control están sometidas a los límites que impone la Constitución al legislador para su definición, incluidos los límites a regulación económica, por lo cual *"no pueden generar un grado de intromisión que anule la autonomía de los particulares y las facultades de las entidades vigiladas"*[274]. Bajo estos lineamientos, la Corte Constitucional ha precisado el alcance y la justa medida de las competencias de inspección, vigilancia y control, precisamente en aras de evitar una coadministración, una suplantación o usurpación de las competencias del órgano decisor, o un despojo de la autonomía que como actores privados les compete, llegando al punto de rechazar las autorizaciones previas de la SuperSubsidio en relación con las transacciones de las cajas, por exceder el ámbito propio de la inspección y vigilancia y hacer de la Superintendencia un agente que entraría a tomar decisiones sobre tales transacciones, al punto de desplazar a los órganos directivos de las cajas, con gran discrecionalidad y en exceso de la naturaleza prevista para inspección y vigilancia. Dijo en su oportunidad la Corte:

> (...)
>
> 95. Conviene anotar que la exigencia de contar con autorizaciones previas de la Superintendencia del Subsidio Familiar constituye una restricción para los derechos y prerrogativas de las cajas de compensación familiar, en su condición de entidades sometidas a la inspección, vigilancia y control, por cuanto limita: **(i) su autonomía privada, pues implica un recorte de las facultades para tomar decisiones sobre la gestión de sus asuntos; (ii) el ejercicio del derecho de propiedad de estas entidades que tienen la naturaleza de particulares y administran también recursos de su patrimonio propio, que no tienen la naturaleza de parafiscales; (iii) su libertad de empresa, en tanto**

273. Superintendencia de Subsidio Familiar. Concepto 2-2019-055025 del 4 de septiembre de 2019.

274. Corte Constitucional. Sentencia C-429 del 2019. M. P. Gloria Stella Ortiz Delgado.

> **se trata de corporaciones que ejercen distintas actividades económicas y mercantiles; y (iv) la libre competencia económica, en cuanto se imponen cargas adicionales a las cajas de compensación familiar en comparación con otros agentes del mercado que desempeñan las actividades para las cuales se encuentran facultadas estas entidades**[275]. (Negrilla fuera del texto).

En ese entendido, la función de inspección, vigilancia y control que ejerce la SuperSubsidio por ningún motivo puede afectar la autonomía de las cajas de compensación[276]. Ello explica, entre otras cosas, la limitada atribución a cargo de la Superintendencia que ni siquiera puede extenderse a todos los recursos que ingresan a las cuentas de las CCF, puesto que no todos ellos son recaudados por las cajas para que ellas puedan "administrarlos" bajo los parámetros legales.

No puede olvidarse que, según la Ley 21 de a 1982 (artículo 62), las Cajas de Compensación Familiar, pueden, además de pagar el subsidio familiar en dinero, efectuar obras y programas *sociales* para atender el subsidio en servicios o en especie en los siguientes campos: ***i***) salud; ***ii***) programas de nutrición y *mercadeo* de productos alimenticios y otros que compongan la canasta familiar para ingresos bajos (obreros), definida por el Departamento Administrativo Nacional de Estadística (DANE); ***iii***) educación integral y continuada; ***iv***) capacitación y servicios de biblioteca; ***v***) vivienda; ***vi***) crédito de fomento para industrias familiares; ***vii***) recreación social; ***viii***) *mercadeo* de productos diferentes

275. Corte Constitucional. Sentencia C-429 del 2019. M. P. Gloria Stella Ortiz Delgado.
276. Sentencia C-429 de 2019. En esta Sentencia, la Corte fue más allá al indicar respecto del denominado control previo: *Para la Corte, se trata de medidas paternalistas de carácter económico, en tanto suponen que las cajas de compensación familiar carecen de la capacidad de gestionar sus propios intereses de manera adecuada y que, de no existir estos controles previos, incurrirán en uso indebido de los recursos parafiscales, pese a la existencia de múltiples competencias de la Superintendencia del Subsidio Familiar que (...) tienen un poder disuasorio respecto de esta eventualidad.*

a los enunciados en el ordinal 2o.; el cual se hará de acuerdo con la reglamentación que expida posteriormente el Gobierno nacional.

Así pues, si bien las CCF están sometidas a la inspección, vigilancia y control de la Supersubsidio en los temas relacionados con la administración del subsidio familiar, esta supervisión no se extiende a otras actividades que las cajas desarrollan, como es el caso de los servicios de salud y educación, entre otros. Estos servicios están sometidos a la inspección, vigilancia y control de la Superintendencia Nacional de Salud, la Superintendencia de Industria y Comercio y las Secretarías de Educación en lo que a cada una corresponda.

En cambio, la función de la SuperSubsidio consiste en verificar que las cajas no excedan el límite del porcentaje autorizado del 8 % para los gastos de administración[277], sin quedar por ello autorizado el ente de control para coadministrar, ni siquiera para intervenir o disponer de dichos recursos, sobre lo cual existe —como se dijo— libertad de inversión de las Cajas. La propia autoridad reconoció esta realidad en concepto del 2 de marzo de 2022[278], cuando además de reiterar la autoridad que tienen los Consejos Directivos para adoptar la política administrativa y

277. El numeral 17 del artículo 21 de la Ley 789 de 2002 estableció que las Cajas tendrán que abstenerse, entre otras conductas, de:
"17. Excederse del porcentaje autorizado para gastos de administración instalación y funcionamiento durante dos ejercicios contables consecutivos, a partir de la vigencia de la presente ley. Para tal efecto, se considerarán cómo gastos de administración, instalación y funcionamiento, aquellos que se determinen conforme las disposiciones legales. En todo caso, debe tratarse de un método uniforme de cálculo de gastos administrativos precisando la forma de distribución de costos indirectos que se deben aplicar a los distintos servicios, proporcionalmente a los egresos que cada uno de ellos represente sobre los egresos totales de la respectiva Caja".

278. Superintendencia de Subsidio Familiar, Oficio 2-2022-048229 del 2 de marzo de 2022. Ref: 1-2022-002122/1-2022-004172 *Asunto:* Concepto Jurídico – Gastos de Administración y Representación.

financiera de la CCF teniendo en cuenta el régimen del subsidio familiar, determinar el uso que debe dárseles a los rendimientos liquidados o remanentes del ejercicio, y determinar el personal y los salarios, concluyó:

> Cada Caja de Compensación Familiar conforme a sus procedimientos y estatutos, deben tener establecido qué cargos requieren gastos de representación y así mismo podrán determinar una tabla de gastos, pero dichos documentos no hacen parte de la Inspección, vigilancia y control que ejerce esta Superintendencia dado que **dichas erogaciones son objeto de una relación eminente laboral y no corresponden a la prestación de los servicios sociales a su cargo. Pues los mismos hacen parte de los gastos de administración apropiados en cada vigencia conforme a la normatividad ya mencionada y pueden ser ejecutados bajo la autonomía administrativa de cada corporación.** Es decir, conforme al artículo 54 de la Ley 21 de 1982, el Consejo Directivo de cada corporación establece los gastos de representación por cada cargo de acuerdo a la clasificación refería en la Circular Externa 23 de 2003 de la Superintendencia del Subsidio Familiar.

2.1. El control administrativo de la actividad que desempeñan las cajas de compensación familiar

El Subsidio Familiar es una actividad de interés general, cuya prestación requiere la implementación de importantes mecanismos de control para proteger a los afiliados a las Cajas de Compensación Familiar y garantizar el uso adecuado de los recursos del Sistema. Esos mecanismos, sin embargo, no implican —ni pueden implicar— la pérdida de autonomía de las Cajas, la cual es reconocida y garantizada por la ley, como expresión del derecho fundamental a la libre asociación.

En este acápite se verán esos mecanismos, para luego analizar sucesivamente el control previo, que se desarrolla a través de la técnica de la autorización para el ejercicio de la actividad y el control concomitante y posterior, a través de la inspección, vigilancia y control de la actividad que desarrollan las Cajas de Compensación Familiar.

2.1.1. Las modalidades que adopta el control administrativo

Las funciones de inspección, vigilancia y control se enmarcan en un concepto amplio de *actividad de control de la administración pública* como manifestación de la policía administrativa. Su existencia obedece a la necesidad que tiene el Estado de controlar las actividades realizadas por los particulares, con el propósito de garantizar su adecuación al ordenamiento jurídico. En efecto,

> "*el ordenamiento jurídico encomienda a la Administración* la ordenación, control y supervisión de la actividad de los ciudadanos con la finalidad de evitar la producción de daños, proteger los derechos de terceros y promover objetivos de interés general. Se trata de la modalidad de actuación administrativa de mayor trayectoria y amplitud. En nuestros días, es difícil encontrar un ámbito de la vida social y económica que no esté sujeto a regulación, control y supervisión administrativa..."[279].

El *orden público,* soporte conceptual de la policía administrativa, está en paulatina y lenta transformación por la aparición de nuevas actividades privadas y la consecuente ampliación del control estatal, lo cual a su turno llevó a la aparición de policías especiales, como la económica, la sanitaria, la de la libre competencia, la urbanística, medio ambiente. Con todo, el *orden público* se repliega sobre los conceptos tradicionales de seguridad, salubridad y tranquilidad.

En lo que tiene que ver con las herramientas, al tradicional régimen de permisos y autorizaciones, por una parte, y de sanciones administrativas y medidas correctivas por la otra, se han sumado mecanismos intermedios como los protocolos y otro tipo de medidas que integran hoy el conjunto de herramientas o medios propios de la policía admi-

279. Laguna de Paz, José Carlos, *Tratado de Derecho Administrativo. General y económico*, 4ª ed., Civitas-Thomson, 2022, p. 1024. Aunque es importante anotar que el autor considera que no se debe hacer referencia a la genérica policía administrativa como sustento de estas actividades, sino a la actividad administrativa de *regulación, control e intervención*.

nistrativa. En este sentido, como lo afirma Garrido Falla, la policía administrativa es "*el conjunto de medidas coactivas arbitradas por el Derecho para que el particular ajuste su actividad a un fin de utilidad pública*"[280].

Resulta importante, para los efectos de este documento, identificar los medios propios a través de los cuales se puede manifestar la policía administrativa, siempre bajo el supuesto de que lo relevante es el propósito de mantener el orden público —general o especial—. En todo caso, la policía administrativa se manifiesta, principalmente, a través de cuatro herramientas, a saber: (i) la reglamentación o regulación, (ii) las autorizaciones administrativas, (iii) la inspección, vigilancia y control, y (iv) las sanciones administrativas.

De tiempo atrás, la jurisprudencia y la doctrina han señalado que la **expedición de normas de carácter general y abstracto** constituye una de las expresiones más importantes de la policía administrativa. Así, por ejemplo, para garantizar el adecuado orden público económico, para la Corte Constitucional se "*justifica la asignación de potestad de regulación y sancionadora, en materia de manejo y administración de datos, a la Superintendencia Financiera, y a la Superintendencia de Industria y Comercio, en relación con los agentes sometidos a su control y vigilancia*"[281].

Sobre este particular, en la sentencia C-226 de 1994, la Corte Constitucional señaló:

> "[la] posibilidad de reglamentación técnica, proveniente de una forma de poder de policía administrativa, no constituye una facultad discrecional abierta sino que debe efectuarse dentro de los marcos que hacen legítimo el ejercicio del poder de policía en un Estado social de derecho y que ya habían sido establecidos por esta Corporación en decisión precedente. En particular, esta reglamentación tiene que hacerse dentro del marco de la ley, por lo cual podrá de todas maneras el legislador precisar en cualquier momento,

280. Fernando Garrido Falla, "Las transformaciones del concepto de policía administrativa", *Revista de Administración Pública*, Madrid, No. 11, mayo-agosto, 1953, p. 11.
281. Corte Constitucional, sentencia C-748 de 2011.

si lo juzga conveniente, los marcos de esa actividad reglamentadora del Ejecutivo. Además, esa reglamentación debe ser razonable, proporcional y no puede traducirse en violaciones del principio de igualdad. Finalmente, en el caso particular, para la Corte es claro que tal regulación es de contenido puramente técnico, por lo cual ella debe fundarse en principios técnicos y científicos reconocidos. Ella no podrá, por consiguiente, desbordar el marco del establecimiento de aquellas condiciones técnicas de funcionamiento de los laboratorios que sean necesarias para la protección de los riesgos sociales ligados a tal actividad profesional".

"Esto significa que existen ámbitos de los derechos constitucionales en los cuáles algunas autoridades administrativas pueden ejercer un poder de policía subsidiario, esto es, pueden dictar reglamentos, normas generales, impersonales y preexistentes, reguladoras del comportamiento ciudadano, que tienen que ver con el orden público y con la libertad. Pero, como es obvio, tales reglamentos pueden desarrollar la ley pero no contradecirla".

Así, las autoridades administrativas pueden expedir reglamentación de carácter general (decretos, resoluciones, circulares, etc.[282]), con el propósito de limitar el ejercicio de actividades privadas, desarrollar las condiciones establecidas en la ley para ello y, en general, garantizar que sean respetados los derechos de los interesados en esas actividades. Una transformación reciente de esta competencia reside en la creciente integración de normas técnicas en la expedición de las normas de policía, donde más que la voluntad de la Administración, se encuentra la expresión de órganos privados que bajo diferentes consideraciones definen las condiciones concretas de ejercicio de una actividad, como ocurre por ejemplo con las normas técnicas ISO, ICONTEC u otras de esa naturaleza.

282. Así lo ha señalado el Consejo de Estado: "... independientemente de la denominación de la norma que imparta la instrucción de vigilancia (circulares, órdenes, reglamentos), todas tienen la entidad jurídica de ser aplicables a las entidades vigiladas y causar alguna consecuencia también jurídica o administrativa, pues, de lo contrario, no serían atendidas por falta de obligatoriedad", Consejo de Estado, Sección Cuarta, sentencia del 15 de junio de 2017, Exp. 19626.

Otro mecanismo usual a través del cual se manifiestan las funciones derivadas de la policía administrativa es el **control previo del ejercicio de determinadas actividades privadas,** usualmente, mediante la obtención de licencias, permisos o autorizaciones. No corresponde, en este momento, entrar a analizar la definición de este tipo de instrumentos administrativos, sino que basta con señalar que ciertas actividades privadas, que resultan relevantes para la comunidad, pueden encontrarse sometidas a un régimen de autorizaciones previas a su funcionamiento. Las licencias, permisos y autorizaciones tienen por objeto permitir a las autoridades verificar que, quienes van a realizar esas actividades, cumplan los requisitos establecidos en el ordenamiento jurídico.

Para la Corte Constitucional, por ejemplo, resulta claro que "*las actividades bancaria, bursátil, aseguradora o cualquier otra vinculada con la captación de recursos de los inversionistas o ahorradores se encuentran sometidas a un régimen estricto de intervención del Estado, en el sentido de requerir autorizaciones previas para su funcionamiento*"[283]. Y, en general, la técnica de policía administrativa comúnmente utilizada y reconocida por el ordenamiento jurídico nacional es la de las autorizaciones y permisos previos, que se completan con un sistema integrado de certificaciones especiales que dan cuenta del cumplimiento de las normas técnicas que rigen las diferentes actividades y programas que decidan realizar.

En este marco conceptual, las autorizaciones o licencias —fundadas en el poder de policía— se han convertido en el instrumento privilegiado de intervención del Estado en la actividad de los particulares. La idea esencial que anima la herramienta consiste en que la Administración Pública debe tener la posibilidad de verificar la adecuación constante y permanente de las actividades privadas a las necesidades del interés general[284].

283. Corte Constitucional, Sentencia C-860 de 2006.

284. Resulta relevante resaltar que el hecho de que se admita aceptar el enfoque del *orden público* y de las limitaciones que para protegerlo se derivan para la actividad privada como criterio definitivo en el ámbito de la policía adminis-

Autores como José Luis Villar Palasí han señalado que la autorización es una materialización más clara del poder de policía, por cuanto "*implica una técnica de tutelar el interés público y forzar a la actividad económica y social a seguir los derroteros más convenientes a las necesidades públicas*"[285]. Y es claro, como lo afirma Laguna de Paz, que "*la autorización tradicionalmente ha sido considerada como una técnica de policía administrativa, lo que es consecuencia de la concepción clásica que ve en ella la remoción de los límites establecidos por la norma*"[286].

Según la doctrina administrativista, la facultad de impartir este tipo de autorizaciones se finca en la policía administrativa, al tratarse de un *instrumento de control de las actividades privadas*[287] que, junto con la actividad planificadora, la inspección, vigilancia y control y la reserva de actividades, constituyen el marco de la policía administrativa en el Estado social de derecho. En todo caso, lo que parecía identificar de manera general el régimen de autorizaciones era la existencia de una actividad privada, ejercida en el marco de la libertad individual, que por razones de *orden público* —y de interés general— se encontraba sometida a un control previo administrativo, que se traduciría en el levantamiento de esa

trativa, no excluye este esencial elemento de justificación del ejercicio de esas prerrogativas en la necesaria adecuación constante de la actividad privada a los imperativos del interés general; en efecto, tal y como lo afirma Alberto Moncada Lorenzo para quien la policía administrativa es "la actividad administrativa de limitación, que subordina el ejercicio de los derechos individuales y el desarrollo de las relaciones jurídicas a-la intervención singular y transitoria en ellos de un elemento de control administrativo para verificar su adecuación a las exigencias del interés público", Alberto Moncada Lorenzo, *Significado y técnica jurídica de la policía administrativa*, RAP, no. 28, 1959, p. 95.

285. José Luis Villar Palasí, *Concesiones* administrativas, en Nueva Enciclopedia Jurídica, T. IV, Ed. Francisco Seix, 1981, p. 697.

286. Juan Carlos Laguna de Paz, *La autorización administrativa*, Thomson-Civitas, Madrid, 2006, p. 38.

287. Miguel Sánchez Morón, *Derecho administrativo... op. cit.*, p. 652.

limitación. Considerando lo dicho, la idea de licencia, permiso y autorización se encaja perfectamente en el concepto de policía administrativa[288].

2.1.2. La autorización previa para el ejercicio de las actividades propias de las Cajas de Compensación Familiar

Un escenario donde impera la técnica de policía administrativa de las autorizaciones y permisos previos en el Sistema de Subsidio Familiar. En efecto, la especialidad de la actividad que realizan las Cajas de Compensación Familiar impone la verificación y control previo del cumplimiento de las condiciones que rigen el ejercicio de la actividad.

En particular, la autorización previa se encuentra contemplada en el artículo 40 de la Ley 21 de 1982, que exige contar con aprobación de la Superintendencia de Subsidio Familiar para la creación de una Cajas de Compensación Familiar. Dice la norma citada:

> **ARTÍCULO 40.** Las Cajas de Compensación Familiar que se establezcan a partir de la vigencia de la presente Ley deberán estar organizadas en la forma prevista en el artículo anterior y obtener personería jurídica de la Superintendencia, de Subsidio Familiar, que <u>sólo podrá reconocerla cuando se demuestre su conveniencia económica y social y cumpla además uno de los siguientes requisitos</u>:
>
> 1. Tener un mínimo de quinientos (500) empleadores obligados a pagar el subsidio familiar por conducto de una Caja.
>
> 2. Agrupar un número de empleadores que tengan a su servicio un mínimo de diez mil (10.000) trabajadores beneficiarios del subsidio familiar.
>
> **PARÁGRAFO.** La superintendencia del Subsidio Familiar previo concepto del consejo Superior del Subsidio Familiar, podrá autorizar la constitución de

288. Al respecto ver la interesante evolución en este tema expuesta por Juan Carlos Covilla en *Autorizaciones y concesiones en el derecho administrativo colombiano*, Universidad Externado de Colombia, Bogotá, 2014, capítulos primero y segundo.

una caja sin el lleno de los requisitos anteriores en casos excepcionales de especial conveniencia y atendiendo siempre a su ubicación geográfica. (Se subraya)

Al respecto, resulta importante precisar que el artículo 132 de la Ley 2159 de 2021 intentó modificar el numeral segundo para que se tratara de "trabajadores afiliados" y no de "trabajadores beneficiarios", pero la Corte Constitucional en buena hora declaró inexequible esa nueva redacción. Por una parte, la Corte consideró que la disposición impugnada

> *en lugar de contribuir a garantizar la ejecución del presupuesto, lo que hace la norma demandada es simplemente modificar una disposición normativa permanente (art. 40 numeral segundo de la Ley 21 de 1982), que dista de contener una estimación de ingresos, una autorización de gastos o una norma para la debida ejecución del presupuesto".*

Y, por la otra, encontró que no existía un

> *núcleo temático común (conexidad temática) entre el artículo 132 y la Ley 2159"*, toda vez que *"el artículo 132 demandado en nada se relaciona con los contenidos de la ley anual de presupuesto en tanto no es instrumental para la ejecución de ninguna de las apropiaciones allí autorizadas, ni tampoco para la incorporación de las rentas* (Corte Constitucional, sentencia C-306 de 2022).

En este sentido, el Decreto 341 de 1988, compilado en el Decreto Único Reglamentario del Sector Trabajo No. 1072 de 2015, definió las condiciones para la constitución de las Cajas de Compensación Familiar, en particular los requisitos que deben acompañar la solicitud (art. 2.2.7.1.1.1), el trámite para el reconocimiento de la personería jurídica ante la Superintendencia de Subsidio Familiar (art. 2.2.7.1.1.2). Se destaca la exigencia de presentar un estudio de factibilidad en el cual se deben indicar, aparte de los aspectos internos de la Caja que se pretende crear, la *sustentación sobre la conveniencia económica y social de la nueva Corporación* (art. 2.2.7.1.1.3).

En el artículo 2.2.7.1.1.4 se establecieron las condiciones para el estudio de la solicitud, de la siguiente manera:

> **ARTÍCULO 2.2.7.1.1.4.** ***Estudio de la Solicitud.*** Recibida la solicitud de aprobación y reconocimiento de la personería jurídica de la corporación por

parte de la Superintendencia del Subsidio Familiar, esta dispondrá del término de un mes para estudiar la petición.

Si la Superintendencia del Subsidio Familiar encontrare incompleta la documentación, la comunicará por escrito al interesado con indicación de las deficiencias encontradas a efecto de que sean subsanadas dentro de los dos (2) meses siguientes.

En caso de que el interesado no dé respuesta a las observaciones efectuadas por la Superintendencia dentro del término expresado, se entenderá que ha desistido de su solicitud.

Las peticiones que fueron objeto de corrección o adición oportuna, serán decididas dentro de los quince (15) días siguientes al hecho respectivo, mediante resolución motivada.

La aprobación y reconocimiento de la Caja de Compensación Familiar se hace mediante acto administrativo, cuya vigencia se surte a partir de la publicación en el Diario Oficial (art. 2.2.7.1.1.5). Así, se abre paso a la convocatoria de la Asamblea General, para que esta elija a los miembros del Consejo Directivo que sean de su competencia, así como al Revisor Fiscal y su suplente. Dentro del mismo término, el Ministerio del Trabajo deberá designar a los miembros del Consejo Directivo que representarán a los trabajadores (art. 2.2.7.1.1.6).

En consecuencia, como se puede ver, el primer mecanismo de control que tiene el Estado es la verificación previa de los requisitos definidos por la Ley y el Reglamento en materia de constitución de Cajas de Compensación Familiar. Y esta verificación trasciende los meros aspectos formales, pues requiere un estudio de conveniencia, cuyo análisis debe, por supuesto, ser motivado y está sometido a control judicial por parte de la Jurisdicción de lo Contencioso Administrativo.

Además de lo dicho, cada uno de los programas y actividades que decida prestar la Caja de Compensación Familiar puede tener su propio esquema de autorizaciones y permisos previos. Por ejemplo, si se quiere prestar el servicio de educación, los establecimientos educativos tendrán que cumplir con los requisitos establecidos por los distintos niveles de gobierno y estar sometidos a las funciones propias de los órganos de control de esos servicios, como las secretarías de educación y el Ministerio de Educación Nacional. Lo mismo ocurre con la prestación del servicio de salud, que requerirá las habilitaciones correspondientes por parte de las autoridades competentes en la materia, en particular la Superintendencia de Salud.

2.2. Las funciones de inspección, vigilancia y control ejercidas por la Superintendencia de Subsidio Familiar

Le compete a la Superintendencia de Subsidio Familiar, a través de las funciones de Inspección, vigilancia y control, la supervisión de la actividad y la gestión de las tareas legalmente encomendadas a las Cajas de Compensación Familiar. Pero, como se explicará en detalle adelante, estas competencias deben ejercerse siempre en el marco de la autonomía que las caracteriza, toda vez que el legislador decidió otorgar autonomía a las Cajas de Compensación Familiar para el desarrollo de sus actividades, dictando por ejemplo que son personas de derecho privado organizadas como corporaciones en la forma prevista en el Código Civil (art. 39 de la Ley 21 de 1982); y permitiéndoles a sus Consejos Directivos aprobar el presupuesto anual de ingresos y egresos; aprobar los planes de inversión y programas de inversión y organización de servicios que debe adelantar el Director Administrativo; aprobar u objetar balances, estados financieros, cuentas de fin de ejercicio para enviar a la Asamblea General, la cual los aprueba. (arts. 47 y 50 de la Ley 21 de 1982). Todo ello determina, sin duda, el alcance de las funciones ya indicadas.

2.2.1. Naturaleza y fundamentos de las funciones de inspección, vigilancia y control

En el derecho colombiano a las Superintendencias se les encomienda genéricamente las funciones de Inspección, Vigilancia y Control (IVC) y, excepcionalmente, funciones jurisdiccionales[289]. Ello se desprende de la definición que de esas entidades hace el artículo 66 de la Ley 489 de 1998, que las considera como "*organismos creados por la ley, con la autonomía administrativa y financiera que aquella les señale, sin personería jurídica, que* ***cumplen funciones de inspección y vigilancia*** *atribuidas por la ley o mediante delegación que haga el Presidente de la República previa autorización legal*" (énfasis añadido). Sin embargo, no solo las Superintendencias realizan esta función que, en ocasiones, está encomendada a ministerios —por ej., el Ministerio de Educación en relación con las universidades— o a otras entidades territoriales, como ocurre con la construcción de vivienda, de conformidad con el artículo 313 de la Constitución Política.

Por otra parte, se hace necesario distinguir la función de IVC propiamente dicha, de la actividad privada sobre la cual recae la inspección, vigilancia y control. Por ello, la Corte Constitucional ha reconocido que el ejercicio de estas funciones garantiza la autonomía del sujeto de control, sin modificar al sujeto controlado ni anular su propio poder de decisión, toda vez que "*la facultad de vigilancia e inspección constituye una facultad de control, entendida ésta como el poder de determinar la conformidad con la ley, esto es, encaminada a verificar si las normas respecto de un determinado ámbito jurídico se han cumplido o no para tomar las medidas sancionatorias o correctivas que sean del caso*"[290].

En esta línea, en Sentencia C-570 de 2012, en la cual se analizó la constitucionalidad de las funciones de IVC atribuidas al Ministerio de Ambiente, respecto de las Corporaciones Autónomas Regionales, se definió el contenido de esas competencias. En esa oportunidad, la Corte Constitucional señaló:

289. Como ocurre por ejemplo con la Superintendencia de Industria y Comercio, la Superintendencia de Sociedades y la Superintendencia Financiera, al respecto ver Corte Constitucional, Sentencia C-156 de 2013.

290. Corte Constitucional, C-782 de 2007, en relación con las funciones de IVC en el ámbito de la educación superior.

"En términos generales, las funciones de inspección, vigilancia y control se caracterizan por lo siguiente: (i) la función de inspección se relaciona con la posibilidad de solicitar y/o verificar información o documentos en poder de las entidades sujetas a control, (ii) la vigilancia alude al seguimiento y evaluación de las actividades de la autoridad vigilada, y (iii) el control en estricto sentido se refiere a la posibilidad del ente que ejerce la función de ordenar correctivos, que pueden llevar hasta la revocatoria de la decisión del controlado y la imposición de sanciones.

"Como se puede apreciar, la inspección y la vigilancia podrían clasificarse como mecanismos leves o intermedios de control, cuya finalidad es detectar irregularidades en la prestación de un servicio, mientras el control conlleva el poder de adoptar correctivos, es decir, de incidir directamente en las decisiones del ente sujeto a control.

"2.3.4.3. Por tanto, las funciones de inspección y vigilancia, en tanto no habilitan al organismo que las ejerce para revocar decisiones del ente sujeto a control o para ordenarle adoptar correctivos, no son incompatibles con la autonomía de las corporaciones autónomas regionales; su poder de decisión se mantiene intacto y los hallazgos derivados de la inspección y vigilancia servirán para que las corporaciones voluntariamente adopten correctivos o para que los organismos de control –como la Contraloría o la Procuraduría- inicien los procesos correspondientes" (énfasis añadido).

Así, para la Corte Constitucional, "[m]*uchas son las formas como se ejerce esa función policiva: la más funcional en el Estado moderno, la revisión permanente y continua de los estados financieros de las empresas vigiladas"* (se subraya). Bajo esta misma perspectiva, dicha Corporación ha señalado que *"las funciones que mediante los literales estudiados se atribuyen al Consejo Profesional de Topografía, son meramente administrativas, se ejercen con fundamento en la función de policía administrativa propias de las autoridades competentes, la cual supone inspeccionar y vigilar el ejercicio de las profesiones, según lo dispone el artículo 26 de la Constitución Nacional"*[291].

291. Corte Constitucional, Sentencia C-606 de 1992.

Las funciones de IVC consisten, entonces, en mecanismos de graduación de la intervención del Estado en algunas actividades, generalmente ejercidas por particulares, por tratarse de actividades de interés público respecto de los cuales el legislador ha decidido otorgar a las autoridades administrativas competencias de control previo o posterior.

En una reciente decisión, la Corte Constitucional decantó de manera muy sucinta y clara esos conceptos en relación con la Superintendencia de Subsidio Familiar, los cuales, por su claridad, resultan de pertinente transcripción. Así, en Sentencia C-429 de 2019, la Corte Constitucional señaló:

> "82. De conformidad con las reglas establecidas en esta decisión, las competencias de inspección, vigilancia y control carecen de una definición constitucional expresa y unívoca. Pese a ello, la jurisprudencia de esta Corporación ha considerado algunas de sus características definitorias y ha señalado que: (i) la inspección consiste en la verificación de información de las entidades sometidas a control; (ii) la vigilancia implica el seguimiento y evaluación de las actividades de las entidades sometidas a ella; y (iii) el control, en sentido estricto, se refiere a la posibilidad de ordenar correctivos y sanciones para encausar las actuaciones de los particulares, cuando existe una evidente afectación del interés general en la actividad o sector vigilado.
>
> De este modo, tales competencias son **mecanismos de intervención estatal que operan de manera gradual, pues el más leve es la inspección mientras que el más intenso es el control.** Además, es claro que **se trata de formas de regulación de la actividad de los particulares vigilados que deben sujetarse al debido proceso y que, *en ningún caso, pueden tornar nugatoria su autonomía, aun cuando, ante situaciones graves de incumplimiento***, es posible aplicar niveles de restricción cada vez más intensos sobre estos derechos.
>
> 83. Adicionalmente, como se ha reiterado a lo largo de esta providencia, pese a que el Legislador tiene un ámbito de libertad de configuración normativa para asignar distintas funciones en el marco de las facultades de inspección, vigilancia y control en los diferentes sectores, dicha potestad debe, en todo caso, respetar los límites que imponen los mandatos constitucionales, entre los cuales se identifican: (i) la razonabilidad y proporcionalidad de las restricciones; (ii) el deber de imparcialidad; (iii) la prevalencia de los derechos fundamentales; (iv) el principio de legalidad; (v) el propio contenido

sustancial de las facultades de inspeccionar, vigilar y controlar; y (vi) la atribución constitucional de competencias a otras autoridades públicas.

En este sentido, esta Corporación ha señalado que es contraria a la Constitución Política: (i) la asignación a las superintendencias de funciones que corresponden a otros órganos constitucionales en virtud de la Carta; (ii) el otorgamiento de competencias sobre las entidades vigiladas que resulten desproporcionadas y desconozcan sus derechos fundamentales; y (iii) la delegación en particulares de las funciones de inspección, vigilancia y control, entre otros[292].

Por otra parte, se encuentran las competencias de inspección, vigilancia y control respecto de las cuales mucho se puede decir, especialmente en materia de prestación del servicio de salud. Al respecto, la jurisprudencia ha sido particularmente contundente, al señalar: 'Como servicio público, la seguridad social está incorporada dentro del haz de finalidades sociales del Estado, lo cual justifica que dicho servicio se encuentre sometido "en todo caso" a la regulación, control y vigilancia del Estado y que su financiación haga parte del denominado gasto público social (C.P. arts. 365 y 366)'"[293].

En esa misma providencia, la Corte Constitucional caracterizó esas funciones de la siguiente manera:

"Las competencias de inspección, vigilancia y control carecen de una definición constitucional expresa y unívoca. Pese a ello, la jurisprudencia de esta Corporación ha considerado algunas de sus características definitorias y ha señalado que: (i) la inspección consiste en la verificación de información de las entidades sometidas a control; (ii) la vigilancia implica el seguimiento y evaluación de las actividades de las entidades sometidas a ella; y (iii) el control, en sentido estricto, se refiere a la posibilidad de ordenar correctivos y sanciones para encausar las actuaciones de los particulares, cuando existe una evidente afectación del interés general en la actividad o sector vigilado.

"De este modo, tales competencias son mecanismos de intervención estatal que operan de manera gradual, pues el más leve es la inspección mien-

292. Corte Constitucional, Sentencia C-429 de 2019. Ver también, Corte Constitucional, sentencia C-851 de 2013.
293. Corte Constitucional, Sentencia C-731 de 2000.

tras que el más intenso es el control. Además, es claro que se trata de formas de regulación de la actividad de los particulares vigilados que deben sujetarse al debido proceso y que, en ningún caso, pueden tornar nugatoria su autonomía, aun cuando, ante situaciones graves de incumplimiento, es posible aplicar niveles de restricción cada vez más intensos sobre estos derechos".

El Consejo de Estado también se ha encargado, en reiteradas ocasiones, de definir conceptualmente la inspección, vigilancia y control, destacando el papel de la Superintendencias en esa intervención del Estado en la economía para proteger al usuario final, a través del ejercicio de *"las funciones de policía administrativa en razón a las externalidades propias del mercado"*[294]. Ha señalado también:

"La función de supervisión de las superintendencias tiene como propósito asegurar el cumplimiento de las normas que regulan la actividad sobre la que se ejerce la supervisión, proteger el sector económico o social que controla, y promover su desarrollo y estabilidad[295].

294. Cita textual: Consejo de Estado. Sala de lo Contencioso Administrativo. Sección Tercera. Sentencia del 26 de enero de 2006. Radicación número: 54001-23-31-000-2002-01944-01(AP).

295. Dentro de este marco, la actividad de las superintendencias, corresponde al ejercicio de la función de policía, que se halla subordinada al poder de policía, lo que significa que su actuación está dirigida a la cumplida aplicación de las normas que regulan el campo de actividad sobre el cual aquellas ejercen las funciones de inspección, vigilancia y control que les son encomendadas, con miras además, a propender por la protección del sector económico o social objeto de control, por su desarrollo y estabilidad, así como por el cumplimiento de las demás funciones que específicamente se le hayan encomendado a la respectiva superintendencia, a partir del cumplimiento de su actividad principal de inspección, vigilancia y control. Consejo de Estado. Sala de lo Contencioso Administrativo. Sección Tercera. Sentencia del 8 de marzo de 2007. Radicación número: 11001-03-26-000-1998-00017-00(15071).

"Igualmente, las potestades de inspección, vigilancia y control tienen una función preventiva y deben ejercerse tomando en cuenta, no la realidad formal, sino material..."[296].

Así mismo, se ha señalado que "*la regulación del marco jurídico de los servicios públicos, incluyendo el de salud, así como la determinación de las funciones de inspección, vigilancia y control respecto de estos, es un asunto que compete al Congreso de la República, por lo que no podría argumentarse que al ejercer tales facultades este desconozca la autonomía de las entidades territoriales*"[297].

Como se puede evidenciar, , tal y como lo ha entendido la Corte Constitucional: **i)** las funciones de inspección, vigilancia y control son autónomas respecto de la actividad sobre la cual recaen; **ii)** se trata de un sistema de grados de intervención estatal en las actividades sometidas al ejercicio de dichas funciones; **iii)** en ningún caso pueden implicar suplantación o superioridad jerárquica respecto de las entidades sometidas a su intervención, ni es incompatible con la autonomía del sujeto de tales medidas; y, **iv)** la regulación de las funciones de inspección, vigilancia y control compete al legislador.

2.2.2. Alcance de la Inspección, vigilancia y control ejercida por la Superintendencia de Subsidio Familiar

El régimen de vigilancia de las Cajas de Compensación Familiar se creó mediante el Decreto 3151 de 1962, norma que otorgó el primer marco funcional al Ministerio de Trabajo para vigilar, fiscalizar y controlar los actos de las Cajas de Compensación Familiar. Sin embargo, dado el crecimiento, la autonomía y capacidad de estas corporaciones privadas derivada de la obligación legal para todos los trabajadores formales de

296. Consejo de Estado, Sala de Consulta y Servicio Civil, providencia del 30 de noviembre de 2020, Rad. 11001-03-06-000-2020-00200-00(C).
297. Corte Constitucional, Sentencia C-246 de 2019.

estar afiliados a una Caja, surgió el debate de generar más control frente a estos organismos. Como consecuencia de ello, en la Ley 21 de 1982 a lo cual una de las primeras novedades que traía

> *era la de otorgar las personerías jurídicas de las Cajas creadas en el futuro, agregó como requisito para su aval la demostración de su conveniencia económica y social. De la misma manera autorizó a la Superintendencia para que regulara el ingreso de las empresas al Sistema, con el fin de defender el derecho de los trabajadores a percibir un subsidio monetario igual y no ser sujetos de discriminaciones por su patrimonio*[298].

La Superintendencia de Subsidio Familiar es una entidad adscrita al Ministerio de Trabajo cuya función principal se enmarca en la inspección, vigilancia y control de las cajas de compensación familiar o cualquier entidad responsable de recaudar el subsidio familiar. Fue creada mediante la Ley 21 de 1982, con el propósito de garantizar la inspección, vigilancia y control del Sistema de Subsidio Familiar.

La Corte Suprema de Justicia[299], al verificar la constitucionalidad de algunas disposiciones normativas contenidas en la ley 21 de 1982, anali-

298. Acevedo Tarazona, Álvaro y Gil Montoya, Rigoberto. Las cajas de compensación familiar en Colombia: Marcos normativo, organizacional y socioeconómico en su consolidación [En línea]. Tesis. Asocajas, 2010. https://www.asocajas.org.co/wp-content/uploads/2019/03/tesis_-_ccf_en_colombia_marco_normativo_organizacional_y_socio-economico.pdf.

299. En palabras de Arenas Monsalve: "La Corte estableció que eran contrarias a la Constitución las normas de la Ley 25/1981 que otorgaban al superintendente las siguientes atribuciones y facultades: ejercer la representación legal de la Superintendencia; establecer programas de coordinación entre las entidades del subsidio, pudiendo sólo "promover" tales programas; estatuir normas y procedimientos en relación con el presupuesto y la contabilidad de las cajas; aprobar o improbar los planes y programas de inversión para obras o servicios sociales de las cajas, etc.
De otro lado, estimó la Corte Suprema acordes con la Constitución, la creación de la Superintendencia y algunas facultades del superintendente como las siguientes: establecer normas y procedimientos para la contratación de

zó por primera vez "*los alcances de la facultad constitucional del Estado para intervenir en entidades privadas que realizaran una función social como las cajas de compensación familiar*"[300]. Y, en la sentencia del 19 de marzo de 1987, la Sala Plena de la Corte Suprema de Justicia declaró exequibles las principales normas de dicha ley, a través de las cuales se institucionalizó el control estatal sobre las Cajas de Compensación Familiar[301] y se mantuvo incólume su función principal de supervisión.

El factor misional de la Superintendencia de Subsidio Familiar sobre las Cajas de compensación familiar es la función de Inspección, Vigilancia y control, el cual busca el correcto funcionamiento del sistema de compensación familiar "*acorde con la Ley y normas vigentes, la ampliación de su cobertura y la calidad de los servicios que prestan, en especial a la población de medianos y bajos ingresos, en aplicación de los principios de universalidad y solidaridad*"[302].

No se puede calificar el conjunto de las competencias atribuidas a la Superintendencia de Subsidio Familiar de una manera sencilla como propias de la inspección, de la vigilancia o del control, como se indicó es

obras, servicios y suministros de las cajas; aprobar o improbar los negocios sobre los bienes inmuebles de propiedad de las cajas; ejercer el control administrativo, financiero y contable sobre las cajas de compensación, etc." (ARENAS MONSALVE, Gerardo. El sistema de subsidio familiar en la seguridad social colombiana. Universitas [En línea], núm. 106, diciembre, 2003, pp. 455-504. Pontificia Universidad Javeriana. ISSN 0041-9060. https://www.redalyc.org/pdf/825/82510614.pdf).

300. ARENAS MONSALVE, Gerardo. El sistema de subsidio familiar en la seguridad social colombiana. Universitas [En línea], núm. 106, diciembre, 2003, pp. 455-504. Pontificia Universidad Javeriana. https://www.redalyc.org/pdf/825/82510614.pdf, p. 502.

301. ARENAS MONSALVE, Gerardo. El sistema de subsidio familiar en la seguridad social colombiana. Universitas [En línea], núm. 106, diciembre, 2003, pp. 455-504. Pontificia Universidad Javeriana. ISSN 0041-9060. https://www.redalyc.org/pdf/825/82510614.pdf , p. 502

302. Corte Constitucional, Sentencia T-675/11.

un asunto de grados de supervisión que se debe ejercer en el marco de la autonomía atribuida a las Cajas de Compensación Familiar.

De una manera general, se puede señalar que la **inspección** engloba todas aquellas

> *actividades y acciones encaminadas al seguimiento, monitoreo y evaluación de las actividades desarrolladas por las cajas de compensación familiar, cuyo objeto es el de solicitar, conformar y analizar la información que se requiera sobre la situación de los servicios sociales a su cargo y sus recursos, sobre la situación jurídica, financiera, administrativa y económica de las entidades sometidas a la vigilancia*[303].

Dentro de esta función, la superintendencia de subsidio familiar tiene la posibilidad de verificar la información, los documentos, realizar visitas ordinarias y especiales[304], hacer seguimiento de las peticiones y adelantar las investigaciones administrativas debidas. La **inspección** "*alude al seguimiento y evaluación de las actividades de la autoridad o entidad sometida a ella*"[305], competencia que le permite a la Superintendencia de Subsidio Familiar advertir, prevenir, orientar, asistir y propender por que se cumpla con los estamentos legales, estatutos propios y directrices que

303. Conforme lo establece la Circular Única de la Superintendencia de Subsidio Familiar.
304. En el caso de visitas ordinarias son una obligación que tiene la Superintendencia de Subsidio Familiar para inspeccionar dentro de la entidad. Las visitas ordinarias son aquellas que regularmente la superintendencia realiza para verificar el adecuando funcionamiento de las entidades. Es un proceso sistemático, independiente y documentado donde entre otras cosas, se mira la situación general de la Caja. Mientras que, las visitas especiales se realizan para verificar aspectos específicos de los programas o de la administración de la Caja.
Antes de la visita se realiza un informe preliminar y luego de la visita se hace un informe de visitas en el cual se describen los resultados de la visita, en este se agrega un acápite de observaciones, recomendaciones y conclusiones.
305. Corte Constitucional, Sentencia C429/2019.

emita la Superintendencia en el marco de sus competencias, además de las demás reglas que pueda regir el sistema de subsidio familiar[306].

Finalmente, **el control** se da en casos en los cuales la Super Subsidio tiene la posibilidad de imponer correctivos y sanciones en protección del interés general o posibles afectaciones. De conformidad con la Circular Única, "*durante el control se ordenan los correctivos tendientes a la superación de la situación crítica o irregular, ya sea jurídica, financiera, económica, técnica o científico-administrativa, y se sancionan las actuaciones que se aparten del ordenamiento legal, bien sea por acción o por omisión*"[307]. Se refiere, pues, a las funciones de: imponer multas, intervenir las cajas de compensación familiar, suspender o cancelar la personería jurídica de las entidades sometidas a su vigilancia, entre otras, todo lo cual "*se ejerce respetando los sistemas de administración financiera y contable que las entidades vigiladas establecen autónomamente, y por regla general de manera posterior, salvo decisión motivada*"[308].

Como se dijo, el marco en el que se debe ejercer la competencia de inspección, vigilancia y control es el de autonomía de las cajas de compensación, en particular en lo relacionado con el alcance del control de los recursos que administran y de aquellos que corresponden a los gastos de administración. En este sentido, el artículo 20 de la Ley 789 de 2022 establece:

> **Artículo 20.** *Régimen de Inspección y Vigilancia.* Las autorizaciones que corresponda expedir a la autoridad de inspección, vigilancia y control, se definirán sobre los principios de celeridad, transparencia y oportunidad. Cuando se trate de actividades o programas que demanden de autorizaciones de autoridades públicas, se entenderá como responsabilidad de la respectiva Caja o entidad a través de la cual se realiza la operación, la consecución de

306. Conforme lo establece la Circular Única de la Superintendencia de Subsidio Familiar.
307. Conforme lo establece la Circular Única de la Superintendencia de Subsidio Familiar.
308. Conforme lo establece la Circular Única de la Superintendencia de Subsidio Familiar.

los permisos, licencias o autorizaciones, siendo función de la autoridad de control, verificar el cumplimiento de los porcentajes de ley. Las autorizaciones a las Cajas se regularán conforme los regímenes de autorización general o particular que se expidan al efecto. El Control, se ejercerá de manera posterior sin perjuicio de las funciones de inspección y vigilancia.

Corresponde a la Superintendencia del Subsidio Familiar, frente a los recursos que administran las Cajas de Compensación Familiar y a la Superintendencia Nacional de Salud frente a los recursos que administran las entidades promotoras de salud la inspección, vigilancia y control. Las entidades mencionadas, con el objeto de respetar la correcta destinación de los recursos de la seguridad social, conforme lo previsto en el artículo 48 de la Constitución Nacional no estarán obligadas a cancelar contribuciones a las Contralorías.

(...)

"**Parágrafo 1º.** Las personas naturales que sean designadas por la Superintendencias de Subsidio y Salud para los procesos de intervención, se entenderán vinculadas por el término en que dure su labor o por el término en que dure la designación. Se entenderá, cuando medie contrato de trabajo, como contrato a término fijo las vinculaciones antes mencionadas. Para los procesos de intervención se podrá acudir al instrumento de gestión fiduciaria a través de las entidades facultadas al efecto. El Control se ejercerá por regla general de manera posterior, salvo en aquellas Cajas en que la Superintendencia de Subsidio Familiar mediante resolución motivada que así lo disponga.

"**Parágrafo 2º.** Será facultad del Gobierno Nacional, definir los casos en que será procedente la liquidación voluntaria de ramos de actividad de las Cajas de Compensación o Entidades Promotoras de Salud.

"**Parágrafo 3º.** La inspección, vigilancia y control de las operaciones de crédito previstas en el numeral 11 del artículo 16 de esta ley será ejercida por la Superintendencia de Subsidio Familiar dando aplicación a las reglamentaciones que dicte, de manera general para los establecimientos de crédito, la superintendencia Bancaria para la administración del riesgo crediticio, especialmente en los temas relacionados con el registro, contabilización y establecimiento de provisiones sobre cartera de créditos".

De una manera general, de conformidad con el artículo 24 de la Ley 789 de 2002, el legislador definió un conjunto de facultades en cabeza de la Superintendencia de Subsidio Familiar. Estas funciones del artículo 24 pueden organizarse de la siguiente manera:

Tabla 7. Clasificación funciones Superintendencia de Subsidio Familiar

Funciones de carácter normativo	**Funciones en relación con los aspectos internos de las Cajas de Compensación Familiar.**	**Funciones de inspección y vigilancia**
4. Instruir a las entidades vigiladas sobre la manera como deben cumplirse las disposiciones que regulan su actividad en cuanto sujetos vigilados, fijar los criterios técnicos y jurídicos que faciliten el cumplimiento de las normas que le compete aplicar y señalar los procedimientos para su cabal aplicación. 7. Fijar con sujeción a los principios y normas de contabilidad generalmente aceptados en Colombia, los mecanismos y procedimientos contables que deben adoptar las Cajas de Compensación Familiar. 15. Impartir las instrucciones que considere necesarias sobre la manera como los revisores fiscales, auditores internos	2. Reconocer, suspender o cancelar la personería jurídica de las entidades sometidas a su vigilancia. 11. Dar posesión al Revisor Fiscal y Representante Legal de las Cajas de Compensación Familiar, cuando se cerciore acerca del carácter, la idoneidad y la experiencia del peticionario y, expedir la correspondiente acta de posesión. La posesión no requerirá presentación personal. 13. Publicar u ordenar la publicación de los estados financieros e indicadores de gestión de las entidades sometidas a su control, en los que se demuestre la	1. Vigilar el cumplimiento de las disposiciones constitucionales y legales relacionadas con la organización y funcionamiento de las Cajas de Compensación Familiar; las demás entidades recaudadores y pagadoras del subsidio familiar, en cuanto al cumplimiento de este servicio y las entidades que constituyan o administren una o varias de las entidades sometidas a su vigilancia, siempre que comprometan fondos del subsidio familiar. 3. Velar por el cumplimiento de las normas relacionadas con la eficiencia y control de gestión de las Cajas de Compensación Familiar o entidades que constituyan o administren

y contadores de los sujetos de inspección y vigilancia deben ejercer su función de colaboración con la Superintendencia. 19. Reglamentar la cesión de activos, pasivos y contratos y demás formas de reorganización institucional, como instrumento de liquidación o gestión de una Caja de Compensación Familiar; así como toda clase de negociación de bienes inmuebles de su propiedad. No obstante, las Cajas de Compensación Familiar no podrán, salvo el pago del subsidio familiar o en virtud de autorización expresa de la ley, facilitar, ceder, dar en préstamo o entregar a título gratuito o a precios subsidiados, bienes o servicios a cualquier persona natural o jurídica. Los estatutos de las Cajas deberán contemplar claramente la forma	situación de cada una de estas y la del sector en su conjunto.	o participen como accionistas. 5. Velar por que no se presenten situaciones de conflictos de interés entre las entidades sometidas a su control y vigilancia y terceros y velar por el cumplimiento del régimen de incompatibilidades e inhabilidades para el ejercicio de funciones directivas y de elección dentro de la organización de las entidades bajo su vigilancia. 9. Velar por el adecuado financiamiento y aplicación de los recursos que administran las Cajas de Compensación Familiar conforme las diferentes operaciones que se les autoriza a realizar en forma directa o a través de terceros. 10. Velar porque no se presente evasión y elusión de los aportes por parte de los afiliados al Sistema de Cajas de Compensación; en tal sentido podrá solicitar la información necesaria

de disposición de sus bienes en caso de disolución, una vez satisfechos los pasivos, en tal forma que se provea su utilización en objeto similar al de la corporación disuelta a través de Cajas de Compensación Familiar. 21. Expedir el reglamento a que deben sujetarse las entidades vigiladas en relación con sus programas publicitarios con el propósito de ajustarlos a las normas vigentes, a la realidad jurídica y económica del servicio promovido y para prevenir la propaganda comercial que tienda a establecer competencia desleal. 24. Fijar los criterios generales para la elaboración, control y seguimiento de los presupuestos de las Cajas de Compensación como una guía para su buena administración. Los presupuestos no tendrán carácter limitante u obligatorio de		a las entidades rectoras del régimen general de pensiones, a la Dirección de Impuestos y Aduanas Nacionales, a las entidades recaudadoras territoriales y a otras entidades que reciban contribuciones sobre la nómina. 12. Velar porque las entidades vigiladas suministren a los usuarios la información necesaria para lograr la mayor transparencia en las operaciones que realicen, de suerte que les permita, a través de elementos de juicio claros y objetivos, escoger las mejores opciones del mercado. 14. Practicar visitas de inspección a las entidades vigiladas con el fin de obtener un conocimiento integral de su situación financiera, del manejo de los negocios, o de aspectos especiales que se requieran, para lo cual se podrán recepcionar declaraciones, allegar documentos

la gestión y respetarán el principio de autonomía de las Cajas.		y utilizar los demás medios de prueba legalmente admitidos y adelantar las investigaciones a que haya lugar. 20. Garantizar que aquellas entidades públicas que administran directamente los recursos del subsidio familiar por autorización expresan de la ley, cumplan con la destinación porcentual a los programas de régimen subsidiado de salud, Fovis, jornada escolar complementaria, atención integral a la niñez, educación formal, subsidio en dinero y programas de apoyo al desempleo de acuerdo con las normas vigentes.
Funciones relacionadas con el funcionamiento interno 8. Contratar servicios de especialistas que presten asesorías en áreas específicas de las actividades de la Superintendencias. 22. Las demás que conforme a las disposiciones legales pueda	**Funciones de Control** 6. Emitir las órdenes necesarias para que se suspendan de inmediato prácticas ilegales o no autorizadas o prácticas inseguras que así sean calificadas por la autoridad de control y se adopten las correspondientes medidas correctivas y de saneamiento.	**Funciones sancionatorias** 16. Imponer a las instituciones respecto de las cuales tenga funciones de inspección y vigilancia, a los administradores, empleados o revisor fiscal de las mismas, previo el debido proceso, multas sucesivas hasta de dos mil (2000)

desarrollar y en particular las previstas en los artículos 1º y 2º del Decreto 2150 de 1992 y las contempladas en los numerales 5, 7, 8, 12, 13, 17, 20, 21 y 22 del artículo del Decreto 2150 de 1992.	23. Intervenir las Cajas de Compensación, cuando se trate de su liquidación, conforme las normas previstas para las entidades promotoras de salud.	salarios mínimos legales diarios vigentes a la fecha de la sanción a favor del Fondo para el Fomento al Empleo y Protección al Desempleo previsto en esta ley, cuando desobedezcan las instrucciones u órdenes que imparta la Superintendencia sobre violaciones legales reglamentarias o estatutarias. Estas sanciones serán canceladas con cargo al porcentaje de gastos administrativos previstos en esta ley de los ingresos del cuatro por ciento (4 %), cuando se trate de sanciones institucionales. 17. Imponer en desarrollo de sus funciones, las siguientes sanciones por violaciones legales, reglamentarias o estatutarias y no por criterios de administración como respeto a la autonomía: a) Amonestación escrita; b) Multas sucesivas graduadas según la gravedad de la falta, a

		los representantes legales y demás funcionarios de las entidades vigiladas, entre cien (100) y mil (1000) salarios mínimos diarios legales vigentes en la fecha de expedición de la resolución sancionatoria. El producto de estas multas se girará a favor del Fondo para el Fomento al Empleo y Protección al Desempleo previsto en la presente ley, y c. Multas sucesivas a las entidades vigiladas hasta por una suma equivalente a diez mil (10 000) salarios mínimos diarios legales vigentes en la fecha de expedición de la resolución sancionatoria, las cuales serán cancelados con cargo a los gastos de administración y cuyo producto se girará a favor del Fondo para el Fomento al Empleo y Protección al Desempleo previsto en la presente ley. 18. Sancionar con multas sucesivas hasta de

		mil (1000) salarios mínimos legales mensuales vigentes a favor del Fondo para el Fomento al Empleo y Protección al Desempleo previsto en la presente ley, a los empleadores que incurran en cualesquiera de las siguientes conductas: no inscribir en una Caja de Compensación Familiar a todas las personas con las que tenga vinculación laboral, siempre que exista obligación; no pagar cumplidamente los aportes de las Cajas y no girar oportunamente los aportes y cotizaciones a la Caja de Compensación Familiar de acuerdo con las disposiciones legales; no informar las novedades laborales de sus trabajadores frente a las Cajas.

Fuente: Elaboración propia

Se insiste, el ejercicio de todas estas competencias por parte de la Superintendencia de Subsidio Familiar soporta una importante limitación, consistente en la prohibición de incurrir en conductas que se puedan calificar como coadministración, según se desprende de la Sentencia C-429 de 2019 de la Corte Constitucional:

"De este modo, tales competencias son mecanismos de intervención estatal que operan de manera gradual, pues el más leve es la inspección mientras que el más intenso es el control. Además, es claro que se trata de formas de regulación de la actividad de los particulares vigilados que deben sujetarse al debido proceso y que, **en ningún caso, pueden tornar nugatoria su autonomía**, aun cuando, ante situaciones graves de incumplimiento, es posible aplicar niveles de restricción cada vez más intensos sobre estos derechos" **(énfasis añadido)**.

2.3. Medidas cautelares y sanciones impuestas por la Superintendencia de Subsidio Familiar

Una de las medidas de "control" que pueden ejercer las autoridades administrativas, son las relacionadas con la imposición de medidas cautelares y sanciones por parte de la Superintendencia de Subsidio Familiar. Es importante resaltar que es uno de esos puntos en los que parece flaquear el debido proceso ante competencias que pueden o no ser sancionatorias. Así, en este acápite se hará un breve recuento de esas competencias y de las dificultades que su ejecución suscita.

2.3.1. La intervención administrativa y otras medidas

De una manera general, las distintas normas que han regulado la materia se han ocupado de identificar los supuestos que dan lugar a la intervención administrativa requieren de un análisis, así sea somero (a), para luego identificar los supuestos de su aplicación (b).

2.3.1.1. Una evolución normativa

a. El Decreto 2150 de 1992

El Decreto 2150 de 1992 fue expedido por el Presidente de la República con fundamento en el artículo transitorio 20 de la Constitución Política y tuvo por finalidad general la reestructuración de la Superintendencia de Subsidio Familiar. El artículo 2 incluye, entre los objetivos de la Superintendencia de Subsidio Familiar,

> *ejercer la inspección y vigilancia de las entidades encargadas de recaudar aportes y pagar las asignaciones del subsidio familiar, con el propósito de que su constitución y funcionamiento se ajusten a la ley y a sus estatutos internos"* y *"controlar las entidades vigiladas y velar por que cumplan con la prestación de los servicios sociales a su cargo, con sujeción a los principios de eficiencia y solidaridad, en los términos que establezca la ley.*

Entre las funciones que se le confirieron al Superintendente en el artículo 7° se introducen, están las siguientes (que no estaban previstas en la Ley 25 de 1981):

> *20. Vigilar e intervenir, si lo estima necesario, en el proceso de afiliación de los empleadores y en el acceso de los servicios establecidos en las entidades sometidas a su vigilancia;*

Por su parte, en numeral 22 modificó los términos para adoptar una medida de intervención administrativa, total o parcial, en el siguiente sentido:

> *22. Intervenir administrativamente, en forma total o parcial, las entidades sometidas a su vigilancia, por infracción a las leyes y estatutos, o por inobservancia de las instrucciones impartidas por la Superintendencia;*

Como se observa, en contraste con lo dispuesto en la Ley 25 de 1981, el numeral 22 del artículo 7 del Decreto 2150 de 1992, eliminó la condición de que la infracción de normas legales o estatutarias debía ser grave o reiterada para que procediera la intervención, introdujo un nuevo criterio para la adopción de esta medida consistente en la inobservancia de las instrucciones impartidas por la Superintendencia y, finalmente, se aclara que la intervención puede ser total o parcial sobre el ente vigilado. Por último, el numeral 23 introdujo un catálogo de medidas cautelares que puede adoptar el Superintendente, entre las cuales, nuevamente, se previó la intervención administrativa total o parcial, a saber:

> *23. Adoptar las siguientes medidas cautelares:*
>
> *a. Intervención administrativa total de la entidad vigilada.*

b. Intervención administrativa parcial, por servicios o por áreas geográficas o de operación;

c. Imposición de multas sucesivas hasta por cien (100) salarios mínimos legales mensuales hasta que cese la actuación ilegal o no autorizada;

d. Vigilancia especial con el fin de superar, en el menor tiempo posible, con la situación que ha dado origen a la medida.

Respecto de la forma en la que se reguló la medida de intervención administrativa en el Decreto 2150 de 1992, el Consejo de Estado señaló que no se trata de un proceso sancionatorio, sino que las medidas provisionales corresponden a una competencia policiva. Veamos:

"Sobre las funciones de control y vigilancia que tiene la Superintendencia de Subsidio Familiar, la Sala reitera lo expresado en sentencia de 6 de febrero de 2003, expediente núm. 1997-5712-01 (8266), Consejero ponente doctor Gabriel Eduardo Mendoza Martelo, en la cual sostuvo:

(...)

Del análisis normativo que se hizo en la precitada sentencia se colige que existen dos clases de competencias por parte de la Superintendencia de Subsidio Familiar: la ***disciplinaria****, que concluye con la* ***sanción*** *de intervención administrativa* ***y la policiva, que le permite a la entidad, antes de que se surta el trámite descrito, adoptar medidas provisionales de cautela cuando la situación lo amerita y para precaver perjuicios mayores.***

De tal manera que si en este caso, conforme se infiere del texto de los actos acusados, la Superintendencia de Subsidio Familiar hizo uso de la facultad que tiene para ***decretar medidas cautelares, por no estar ejerciendo su poder disciplinario sino policivo, y no tener dichas medidas el carácter de sanción, no estaba obligada a formular pliego de cargos ni a seguir el procedimiento previsto en el Decreto 0341 de 1988****. En consecuencia, el cargo por violación del debido proceso, en lo que a la aplicación del procedimiento previsto en el Decreto 0341 de 1988 se refiere, no está llamado a prosperar".* (Se destaca).

Colige la Sala de lo antes expuesto que por tratarse en este caso de una MEDIDA CAUTELAR DE INTERVENCIÔN, esto es, del ejercicio de una competencia de carácter policivo, no estaba obligada la Superintendencia de Subsidio Familiar a adelantar el procedimiento que echa de menos el actor, esto es, el del Decreto 341 de 1988, que conforme a lo anotado no se aplica en este caso, amén de que la medida se adoptó frente a la Caja, precisamente, para garantizar su continuidad y no contra su personal, y no tiene el carácter de sanción"[309].

Ahora bien, esto no descarta que la adopción de la intervención administrativa por parte de la Superintendencia de Subsidio Familiar pueda revestir carácter sancionatorio, caso en el cual sí será necesario que, previo a su materialización, se adelante un procedimiento administrativo sancionatorio, en los términos previstos en las normas especiales aplicables. La sentencia citada simplemente deja claro que bien puede ocurrir que el mencionado ente de control ordene la misma intervención, pero a título de medida cautelar o preventiva, con el fin de evitar perjuicios irremediables a los beneficiarios de las cajas de compensación familiar, y es solamente en tal evento en que quedaría exonerada la Superintendencia de la obligación de agotar el aludido procedimiento administrativo sancionatorio. A este asunto se regresará en breve.

b. La Ley 789 de 2002

La Ley 789 de 2002 tuvo por objeto, entre otros propósitos, modificar y adicionar las funciones de las Cajas de Compensación Familiar (art. 16), establecer un procedimiento especial para la liquidación de las cajas de compensación familiar (art. 17), consagrar un régimen de inspección y vigilancia (art. 20) y un régimen de transparencia (art. 21), prever lo necesario para el manejo de conflictos de interés (art. 23) y regular las funciones y facultades de la Superintendencia de Subsidio Familiar (art. 24).

309. Consejo de Estado. Sección Primera. Sentencia del 10 de febrero de 2011. Expediente: 23001-23-31-000-2003-00135-01. Ver también Sentencia del 10 de marzo de 2005, expediente 2000-6430.

En dicha normativa no se efectuó modificación alguna al Decreto 2150 de 1992 en relación con la medida de intervención administrativa, ni se reformaron las disposiciones sobre medidas cautelares, salvo lo concerniente a la intervención con fines de liquidación. Sobre esto último, además de lo señalado en relación con el artículo 17 de la Ley 789, se previó que la intervención de las Cajas, en casos de liquidación, se haría conforme a las normas previstas para las entidades promotoras de salud (art. 24.23 ibidem).

c. El Decreto 2595 de 2012

El Decreto 2595 de 2012 tuvo por objeto modificar la estructura de la Superintendencia de Subsidio Familiar y determinar las funciones de sus dependencias. Así, en lo que atañe a la intervención administrativa o a la imposición de medidas cautelares, el decreto compiló la regulación señalada en el Decreto 2150 de 1992 y en la Ley 789 de 2002, al tiempo que dejó explícitos los efectos de la intervención administrativa en relación con los órganos directivos de la Caja. En este sentido, dispuso el artículo 5:

> *"**ARTÍCULO 5o. FUNCIONES DEL DESPACHO DEL SUPERINTENDENTE DEL SUBSIDIO FAMILIAR.** Son funciones del Despacho del Superintendente del Subsidio Familiar las siguientes:*
>
> (...)
>
> *22. Separar a los miembros del Consejo Directivo, al Director Administrativo de las Cajas de Compensación Familiar, en ejercicio de la medida de intervención administrativa ordenada por la Superintendencia.*
>
> *23. Separar al Revisor Fiscal y designar Contralor para la Caja intervenida, en los casos que dicha separación permita la superación de las causas que originaron la intervención.*
>
> *24. Designar Director Administrativo y agente especial para la administración y representación jurídica de la Caja de Compensación Familiar intervenida, cuyas actuaciones serán realizadas bajo su propia responsabilidad.*

25. Designar el liquidador de las Cajas de Compensación Familiar intervenidas administrativamente para liquidar".

d. La Resolución 629 de 2018 proferida por la Superintendencia de Subsidio Familiar

Mediante la Resolución 629 de 2018 *"se adecúa el procedimiento para las medidas cautelares señaladas en los literales a, b y d del numeral 22 del artículo 7 del Decreto-ley 2150 de 1992"*. Sobre el contenido y alcance de este acto administrativo se hará referencia más adelante (ver numeral 2 del siguiente literal, bajo el acápite titulado *"Intervención como medida cautelar"*).

2.3.1.2. Un conjunto de amplias competencias en materia de intervención administrativa

La intervención administrativa es una medida con un grado de intensidad importante puesto que, en sí misma, produce la anulación de la autonomía del ente vigilado, así como la restricción absoluta de su libertad de empresa, el derecho de asociación, el derecho a la representación y participación democrática en las organizaciones sociales y el derecho al trabajo.

Consiste en la facultad que la ley le otorgó a la Superintendencia de Subsidio Familiar para remover los órganos directivos de la Caja de Compensación Familiar correspondiente (Consejo Directivo, Director Administrativo y eventualmente revisor fiscal -numerales 22 a 24 del artículo 5 del Decreto 2595 de 2012) para efectos de administrar directa o indirectamente la corporación, a través de la designación de agentes especiales o particulares para el efecto.

En virtud del numeral 22 del artículo 7 del Decreto 2150 de 1992, el Superintendente de Subsidio Familiar puede intervenir, de forma total o parcial, las entidades sometidas a su vigilancia cuando se presente alguno de los siguientes supuestos: *i*) infracción a las leyes o estatutos o *ii*) inobservancia de las instrucciones impartidas por la Superintendencia.

Esta versión fue subrogada por el artículo 5 del Decreto 2595 de 2012, que dispuso la siguiente redacción:

> **ARTÍCULO 5º. Funciones del Despacho del Superintendente del Subsidio Familiar.** Son funciones del Despacho del Superintendente del Subsidio Familiar las siguientes:
>
> [...] 17. Imponer las sanciones y adoptar las medidas cautelares a que haya lugar de conformidad con la ley.
>
> 18. Ordenar la intervención administrativa, en forma total o parcial, de las entidades sometidas a su vigilancia, por infracción a las leyes y estatutos o por inobservancia de las instrucciones impartidas por la Superintendencia.
>
> [...] 22. Separar a los miembros del Consejo Directivo, al Director Administrativo de las Cajas de Compensación Familiar, en ejercicio de la medida de intervención administrativa ordenada por la Superintendencia.
>
> 23. Separar al Revisor Fiscal y designar Contralor para la Caja intervenida, en los casos que dicha separación permita la superación de las causas que originaron la intervención.
>
> 24. Designar Director Administrativo y agente especial para la administración y representación jurídica de la Caja de Compensación Familiar intervenida, cuyas actuaciones serán realizadas bajo su propia responsabilidad. [...]

La medida de intervención administrativa tiene, pues, la doble condición de sanción (para cuya imposición debía surtirse el procedimiento sancionatorio) y de medida cautelar. Sin perjuicio de las explicaciones que se darán en seguida, conviene recordar que el 19 de septiembre de 2018, la Superintendencia de Subsidio Familiar expidió la **Resolución 629 de 2018 (antes anunciada)**, mediante la cual *"se adecúa el procedimiento para las medidas cautelares señaladas en los literales a, b y d del numeral 22 del artículo 7 del Decreto Ley 2150 de 1992"*, norma que define la intervención administrativa como sanción y como medida cautelar. La diferencia que se evidencia es que mientras en la intervención administrativa como sanción se incluye como parámetro para su adopción el incumplimiento de disposiciones legales o estatutarias o la inobservancia de las instrucciones del mismo ente, en la intervención administrativa como medida cautelar se omite este elemento y se aclara su función de salvamento.

a. La Intervención como sanción

La Ley 25 de 1981, como se dijo, creó la Superintendencia de Subsidio Familiar como una entidad adscrita al Ministerio del Trabajo, con el objetivo de ejercer la inspección y vigilancia de las entidades, entre estas las cajas de compensación familiar, de recaudar los aportes y pagar las asignaciones del subsidio familiar, con el fin de que su constitución y funcionamiento se ajusten a las leyes, los decretos y los estatutos internos de las entidades vigiladas. El artículo 15 de la citada ley, le asignó al Superintendente de Subsidio Familiar las siguientes competencias sancionatorias:

> *"El Superintendente del Subsidio Familiar está facultado para imponer multas desde quinientos pesos ($500) hasta treinta mil pesos ($30.000) a los funcionarios de las entidades sometidas a su control, por violación de las normas legales o estatutarias, graduados de conformidad con la gravedad de la infracción.* ***Además en los casos de grave o reiterada violación de las normas legales o estatutarias, podrá decretar*** *la suspensión o cancelación de la personería jurídica de la respectiva entidad* ***o la intervención administrativa de la misma"*** **(énfasis añadido).**

Por su parte, el artículo 16 obliga al Superintendente a comunicar a los órganos de dirección de las entidades vigiladas, imponer las sanciones previstas en el referido artículo 15, y solicitar la adopción de las medidas *"que fueren oportunas para subsanar los hechos que han dado lugar a la imposición de la sanción".*

Las anteriores disposiciones fueron reglamentadas, en su momento, por el Decreto 341 de 1988, cuyos artículos 77 y siguientes consagraron el procedimiento para la imposición de las sanciones previstas en el artículo 15 de la Ley 25 de 1981. De esta forma, se previó que la inspección y vigilancia de la Superintendencia se efectuará, principalmente, a partir del régimen de visitas sobre los entes vigilados.

El artículo 89 indica que de toda visita que se practique, los funcionarios comisionados deben rendir un informe escrito dentro de los diez **días siguientes a la fecha de su terminación. Por su parte, el artículo** 90[310] prevé que, si del informe se concluye que hay violación de normas legales o estatutarias, dentro de los diez **días siguientes se deberá formular cargos a los presuntos responsables, quienes dispondrán de un término de** diez **días para presentar los descargos y las pruebas que pretendan hacer valer. Recibidos los descargos y practicadas las pruebas que se consideren conducentes, se rendirá un informe evaluativo al Superintendente del Subsidio Familiar dentro de los** diez **días siguientes, quien**, dentro de los 15 días, tomará las medidas administrativas a que haya lugar, *"de conformidad con los artículos 13 del Decreto 2643 de 1981 y 15 de la Ley 25 de 1981".* El artículo 92 del citado decreto le da contenido a la frase "grave violación" prevista en el artículo 15 de la Ley 25 de 1981, en el siguiente sentido:

> *"**ARTÍCULO 92.** Son casos de grave violación los siguientes:*
>
> *1. Cuando se presente incumplimiento grave de las obligaciones legales.*
>
> *2. Cuando se haya rehusado a la exigencia hecha en debida forma, de someter sus actos a la inspección de la Superintendencia del Subsidio Familiar.*
>
> *3. Cuando se rehúse el cumplimiento de una orden debidamente expedida y notificada de la Superintendencia del Subsidio Familiar.*
>
> *4. Cuando se persista en la violación de disposiciones legales o reglamentarias después de haberse advertido por la Superintendencia del Subsidio Familiar tal situación".*

310. Esta norma, que fue incorporada al Decreto Único Reglamentario del Sector Trabajo a través del artículo 2.2.7.7.15, fue suspendida provisionalmente por el Consejo de Estado, mediante auto del 24 de febrero de 2022. Expediente: 11001032400020210005500.

La intervención administrativa solo procedía por ***graves o reiteradas*** infracciones de normas legales o estatutarias, en los términos del decreto reglamentario. De esta manera, la intervención, por su misma naturaleza, era una medida extrema y como tal, para su imposición debían acreditarse los elementos que denotaran la gravedad o la reincidencia prevista en las normas superiores.

Los artículos 93 a 95 hacen referencia, de forma específica, a la medida de intervención administrativa prevista en el artículo 15 de la Ley 25 de 1981, para lo cual se indica que dicha medida tiene por objeto adoptar las medidas administrativas necesarias para subsanar los hechos que dieron lugar a aquella. Así mismo, dispone que el Superintendente puede designar agentes especiales para asistirlo en la tarea de administración directa de la entidad intervenida, además de poder encargar a particulares para la dirección temporal de la caja y emplear los expertos y auxiliares que requiera con cargo a la caja intervenida. Superada la situación que dio lugar a la intervención, dice el artículo 94, esta debe levantarse inmediatamente de oficio o a petición de parte. En cambio, si se advierte la imposibilidad de superar las irregularidades presentadas, la Superintendencia podrá decretar la suspensión o cancelación de la personería jurídica, ordenando en este último evento la consiguiente liquidación.

Finalmente, los artículos 96 y 97 indican que toda decisión que se adopte por la Superintendencia en relación con las entidades vigiladas deberá efectuarse mediante resolución motivada en los términos del entonces Código Contencioso Administrativo. Ahora bien, aunque inicialmente el artículo 97 disponía que el recurso de reposición contra el acto que decretara una intervención administrativa no suspendía la ejecución de dicha medida cautelar, esta última disposición del Decreto 341 de 1988 fue declarada nula por el Consejo de Estado[311], según el cual...

> *Dichas* ***sanciones****, según se infiere del contenido de los artículos 93 y 94 ibídem, pueden ir desde la intervención que tiene por objeto la adopción de*

311. Consejo de Estado, Sección Primera, sentencia del 13 de agosto de 1992, Exp. 2019.

medidas administrativas necesarias para subsanar los hechos que hayan dado lugar a ella, hasta la suspensión o cancelación de la personería jurídica de la correspondiente entidad vigilada.

Significa lo anterior que:

a. La decisión adoptada por la Superintendencia del Subsidio Familiar en el sentido de ***ordenar la intervención administrativa de las entidades vigiladas****, no es un simple acto de trámite, como lo afirma la parte interviniente, sino que por el contrario,* ***se trata de un acto definitivo que conlleva a la imposición de una sanción****, y por lo mismo con él concluye la actuación administrativa.*

(...)

Como lo expresó esta Sala en el proveído de 22 de Mayo de 1992, al decretar la suspensión provisional, el procedimiento o actuación administrativa que debe adelantar la Superintendencia del Subsidio Familiar, debe proseguirse conforme a lo regulado en la parte primera del C.C.A., y dentro de él, los artículos 55, 62. num. 20. y 64, establecen que el acto o providencia no es definitivo ***y por ende no obliga ni es ejecutable, por no estar en firme, mientras esté pendiente la decisión de los recursos.***

Por esta circunstancia, el disponer el acto acusado que la interposición del recurso de reposición contra el acto que decreta una intervención administrativa, ***no suspende*** *la ejecución de dicha medida, contraría las normas antes citadas y se impone por lo mismo declarar su nulidad".*

El numeral 22 del art. 7 del Decreto 2150 de 1992 (hoy numeral 18, en virtud de la subrogación realizada mediante el artículo 5 del Decreto 2595 de 2012) permite la intervención de las entidades vigiladas "*por infracción a las leyes y estatutos, o por inobservancia de las instrucciones impartidas por la Superintendencia*". Como puede verse, la redacción de la norma goza de especial amplitud, como consecuencia de lo cual podría interpretarse que cualquier tipo de infracción o inobservancia, no importa su relevancia o magnitud, de cualquier ley, de los estatutos o de alguna instrucción de la Superintendencia, puede dar lugar a la imposición de una sanción tan extrema como la intervención administrativa, conculcando los derechos a la libertad de empresa y la autonomía, el derecho de asociación y el derecho a la representación y participación democrática en las organizaciones sociales. Esta interpretación debe, por supuesto, descartarse, por cuanto resultaría totalmente desproporcionado y arbitrario considerar que la intervención depende exclusivamente de la voluntad de un funcionario, pues ello implicaría una aplicación enteramente disparatada del ordenamiento jurídico, sin embargo, resulta necesario una aclaración por parte de la Corte Constitucional.

Así las cosas, la sola infracción, por ejemplo, a los términos de convocatoria de la Asamblea General de Afiliados previstos en los estatutos de una Caja o el reporte tardío de información a la Superintendencia en contravía de alguna circular que en ese sentido hubiere expedido el ente de control, puede dar lugar al decreto de la intervención administrativa como sanción. Como se expuso, el artículo 15 de la Ley 25 de 1981, previó lo siguiente:

> *"**ARTÍCULO 15.** El Superintendente del Subsidio Familiar está facultado para imponer multas desde quinientos pesos ($500) hasta treinta mil pesos ($30.000) a los funcionarios de las entidades sometidas a su control, por violación de las normas legales o estatutarias, graduados de conformidad con la gravedad de la infracción. **Además en los casos de grave o reiterada violación de las normas legales o estatutarias**, podrá decretar la suspensión o cancelación de la personería jurídica de la respectiva entidad o la **intervención administrativa de la misma**".*

Como se observa, la disposición, de manera expresa, determinaba que la intervención administrativa como sanción, solo procedía ante la existencia de casos de *"grave o reiterada violación de normas legales o estatutarias"*, de manera que no cualquier infracción podía dar lugar a la aplicación de la aludida sanción.

Entonces, no obstante, los términos en que fue redactada la norma, para su aplicación por parte de la autoridad resulta imperativo la observancia del principio de proporcionalidad que conforma el debido proceso administrativo, que también se encuentra previsto en el artículo 44 de la Ley 1437 de 2011, de tal forma que la Superintendencia deberá tener en cuenta la gravedad de la conducta para efectos de aplicar una sanción acorde con esta. Además, si se tiene en cuenta el contexto y antecedentes normativos que han regulado la intervención como sanción, podría entenderse, de manera razonable, que la intención del legislador con la expedición de la norma fue, precisamente, establecer como conducta ilícita que pudiese dar lugar a la sanción en comento, cualquier infracción a la ley, a los estatutos o a las instrucciones del ente de control.

Del anterior marco normativo y jurisprudencial se puede concluir que, para imponer una sanción de las previstas en la Ley 25 de 1981, debía surtirse el procedimiento administrativo previsto en las normas especiales aplicables (Decreto 341 de 1988, mientras surtía efectos) y en lo no contemplado se debía remitir al Código Contencioso Administrativo, vigente para la época.

La sanción era de carácter institucional e incluso personal, puesto que la medida privaba la administración de la Caja por conducto de los órganos directivos previstos en la ley, al tiempo que traía consigo, en consecuencia, la remoción de las personas que desempeñaban esos cargos. Sin embargo, parece que hubiera una confusión entre las funciones de intervención y las propiamente *"policivas"* de la Superintendencia de Subsidio Familiar, a las cuales se hará alusión en seguida.

b. Intervención como medida cautelar

Como se vio, la intervención era considerada también como una medida cautelar por su naturaleza provisional o temporal. En este caso la Superintendencia, de manera directa o por intermedio de una persona designada por el ente de control, se encargaba de la administración de la Caja mientras fueran subsanados los hechos que dieron lugar a la medida. Si se lograban subsanar los mismos, entonces tendría que levantarse inmediatamente la medida; pero en caso contrario, debía procederse a la suspensión o cancelación de la personería jurídica, seguida en este evento de una orden de liquidación.

En el marco de las funciones de inspección y vigilancia asignadas a las superintendencias, es constitucionalmente admisible que el legislador les atribuya una serie de medidas administrativas de orden preventivo, distintas a aquellas tendientes a ejercer una potestad sancionatoria, con el fin de lograr los propósitos particulares que el mismo Congreso de la República defina, entre ellas prevenir o corregir situaciones irregulares que puedan presentarse al interior de las instituciones vigiladas[312].

Las medidas cautelares, preventivas o también conocidas como de salvamento pueden ser *accesorias* en tanto que se adopten con ocasión de un procedimiento administrativo principal, sea antes de iniciar la investigación o durante su desarrollo, con el fin de asegurar los resultados de una decisión futura o asegurar la efectividad del derecho, como ocurre, por ejemplo, en los procesos de responsabilidad fiscal (art. 12 de la Ley 610 de 2000). De igual forma, la medida cautelar o preventiva puede constituir una actuación administrativa principal cuyo objeto es actuar de forma inmediata y oportuna para evitar o mitigar un peligro inminente en relación con los derechos que se busca proteger.

Por su misma naturaleza, supone la acción inmediata del ente de control, por lo que la eficacia de estas actuaciones requiere que su adopción sea pronta para evitar la obstrucción de los fines que se pretenden remediar con la medida cautelar. En este orden de ideas, las medidas preventivas no se equiparán a sanciones, *"habida cuenta que se adoptan para evitar la interrupción del servicio y el restablecimiento de la calidad del mismo, sin la intención de reprochar o castigar actuaciones contrarias al ordenamiento, en tanto que la sanción corresponde a la consecuencia jurídica de la estructuración de alguna de las faltas previstas en la ley"*[313]. Por ende, en virtud de la inmediatez y oportunidad de la medida resulta razonable que no se exija para su imposición el adelantamiento de un procedimiento administrativo sancionatorio.

Pues bien, decretar una intervención administrativa supone el cumplimiento de una serie de principios, como los de razonabilidad y proporcionalidad en conexidad con el principio de legalidad y debido proceso. Lo anterior, a fin de evitar la violación injustificada de los derechos

312. Corte Constitucional. Sentencia C-491 de 2016.
313. *Ibidem.*

y libertades que entran en colisión y que inspiran el Sistema de Subsidio Familiar, en tanto genera una afectación mucho mayor respecto de los intereses que persigue la medida.

Dado que la imposición de medidas cautelares es una manifestación del ejercicio de la función pública administrativa, se encuentra cobijada por el principio de legalidad y la garantía del debido proceso, en cuanto "(*i*) *la formación y ejecución de actos administrativos;* (*ii*) *las peticiones presentadas por los particulares; y* (*iii*) *los procesos que se adelanten contra la administración por los ciudadanos en ejercicio legítimo de su derecho de defensa*[314]".

La imposición de este tipo de medidas por parte del legislador, dada la afectación o restricción de derechos que trae consigo, debe estar supeditada a la debida observancia, además del principio de legalidad, al de proporcionalidad y razonabilidad que se predica de toda actuación estatal, "*no siendo posible que tenga un carácter indeterminado*"[315]. De esta forma, "*el legislador debe ser especialmente cuidadoso a la hora de adoptarlas, pues por su naturaleza preventiva pueden llegar a afectar o restringir, en forma desmedida, los derechos de una persona antes de que sea resuelta su situación jurídica*"[316].

En conclusión, como se señaló, el Consejo de Estado ha interpretado que la intervención administrativa puede revestir dos modalidades: es posible decretarla como sanción (numeral 22 del art. 7 del Decreto 2150 de 1992, subrogado por el artículo 5 del Decreto 2595 de 2012; hoy artículo 7 numeral 18) o como medida cautelar o de salvamento (literal a. y b. del numeral 23 del artículo 7 del Decreto 2150 de 1992, subrogado por el artículo 5 del Decreto 2595 de 2012; hoy artículo 7 numerales 22-24). Si se impone como sanción, la Superintendencia de Subsidio Familiar debe adelantar

314. *Ibidem.*
315. Corte Constitucional. Sentencia C-835 de 2013.
316. Corte Constitucional. Sentencia C-144 de 2015. Ver también Sentencia del C-490 de 2000 y C-379 de 2004.

el procedimiento sancionatorio aplicable, sea el especial que esté previsto en disposiciones de carácter legal o el general previsto en el CPACA.

El 19 de septiembre de 2018, la Superintendencia de Subsidio Familiar expidió la **Resolución 629 de 2018 (antes anunciada)**, mediante la cual *"se adecúa el procedimiento para las medidas cautelares señaladas en los literales a, b y d del numeral 22 del artículo 7 del Decreto Ley 2150 de 1992"*. En los considerandos del aludido acto administrativo se encuentra lo siguiente:

> *"La Superintendencia de Subsidio Familiar requiere modificar el procedimiento relacionado con el proceso de las medidas cautelares señaladas en el numeral 23 del artículo 7 del Decreto Ley 2150 de 1992, para ajustarlo a lo establecido en el Decreto 2595 de 2012".*

En la parte resolutiva de la decisión, mediante la cual se decide modificar la Resolución 240 de 2016, se definen las competencias en materia de medidas cautelares y las definiciones (***título I***)***; y en relación con la competencia del Superintendente de Subsidio Familiar para adoptar medidas cautelares, el numeral 1.1. del título I indica que*** *"la adopción de una medida cautelar, es independiente a otras acciones que en cualquier momento pueda adoptar la Superintendencia de Subsidio Familiar"*.

El título II prevé las generalidades para la imposición de una medida cautelar, incluyendo la "PRÓRROGA DE LA MEDIDA" (numeral 3), referido al trámite para solicitar la continuidad de la medida. Se destaca que la norma no impone límite máximo de duración de la medida.

En el ***título III*** se reglamentan los requisitos que deben tener los actos administrativos que imponen medidas cautelares. Por ejemplo, el numeral 1) se refiere a la vigilancia especial, de cual se resalta: i) No se menciona causal alguna para la procedencia de la medida cautelar; ii) se impone a las Cajas la elaboración de un plan de mejoramiento que contenga el acatamiento de las instrucciones y recomendaciones impartidas por la Superintendencia; iii) se señala el término de vigencia de la medida, según el cual no podrá ser superior a 12 meses, prorrogados por el mismo término, al vencimiento del cual, si no se han superado *"las causas que dieron origen a la medida, el Comité de Dirección y Coordinación*

Institucional evaluará si se adopta otra medida"; iv) se dispone que contra la decisión que adopta la medida procede el recurso de reposición en el efecto devolutivo, con fundamento en los artículos 74 y 236 del Código de Procedimiento Administrativo y de lo Contencioso Administrativo.

El ***título IV prevé los requisitos que debe contener el acto administrativo que decreta la intervención administrativa, sea como*** sanción o medida cautelar. Se destacan los siguientes elementos: i) *"las disposiciones legales o estatutarias presuntamente infringidas y/o las instrucciones presuntamente inobservadas"*; ii) *"el término que durará la medida cautelar y la posibilidad de prórroga de acuerdo con las condiciones de cada caso"*; iii) la orden de separar al director administrativo y al consejo directivo y la designación de nuevo director y del Agente Especial de Intervención; iv) se dispone que contra la decisión que adopta la medida procede el recurso de reposición en el efecto devolutivo, con fundamento en los artículos 74 y 236 del Código de Procedimiento Administrativo, con la salvedad de que si la intervención tiene naturaleza sancionatoria, el recurso se concede en el efecto suspensivo.

Por su parte, el numeral 9 contempla la posibilidad de solicitar la prórroga indefinida a criterio del Superintendente previo concepto del Comité de Dirección y Coordinación Institucional. De esta manera, vía acto administrativo general expedido por la Superintendencia de Subsidio Familiar, queda claro que el ente de control, sin ningún parámetro superior, define a su arbitrio los elementos o criterios para la adopción de medidas cautelares. En cuanto a las causales para la imposición, la Superintendencia, según su criterio, ha determinado que la medida es procedente en los siguientes eventos:

i) Cuando se requiera suspender el proceso de afiliaciones para evitar el agravamiento o superar una situación financiera adversa de una Caja determinada. De esta forma, al evitar la desafiliación de empleadores, se trata alivianar la crisis[317];

317. Resolución 178 de 2021 de la Superintendencia de Subsidio Familiar.

ii) Cuando existan situaciones que amenacen quebrantar el procedimiento de libre competencia entre las cajas de forma permanente y masiva, generando traslado de empleadores y de recursos sin sujeción al trámite previsto legalmente. En ambos tipos de medidas, se afecta el proceso de afiliaciones en relación con todas las Cajas que operan en los respectivos departamentos[318];

iii) "[C] *uando los traslados de afiliaciones entre Cajas de Compensación Familiar pueden ser utilizados como mecanismos presión por parte de actores privados para generar apoyo en favor de determinados candidatos, candidatas, partidos políticos, grupos significativos de ciudadanos o movimientos*[319]".

En cuanto a la temporalidad de las medidas, como se expuso, la define de manera discrecional, sin que exista parámetro legal alguno, llegándose a presentar eventos en que la medida de intervención ha durado cerca de cinco ***años***[320]. Con respecto a la medida de intervención administrativa total, se encuentra que la Superintendencia adopta este tipo de decisiones cuando, en su criterio, existe riesgo "inminente" de afectación de del patrimonio de una Caja de Compensación Familiar.

Sobre la temporalidad de estas medidas, como se deriva de la misma Resolución 629 de 2018, la duración de la medida la define la misma Superintendencia, siendo incluso usual que el ente de control en el mismo acto administrativo mediante el cual se impone la medida indique que la misma será indefinida[321], hasta tanto se logren superar las causas que en criterio del referido ente de control dieron origen a la medida.

Ahora bien, en materia de aplicación de medidas cautelares, la Superintendencia de Subsidio Familiar debe, en todos los casos: i) garantizar la

318. Resolución 374 de 2004 de la Superintendencia de Subsidio Familiar.
319. Resolución 586 de 2023 de la Superintendencia de Subsidio Familiar.
320. Resolución 291 de 2014, prorrogada de manera reiterada, hasta la expedición de la Resolución 347 de 2018.
321. Resolución 211 de 2014 y Resolución 129 de 2017.

aplicación del debido proceso; ii) respetar los principios de la función administrativa; y, iii) Cumplir los requisitos generales aplicables a toda medida cautelar, sea judicial o administrativa, en cuya virtud se debe acreditar: a. la apariencia de buen derecho —*fumus bonis iuris*—; b. el peligro en la espera —*periculum in mora*—; c. la proporcionalidad de la medida. Sobre este asunto, en particular, la Sala Plena del Consejo de Estado ha señalado:

> *"La doctrina también se ha ocupado de estudiar, en general, los criterios que deben tenerse en cuenta para el decreto de medidas cautelares, los cuales se sintetizan en* ***el fumus boni iuris y periculum in mora.*** *El primero, o apariencia de buen derecho, se configura cuando el Juez encuentra, luego de una apreciación provisional con base en un conocimiento sumario y juicios de verosimilitud o probabilidad, la posible existencia de un derecho. El segundo, o perjuicio de la mora, exige la comprobación de un daño ante el transcurso del tiempo y la no satisfacción de un derecho"*[322].

Por su parte, la Sección Tercera del Consejo de Estado, en la misma línea sostuvo lo siguiente:

> *"Lo anterior quiere significar que el marco de discrecionalidad del Juez no debe entenderse como de arbitrariedad, razón por la cual le es exigible a éste la adopción de una decisión judicial suficientemente motivada, conforme a los materiales jurídicos vigentes y de acuerdo a la realidad fáctica que la hagan comprensible intersubjetivamente para cualquiera de los sujetos protagonistas del proceso y, además, que en ella se refleje la pretensión de justicia, razón por la cual es dable entender que en el escenario de las medidas cautelares, el Juez se enfrenta a la exposición de un razonamiento en donde, además de verificar los elementos tradicionales de procedencia de toda cautela, es decir el fumus boni iuris y el periculum in mora, debe proceder a un estudio de ponderación y de sub principios integradores de idoneidad, necesidad y proporcionalidad stricto sensu, ya que se trata, antes que nada, de un ejercicio de razonabilidad'*[323].

322. Consejo de Estado, Sala Plena de lo Contencioso Administrativo, sentencia del 17 de marzo de 2015, Exp. 2014-03799.
323. Consejo de Estado, Sección Tercera, Subsección C, auto de 13 de mayo de 2015, Exp. 2015-00022.

En consecuencia, con o sin proceso previo, en el marco de un proceso sancionatorio o no, las medidas cautelares, en particular una tan extrema como la intervención administrativa, requiere una mayor exigencia en materia de garantía del debido proceso y de cumplimiento de los elementos del régimen general de las medidas cautelares.

2.4. El régimen sancionatorio

Desde el punto de vista de vista del derecho administrativo sancionatorio lo primero consiste en analizar las faltas, para luego establecer el análisis de las sanciones. El régimen sancionatorio se encuentra contenido en los numerales 16 y 17 del artículo 24 de la Ley 789 de 2002, a cuyo tenor le corresponde a la Superintendencia de Subsidio Familiar:

> 16. Imponer a las instituciones respecto de las cuáles tenga funciones de inspección y vigilancia, a los administradores, empleados o revisor fiscal de las mismas, previo el debido proceso, multas sucesivas hasta de dos mil (2.000) salarios mínimos legales diarios vigentes a la fecha de la sanción a favor del Fondo para el Fomento al Empleo y Protección al Desempleo previsto en esta ley, cuando desobedezcan las instrucciones u ordenes que imparta la Superintendencia sobre violaciones legales reglamentarias o estatutarias. Estas sanciones serán canceladas con cargo al porcentaje de gastos administrativos previstos en esta ley de los ingresos del cuatro por ciento (4 %), cuando se trate de sanciones institucionales.
>
> 17. Imponer en desarrollo de sus funciones, las siguientes sanciones por violaciones legales, reglamentarias o estatutarias y no por criterios de administración cómo respeto a la autonomía:
>
> a) Amonestación escrita;
>
> b) Multas sucesivas graduadas según la gravedad de la falta, a los representantes legales y demás funcionarios de las entidades vigiladas, entre cien (100) y mil (1.000) salarios mínimos diarios legales vigentes en la fecha de expedición de la resolución sancionatoria. El producto de estas multas se girara a favor del Fondo para el Fomento al Empleo y Protección al Desempleo previsto en la presente ley, y

c. Multas sucesivas a las entidades vigiladas hasta por una suma equivalente a diez mil (10.000) salarios mínimos diarios legales vigentes en la fecha de expedición de la resolución sancionatoria, las cuáles serán cancelados con cargo a los gastos de administración y cuyo producto se girara a favor del Fondo para el Fomento al Empleo y Protección al Desempleo previsto en la presente ley.

Como se ve, las sanciones son de tres tipos: i) amonestación escrita; ii) multa según la gravedad y iii) multas simples. En lo que tiene que ver con la tipicidad, se encuentra que el numeral 16 se aplica a los casos en los cuales las Cajas de Compensación Familiar *"desobedezcan las instrucciones u ordenes que imparta la Superintendencia sobre violaciones legales reglamentarias o estatutarias".* Es importante resaltar que solo se aplicará a los supuestos en que las instrucciones y órdenes se enmarquen en el ejercicio de las funciones de inspección, vigilancia y control, en el respeto de la autonomía en la administración de las Cajas de Compensación Familiar. Más interesante es, en este sentido, la imposición de sanciones derivadas de "*las violaciones legales, reglamentarias o estatutarias y no por criterios de administración cómo respeto a la autonomía*", toda vez que excluye justamente las actividades relacionadas con la administración y se enmarca en el cumplimiento del ordenamiento jurídico, dejando como línea de base el cumplimiento de lo establecido en los estatutos.

El sistema sancionatorio es complejo y depende, en buena medida, de las actividades que realice cada una de las Cajas de Compensación Familiar. En efecto, como las Cajas de Compensación Familiar pueden realizar actividades relacionadas con la prestación del servicio de salud, en tal evento estarán sometidas al régimen sancionatorio del Sistema de Salud. Igualmente, en caso de que realicen operaciones bancarias, pasará lo propio en relación con esas actividades y la competencia recaerá en la Superintendencia Financiera y así sucesivamente. Por dicha razón, como se ha venido señalando, el régimen de controles administrativos dependerá en buena medida del tipo de actividades que las Cajas de Compensación realicen.

3. EL CONTROL FISCAL SOBRE LOS RECURSOS QUE ADMINISTRAN LAS CAJAS DE COMPENSACIÓN FAMILIAR

La postura que se ha defendido en este documento consiste en que el carácter atípico de la parafiscalidad incide definitivamente en la forma en que se ejerce el control de las Cajas de Compensación Familiar. Así, el hecho de que no se trate propiamente de recursos públicos, por su naturaleza colectiva cuyo origen es la relación de trabajo, debería excluir el control fiscal en relación con su administración, conforme lo consideró la Superintendencia de Subsidio Familiar. Sin embargo, la Contraloría General de la República, aunque reconoce la especificidad de estos recursos, ha asumido su carácter público y ha establecido mecanismos de control basados en una lógica de auditoría de la gestión de los recursos del 4 %, sin perjuicio del control de los recursos destinados a programas especiales: salud, educación, etc.

A pesar de que, desde su creación, las Cajas de Compensación han tenido un régimen especial en materia de responsabilidades, tanto de las cajas, como de los miembros que integran los órganos de gobierno. Con lo cual se ha creado un sistema complejo de responsabilidades de carácter administrativo, disciplinaria, fiscales y penales. Concretamente, desde el año 2000, se han creado mecanismos de control disciplinario y fiscal aplicable a los integrantes de los órganos de administración y gobierno de las Cajas de Compensación. No obstante, ni son tales directivos verdaderos "gestores fiscales", ni están sujetos al régimen disciplinario que regula las actividades de los funcionarios públicos.

3.1. Ausencia de Gestión Fiscal

A manera de introducción, vale la pena resaltar que el artículo 5 de la Ley 610 de 2000, en su versión actualmente vigente[324], define los elementos de la responsabilidad fiscal en los siguientes términos:

324. El artículo 5 de la Ley 610 de 2000 fue modificado por el Artículo 125 del Decreto Ley 403 de 2020. Sin embargo, dicha modificación fue declarada inexequible por la Corte Constitucional a través de la Sentencia C-090 de 2022.

La responsabilidad fiscal estará integrada por los siguientes elementos:

- Una conducta dolosa o gravemente culposa atribuible a una persona que realiza gestión fiscal o de quien participe, concurra, incida o contribuya directa o indirectamente en la producción del daño patrimonial al Estado.
- Un daño patrimonial al Estado.
- Un nexo causal entre los dos elementos anteriores.

Por otra parte, en la Sentencia de unificación SU-620 de 1996, la Corte Constitucional analizó lo relativo al debido proceso en materia de responsabilidad fiscal y, para ello, identificó las características principales de dichos proceso y función. Esta postura se consolidó en la Sentencia SU-431 de 2015, en la cual afirmó:

> "Ya esta Corte se ha ocupado de la naturaleza jurídica, los objetivos y propósitos que persigue el proceso de responsabilidad fiscal, el cual presenta las siguientes características, de conformidad con los mandatos de la Constitución Política y la ley -Ley 610 de 2000-: (i) origen único y exclusivo en el ejercicio de un control fiscal sobre los servidores públicos y los particulares jurídicamente habilitados para administrar y manejar recursos o bienes públicos; (ii) naturaleza administrativa más no jurisdiccional; (iii) finalidad de resarcir el patrimonio público por un detrimento que se le haya causado; (iv) responsabilidad independiente y autónoma de otros tipos, como la disciplinaria o la penal; (v) responsabilidad de carácter subjetivo, dado que es necesario determinar si el imputado obró con dolo o culpa; y finalmente (vi) observancia plena de las garantías sustanciales y procesales propias del debido proceso, de conformidad con los artículos 29 y 209 Superiores[325]"[326].

325. Cita textual del fallo: Sobre esta caracterización del proceso de responsabilidad fiscal, consultar las Sentencias C-046 de 1994, C-540 de 1997, C-189 de 1998, C-840 de 2001, C-557 de 2001, C-840 de 2001, C-131 de 2002, C-832 de 2002, C-340 de 2007 y C-832 de 2008.
326. Corte Constitucional, SU-431 de 2015. Esta postura fue acogida sin reservas por el Consejo de Estado, Sala de Consulta y Servicio Civil, concepto del 2 de diciembre de 2015, Exp. 2277, C. P. Álvaro Namén Vargas.

La responsabilidad fiscal obedece, entonces, a

> *una función de control y verificación tendiente a determinar si el gestor público actuó de acuerdo con las normas y reglas contables, presupuestales y financieras, si bien es necesario advertir que la sola constatación del incumplimiento no basta, pues la actuación de la autoridad administrativa únicamente se justifica si el desconocimiento genera un detrimento patrimonial", por ello se trata de un "mecanismo de cariz resarcitorio*[327].

3.2. En tratándose de los recursos administrados por las Cajas de Compensación, no se encuentran reunidos los elementos de la responsabilidad fiscal

Se hará un breve recuento de lo que dichos elementos implican: el daño patrimonial (i), la culpabilidad (ii) y el nexo de causalidad (iii).

3.2.1. El daño patrimonial

Como lo ha manifestado en numerosas oportunidades la jurisprudencia, este es el elemento fundamental de la Responsabilidad Fiscal[328]. Ante la inexistencia del daño sería absolutamente innecesario analizar la existencia de los demás elementos de la responsabilidad fiscal. Se

327. Enrique Gil Botero y Jorge Iván Rincón, *La responsabilidad patrimonial del servidor público*, U. Externado, 2016, p. 67 y 64, respectivamente.

328. Véase, por ejemplo, Consejo de Estado, Sala de lo Contencioso Administrativo, Sección Primera, 30 de enero de 2020, Rad. No. 1996-08597-01, C. P. Roberto Augusto Serrato Valdés. En esa sentencia, se afirmó:
"el daño constituye el presupuesto central de la responsabilidad fiscal, lo que significa que ***sin su existencia no es posible configurar la responsabilidad*** *de los servidores públicos y de los particulares en el manejo de fondos o bienes públicos, cuando con su conducta activa u omisiva se advierte un daño al patrimonio del Estado, y* ***solo después de estructurado este, es posible el análisis de los demás elementos que configuran la responsabilidad fiscal."*** (Énfasis propio).

debe partir de la definición contenida en el artículo 6 de la Ley 610 de 2000, en su versión vigente[329]. Dicho artículo prevé:

> "Para efectos de esta ley se entiende por daño patrimonial al Estado la lesión del patrimonio, representada en el menoscabo, disminución, perjuicio, detrimento, pérdida, uso indebido o deterioro de los bienes o recursos públicos, o a los intereses patrimoniales del Estado, producida por una gestión fiscal antieconómica, ineficaz, ineficiente, inequitativa e inoportuna, que en términos generales, no se aplique al cumplimiento de los cometidos y de los fines esenciales del Estado, particularizados por el objetivo funcional y organizacional, programa o proyecto de los sujetos de vigilancia y control de las contraloría. Dicho daño podrá ocasionarse por acción u omisión de los servidores públicos o por la persona natural o jurídica de derecho privado, que en forma dolosa o culposa produzcan directamente o contribuyan al detrimento al patrimonio público" (énfasis propio).

En la Sentencia C-340 de 2007, la Corte Constitucional definió los contornos del concepto de daño en la responsabilidad fiscal, así:

> "La Ley 610 tuvo origen en un proyecto de iniciativa parlamentaria que tenía como propósito precisar el alcance y las reglas de procedimiento aplicables al proceso de responsabilidad fiscal, de conformidad con la jurisprudencia sobre la materia.
>
> En la ley se incluyeron capítulos relativos a aspectos generales del proceso de responsabilidad fiscal, actuación procesal, pruebas, impedimentos y recusaciones, nulidades, trámite del proceso, consecuencias de la declaratoria de responsabilidad fiscal y un acápite de disposiciones finales, que incluye la norma sobre derogatorias expresas.
>
> En el acápite de aspectos generales, la ley, además de definir el proceso de responsabilidad fiscal (art. 1), señalar los principios orientadores de la actividad fiscal (art. 2) y definir lo que se entiende por gestión fiscal (art. 3), puntualiza, por una parte, que la responsabilidad fiscal **tiene por objeto el resarci-**

329. El artículo 6 de la Ley 610 de 2000 fue modificado por el Artículo 126 del Decreto Ley 403 de 2020. Sin embargo, dicha modificación fue declarada inexequible por la Corte Constitucional a través de la Sentencia C-090 de 2022.

miento de los daños ocasionados al patrimonio público como consecuencia de la conducta dolosa o culposa de quienes realizan gestión fiscal mediante el pago de una indemnización pecuniaria que compense el perjuicio sufrido por la respectiva entidad estatal (art. 4) y, por otra, que son elementos de la responsabilidad fiscal, una conducta dolosa o culposa atribuible a una persona que realiza gestión fiscal; un daño patrimonial al Estado y un nexo causal entre los dos elementos anteriores (art. 5).

En el artículo 6°, que contiene las expresiones demandadas, la ley incluyó una definición de daño patrimonial al Estado, que puede descomponerse así:

a. En primer lugar la norma contiene una **descripción del daño como fenómeno objetivo.**

De acuerdo con la norma que se estudia, para que exista responsabilidad fiscal debe haber una 'lesión del patrimonio público', sin la cual no existe daño patrimonial al Estado. El legislador utiliza el concepto jurídico de "lesión para precisar el concepto general de 'daño' lo cual implica que **debe tratarse de un daño antijurídico.**

A renglón seguido, la norma señala **cuál es el objeto sobre el que recae la lesión y expresa que éste pueden ser los bienes o recursos públicos, o los intereses patrimoniales del Estado.**

Luego describe el contenido de la lesión, al indicar que ésta puede consistir en menoscabo, disminución, perjuicio, detrimento, pérdida, uso indebido o deterioro.

b. En segundo lugar, la norma **contiene el criterio de imputación del daño antijurídico**, y precisa que el mismo debe ser el resultado de una gestión fiscal **por servidor público o particular que obra con dolo o culpa.**

Como modalidades de la gestión que pueden conducir a la responsabilidad fiscal la norma enuncia la gestión fiscal antieconómica, ineficaz, ineficiente, inequitativa e inoportuna, **que en términos generales, no se aplique al cumplimiento de los cometidos y de los fines esenciales del Estado, particu-**

larizados por el objetivo funcional y organizacional, programa o proyecto de los sujetos de vigilancia y control de las contralorías"[330] (énfasis añadido).

Se trata, entonces de una lesión que resulta contraria al ordenamiento jurídico y, por consiguiente, debe ser reparada. De otro lado, no se puede dejar de mencionar que el daño consiste, en esencia, en una lesión. Esto es, una afectación negativa de los recursos públicos[331]. Por consiguiente, la existencia de un daño patrimonial depende enteramente de que se verifique la afectación a lo recursos públicos. Así entonces, para pregonarse la existencia del daño patrimonial, además de una afectación patrimonial antijurídica, se deben cumplir los factores como la certeza, la especialidad, la anormalidad y el carácter cuantificable.

A lo expuesto hasta aquí se debe sumar un elemento que, con el tiempo, parece haber perdido un poco de trascendencia: la gestión fiscal. Esto elemento fue vital en épocas anteriores en la medida que ligaba de manera estrecha el daño con las características que debía cumplir aquella persona capaz de causarlo. En palabras de la Corte Constitucional:

> *El daño en el campo de la responsabilidad fiscal tiene varios rasgos especiales: Por un lado, (i)* ***debe obedecer a una actividad propia de la gestión fiscal,*** *dándose a entender con ello que la responsabilidad fiscal no es universal o general para todos los servidores públicos o particulares, pues* ***aplica únicamente a los gestores fiscales*** *como elemento orgánico; y, por otro,(ii)* ***la conducta generadora de responsabilidad solo es aquella desarrollada de forma dolosa o gravemente culposa***[332] (Énfasis añadido).

330. Corte Constitucional, Sentencia C-340 de 2007.
331. En el mismo sentido, véase, L. Pineda Téllez, España Perdomo, "Responsabilidad en el nuevo modelo de vigilancia y control fiscal en Colombia", L. Acosta Zárate, R. Medina Rico, W. Salazar Medina (Coords.), *Manual de Responsabilidad del Servidor Público: Ética, transparencia y lucha contra la corrupción,* Tirant lo Blanch, Bogotá, 2020, pp. 159-206.
332. Corte Constitucional, Sentencia SU-431 de 2015.

De lo anterior se deduce, de un lado, que la idea fundamental de gestión fiscal se encuentra asociada al poder decisorio sobre los recursos públicos y, de otro lado, que, como consecuencia de la distribución interna de dicho poder, este tipo de responsabilidad recae sobre un grupo reducido de personas al interior de las entidades.

Y aquí retoma relevancia lo explicado páginas atrás en la medida en que los recursos que administran las CCF, si bien tienen connotación de rentas parafiscales, cuentan con una particularidad que es encontrarse dentro del concepto de parafiscalidad atípica desarrollado por la H. Corte Constitucional (C-1173 de 2001) y reiterado en documentos emitidos por parte de la Contraloría General de la Republica. Así pues, los dineros que se recaudan por este concepto no benefician a un sector económico especifico sino a todos los trabajadores de bajos y medianos ingresos, generando así una ruptura o destinación extrasectorial que impide considerarlos una contribución especial de naturaleza tributaria o "contribución parafiscal" en el sentido previsto en el artículo 338 de la Constitución, principalmente porque...

> [...] han sido impuestas directamente por el legislador **en cabeza de determinado grupo socio económico -los empleadores-, pero con el objeto de beneficiar a los trabajadores.** Al respecto debe anotarse que para **la jurisprudencia constitucional el concepto de grupo socio-económico supera la noción de sector**, y debe entenderse en un sentido amplio, en tanto y en cuanto el beneficio que reporta la contribución no sólo es susceptible de cobijar a quienes directa o exclusivamente la han pagado, sino que también puede extenderse a quienes en razón de **los vínculos jurídicos, económicos o sociales que los ligan para con el respectivo grupo** pueden válidamente hacer uso y aprovechar los bienes y servicios suministrados por las entidades responsables de la administración y ejecución de tales contribuciones.[333] (Negrilla fuera de texto).

Y, en adición a lo anterior, las rentas parafiscales atípicas **no provienen de la capacidad impositiva del estado ni constituyen renta esta-**

333. Corte Constitucional, ponente Clara Inés Vargas Hernández, "Sentencia C-1173 de 2001", Exp. D-3465.

tal, según lo reconoció expresamente la Corte Constitucional en la Sentencia C-575/92, reiterada por la sentencia C-1173/01.

3.2.2. La Culpabilidad

El juicio de responsabilidad fiscal, por su naturaleza subjetiva, excluye cualquier tipo de responsabilidad objetiva[334]. Es indispensable que se acredite que el daño fue causado por la intervención, dolosa o gravemente culposa, de una persona. A pesar de ello, la legislación nacional es, realmente, escueta al momento de definir la culpabilidad en materia de responsabilidad fiscal.

En lo que respecta a este según título de imputación, se debe empezar por recordar que la consagración normativa de esta fundamental institución del ordenamiento jurídico encuentra su distinción en tres grados o niveles: grave, leve y levísima[335]. Estos grados implican, en la práctica, estándares diferenciados de comportamiento diligente que el ordenamiento jurídico espera de las personas. La doctrina los ha definido de la siguiente manera:

> "si se considera que se presenta culpa grave cuando el gestor fiscal ha actuado con excesiva negligencia o imprudencia o ha incurrido en una infracción u omisión inexcusables del ordenamiento jurídico o en falta de aplicación de los conocimientos que le imponen su profesión u oficio, de los cuales se haya derivado la afectación del patrimonio público, no puede caber duda de que un daño producido al erario por cualquier conducta negligente e imprudente, abiertamente contraria a los principios que informan el ejercicio de la función administrativa y la gestión fiscal o a su naturaleza y objeto, implica que el gestor fiscal ha obrado con culpa grave"[336].

334. Véase, entre otras, Corte Constitucional, Sentencia C-619 de 2002.
335. Al respecto véase, artículo 63 del Código Civil.
336. M. Restrepo Medina, V. Peláez Gutiérrez, *Novedades y perspectivas de la reforma al control fiscal*, Tirant lo Blanch, Bogotá, 2021, p. 150.

Resulta útil resaltar que, mediante la Ley 2195 de 2022, se introdujeron al ordenamiento jurídico algunas presunciones de culpabilidad en los procesos de responsabilidad fiscal. Así:

> **ARTÍCULO 39.** Modifíquese el Artículo 5 de la Ley 678 de 2001, el cual quedara así:
>
> Artículo 5. Dolo. La conducta es dolosa cuando el agente del Estado quiere la realización de un hecho ajeno a las finalidades del servicio del Estado.
>
> Se presume que existe dolo del agente público por las siguientes causas:
>
> 1. Que el acto administrativo haya sido declarado nulo por desviación de poder, indebida motivación, o falta de motivación, y por falsa motivación.
>
> 2. Haber sido penal o disciplinariamente responsable a título de dolo por los mismos daños que sirvieron de fundamento para la responsabilidad patrimonial del Estado.
>
> 3. Haber expedido la resolución, el auto o sentencia contrario a derecho en un proceso judicial.
>
> 4. Obrar con desviación de poder
>
> **ARTÍCULO 40.** Modifíquese el Artículo 6 de la Ley 678 de 2001, el cual quedara así:
>
> Artículo 6. Culpa grave. Se presumirá que la conducta del agente del Estado es gravemente culposa cuando el daño es consecuencia de una infracción directa a la Constitución o a la Ley o de una inexcusable omisión o extralimitación en el ejercicio de las funciones. (Se subraya).

Las presunciones de este elemento de la responsabilidad, además de implicar una modificación de la carga probatoria en este tipo de procesos, se introdujeron en el ordenamiento jurídico para facilitar la defensa de los recursos públicos.

3.2.3. El nexo de causalidad

El análisis de la causalidad en materia de responsabilidad fiscal debe tener en cuenta dos elementos: la causalidad material y la imputación. En el fallo anteriormente citado, la Corte Constitucional manifestó:

> "en cuanto a la relación de causalidad o nexo causal debe decirse que a la par que exige una **causalidad física** de la conducta antijurídica frente al daño imputado, requiere de una **causalidad jurídica**, derivada de la exigibilidad personal, funcional o contractual producto de las normas generales y específicas. Implica que entre la conducta desplegada por el gestor fiscal, o entre la acción relevante omitida y el daño producido, debe existir una relación determinante y condicionante de causa-efecto, de la cual solo puede predicarse una ruptura cuando entra en escena la llamada causa extraña que puede operar bajo la denominada fuerza mayor o el caso fortuito"[337].

Sin ánimo de entrar en las especificidades del proceso de responsabilidad fiscal, un simple vistazo a algunos de sus aspectos generales y a los elementos de la responsabilidad fiscal, permiten concluir sin mayor dificultad que en este tipo de eventos no se configura dicha responsabilidad en cabeza de las Cajas de Compensación Familiar.

Al respecto, vale la pena reiterar que tanto la jurisprudencia Constitucional, como la Contencioso Administrativa, aun desde antes de la expedición de la Constitución Política de 1991, han explicado la naturaleza administrativa de la responsabilidad fiscal y del proceso que busca atribuirla. En efecto, para la Corte Constitucional, *"el sentido último del control fiscal proviene de la necesidad de proteger los bienes que están afectos al interés general"*, porque *"[e]stas medidas se enmarcan en la concepción del Estado social de derecho, fundado en la prevalencia del interés general, y propenden por el cumplimiento de los fines esenciales del Estado"*[338].

337. Corte Constitucional, Sentencia SU-431 del 9 de julio de 2015, M. P.: Luis Guillermo Guerrero Pérez.

338. Corte Constitucional, sentencia SU-431 de 2015. Ver, también, Corte Constitucional, sentencias C-046 de 1994 y C-364 de 2001.

En relación con las Cajas de Compensación Familiar el ejercicio del control fiscal debe reconocer la especificidad de la gestión de estos recursos de naturaleza colectiva, de titularidad de los trabajadores. En particular, el hecho de que el ordenamiento les haya garantizado a dichas Corporaciones una importante autonomía en la definición de los montos de las prestaciones sociales y la distribución de los recursos, así como les otorga la gestión de los gastos de administración como recursos privados que pretenden retribuir la distribución de las prestaciones sociales.

3.3. Gastos de operación y administración de las Cajas

Pese a lo dicho, la Contraloría General de la República ha ampliado su facultad investigativa, llegando al punto de ejercer estricta auditoría en relación con la inversión de los recursos que reciben las Cajas para su administración y operación, no obstante, la enorme diferencia que existe entre **los recursos parafiscales atípicos (4 % de la nómina) y aquellos distribuidos con cargo a los primeros,** tal como se expuso de forma amplia en la capítulo IV.

Siguiendo los lineamientos que al respecto ha impartido la Corte Constitucional (ver Sentencias C-575 del 29 de octubre de 1992 y C-1173 de 2001), se observa que los recursos del 4 % tienen la naturaleza de rentas parafiscales atípicas y que *"En su condición de rentas parafiscales los recursos del subsidio familiar no generan una contraprestación individual para sus destinatarios sino, todo lo contrario, para el sector o grupo económico al que ellos pertenecen"* (C-1173/01, se subraya). Así las cosas, los recursos que administran las CCF tienen la triple condición de prestación de la seguridad social; de mecanismo de redistribución del ingreso, y de función pública desde la óptica de la prestación del servicio (Sentencias C-1173 de 2001 y C-629 de 2011, entre otras).

Ello impone una protección especial de estos recursos. Así las cosas, resulta aplicable lo señalado en el inciso 5º del artículo 48 de la Constitución Política, en virtud del cual *"No se podrán destinar ni utilizar los recursos de las instituciones de la Seguridad Social para fines diferentes a ella"*. Ello, considerando la función de seguridad social que cumplen las Cajas, encargadas de recaudar, distribuir y pagar el subsidio familiar, las cuales *"están en la obligación de organizar y administrar las obras y programas que se establezcan para el pago del subsidio familiar"*. (C-629 de 2011). Pero, adicionalmente, al tenor del art. 270 de la Ley 100 de 1993,

> (...) *los créditos exigibles por concepto de las cotizaciones y los intereses a que hubiere lugar, tanto en el Sistema General de Pensiones como en el Sistema de Seguridad Social en Salud, pertenecen a la primera clase de que trata el artículo 2495 del Código Civil y tienen el mismo privilegio que los créditos por concepto de salarios, prestaciones sociales e indemnizaciones laborales.*

No obstante, **no ocurre lo mismo luego de que estos recursos son distribuidos de la manera ordenada por la ley, pues a partir de ese momento su titularidad y naturaleza jurídica depende de la destinación estipulada para cada apropiación**. En efecto, según el artículo 43 de la Ley 21 de 1982...

> Los aportes recaudados por las Cajas por concepto de subsidio familiar se distribuirán en la siguiente forma:
>
> 1. Un cincuenta y cinco por ciento (55 %) como mínimo para el pago de subsidio familiar en dinero.
>
> **2. Hasta un diez por ciento (10 %) para gastos de instalación, administración y funcionamiento.**
>
> 3. Hasta un tres por ciento (3 %) para la construcción de la reserva legal de fácil liquidez dentro de los límites de que trata la presente Ley.
>
> 4. El saldo se apropiará para las obras y programas sociales que emprendan las Cajas de Compensación con el fin de atender el pago del subsidio en servicios o especie, descontados los aportes que señale la ley para el sostenimiento de la Superintendencia del subsidio Familiar.
>
> **PARÁGRAFO 1º.** Los rendimientos y productos líquidos de las operaciones que efectúen las Cajas de compensación Familiar, así como los remanente presupuestales de cada ejercicio, serán apropiados por el Consejo Directivo el cual deberá destinarlos bien al pago del subsidio en dinero, bien a la realización de obras y programas sociales con estricta sujeción a lo establecido en el artículo 62.

PARÁGRAFO 2º. Durante un período de tres años contados a partir de la vigencia de las presentes Ley, aquellas Cajas de Compensación cuyos recaudos por concepto de subsidio familiar no superen el cinco por ciento (55) de los de la Caja de recaudos más altos podrán optar por una o ambas de las siguientes alternativas:

a. Pagar con Subsidio en dinero una suma no inferior al cuarenta por ciento (40 %) de los recaudos.

b. Dedicar a gastos de administración hasta un quince por ciento (15 %) de los recaudos.

Para estos efectos se requerirá autorización previa de la Superintendencia del Subsidio familiar. La autorización sólo se impartirá en casos específicos de especial conveniencia". (se destaca).

Así, una vez realizada la distribución o asignación de los recursos que ordena la ley, ellos tendrán una naturaleza distinta, según la destinación dada a cada porción de lo recaudado. Y, dicho sea de paso, en tratándose de los gastos de administración, como se expuso en el capítulo IV, pasan a titularidad privada de la Caja de Compensación Familiar. En efecto, mientras que los recursos de la seguridad social no son ni "renta estatal" ni recursos privados, sino que tienen una finalidad reglada consistente en el beneficio colectivo del sector de trabajadores formales remunerados (Sentencia C-575/92), los recursos del 8 % son de titularidad de las CCF, por autorización del artículo 43 de la Ley 21 de 1982, modificado por el artículo 18 de la Ley 789 de 2002 que redujo *"Los gastos de administración de las Cajas"* al 8 % de los ingresos del 4 %. Y, en adición a estos, encontramos los *"porcentajes límite de gastos de administración, instalación y funcionamiento de las Cajas de Compensación Familiar..."* en materia de FOVIS, SALUD, FONINEZ y FONEDE.

Se trata, pues, de recursos con un tratamiento distinto. **El tratamiento diferenciado, y la naturaleza distinta de los gastos de administración, son asuntos ampliamente reconocidos en distintas normas del sector.**

3.4. Criterios para el ejercicio del control fiscal de los gastos de administración

Si, pese a lo arriba explicado, la Contraloría General de la República pretende continuar ejerciendo control fiscal sobre el rubro de gastos de administración de las Cajas, entonces deberían seguirse los siguientes o similares criterios o parámetros:

1. Las CCF deben colaborar con la CGR en el suministro de la información necesaria y procedente para el ejercicio de sus funciones.

2. Considerando que la Ley 789 en su artículo 21 ordena a las CCF implementar *"un método uniforme de cálculo de gastos administrativos precisando la forma de distribución de costos indirectos que se deben aplicar a los distintos servicios, proporcionalmente a los egresos que cada uno de ellos represente sobre los egresos totales de la respectiva Caja.* [...]", es necesario que la CCF inicie por exponer cuál es la metodología técnica elegida, su funcionamiento y las herramientas o funcionalidades desarrolladas para realizar la distribución en cumplimiento de la mencionada metodología.

3. A las CCF les corresponde exponer de manera adecuada a la Contraloría, los diferentes métodos y procedimientos utilizados internamente para el cálculo del porcentaje del 8 % con el fin de absolver todas las dudas que pueda tener el órgano de control.

4. En atención al principio de legalidad, el control solo debe circunscribirse a verificar que los gastos de administración, instalación y funcionamiento de las CCF no superen el porcentaje autorizado por el legislador (8 %) y los demás porcentajes previstos para los Fondos de Ley, tal como está previsto expresamente en la Ley 789 de 2002

5. En caso de que se superen los mismos, el ejercicio auditor debe estar encaminado a constatar si esa diferencia fue o no asumida con recursos del 4 %. De lo contrario, esto es si el exceso en los gastos es cubierto con recursos ajenos a este 4 %, no habría reparo alguno, comoquiera que así fue la intención del legislador prevista en la Ley 789 de 2002.

6. Bajo los anteriores parámetros, cualquier observación u hallazgo relacionado con gastos que superen el porcentaje fijado de ley y el exceso sea

cubierto con recursos del 4 %, solo podrá tener connotación fiscal o de otra índole si la Caja incurre en esta práctica durante dos periodos contables consecutivos. Art. 21, num 17 Ley 789 de 2002.

En la misma línea que lo señalado anteriormente, independientemente de la naturaleza de los recursos la naturaleza privada de las Cajas de Compensación Familiar impuso una configuración normativa de la gestión de los recursos, a partir de la cual se les permite adaptarse a las necesidades de las prestaciones que debe reconocer en el marco de la ley. Con tal propósito el ordenamiento jurídico no acudió a mecanismos propios de las entidades públicas como la anualidad del presupuesto o a una contabilidad inflexible, sino que le permitió, entre otras, adaptar los recursos del 8 % y flexibilizar sus límites hasta por dos periodos consecutivos.

Este mecanismo no tiene como propósito permitir la violación de los topes definidos en la ley, sino permitir a las Cajas de Compensación Familiar responder institucionalmente de manera rápida y eficaz a las necesidades que el mejoramiento de la calidad de vida de los trabajadores les impone, todo ello bajo una lógica de razonabilidad en la gestión de los recursos.

7. En atención a que la administración de los recursos del 4 % le fue atribuida de manera autónoma a las CCF, y para ello el legislador les reconoce el rubro de gastos de administración, funcionamiento e instalación, es importante que el ejercicio del control fiscal sobre estos rubros por parte de la CGR no devenga en ejercicios de coadministración, práctica que está expresamente prohibida por la Constitución Política. Bajo este escenario el órgano de control no debería intervenir sobre decisiones netamente administrativas como la necesidad, montos y forma de ejecutar estos recursos, en tanto, de nuevo, la administración de los mismos se le concedió de manera autónoma a la CCF.

4. LOS MIEMBROS DE LOS ÓRGANOS DE DIRECCIÓN DE LAS CAJAS TAMPOCO SE ENCUENTRAN SUJETOS AL CÓDIGO GENERAL DISCIPLINARIO

En esta misma línea, en algunas ocasiones se ha cuestionado la posibilidad de aplicar el régimen del Código Disciplinario a los miembros de los órganos de dirección de las Cajas de Compensación Familiar. Esa posibilidad resulta de una interpretación abiertamente contraria al régimen disciplinario de los funcionarios públicos y de los particulares que ejercen funciones administrativas y a su espíritu, pero también a las normas que rigen la actividad de las Cajas de Compensación Familiar, como se demostrará a continuación.

El régimen disciplinario actual se encuentra contenido en las Leyes 1952 de 2019 y 2094 de 2021. De conformidad con el ordenamiento jurídico vigente, para predicar la existencia de este tipo de responsabilidad se deben configurar sus tres elementos: tipicidad, culpabilidad e ilicitud sustancial. A continuación, de manera general, se aborda cada uno de ellos.

4.1. Tipicidad

El artículo 4 de la Ley 1952 de 2019 establece:

> "Los destinatarios de este código solo serán investigados y sancionados disciplinariamente por comportamientos que estén descritos como falta en la ley vigente al momento de su realización. La preexistencia también se predica de las normas complementarias.
>
> La labor de adecuación típica se someterá a la aplicación de los principios de especialidad y subsidiariedad"

Ello significa que solo pueden ser consideradas faltas de este tipo aquellas conductas que hayan sido previamente consagradas como tal por la legislación aplicable[339]. Según el artículo 26 de la Ley 1952 de 2019,

> *Constituye falta disciplinaria y, por lo tanto, da lugar a la imposición de la sanción disciplinaria correspondiente la incursión en cualquiera de las conductas previstas en este código que conlleven incumplimiento de deberes, extralimitación en el ejercicio de derechos y funciones, prohibiciones y violación del régimen de inhabilidades, incompatibilidades, impedimentos y conflicto de*

339. Al respecto, véase, Consejo de Estado, Sección Segunda, Subsección A, sentencia del 17 de noviembre de 2022, Exp. No. 5621-2019.

intereses, sin estar amparado por cualquiera de las causales de exclusión de responsabilidad contempladas en esta ley.

La noción de falta disciplinaria incluye tanto las faltas gravísimas, graves y leves que se encuentran expresamente consagradas en la legislación nacional (entre los artículos 52 a 68 del Código General Disciplinario) como los deberes, las prohibiciones y la violación del régimen de inhabilidades, incompatibilidades, impedimentos y conflicto de interés, que se encuentra consagrado en la misma codificación y en normas complementarias.

Se trata de un catálogo de faltas variable porque cada uno de los regímenes disciplinarios ha sido dotado de normas específicas en las que se tipifican faltas. Así, las conductas del régimen general aplicable a todos los servidores públicos son las consagradas en los artículos 52 a 68 del Código General Disciplinario, así como lo dispuesto en el artículo 38 de la misma norma sobre deberes y el artículo 39 relativo a prohibiciones.

Quiere ello decir, de una parte, que el análisis del comportamiento de los sujetos disciplinables no solo debe tener en cuenta las conductas explícitamente consagradas, sino que debe partir de la correcta identificación del régimen disciplinario. De otra parte, según la jurisprudencia constitucional, aunque al derecho disciplinario por tratarse de una manifestación del *ius puniendi* del Estado le resultan aplicables los principios básicos del derecho sancionatorio como el principio de legalidad, las exigencias que se derivan son menos exigentes[340]. En palabras de la Corte Constitucional,

> "La jurisprudencia constitucional ha destacado que uno de los componentes esenciales del derecho al debido proceso, consagrado en el artículo 29 constitucional, lo constituye el reconocimiento del principio de legalidad. Este instruye que '[n]adie podrá ser juzgado sino conforme a leyes preexistentes al acto que se le imputa' y comprende dentro de sus elementos la garantía de lex certa, que 'alude a que tanto la conducta como la sanción deben ser determinadas de forma que no hayan ambigüedades'. Este dispositivo,

340. Al respecto, véase, Consejo de Estado, Sección Segunda, Subsección B, sentencia del 24 de agosto de 2018, Exp. No. 3169-16.

especialmente importante para el derecho penal, también aplica para otros escenarios de derecho sancionatorio, aunque la intensidad y el rigor en su exigencia y aplicación disminuyen. Por ejemplo, se ha dicho que 'en el derecho administrativo sancionador son aplicables *mutatis mutandi* las garantias superiores que rigen en materia penal, entre ellas la de legalidad de las infracciones y de las sanciones, conforme a la cual nadie puede ser sancionado administrativamente sino conforme a normas preexistentes que tipifiquen la contravención administrativa y señalen la sanción correspondiente', situación que bien podría extenderse al escenario correccional.

Teniendo esto en consideración, la Corte Constitucional ha admitido que el establecimiento de normas con efectos disciplinarios que tienen cierto grado de indeterminación no desconoce, en principio, las garantías y derechos asociados al debido proceso —especialmente los relacionados con sus componentes de legalidad y certeza—. Es así, pues el rigor con el que estos aplican es menor que en materia penal, atendiendo un impacto también menor sobre la libertad personal y el conjunto de derechos del individuo. En efecto, 'otros derechos sancionadores no sólo no afectan la libertad física, pues se imponen otro tipo de sanciones, sino que además sus normas operan en ámbitos específicos, ya que se aplican a personas que están sometidas a una sujeción especial - como los servidores públicos- o a profesionales que tienen determinados deberes especiales, como médicos, abogados o contadores. En estos casos, la Corte ha reconocido que los principios del debido proceso se siguen aplicando, pero pueden operar con una cierta flexibilidad en relación con el derecho penal'. Incluso, la jurisprudencia ha señalado como una característica identificadora del derecho disciplinario el recurso a normas con un menor grado de determinación, de modo que '[a] diferencia de la materia penal, en donde la descripción de los hechos punibles es detallada, en la disciplinaria el fallador cuenta con un mayor margen de valoración e individualización de las faltas sancionables por la diversidad de comportamientos que pugnan contra los propósitos de la función pública y del régimen disciplinario'"[341].

341. Corte Constitucional, Sentencia C-040 de 2022.

4.2. Culpabilidad

El segundo elemento de la responsabilidad disciplinaria, el referente al título de imputación subjetiva se encuentra consagrado en el artículo10 de la Ley 1952 de 2019. La disposición normativa citada dispone: "En materia disciplinaria solo se sancionarán las conductas realizadas con algún grado de intención. Las conductas solo son sancionables a título de dolo o culpa grave. Queda, entonces, proscrita la responsabilidad objetiva"[342].

En la legislación actualmente vigente, los artículos 28 y 29 de la Ley 1952 consagran las modalidades de culpa disciplinables. En el primer artículo se indica que habrá dolo: "*cuando el sujeto disciplinable conoce los hechos constitutivos de falta disciplinaria, su ilicitud y quiere su realización*".

Por su parte, de conformidad con el artículo 29 del Código General Disciplinario, existen dos grados de culpa relevantes: la culpa gravísima y la culpa grave. La primera de ellas se encuentra asociada a la ignorancia supina, la desatención elemental y a la violación manifiesta de reglas de obligatorio cumplimiento. El segundo grado de culpabilidad, la culpa grave, está asociada con la observancia del cuidado necesario que cualquier persona del común imprime a sus actuaciones. La culpa leve no tiene reproche disciplinario.

En efecto, el artículo 47 de la Ley 1952 de 2019 dispone que los criterios a los que se acude para determinar la gravedad o la levedad de la falta disciplinaria. Entre dichos criterios se encuentran la naturaleza esencial de los servicios y la trascendencia social de la falta o el perjuicio causado. A ellos se suma, en virtud de lo dispuesto por el numeral 1 del artículo citado, la forma de culpabilidad.

Entonces, retornando al ejemplo aludido en el acápite anterior, en la medida que la falta consagrada en el numeral 3 del artículo 54 de la Ley 1952 de 2019 es una de aquellas que se considera "gravísima", podrá

342. Consejo de Estado, Sección Segunda, Subsección A, sentencia del 3 de octubre de 2019, Exp. No. 4823-16.

verse transformada en una "falta grave" si se demuestra que, en lugar de haberse cometido por cualquiera de las manifestaciones de la culpa gravísima (ignorancia supina, la desatención elemental y a la violación manifiesta de reglas de obligatorio cumplimiento) fue el resultado de una culpa grave (inobservancia del cuidado necesario que cualquier persona del común imprime a sus actuaciones).

4.3. Ilicitud Sustancial

La ilicitud sustancial, fue definida por el artículo 9 de la Ley 1952 de 2019, tal como fuera modificado por el artículo 2 de la Ley 2094 de 2021, así: "*La conducta del disciplinable será ilícita cuando afecte sustancialmente el deber funcional sin justificación alguna*". En el evento en el que la conducta desplegada por el sujeto disciplinable se aleje del patrón de comportamiento esperado para los funcionarios públicos, se incurre en ilicitud sustancial. En palabras del Consejo de Estado

> "...del contenido del artículo 5° de la Ley 734 de 2002 [norma que definía esta noción] se desprende que la ilicitud sustancial disciplinaria debe ser entendida como la afectación sustancial de los deberes funcionales, siempre que ello implique el desconocimiento de los principios que rigen la función pública; es decir, no es solamente el ilícito disciplinario implica un quebrantamiento del deber, sino que éste se puede llegar a quebrantar cuando el servidor público no actúa conforme a la función social que le encarga el Estado Social de Derecho.
>
> Lo anterior, por cuanto en el cumplimiento de esos cometidos estatales y durante el ejercicio de las correspondientes funciones o cargos públicos, los servidores públicos no pueden distanciarse del objetivo principal para el cual fueron instituidos, como es el de servir al Estado y a la comunidad en la forma establecida en la Constitución, la ley y el reglamento; por lo tanto, pueden verse sometidos a una responsabilidad pública de índole disciplinaria,

cuando en su desempeño vulneran el ordenamiento superior y legal vigente, así como por la omisión o extralimitación en el ejercicio de sus funciones"[343].

Por ejemplo, en el Decreto Ley 262 de 2000, se otorgó la competencia al interior de la Procuraduría General de la Nación –PGN– para que conociera de las faltas disciplinarias en las que pudieren incurrir los

> *representantes legales, gerentes o su equivalente, revisores fiscales, miembros de las juntas directivas de las entidades particulares que desempeñen funciones públicas a nivel nacional*" y los "*representantes legales de las personas jurídicas de derecho privado o contra las personas naturales que manejen contribuciones parafiscales o tributos del nivel nacional cuando intervengan en contratos que afecten dichos recursos.*

En la Ley 734 de 2002, Código Disciplinario Único, se incluyó un capítulo destinado al régimen aplicable a los particulares que ejercen función administrativa y que gestionen o administren recursos públicos, el cual fue modificado en 2011 para ampliarlo a todo el espectro de particulares que tienen a su cargo ese tipo de funciones. Se estableció que el régimen disciplinario contenido en la Ley 734 de 2002, se aplicaría igualmente a quienes administren recursos públicos, es decir quienes "*recaudan, custodian, liquidan o disponen el uso de rentas parafiscales, de rentas que hacen parte del presupuesto de las entidades públicas o que estas últimas han destinado para su utilización con fines específicos*". Pero se mantuvo en aquello que determinaba la responsabilidad disciplinaria del representante legal y de los miembros de la Junta Directiva.

Así mismo, desde el punto de vista del control fiscal, los artículos 2 y 28 de la Ley 42 de 1993 dispusieron que eran sujetos disciplinables "*los particulares que manejen fondos o bienes del Estado*" y se le atribuyó dicha función a la Contraloría General de la República, en las condiciones establecidas en el Decreto-Ley 267 de 2000, la cual se reiteró en la Ley

343. Consejo de Estado, Sala de lo Contencioso Administrativo, Sección Segunda, Subsección B, 15 de octubre de 2019, Rad. No. 08001-23-31-000-2016-00480-01, Exp. No. 6046-18, C. P. Sandra Lisset Ibarra Vélez.

670 de 2001. Al respecto, vale la pena resaltar que la propia Corte Constitucional afirmo que las Cajas de Compensación Familiar no ejercen función pública, sino una función social en el marco de la prestación de un servicio público. Al respecto concluyó:

> "Por definición legal (art. 39 de la Ley 21 de 1982), las Cajas de Compensación Familiar son personas jurídicas de derecho privado sin ánimo de lucro, organizadas como corporaciones en la forma prevista en el Código Civil, que cumplen funciones de seguridad social y se encuentran sometidas al control y vigilancia estatal a través de la Superintendencia del Subsidio Familiar creada por la Ley 25 de 1981. **Se trata, pues, de entidades que no ejercen funciones públicas sino que desarrollan una función social**" (énfasis añadido)[344].

Esta postura también fue asumida por el Departamento Administrativo de la Función Pública en concepto No. 20186000330551 del 4 de enero de 2019, en el cual dicha entidad afirmó:

> *En consecuencia y dado que las Cajas de Compensación Familiar son personas jurídicas regidas por el derecho privado que cumplen una función social destinada a administrar el Sistema de Subsidio Familiar por tanto, en criterio de esta Dirección Jurídica la Ley 1821 de 2016 no es de aplicación a las Cajas de Compensación Familiar toda vez que las mismas cumplen un servicio público y no una función pública.*

En esta misma línea de pensamiento, en Concepto 217 de 2021, la Contraloría General de la República fue clara en resaltar:

> "En conclusión, es claro que las Cajas de Compensación Familiar son personas de derecho privado y aunque cumplen una función social esta **no ha sido catalogada por la Constitución y la Ley como una función pública**. En consecuencia, se encuentran sometidos a vigilancia y control del Estado, especialmente en consideración a la naturaleza de los recursos que administra, **pero no puede ser considerado como una entidad pública o como un particular que presta servicios públicos**" (énfasis añadido).

344. Corte Constitucional, Sentencia C-1173 de 2001.

En consecuencia, no debería, por la naturaleza propia de las funciones que cumplen las Cajas de Compensación Familiar, sus funcionarios —empleados privados— no son sujetos disciplinables y no deberían serlo. Su régimen es de carácter laboral, en el marco de sus propios contratos de trabajo y fiduciario en calidad de administradores, de conformidad con lo establecido en las Leyes 21 de 1982 y 789 de 2002. Así, por ejemplo, de conformidad con el artículo 16 de la Ley 789 de 2002, reformatorio del artículo 41 de la Ley 21 de 1982. Es así como dentro de las funciones de las Cajas de Compensación Familiar se establece:

> 14.8 *Régimen sancionatorio.* El régimen sancionatorio aplicable a las secciones especializadas de las Cajas de Compensación Familiar, así como a sus directores, administradores, representantes legales, revisores fiscales y empleados, será el mismo régimen aplicable a las entidades vigiladas por la Superintendencia Bancaria.

Así mismo, como parte de las funciones que se le han atribuido a la Superintendencia de Subsidio Familiar le corresponde a esa entidad, adelantar el correspondiente proceso disciplinario contra los miembros de los órganos directivos de las Cajas de Compensación Familiar, con lo cual se excluye desde todo punto de vista la aplicación del régimen disciplinario reservado a los funcionarios públicos y a los particulares que ejercen función administrativa.

Capítulo VI. Conclusión

Han pasado más de 75 años desde que la empresa Ferrocarril de Antioquia, por virtud de la convención colectiva vigente para ese entonces, reconoció por primera vez el subsidio familiar en Colombia dándole una connotación de prestación social de origen laboral. Así mismo han transcurrido más de 70 años de la creación de la primera Caja de Compensación Familiar también en Antioquia (COMFAMA) fruto de la conjunción de intereses entre los trabajadores, los empleadores y la influencia de la doctrina social católica.

En la actualidad, entonces, constituye un hecho eminentemente objetivo que las CCF son las entidades con más tradición en Colombia en lo que se refiere al cumplimiento de funciones de seguridad social, las cuales no han sufrido mayores transformaciones desde su creación, manteniéndose para el efecto su estructura corporativa, de derecho privado y con plena representación de los principales interesados y beneficiarios en la prestación social que, precisamente, dio origen a la creación de estas entidades. De esta forma, el subsidio familiar y las Cajas de Compensación Familiar mantienen un vínculo inescindible que ha perdurado de forma casi inalterada.

No obstante, que estas corporaciones y el subsidio familiar han tenido que lidiar de forma recurrente a intentos profundos de reforma o incluso de eliminación, han sabido adaptarse a las nuevas coyunturas de tal forma que hoy en día son de las empresas sociales más reconocidas y más queridas en Colombia.

La perdurabilidad de las cajas si bien puede explicarse desde un punto de vista social, político o económico, lo cierto es que no puede soslayarse la importancia del diseño y estructura legal y jurídica de estas instituciones, circunstancia que ha marcado un diferencial con otras entidades que cumplen o cumplían funciones de naturaleza similar, lo cual conduce a confirmar que el modelo de subsidio familiar implementado en Colombia, en la actualidad, es único en el mundo.

De esta forma, un modelo con marcada utilidad social, pero creado, gestionado y dirigido por particulares, eso sí, bajo el control del Estado, cuyo fundamento es la solidaridad entre los empleadores y los trabajadores, ha sido piedra angular que ha garantizado su correcto funcionamiento y la eficiencia en la gestión de los procesos que ha emprendido.

Ante la actual coyuntura en la cual el Estado quiere reasumir funciones que habían sido delegadas en los particulares, tal vez valdría la pena recordar, estudiar y potencializar un modelo que se ha probado que funciona y en el cual los intereses del Estado y de los particulares pueden articularse de forma eficiente y responsable, en beneficio de la colectividad. De esta forma, el propósito este libro fue conceptualizar y estudiar, desde un punto de vista crítico, el devenir histórico de las CCF y del subsidio familiar, lo cual ha permitido construir las siguientes premisas:

1. Las CCF no son entidades públicas ni tienen funciones públicas, y los recursos que administran las CCF no son renta estatal ni provienen del poder impositivo del Estado;
2. Las cajas de compensación NO administran recursos públicos y sus trabajadores NO son servidores públicos, de conformidad con el ordenamiento jurídico y los pronunciamientos previos de la H. Corte Constitucional. Como lo ha sostenido la jurisprudencia constitucional, los recursos administrados por las cajas de compensación son consideradas como rentas parafiscales atípicas. Por otro lado, mientras el trabajador particular puede ejercer su labor en el marco de su contrato de trabajo y de lo que no le esté expresamente prohibido por la ley, la labor del servidor público está delimitada por las funciones definidas explícitamente en la ley. Asimilar, ya sea por un factor objetivo o subjetivo, a los trabajadores de las CCF con servidores públicos para aplicar el principio de legalidad resulta contrario a la esencia misma de la función pública.

3. Tampoco procede, por tanto, la acción de repetición en contra de los funcionarios o directivos de las Cajas de Compensación Familiar, teniendo en cuenta el alcance de la Ley 678 de 2001, que procede contra servidores o exservidores públicos con cuya conducta dolosa o gravemente culposa hayan dado lugar al reconocimiento indemnizatorio por parte del Estado y contra particulares que lo hubiesen ocasionado al estar investidos de una función pública (Art. 2), situación que, por supuesto, no se presenta en el caso de las Cajas de Compensación Familiar.

4. El ordenamiento jurídico nacional contempla que los gastos de administración tienen relación con las sumas y valores en que se incurra para dirección, planeación, organización, ejecución y seguimiento del desarrollo de las actividades operativa de la corporación, incluidas las áreas financiera, legal, administrativa;

5. Si entre las funciones de las CCF están

> *1. Ejecutar actividades relacionadas con sus servicios, la protección y la seguridad social directamente, o mediante alianzas estratégicas (...)*
> *5. Administrar, a través de los programas que a ellas corresponda, las actividades de subsidio en dinero; recreación social, deporte, turismo, centros recreativos y vacacionales; cultura, museos, bibliotecas y teatros; d vivienda de interés social (...) y, en general, los programas que estén autorizados a la expedición de la presente ley, para lo cual podrán continuar operando con el sistema de subsidio a la oferta; (...)"* (Art. 41 de la Ley 21 de 1982, adicionado por el art. 16 de la Ley 789, numerales 1, 5).

No puede considerarse que son iguales los recursos administrados y la remuneración por el servicio de administrarlos. Así, lo que reciben por concepto del numeral 2 del artículo 43 de la Ley 21 de 1982, modificado por el artículo 18 de la Ley 789 de 2002, no es con el fin de "administrar" los fondos y posteriormente "aplicarlos" a determinado programa, fondo o destinatario, sino para la instalación, administración y funcionamiento de las propias CCF, incluida su propia retribución.

6. La Ley 21 de a 1982 (artículo 62) dispone que las Cajas de Compensación Familiar pueden, además de pagar el subsidio familiar en dinero,

efectuar obras y programas *sociales* para atender el subsidio en servicios o en especie en los siguientes campos: *i*) salud; *ii*) Programas de nutrición y *mercadeo* de productos alimenticios y otros que compongan la canasta familiar para ingresos bajos (obreros), definida por el Departamento Administrativo Nacional de Estadística (DANE); *iii*) educación integral y continuada; *iv*) capacitación y servicios de biblioteca; *v*) vivienda; *vi*) crédito de fomento para industrias familiares; *vii*) recreación social; *viii*) *mercadeo* de productos diferentes a los enunciados en el ordinal 2o.; el cual se hará de acuerdo con la reglamentación que expida posteriormente el Gobierno nacional.

7. El ámbito de las facultades y **funciones de la SuperSubsidio se limitan única y exclusivamente a los fondos y servicios de subsidio familiar**, y no a todos los recursos que puedan ingresar a las cuentas de las CCF.

8. **Los gastos de instalación, administración y funcionamiento descontados del 4 % son distintos de los recursos parafiscales (atípicos) administrados por la Cajas,** pues constituyen la retribución por la intermediación o prestación de los servicios a cargo de las CCF, e ingresan a su patrimonio, según lo ha sentado el Consejo Técnico de la Contaduría Pública.

Referencias

Doctrina

Acevedo Tarazona, Álvaro y Gil Montoya, Rigoberto. *Las cajas de compensación familiar en Colombia: Marcos normativo, organizacional y socioeconómico en su consolidación* [En línea]. Tesis. Asocajas.

Arenas Monsalve, Gerardo. "El sistema de subsidio familiar en la seguridad social colombiana". *Universitas* [En línea], núm. 106, diciembre, 2003. Pontificia Universidad Javeriana.

Alessandri Rodríguez, Arturo; Somarriva Undurraga, Manuel; Vodanovic H., Antonio. *Curso de Derecho Civil.* Tomo II. Santiago de Chile: Editorial Nascimiento, 1940.

Arrubla Paucar, Jaime, "Sobre el régimen legal de los intereses en Colombia", *Revista de la Facultad de Derecho*, No. 58, 1982, UPB, Medellín.

Consejo Constitucional francés. Decisión No. 2014-706 DC, del 18 de diciembre de 2014 (en este mismo sentido, 2014-698 DC del 6 de agosto de 2014, 2012-659 DC del 13 de diciembre de 2012).

Cortés González, Juan Carlos. *Seguridad Social, derecho para todos.* Primera Edición. Organización Iberoamericana de Seguridad Social. Editorial Legis, 2016.

Cortés González, Juan Carlos. *Subsidio familiar y servicios sociales en Colombia.* Régimen actual y perspectivas. Bogotá: Legis, 2011.

Domínguez, J.M., y Checa González, C., "Concepto de Tributo: una perspectiva comparada Brasil-España", *Rev. direito GV*, 2013.

Elyse A. Weiner. "Centralising treasury: Improving visibility, access and control", *Journal of Corporate Treasury management*, Vol. 1 No. 4, 2008.

Fundamentos de Derecho Administrativo. Madrid: Ed. Centro de Estudios Ramón Areces, 1991.

García de Enterría, E., "Sobre la naturaleza de la tasa y las tarifas de los servicios públicos", *RAP*, No. 12, 1953.

García, Fernando. "Tratamiento contable del Cash Pooling o Cuentas centralizadoras", *Revista Contable*, No. 56, 2017.

Garrido Falla, Fernando. "Las transformaciones del concepto de policía administrativa", *Revista de Administración Pública*, No. 11, mayo-agosto, 1953.

Giraldo Giraldo, César Ausuto. *El salario social de los trabajadores*, Medellín: Comfama, 2014.

Guataquí Roa, Juan Carlos; Mican Rivera, Catalina; Ruiz Rodgers, María Margarita. *Estudio de prospectiva del Sistema de Compensación Familiar. Asociación Nacional de Cajas de Compensación Familiar*. Bogotá D.C.: (ASOCAJAS), 2019.

Guía Práctica de las Entidades sin Ánimo de Lucro y del Sector Solidario, de la Cámara de Comercio de Bogotá - Oscar Manuel Gaitán Sánchez-, publicada en enero de 2014.

Insignares Gómez, Roberto; Piza Rodríguez, Julio Roberto. Concepto de Tributo. En La obligación tributaria y sus fundamentos constitucionales. Piza, Julio Roberto (Ed.). Colombia. Universidad Externado de Colombia, 2015.

Insignares, Roberto y Piza, Julio. "Concepto de tributo", Piza Rodríguez, Julio (ed.), La obligación tributaria y sus fundamentos constitucionales, U. Externado, 2015.

Laguna de Paz, José Carlos. *Tratado de Derecho Administrativo*. General y económico, 4ª ed., Civitas-Thomson, 2022.

Laguna de Paz, Juan Carlos. *La autorización administrativa*, Madrid: Thomson-Civitas, 2006.

Meilán Gil, José Luis. "El servicio público en el derecho actual", *Anuario da Facultade de Dereito da Universidade da Coruña*, No. 1, 1997.

Muñoz Martínez, Gabriel. "Derecho tributario: concepto y fundamento de su autonomía científica". En La obligación tributaria y sus fundamentos constitucionales, Piza Rodríguez, Julio, U. Externado, 2015.

Moreno Seijas, José María, "La tasa y el precio público como instrumentos de financiación".

Naranjo Mesa, Vladimiro. Teoría Constitucional e Instituciones Políticas. Duodécima Edición. Editorial Temis. Bogotá, 2014.

Ortiz Henao, Elena. *El salario en la determinación de las bases gravables de las contribuciones parafiscales de la protección social en Colombia*, Tesis de Maestría, U. Externado, Bogotá, 2019.

Plazas Vega, Mauricio A. *Derecho de la Hacienda Pública y Derecho Tributario.* Tomo II. Segunda Edición. Editorial Temis S.A. Bogotá. 2005.

Plazas Vega, Mauricio, Derecho de la Hacienda Pública y Derecho Tributario, T. II, 3ª ed., Temis, 2017.

Pérez Zúñiga, J. "Las Categorías Tributarias en España y América Latina: Especial Consideración de las Cotizaciones Sociales", *Derecho y Sociedad,* No. 46, 2015.

Petr Polak. "Global challenges in corporate finance and treasury management — centralization and internationalization", *Journal of Corporate Treasury management,* Vol. 4 No. 3, 2011.

Pinte, Jean. *Les allocations familiales,* Sirey, París, 1935.

Pineda Téllez, España Perdomo. "Responsabilidad en el nuevo modelo de vigilancia y control fiscal en Colombia". En *Manual de Responsabilidad del Servidor Público: Ética, transparencia y lucha contra la corrupción,* L. Acosta Zárate, R. Medina Rico, W. Salazar Medina (Coords.) Bogotá: Tirant lo Blanch, 2020.

Queralt, Martín, J. y Lozano Serrano, C. *Curso de Derecho Financiero y Tributario,* Tecnos, Madrid, 1990.

Restrepo, J. C. *Hacienda Pública,* 9ª ed., U. Externado, 2012.

Restrepo Medina, V. Peláez Gutiérrez. *Novedades y perspectivas de la reforma al control fiscal,* Bogotá: Tirant lo Blanch, 2021.

Rodríguez, Libardo. *Derecho Administrativo. General y colombiano,* T. II, 20ª ed., Temis.

Romero Molina, C., Bernal Sánchez, L., y Soto Contreras, E., "El concepto de tributo en la jurisprudencia de la Corte Constitucional de Colombia". *Revista Dixi,* Vol. 14, num. 15, 2012.

Romero, César et al., "La parafiscalidad en la Constitución Política de 1991". *Revista Dixi,* Vol. 14 No. 15, 2012.

Rodríguez, L., *Derecho administrativo. General y colombiano,* T. II, 20ª ed., Temis, Bogotá.

Rincón Córdoba, Jorge Iván. *Las generaciones de derechos fundamentales y la acción de la administración pública,* U. Externado, 2002.

Sánchez Torres, Carlos Ariel. Ternara Barrios, Francisco: El dominio estatal. *Revista Universitas* No. 119, Bogotá Jul-Dic, 2009.

Sánchez Morón, Miguel. *Derecho Administrativo,* Parte General, 13ª ed., tecnos, 2017.

Snape, John. "The 'Sinews of the State'. Historical justifications for taxes and tax law", Bhandari, Mónica (ed.), *Philosophical foundations of tax*, Oxford University Press, 2017.

Villar Palasí, José Luis. *Concesiones administrativas, en Nueva Enciclopedia Jurídica*, T. IV, Ed. Francisco Seix, 1981.

Normativo

Ley 90 de 1946.

Ley 100 de 1993.

Ley 789 de 2002.

Ley 21 de 1982.

Ley 534 de 1999.

Ley 138 de 1994.

Ley 219 de 1995.

Ley 534 de 1999.

Ley 633 de 2000.

Ley 1450 de 2011.

Ley 1753 de 2015.

Ley 1955 de 2019.

Ley 67 de 1983.

Ley 90 de 1946.

Ley 100 de 1993.

Ley 101 de 1993.

Ley 100 de 1993

Ley 21 de 1982.

Ley 31 de 1984.

Ley 25 de 1981.

Ley 1712 de 2014.

Ley 789 de 2002.

Decreto Ley 433 de 1971.

Decreto Ley 1650 de 1977.
Decreto 341 de 1988.
Decreto 1081 de 2015.
Decreto 103 de 2015.
Decreto 341 de 1998.

Jurisprudencia

Corte Constitucional

Sentencia C-394 de 2013.
Sentencia C-524 de 1995.
Sentencia C-228 de 2010.
Sentencia T-291 de 1994.
Sentencia C-432 de 2004.
Sentencia C-393 de 2007.
Sentencia C-440 de 2011.
Sentencia C- 1173 de 2001.
Sentencia C-655 de 2003.
Sentencia C-474 de 2019.
Sentencia C-823 de 2006.
Sentencia C-473 de 2019.
Sentencia C-149 de 1994.
Sentencia C-536 de 2012.
Sentencia C-507 de 2008.
Sentencia C-444 de 2009
Sentencia C-337 de 2011
Sentencia C-629 de 2011.
Sentencia T-356 de 2002.
Sentencia T-753 de 1999.
Sentencia T-097 de 2004.

Sentencia T-581A de 2011.

Sentencia C-278 de 2019.

Sentencia C-545 de 1994.

Sentencia C-1067 de 2002.

Sentencia C-1179 de 2001.

Sentencia C-1114 de 2003.

Sentencia C-711 de 2001.

Sentencia C-1171 de 2005.

Sentencia C-927 de 2006.

Sentencia C-644 de 2016.

Sentencia C-577 de 1995

Sentencia C-615 de 2013

Sentencia C-621 de 2013

Sentencia C-040 de 1993.

Sentencia C-152 de 1997.

Sentencia C-959 de 2007

Sentencia C-178 de 2016.

Sentencia C-614 de 2009.

Sentencia C-356 de 1994.

Sentencia SU-157 de 1999.

Sentencia C-169 de 2014.

Sentencia C-136 de 1999.

Sentencia C-101 de 2022.

Sentencia 191 de 1996.

Sentencia C-437 de 2011.

Sentencia C-678 de 1998.

Sentencia C-741 de 2003.

Sentencia C-171 de 2020.

Sentencia T-760 de 2008.

Sentencia SU-560 de 1997.

Sentencia C-037 de 2003.

Sentencia T-586 de 1999.

Sentencia C-890 de 2012.

Expediente D-14004. Demanda de inconstitucionalidad contra el numeral 1° del parágrafo 1° de la Ley 789 de 2002 , *"por la cual se dictan normas para apoyar el empleo y ampliar la protección social y se modifican algunos artículos del Código Sustantivo de Trabajo."*

Sentencia C-041 de 2006.

Sentencia C-415 de 1994

Sentencia C-352 de 2009

Sentencia C-263 de 2011

Sentencia C-563 de 1998.

Sentencia T-1000 de 2001

Sentencia C-623 de 2004

Sentencia C-111 de 2006

Sentencia C-114 de 2005.

Sentencia C-508 de 1997,

Sentencia C-306 de 2022,

Sentencia C-575 de 1992.

Sentencia C-183 de 1997.

Sentencia C-119 de 2020.

Sentencia C-123 de 2006.

Sentencia C-429 de 2019.

Sentencia T-061 de 2018.

Sentencia C-748 de 2011.

Sentencia C-860 de 2006.

Sentencia C-156 de 2013.

Sentencia C-782 de 2007.

Sentencia C-606 de 1992.

Sentencia C-731 de 2000.

Sentencia C-246 de 2019.
Sentencia C-491 de 2016.
Sentencia C-835 de 2013.
Sentencia C-144 de 2015.
Sentencia C-490 de 2000.
Sentencia C-379 de 2004.
Sentencia C-090 de 2022.
Sentencia C-046 de 1994.
Sentencia C-540 de 1997.
Sentencia C-189 de 1998.
Sentencia C-840 de 2001.
Sentencia C-557 de 2001.
Sentencia C-131 de 2002.
Sentencia C-832 de 2002.
Sentencia C-340 de 2007.
Sentencia C-832 de 2008.
Sentencia SU-431 de 2015.
Sentencia C-619 de 2002.
Sentencia C-040 de 2022.

Consejo de Estado

Consejo de Estado, Sección Segunda, Subsección A, sentencia 5 de agosto de 2010, Exp. 4935-05.

Consejo de Estado, Sala de Consulta y Servicio Civil, concepto del 25 de agosto de 2014, Rad. 2199.

Consejo de Estado, Sección Cuarta, sentencia del 30 de septiembre de 2021, Exp. 25506.

Consejo de Estado, Sección Tercera, providencia del 17 de febrero de 2005, Exp. 27673.

Consejo de Estado, Sala Plena, sentencia 22 de julio de 1997, Exp. S-694. Cf. también, Consejo de Estado, Sección Tercera, sentencia del 7 de octubre 1999, Exp. 16225.

Consejo de Estado. Sala de Consulta y Servicio Civil. Concepto No. 2435 del 10 de febrero de 2020 reiterado en el Concepto 2457 del 18 de diciembre de 2020, expediente: 11001-03-06-000-2020-00233-00.

Consejo de Estado. Sala de Consulta y Servicio Civil. Concepto del 30 de julio de 2019. Expediente: 11001-03-06-000-2019-00051-00(2416)

Consejo de Estado. Sala de Consulta y Servicio Civil. Concepto del 10 de diciembre de 1997. Radicado No. 1055.

Consejo de Estado. Sala de Consulta y Servicio Civil. Concepto del 18 de diciembre de 2020. Expediente: 11001-03-06-000-2020-00233-00(2457)

Consejo de Estado. Sala de Consulta y Servicio Civil. Concepto del 8 de julio de 2010.

Consejo de Estado, Sección Cuarta, sentencia del 15 de junio de 2017, Exp. 19626.

Consejo de Estado. Sala de lo Contencioso Administrativo. Sección Tercera. Sentencia del 26 de enero de 2006. Radicación número: 54001-23-31-000-2002-01944-01(AP).

Consejo de Estado. Sala de lo Contencioso Administrativo. Sección Tercera. Sentencia del 8 de marzo de 2007. Radicación número: 11001-03-26-000-1998-00017-00(15071).

Consejo de Estado, Sala de Consulta y Servicio Civil, providencia del 30 de noviembre de 2020, Rad. 11001-03-06-000-2020-00200-00(C).

Consejo de Estado. Sección Primera. Sentencia del 10 de febrero de 2011. Expediente: 23001-23-31-000-2003-00135-01. Ver también Sentencia del 10 de marzo de 2005, expediente 2000-6430.

Consejo de Estado, Sección Primera, sentencia del 13 de agosto de 1992, Exp. 2019.

Consejo de Estado, Sala Plena de lo Contencioso Administrativo, sentencia del 17 de marzo de 2015, Exp. 2014-03799.

Consejo de Estado, Sección Tercera, Subsección C, auto de 13 de mayo de 2015, Exp. 2015-00022.

Consejo de Estado, Sección Segunda, Subsección A, sentencia del 17 de noviembre de 2022, Exp. No. 5621-2019.

Consejo de Estado, Sección Segunda, Subsección B, sentencia del 24 de agosto de 2018, Exp. No. 3169-16.

Consejo de Estado, Sección Segunda, Subsección A, sentencia del 3 de octubre de 2019, Exp. No. 4823-16.

Consejo de Estado, Sala de lo Contencioso Administrativo, Sección Segunda, Subsección B, 15 de octubre de 2019, Rad. No. 08001-23-31-000-2016-00480-01, Exp. No. 6046-18, C. P. Sandra Lisset Ibarra Vélez.

Corte Suprema de Justicia

Corte Suprema de Justicia, Sala de Casación Laboral, sentencia del 18 de julio de 1985, Exp. 10515.

Corte Suprema de Justicia, sentencia del 18 de diciembre 1956.

Corte Suprema de Justicia, sentencia del 13 de agosto de 1957.

Corte Suprema de Justicia, mediante providencia del 14 de octubre de 1970, GJ 2338 Bis

Corte Suprema de Justicia, Sala Plena, Sentencia del 12 de Agosto de 1976. M. P. Luis Sarmiento Buitrago.

Corte Suprema de Justicia. Sentencia de agosto 18 de 1970. M. P. Eustorgio Sarria.